D1717342

Edition
Medienkulturforschung

Danksagung

Ich möchte mich bei all denjenigen bedanken, die mich während der Anfertigung dieses Buches unterstützt und motiviert haben. Die erste Widmung geht an meine Familie. Das größte Dankeschön gebührt meinem leider inzwischen verstorbenen Doktorvater Prof. Dr. Frank Hartmann, der meine Dissertation betreute und begutachtete. Er gab mir hilfreiche und interessante Anregungen, übte strenge, immer konstruktive Kritik und merkte an, was ich verbessern könnte. Er hatte immer ein offenes Ohr für meine Fragen und war stets informationsbereit.

Ich bedanke mich beim DAAD, da ohne seine finanzielle Unterstützung die Durchführung meiner Forschung nicht möglich gewesen wäre. Insbesondere möchte ich mich bei DAAD-Lektorin Ulrike Dorfmüller in Havanna bedanken, die mich mit ihren präzisen Vorschlägen und hilfreicher Beratung zu diesem Unternehmen motiviert hat.

Ebenfalls möchte ich mich bei denjenigen Personen, Freunden und Kollegen bedanken, die mir mit viel Geduld, Interesse und Hilfsbereitschaft zur Seite standen: bei Sabine Engelhardt für den intensiven Meinungs- und Erfahrungsaustausch sowie für neue Ideen, die maßgeblich dazu beigetragen haben, dass dieses Buch in dieser Form nun vorliegt.

Nicht zuletzt geht mein Dank für das muttersprachliche Korrektorat an Katja Schicht, für das Verlagslektorat an Anja Sieber und insbesondere an Prof. Dr. Thomas Weber für die Veröffentlichung dieses Buches im AVINUS Verlag.

Rayner García Hernández

Medienpolitik in Kuba

Zur Transformation kultureller und sozialer Aspekte

AVINUS

EMKF Edition Medienkulturforschung

Die Publikation wurde unterstützt mit Mitteln des AVINUS e. V. und ist erschienen in der Reihe *Edition Medienkulturforschung* (EMKF), herausgegeben von Oliver Schmidt und Thomas Weber.

Gedruckt mit Unterstützung des deutschen Akademischen Austauschdienstes.

Bibliografische Information der Deutschen Nationalbibliothek
Die Deutsche Nationalbibliothek verzeichnet diese Publikation in der Deutschen Nationalbibliografie; detaillierte bibliografische Daten sind im Internet über http://dnb.d-nb.de abrufbar.

Rayner García Hernández:
Medienpolitik in Kuba. Zur Transformation kultureller und sozialer Aspekte. – Hamburg : Avinus Verl., 2020
ISBN 978-3-86938-099-5

Lektorat: Anja Sieber
Satz: Tonja Heilmeyer, Linda Kutzki

© AVINUS Verlag, Hamburg 2020
   Sierichstr. 154
   D-22299 Hamburg
   www.avinus.de

ISBN 978-3-86938-099-5

Inhaltsverzeichnis

Einleitung

Medien haben in Gestalt der Massenmedien und in Form der In-
formations- und Kommunikationstechnologien bestimmte kulturelle Aspekte des Lebens modifiziert und sind ein integraler, nicht
mehr von der Alltagswelt des Einzelnen zu trennender Bestandteil. So verhält es sich auch in ihrer speziellen sozio-kulturellen
Ausprägung in Kuba. Im weitesten Sinne generiert die Nutzung
der Medientechnik eine Medienwelt, in der die durch die User
eingesetzten Praktiken als Kulturtechniken zu begreifen sind. Im
Zuge eines medienkulturellen Wandels lässt das Verhältnis zwischen Kultur und Politik einen Prozess von Sinnschöpfung zu. In
ihren unterschiedlichen Erscheinungsformen schließt Kultur die
öffentlichen Praktiken und Erfahrungen der Nutzer durch den
Einsatz dieser Medientechnik mit ein. Die kubanischen Anwender verleihen ihrem Leben einen Sinn, indem sie den kulturellen
Prozessen und Phänomenen des stattfindenden medienkulturellen Wandels eine politische Dimension abgewinnen. Die durch
die Nutzer eingesetzten Kulturtechniken führen zur Entfaltung
von Rahmen-, Raum- und Zeitkonzepten, die ihre Wahrnehmung
und Kommunikation sowie ihr Verhalten beeinflussen, gestalten
und verändern.

Die vorliegende Arbeit analysiert aus einer medienkulturellen
Sichtweise heraus die mediale Praxis in Kuba. Den Ausgangspunkt bilden dabei medientheoretische Überlegungen sowie Erkenntnisse aus der Kommunikations- und Kulturwissenschaft.
Zudem fokussiert sich das Vorhaben auf die Einführung neuer
kultureller Beziehungen und Prozesse im Kontext der zeitgenössischen sozialen Komplexität, die sich aus der kommunikativen
Wechselwirkung zwischen Medientechnik, technischer Transformation und menschlichem Handeln sowie deren Einfluss auf das
soziale Konstrukt ergibt.

In der vorliegenden Arbeit wird der Ausdruck *Medientechnik*
abwechselnd in Anlehnung an den Begriff *digitale Medien* und in
Bezug auf deren Verwendung in der Öffentlichkeit verwendet.

Medientechnik bezieht sich auf die Nutzung von Informations- und Kommunikationstechnologien, die seit der Entwicklung der Computertechnologie neue Formen von Daten- und Informationsverarbeitung ermöglichen.

Die Einführung digitaler Medien in Kuba Ende der 1990er Jahre hat einen medienkulturellen Wandel hervorgerufen. Die Optimierung der traditionell medialen Prozesse (wie Lesen, Sehen, Schreiben und Denken) durch die langsam abgestufte, aber auch zunehmende Digitalisierung mancher Wirtschaftssektoren und die elektronische Vernetzung der kubanischen Gesellschaft produziert neue *Container* von Wissensträgern, -speichern und -erzeugern. Die kubanische Staatspolitik erstrebt mit der Entwicklung und Ausbreitung dieser Container eine modernisierende kulturelle Dynamik. Vor diesem Hintergrund ist der Ausdruck Medien im weitesten Sinne als eine komplexe Einbindung in die Gesellschaft zu verstehen, die aus materiellen Gegenständen, computerbasierten Verfahren und einer praxisorientierten Kommunikation besteht. Gleichzeitig beinhaltet der Medienbegriff die Handhabung von Informationen und Daten sowie technischer Geräte, die bestimmte Inhalte (etwa die technische Umsetzung von Sinnerzeugung) generiert und kulturelle Prozesse in einen sozialen Kontext integriert.

Forschungsgegenstand der vorliegenden Arbeit ist eine medienkulturelle Analyse der Einführung und des Einsatzes von Medientechnik und eine Untersuchung deren kultureller Auswirkungen auf den sozialen Kontext Kubas in den ersten zwei Jahrzehnten des 21. Jahrhunderts. Um den in Kuba stattfindenden medienkulturellen Wandel besser fassen zu können, werden kulturelle, soziale und politische Implikationen der Medientransformation bzw. des Übergangs zu einer Medienkultur hergestellt. Grundlage dieser Arbeit sind zudem Fallstudien, die aus einer technischen Perspektive politische, kulturelle und soziale Aspekte der aktuellen kubanischen Gesellschaft systematisieren. Dabei werden die folgenden Punkte thematisiert:

- Regulierung der Mediennutzung in den kubanischen Institutionen durch staatliche Programme,

- Entwicklung von staatlichen und privaten Strategien für das Management von Medienanwendungen,

- Mediennutzung in der Privatsphäre des Einzelnen,

- Konsum digitaler Medieninhalte innerhalb eines aufstrebenden informellen Sektors und

- der Übergang der Medienrevolution ins kulturelle Gedächtnis zur medialen Konstruktion eines heterogenen und partizipativen Kommunikationsraumes.

Hierbei wird die Fragestellung erörtert, inwieweit die kubanischen Nutzer mit ihrem Mediengebrauch in der Öffentlichkeit das politische Projekt der kubanischen Regierung zur technischen Modernisierung verändern können. Durch die vorliegende Arbeit wird die These belegt, dass der Einsatz der Medientechnik in der Öffentlichkeit zu einer Revolution führt, in der die Nutzer mit dem Gebrauch unterschiedlicher digitaler Formate eine neuartige Medienorganisation schaffen, die sich in drei Aspekte unterteilen lässt: technisch, anthropologisch und kulturell. Die Relevanz der kategorialen Merkmale einer medienkulturellen Analyse, etwa Aneignung, Rezeption, Adaptation, Partizipation und Übersetzung beruht auf der Materialität der Medienwelten, die durch den Einsatz von Medientechnik bzw. Digitaltechnologien in der Öffentlichkeit definiert werden. Der technische Charakter des Umgangs mit digitalen Medien generiert eine implizite Bedingung für die Produktion einer gewissen Sinnesorganisation.

Eine medienkulturelle Analyse problematisiert ebenso die neuen Bedingungen des Denkens und die anthropologischen Befunde einer computerbasierten, elektronischen und digitalen Kommunikation, die über technische Verfahren und Geräte nur noch vermittelt stattfindet. Zudem ist die mediale Konstruktion einer medienkulturellen Analyse von Digitaltechnologien eines der entscheidenden Elemente, durch welches aktuell die Medienpolitik und das Agieren der Nutzer in der Infosphäre definiert werden (vgl. Floridi 2015).

Der Ausdruck *Infosphäre* bezieht sich auf die Gesamtheit informationeller Einheiten, aus denen Interaktionen, kulturelle Prozesse und wechselseitige Relationen in einem informationsbedingten Kontext generiert werden. Sie definiert eine Umgebung mit technischen Eigenschaften, in der die Nutzer mit Informationen und Daten interagieren. Die Relationen, die die Nutzer in der Infosphäre etablieren, ermöglichen neue Formen des Umganges mit der Digitaltechnologie. Als informationeller Raum deutet die Infosphäre eine Medienwelt an, in der die Wahrnehmung der Wirklichkeit zunehmend von erlernten Kulturtechniken abhängt und die Einbildungskraft des Menschen über medienästhetische Erfahrungen mit algorithmischen Zeichen (vermittelt durch das Interface digitaler Geräte) symbolisiert wird. Als ästhetisches Merkmal der gegenwärtigen Medienkulturen stellt das Interface einen derjenigen technischen Aspekte dar, der die semantischen Prozesse zur Verarbeitung, Visualisierung und Materialisierung von Daten bestimmt (vgl. Hartmann 2018). Medienoperationen werden dadurch in Rechnerprozeduren übersetzt, denn „[…] Bildschirme und Displays [generieren] Ansichten aus abgerufenen Datenmengen und repräsentieren damit eine informatische Wirklichkeit, als errechnete ‚Bilder' werden sie zu algorithmischen Zeichen"[1].

Der anthropologische Ansatz problematisiert eine neue Definition der Relation von Kultur und Politik (vgl. Horst/Miller 2006), aus der die Zuwendung des Menschen zum digitalen Milieu sich an der Aneignung von medialen Prozessen und an der Durchführung von Medienoperationen orientiert. Der Medialität (vgl. McLuhan 1962) des Einsatzes moderner Medientechni-

---

[1] Hartmann 2018: 118.

ken sowie des menschlichen Handels liegt die Erfüllung digitaler Operationen zugrunde, denn die Einführung von Medientechnik in einem sozialen Kontext verändert die Sinnesorganisation. Dies definiert letztendlich die materielle Grundlage des menschlichen Handelns in der Umsetzung einer praxisorientierten Fertigkeit, aus der die Nutzer neuartige Kulturtechniken entfalten und kulturelle Prozesse zu Formen der Wirklichkeitswahrnehmung und Erfahrungsmöglichkeiten mit andersartigen Mediensphären auslösen. Ist die Rede von menschlichem Handeln, geht es darum, dass diejenigen algorithmischen Zeichen, welche durch das Interface vermittelt werden, einen relationalen Bezug zum Nutzer in der Darstellung, dem Umgang mit und der Zuweisung von Medienanwendungen etablieren. Diese Zäsur stellt die Sinnesproduktion der digitalen Medien in Frage, indem die Organisation, die die Nutzung der Medientechnik in der Öffentlichkeit mit sich bringt, Interaktionen zwischen einem Eigensinn (Logik der Rechnerleistung), dem Delegieren von Aufgaben und der Wahrnehmung der technischen Apparate und den Formen einer neuartigen Literalität (vgl. Ong 1987; Rainie/Wellman 2012) und Taktilität (vgl. McLuhan 1962) impliziert.

Wahrnehmung verweist dabei auf Vermittlungsprozesse (Medialität). Als menschliche Leistung bringt sie die technischen Qualitäten der Digitaltechnologien in einen kulturellen Kontext. Eine Form der kodifiziert erscheinenden Welterschließung wird durch erzeugte Sinneseindrücke vermittelt. Produktive und gestalterische Aspekte eines medienkulturellen Wandels sind in der kulturellen Praxis der Nutzer zu finden. Dafür untersucht die vorliegende Arbeit die technischen Prozesse, die zur Konstruktion medialer Wirklichkeiten verwendet werden, aus einer philosophischen und anthropologischen Sichtweise. Der wissenschaftliche Anspruch des Vorhabens gleicht Luciano Floridis Behauptung, „[…] die IKT [bringen] uns kurz gesagt dazu, die Welt in Informationsbegriffen zu interpretieren, und sie machen die Welt, die wir erfahren, zu einem informationellen Ort".[2] Der soziale Kontext des medienkulturellen Wandels in Kuba ist als jener informationelle Ort zu betrachten, an dem die Nutzer ihre kulturelle Praxis ausüben. Aus einer interdisziplinären Sichtweise heraus werden die historischen Bedingungen sowie die sozialen und kulturellen Wirkungen einer Massenmedienkultur in Relation zum jeweiligen Einsatz der Medientechnik gebracht. Die Mediologie strebt eine historische und systematische Analyse der Interaktionen zwischen Technik und Kultur (Debray 2001: 290; Hartmann 2003) an. Im Mittelpunkt ihres interdisziplinären Ansatzes steht der Begriff der *Transmission* (Debray 2001: 16), um die symbolischen Auswirkungen der technischen Innovationen und das kulturelle Umfeld, in dem eine technische Transformation möglich ist, zu untersuchen. Um die charakteristischen Eigenschaften der Kanäle und Träger der Transmission zu erfassen, begreift eine mediologische Recherche den Begriff der Vermittlung (Debray 2001: 23, 145) als grundsätzliche Dimension jeder Erscheinungsform von Kultur.

Zudem sind die Kategorien von Korrelation und Kausalität relevant für das vorliegende Vorhaben. Einerseits bezieht sich Korrelation auf die Erörterung der Beziehungen zwischen einem symbolischen Körper (Wahrnehmung des Medienwandels durch die Praxis der Nutzer), einer Form der kollektiven Organisation (Wirtschaftssystem, Medien- und Kulturpolitik) und einer mediengestützten Kommunikation (Medienstrukturen). Die Beschreibung der Medienphänomene basiert nicht auf einzelnen Aspekten einer mediengestützten Kommunikation, sondern auf dem Zusammenhang von Medientechnik, -organisation und -strukturen. Andererseits ist zu behaupten, dass der Einsatz der Medientechnik im sozialen Kontext Kubas keine Kausalität impliziert. Die kubanische Gesellschaft ändert sich nicht wegen der zur Verfügung gestellten neuen Medien, sondern weil neue soziale Akteure die Gesellschaft kulturell, politisch und sozial modifizieren. Dabei ist die Anwendung der Medientechnik als ein zusätzliches

---

[2] Floridi 2015: 63.

Element des Lebens zu verstehen, indem die kubanischen User mit ihren Aktionen – sowohl in den Institutionen als auch im privaten und öffentlichen Raum – ihre eigenen Lebensbedingungen sinnhaft verändern. Diese Analyse fokussiert die Wirkungskraft oder die Macht der zu etablierenden sozialen Beziehungen und erarbeitet, wie diese in Zusammenhang mit den unterschiedlichen Vermittlungsformen von Kultur stehen.

Die Digitaltechnologie generiert eine für die Nutzer zunehmend wahrnehmbare Sinnlichkeit, in der Maschinen Rechnerprozesse über algorithmische Zeichen darstellen. Daher problematisiert die medienkulturelle Analyse der vorliegenden Arbeit die technischen Implikationen einer repräsentationalistischen Konzeption (tradiertes Medienverständnis in Kuba) von Technik gegenüber einer kulturellen Praxis. Dies impliziert kulturelle Prozesse, die informationsbedingt sind. Die Untersuchung führte dazu eine nicht-repräsentative Befragung einzelner Aspekte von medienkulturellem Wandel durch. Zudem nimmt sie eine intensive Nutzbarmachung technischer Qualitäten und rechnerischer Optionen der Digitaltechnologie in den Fokus: Der Darstellung von Codes auf den Benutzeroberflächen der digitalen Geräte, die die Nutzer für die Umsetzung ihrer praktischen Medienerfahrungen verwenden, ist eine hohe Relevanz beizumessen. Dies sind Codes, die in Form von Daten den kulturellen Kontext und die Mediensituation mit deren entsprechenden Machtformen (wie Markt, Medienpolitik, Kontrolle über die Mediennutzung und das Agieren der Internetkonzerne) aufrechterhalten und bestimmen. Im sozialen Kontext Kubas führt die Erforschung des medienkulturellen Wandels zur Auseinandersetzung mit einer Gebrauchskultur des Selbstreparierens und -bastelns, die fast alle Bereiche des sozialen, kulturellen und vor allem des politischen Miteinanders umschließt. Die beschriebenen Prozesse und Medienphänomene verstehen sich als Durchdringungsprozesse, bei denen sich Gewohnheiten, Überzeugungen, Denkweisen, private und öffentliche Handlungen im Moment des kulturellen Austausches herauskristallisieren. Den sozialen Kontext als informationellen Ort zu begreifen, lässt sich anhand folgender Definition überprüfen:

[…] [die Infosphäre ist] eine Umwelt, die einen Vergleich mit dem Cyberspace erlaubt, sich jedoch insofern von ihm unterscheidet, als dieser gewissermaßen nur einen ihrer Unterbereiche darstellt, da die Infosphäre außerdem den Offline- und den analogen Informationsraum mitumgreift. Weit gefasst ist die Infosphäre ein Begriff, der sich auch synonym mit Wirklichkeit verwenden lässt, wenn wir Letzteres informationell auffassen.[3]

Ein medienkultureller Wandel bezieht sich auf die Transformation technischer Systeme und informationsbedingter, zusammenhängender Strukturen, denen sich aktuell unsere postmodernen Gesellschaften durch die technikbedingten kulturellen Prozesse der Internetnutzung unterziehen (vgl. Hepp 2009). Er basiert auf neuen kommunikativen Handlungen und Praktiken, die durch das Agieren der Nutzer in der Infosphäre mitstrukturiert werden. Unter diesem Aspekt erläutert die vorliegende Arbeit, wie der Alltag zunehmend durch die Nutzung von Technologie beeinflusst und vermittelt wird (vgl. Greenfield 2017). Die qualitativen Aspekte des Wandels richten sich nach dem materiellen Charakter der technischen Transformation. Die Nutzung von Medientechnik basiert auf einer handlungs- und kommunikationsorientierten Praxis, aus der ebenso Medienstrukturen und eine neuartige Medienorganisation gestaltet werden. Ansatzpunkte in der medienkulturellen Analyse im sozialen Kontext Kubas sind:

- die Institutionalisierungsdynamik, durch welche die Mediennutzung reguliert und kontrolliert wird,

- der Aufbau einer Medieninfrastruktur für die Einführung, den Einsatz und die Nutzung neuer Formen von Daten- und Informationsverarbeitung (Internetnutzung),

---

[3] Floridi 2015: 64.

- die Entwicklung von individuellen, kollektiven und staatlichen Strategien und Initiativen für die Erstellung, die Organisation und das Management von Information und Medienanwendungen (Mediengebrauch),

- der Ausbau von Medienstrukturen ohne staatliche Steuerung für die Ausübung wirtschaftlicher Tätigkeiten und den Konsum digitaler Medieninhalte und schließlich

- die Gestaltung einer Medienpolitik unter die traditionellen Machtformen eines neu geschaffenen Ordnungsrahmens (Maßnahmen, Gesetze, Richtlinien und rechtlicher Rahmen der Internetnutzung).

Der medienkulturelle Wandel in Kuba generiert grundsätzlich politische und kulturelle Identitätsbildungsprozesse. Durch ihn wird die Logik des Einsatzes von Medientechnik in der Privatsphäre, in den Institutionen und im öffentlichen Raum modifiziert. Es ist die Frage, ob und inwieweit hier nicht ein *Typographic man* (vgl. McLuhan 1962; Eisenstein 1997) mit grafischer und typografischer Literalität (vgl. Ong 1987; Flusser 2008; Rainie/Wellman 2012; Serres 2013; Hartmann 2018) herausgebildet wird. Der Einsatz der Medientechnik und der entsprechende Mediengebrauch artikulieren sich mit eigener Logik in einem nicht traditionell differenzierten Referenzrahmen, wodurch die Nutzer neuartige Medien- und Kulturpraktiken etablieren. Die technische Transformation orientiert sich an der Aneignung, Rezeption, Adaption und schließlich an der Produktion und Transformation von ästhetischen Formaten (wie Webanwendungen, digitales Fernsehen, Social Media, Digitalisierung von Geschäftsprozessen, Erstellung digitaler Medieninhalten etc.). Die in der vorliegenden Arbeit analysierten kulturellen Prozesse fokussieren die Gestaltung einer prekären *digital citizenship* (vgl. Rainie/Wellman 2012), die in Form einer technisch erweiterten Sozialität (vgl. Stalder 2016; Dolata/Schrape 2018) den Übergang zu einer Medienkultur prägt. Dies geschieht über einen Prozess von Kulturtransfer mit einem tief-greifend sozialen und politischen Charakter.

Das Vorhaben zielt zum einen auf eine kritische Bestands-aufnahme und Auseinandersetzung mit relevanten Ansätzen der lateinamerikanischen und europäischen Kommunikationstheorien ab, die sich in Richtung Medien- und Kulturwissenschaften bewe-gen. Zweitens strebt die Arbeit danach, die Transformation des kubanischen Kommunikationsraums durch den Gebrauch von Digitaltechnologien als heterogene Struktur und neue Form der sozialen und kulturellen Partizipation zu charakterisieren. Drit-tens hebt es die medientheoretischen Implikationen eines medien-kulturellen Wandels hervor, in dem sich die kulturellen, visuellen und informativen Paradigmen der Kommunikation als Praxis und nicht als Repräsentation durch die Aneignung der Nutzer verän-dern.

Es wird die Hypothese aufgestellt, dass die kommunikative Wechselwirkung seit dem Gebrauch von Digitaltechnologie neue technische und kulturelle Prozesse in Kuba zulässt. Digitale Me-dien konkurrieren mit diesen Prozessen und stellen sowohl eine Alternative als auch eine Triebfeder für die Entstehung und Aus-breitung der kubanischen Massenmedienkultur dar. Sie ermög-lichen die Öffnung und Gestaltung neuer kommunikativer Pro-zesse. Die Medialität dieser Prozesse liegt in der zunehmenden Verflechtung digitaler Medien mit sich anders als zuvor generie-renden kommunikativen, gestalterischen und vor allem kulturellen Praktiken. Es entstehen neue soziale Strukturen und Durchdrin-gungsräume, die mit einer Individualisierung von Wissensentste-hung und Weltmodellen einhergehen und damit kulturelle Räume mit wandelbaren heterogenen Qualitäten mitstrukturieren. Kuba hat eine besondere Geschichte, insbesondere bezogen auf sein langwieriges Streben nach Unabhängigkeit. Aufgrund dessen wurde seine nationale Identitätsbildung nach der Kubanischen Revolution im Jahr 1959 zu einem staatlichen Projekt: der Homo-genisierung der verschiedenen Fragmente hin zu einer massen-medial vermittelten gemeinsamen kubanischen Identität. Diese steht daher im Kontrast zu den lateinamerikanischen Theorien zur Postmoderne der Hybridität und nimmt somit eine Sonderstellung ein.

Aktuell unterzieht sich die kubanische Gesellschaft tiefgreifenden wirtschaftlichen, sozialen und politischen Reformen, durch welche der stattfindende medienkulturelle Wandel bzw. die technische Transformation an kultureller Relevanz gewinnt. Die staatliche Freigabe des Internetzugangs und der Aufbau selbstständiger Medienstrukturen durch die kubanischen Nutzer sind kulturelle Faktoren, die im Grunde den traditionellen (institutionellen) Kommunikationsraum und die Öffentlichkeit verändern. Politisch ist der Generationswechsel im kubanischen Präsidentenamt im Jahr 2018 eines der relevantesten Elemente, das die Geschichte Kubas seit 1959 prägt. Die Neuschreibung der kubanischen Verfassung ist zugleich eine der wichtigsten Aspekte in der Artikulation und Festsetzung sozialer, kultureller und politischer Interessen von einer sich ändernden Gesellschaft. Mit der Änderung der Verfassung aus dem Jahr 1976 verabschiedet sich die kubanische Regierung von dem erklärten Ziel einer kommunistischen Gesellschaft. Der Privatbesitz soll innerhalb des bestehen bleibenden sozialistischen Modells Kubas genauso legalisiert werden wie andere nicht-staatliche Formen der Erwerbstätigkeit, die den sogenannten *trabajador por cuenta propia* (selbstständigen Erwerbstätigen) als neuen sozialen Akteur zulässt.

Hierbei bezieht sich der Begriff der Öffentlichkeit auf die soziale Sphäre oder den sozialen Raum (vgl. Peters 2007), in dem die technische Transformation stattfindet und der ebenso durch Kommunikationen mit spezifischen Qualitäten geprägt wird. Durch das öffentliche Agieren der sozialen Akteure wird diese Sphäre zum Spielraum für die Verhandlung themenspezifischer Dialoge. Zudem verdichten sich in ihr thematisch gebündelte öffentliche Meinungen (vgl. Habermas 1992: 436), wodurch die dargestellte kommunikative und kulturelle Praxis beschrieben werden kann. Die kubanische Öffentlichkeit lässt sich somit anhand der behandelten Inhalte und Probleme erörtern. Die vorliegende Arbeit untersucht insbesondere politische Stellungnahmen, die die zur Herausbildung einer abweichenden Meinung führen und auf diese Weise kulturspezifische Repräsentationen von autoritären Machtformen ausprägen. Teil- und Gegenöffentlichkeiten mit heterogenen Qualitäten werden somit mitstrukturiert.

Die Auseinandersetzung mit medientheoretischen Ansätzen der lateinamerikanischen und europäischen Kommunikationstheorien begründet die medienkulturelle Analyse der Untersuchung. Insbesondere der Modus, in dem die technische Transformation im Übergang zu einer Medienkultur die Erfahrungs- und Wahrnehmungsmöglichkeit der kubanischen Gesellschaft formt, ist dabei zu beachten. Die Prozesse des medienkulturellen Wandels werden im Kontext ihrer Umsetzung sowie deren Einfluss auf die Wahrnehmung und Gestaltung von einer Form der Wirklichkeit beschrieben. Zusammenfassend lässt sich behaupten, dass die technische Transformation im sozialen Kontext Kubas generell auf der Ebene des digitalen Scheins beruht (vgl. Flusser 2008). Die Bedingtheit eines beschleunigten technischen Fortschrittes legt den unmittelbaren Input fest, den die Nutzung der Medientechnik für eine kreative Lösung alltäglicher Probleme bietet. Zwar lässt der Mediengebrauch andere nicht traditionelle Formen des Umganges mit Digitaltechnologie zu, aber dies beschränkt die Nutzung aller technischen Möglichkeiten, die die digitalen Medien den Nutzern anbieten. Dies ist der Fall, wenn die Nutzer keinen breiten Internetzugang oder einen mangelhaften Zugriff auf Daten und Informationen in institutionellen Netzwerken haben. Ein medienkultureller Wandel bringt eine Medienrevolution mit sich. Sie ist als das praktische und theoretische Fundament einer Form von Wissensentstehung für die Integration der Erfahrungsfelder (vgl. Lovink 2008; Serres 2013; Lanier 2014; Trawny 2015), der psychologischen Zustände (vgl. te Wildt 2012; Turkle 2012) und der Lernprozesse (vgl. Castells 2001; Horst/Miller 2006; Madianou/Miller 2012, Miller et al. 2016) in die mediale Konstruktion technikbedingter kodifizierter Welten (vgl. Flusser 2008) zu verstehen. Die technische Transformation orientiert sich an kognitiven

Prozessen der Menschwerdung (vgl. Flusser 2009) und definiert die Konstruktion von Mediensphären (vgl. Debray 1994). Die Variation der Medienanwendungen und -operationen produziert ein Paradigma, welches in Gestalt einer Medienkultur das Technoimaginär (vgl. Hartmann 2015) mit ideologiebezogenen Weltbildern prägt. Die Produktion kultureller Ikonen durch die zunehmende Rechenleistung digitaler Geräte wie Smartphones zeigt, dass eine neue Form der Daten- und Informationsverarbeitung die Übersetzung und Projektion auf die Wirklichkeit von sich ändernden digitalen Formaten ermöglicht.

Die vorliegende Arbeit ist in sechs Kapitel gegliedert, in denen die in Kuba stattfindende Medienrevolution in den ersten zwei Jahrzehnten des 21. Jahrhunderts analysiert wird. Die entworfene medienkulturelle Analyse erörtert, wie das Verhalten und die Entscheidungsfindung der kubanischen Nutzer durch die Verwendung der Digitaltechnologie modifiziert werden. Die Nutzer fühlen sich einem Bedarf entsprechend gezwungen, Entscheidungen zu treffen, anstatt eine im Voraus gegebene Option anzunehmen, welche bereits bestehende soziale Werte und Präferenzen anbietet.

Im ersten Kapitel wird erörtert, dass die Vergabe von staatlichen Ressourcen (Finanzmittel und Humankapital) an kubanische Institutionen für Lernprogramme im Web 2.0 dazu führt, Letzere in Einklang mit der institutionellen Informationspolitik zu bringen. Es wird analysiert, wie ein homogener Kommunikationsraum im Web 2.0 entsteht. Das Kapitel geht der These nach, dass der institutionelle Kontext eine indoktrinierende Funktion erfüllt. Die nähere Betrachtung von drei exemplarischen Webprojekten (Infomed, Cubarte und EcuRed) fokussiert deren politischen Auftrag, die Kompetenzerweiterung der kubanischen Nutzer auszubilden. Die kubanischen Kulturinstitutionen widmen sich einer sozialen Aufgabe, sie nehmen anhand ihrer Projekte in der Öffentlichkeit eine aktive Rolle ein. Sie unternehmen aber auch den Versuch, die Nutzer in den digitalen Netzwerken mit den in der Folge weiter beschriebenen Ressourcen zu belehren. Diese Institutionen entwickeln neue Politiken, um die technischen Fähigkeiten des Einzelnen auf einer individuellen und beruflichen Ebene erweitern zu können.

Im zweiten Kapitel wird der Ausbau des kubanischen Mediensystems durch die Inbetriebnahme des Internetzuganges nach einer normativen Ordnung untersucht. Durch den Ausbau entwickelt sich eine neue Dynamik zwischen der staatlichen Bereitstellung und Steuerung von medienbasierten Strukturen und der privaten Anwendung von Medientechnik. In diesem Kapitel wird die These aufgestellt, dass die Internetnutzung kulturbedingte Prozesse zur Umsetzung einer spezifisch kommunikativen Praxis auslöst, in der die Information einen kulturellen Einfluss auf das Nutzerverhalten ausübt. Der Ausbau einer technischen Infrastruktur innerhalb der Institutionen oder in der Privatsphäre der Nutzer ermöglicht den Einsatz von technischen Systemen, die die Relation zwischen Politik, Technik und Gesellschaft neu gestaltet. Die technischen Infrastrukturen des Internets und die gesteuerte Einführung von Medientechnik im öffentlichen Raum fungieren wie soziale Institutionen, durch welche auf individueller und kollektiver Ebene Maßnahmen, Gesetze, Vorschriften, Verhaltensnormen oder Werte etabliert werden. Sie strukturieren und kontrollieren das Verhalten der Nutzer und können von ihnen nicht ignoriert oder hintergangen werden (vgl. Dolata/Schrape 2018: 19–20).

Das dritte Kapitel beschäftigt sich mit den Implikationen der Digitalisierung von Medieninhalten für die Organisation des Wissensbestandes und die Förderung neuer Formen der Wissensproduktion und -ordnung innerhalb kubanischer Institutionen. Es diskutiert die Entwicklung einer effizienten Politik zur Erstellung, Selektion, Konvertierung sowie zum Management und Design von Informationen und digitalen Medieninhalten. Seit den 1990er Jahren führen die kubanischen Institutionen ein langfristiges Programm zur Qualitätskontrolle und Erhaltung der Medieninhalte durch, die mit Hilfe der Digitaltechnologien hergestellt werden. Hierbei handelt es sich um die Auslotung bestimmter technischer Aspekte der Digitalität (vgl. Stalder 2016) in der Produktion von Kultur im kubanischen Buchgewerbe und in Bezug auf die Einführung des digitalen Fernsehens in Kuba. Die Relevanz dieser Analyse besteht darin, die Bedeutung der Produktion von Kulturgütern in der Transformation informationeller Einheiten (vgl. Floridi 2015) in brauchbaren Daten und Informationen für die Nutzer hervorzuheben. Dabei begegnet die Erstellung digitaler Medieninhalte dem Versuch kulturelle Inhalte zu erzeugen, um die daraus resultierenden Wissensbestände zu bewahren, zu übermitteln und zu verbreiten. Der Prozess der Digitalisierung wird als die Gesamtheit der technischen Verfahren verstanden, die für die Selektion, Gewinnung, Organisation, Verarbeitung, Verbreitung und Bewahrung von Dokumenten in digitalen Formaten und Kontexten durchgeführt werden.

Im vierten Kapitel geht es darum, die Relevanz der Rezeption, Aneignung, Adaption und Übersetzung von medialen Formaten durch ihren Gebrauch in der Öffentlichkeit und für die Einführung einer kulturellen Praxis zu analysieren. Die kubanischen Nutzer entwickeln neuartige Formen des Medien- und Kulturkonsums. Bei der Auseinandersetzung mit Medien- und Kulturkonsum als Erscheinungsform kultureller und politischer Partizipation geht das Kapitel der These nach, ob sich die kubanischen Konsumenten durch ihre Mediennutzung im öffentlichen Raum als kritische und kreative Gestalter einer Kulturpolitik herauskristallisieren. In der Privatsphäre des Einzelnen konstituiert der Kulturkonsum die Struktur von kulturpolitischen Prozessen. Aus diesen kulturpolitischen Prozessen begründen die Nutzer ihre sozialen Interaktionen. Der öffentliche Raum ist die Arena, in der die politischen Identitätsbildungsprozesse stattfinden und die Mediensphären unterschiedliche Reichweiten erlangen. Innerhalb des in Kuba aufstrebenden informellen Sektors ist die Entwicklung von persönlichen Strategien ein entscheidender Aspekt, der dafür sorgt, dass gemeinsame Interessen entdeckt werden und Gewinne neu verteilt werden. Der Medien- und Kulturkonsum als Form der kulturellen und politischen Partizipation eröffnet einen sozialen Raum, der die Möglichkeiten der Teilhabe an Entscheidungsprozessen umverteilt.

Das fünfte Kapitel der vorliegenden Arbeit fokussiert die politische Auswirkung der Herausbildung einer öffentlichen bzw. abweichenden Meinung jenseits staatlicher Verordnungen und institutioneller Rahmenbedingungen durch die Social-Media-Nutzung. Grundsätzlich wird herausgearbeitet, wie die Entstehung der kubanischen Blogosphäre eine Form des Bürgerjournalismus modifiziert. Zudem wird analysiert, welchen Effekt das Selbstmanagement von Informationen mit Hilfe eines Internetzuganges auf die Hervorbringung einer partizipativen Gegen- und Teilöffentlichkeit ausübt. Hierbei wird die These aufgestellt, dass sich durch den Einsatz von sozialen Medien eine öffentliche Meinung außerhalb staatlicher Verordnungen und institutioneller Rahmenbedingungen herauskristallisiert. Das Versprechen von Interaktivität wird paradigmatisch in der kulturellen Vorstellung verankert. Die Erforschung des Modus, in dem die Nutzer die Information in der Blogosphäre verarbeiten, zeigt auf, wie die internetbasierten Praktiken eine technisch erweiterte Sozialität (vgl. Stalder 2016; Dolata/Schrape 2018) mit ihrer entsprechenden Umsetzung durch digitale Arbeitsverfahren definieren.

Im sechsten Kapitel wird diskutiert, inwiefern Medientechnik in der Gestaltung eines medienkulturellen Wandels impliziert ist und wie sich die soziale Interaktion über den Mediengebrauch in Kuba artikuliert. Es wird thematisiert, welchen Einfluss die Einführung von Digitaltechnologie und deren Nutzung im Alltag der User auf die Logik der sozialen Institutionen im Bereich Kultur und Politik gewinnt. In diesem Kapitel wird die zentrale These aufgestellt, dass der Einsatz von Medientechnik in der Öffentlichkeit zu einer Revolution führt, in der die Nutzer mit dem Gebrauch unterschiedlicher digitaler Formate eine neuartige Medienorganisation schaffen.

Im Gegensatz zum lateinamerikanischen und europäischen Raum, wo die Entwicklungen um die Massenmedien und die Einführung der digitalen Medien bereits vielfältige wissenschaftliche Debatten auslösten, findet in Kuba erst seit kurzem ein medientheoretischer Diskurs statt. Dies ist vor allem ein praxisbezogener Diskurs, der sich auf die wirtschaftlichen, politischen und kulturellen Auswirkungen, die die Entwicklung sozialer Politiken in Bezug auf den Kulturkonsum im öffentlichen Raum hat, konzentriert.[4] Daher strebt die vorliegende Arbeit eine mögliche Verortung der medienwissenschaftlichen Entwicklungen in einen medienkulturellen Diskurs an. Inwieweit lassen sich mit den Begrifflichkeiten der vorherrschenden Mediendiskurse außerhalb Kubas die Bedingungen, die Aneignung, der Erfahrungsschatz und das „In der Welt sein" (in Anlehnung an Heidegger) im kubanischen Kontext beschreiben und erfassen? Hierbei lässt sich aber auch feststellen, dass die Studien über Kommunikation in Kuba nach 1959 hauptsächlich die Verflechtung der kommunikativen Praktiken zwischen den Massenmedien, dem politischen System (Sozialismus) und dem Agieren der staatlichen Institutionen als Förderer kommunikativer Prozesse analysieren (vgl. García Luis 1997, 2013). Einige Studien (vorwiegend aus der Frankfurter Schule) erörtern die Rolle, die die Kommunikation (Massenmedien) unter den vorherrschenden sozio-ökonomischen Bedingungen für das Bildungssystem sowie für die Machtformen und die politische Hegemonie der zeitgenössischen Gesellschaften spielt (vgl. González-Manet 1988, 1996; González-Manet/Romero Alfau 1999). Diese wissenschaftlichen Studien untersuchen die Bewahrung kultureller und politischer Werte innerhalb eines spezifischen sozialen Systems und verweisen auf die Bedeutung, die die Übertragung von Botschaften für die Verbreitung einer herrschenden Ideologie besitzt (vgl. González-Manet 1992).

In Lateinamerika der 1980er Jahre ist eine Form wissenschaftlicher Texte zum Verhältnis von Massenmedien und deren Effekte auf die Kultur entstanden. Diese Texte werden heute im Allgemei-

---

[4]   Siehe beispielsweise die Studien über Kulturkonsum in Kuba aus dem Instituto Cubano de Investigación Cultural Juan Marinello (ICIC), in: Moras Puig/Linares Fleites/Correa Cajigal 1996; Moras Puig/Linares Fleites/Rivero Baxter 2004; Moras Puig/Linares Fleites/Rivero Baxter 2008; Moras Puig et al. 2010; Moras Puig/Rivero Baxter 2015.

nen unter dem Begriff *Teorías culturales posmodernas de Latinoamérica* (postmoderne Kulturtheorien Lateinamerikas) zusammengefasst. Lateinamerika ist ein Subkontinent, welcher, trotz aller Modernisierungsversuche im europäischen und US-amerikanischen Sinne, noch oder noch nicht mit den gängigen westlichen Begriffen und Vorstellungen von Moderne und Postmoderne beschrieben werden kann. Dies geschieht aufgrund eigener Bestimmungen und in vielfältigen, teilweise sich widersprechenden Ausprägungen, welche unterschiedliche soziale, ökonomische und politische Projekte mit heterogenen sozialen Realitäten darstellen. Der Entwurf der postmodernen Kulturtheorien akzentuiert die Auswirkung der Massenmedien auf unterschiedliche soziale Kontexte (vgl. Martín Barbero 1981, 1987, 1988, 2015; Orozco Gómez 1994, 1996, 1997, 2001, 2002). Diese Theorien untersuchen grundsätzlich die Effekte des Fernsehens (vgl. Martín Barbero 1992) als Massenmedium auf das kollektive Gedächtnis und dessen Einfluss auf die mediale Konstruktion der sogenannten *populären Kulturen* (vgl. García Canclini 1982, 1986, 1988).

Nestor García Canclini (2001) beschreibt Lateinamerika als ein Gebiet, in dem die Traditionen nicht verschwinden und die Moderne noch nicht wirklich angefangen hat. Dazu stellt der Theoretiker seine These der *culturas híbridas* (hybride Kulturen) auf. Die lateinamerikanischen Kulturen unterziehen sich einer Restrukturierung ihrer sozialen Normen und Wertvorstellungen in einer transitorischen Bewegung hin zur Moderne. Diese kulturellen Prozesse weisen auf eine neue und komplexe Art und Weise folgende Nuancen auf: moderne und traditionelle Elemente der Politik, regionale, nationale und transnationale Aspekte der Kommunikation sowie auch traditionelle und populäre Standpunkte der Massenkultur. Der Begriff der *culturas híbridas* stellt eine Relation zwischen der Produktion neuer Bedeutungen und der Entwicklung anderer Formen von sozialen, politischen und kommunikativen Prozessen her. Dazu äußert der Anthropologe und Kulturkritiker García Canclini:

[…] La modernización disminuye el papel de lo culto y lo popular tradicionales en el conjunto del mercado simbólico, pero no los suprime. Rebusca el arte y el folclore, el saber académico, y la cultura industrializada, bajo condiciones relativamente semejantes […].[5]

Die sogenannten populären Kulturen und die Wirkung der aufkommenden Massenmedien (v. a. der besondere Einfluss der Telenovelas) waren für die postmodernen Theorien ein ausschlaggebender und repräsentativer Forschungsgegenstand. Im Mittelpunkt stand die Partizipation der populären Kulturen an den kulturellen Entscheidungsfindungsprozessen. Somit kennzeichneten diese postmodernen Theorien das Muster und die Herangehensweise in der Erforschung der Wirkung der Massenmedien und der Technologie auf die Alltagskultur der Menschen im lateinamerikanischen Raum. Durch ihre Vermittlung definiert die Kultur dabei diejenigen sozialen Räume, in denen der Mensch die Bedeutung der Botschaft (Massenmedien), die er rezipiert, entschlüsselt und ändert (vgl. Martín Barbero 1987). Ein anderer wichtiger Aspekt für diese Recherche war die Erforschung der unterschiedlichen Formen von Kulturkonsum in Zusammenhang mit politischer Partizipation. Die Entwicklung einer Kulturpolitik (vgl. Sunkel 1999) ist eins der entscheidenden Elemente, durch welches die Heterogenität der durch die lateinamerikanischen Kulturen ausgeübten, sozialen Praktiken aufbewahrt wird. Diese Kulturtheorien entstanden vorwiegend, um aus einer anderen Sichtweise an die seit den 1980er Jahren aufkommenden Fragestellungen heranzugehen, die die Compu-

---

[5]   Dt. Übersetzung durch Autor: „[…] Die Modernisierung verringert die Rolle der Tradition, des Kulturellen und des Populären innerhalb der Gesamtheit der symbolischen Marktformen, aber sie schafft diese nicht ab. Sie sucht nach der Kunst und der Folklore sowie nach dem wissenschaftlichen Wissen und der industrialisierten Kultur unter relativen ähnlichen Bedingungen […]." Spanisches Original in: García Canclini 2001: 18.

terisierungs-, Vermassungs- und Technifizierungsprozesse für die lateinamerikanischen Gesellschaften hervorgebracht haben.

Kommunikation als Praxis wird in der vorliegenden Arbeit als integraler Bestandteil von Kultur und aus einer medienkulturellen Sichtweise heraus definiert. Ausgangspunkt ist die Betonung des Ausdruckes *Medien* nicht im Sinne einer repräsentativen Funktion von Kommunikation, sondern bezogen auf Technik und die kulturellen Prozesse (Aneignung, Rezeption, Adaption, Übersetzung, Produktion und Reproduktion etc.), die über technische und digitale Verfahren vermittelt werden. Das vorherrschende Kommunikationsmodell, das die kommunikativen Prozesse der kubanischen Gesellschaft als Instrument für die Verbreitung von Kultur (Homogenisierung) mit didaktischen Methoden betrachtet, hat einen tiefgreifend ideologischen Charakter, der auf politische Transformation abhebt. Es spiegelt noch diejenigen staatlichen Strukturen wider, die die Kommunikation als Übertragung und Empfang einer Botschaft versteht. Die massenmediale Kommunikation im institutionellen Kontext und in ihrer Übertragung an die Bevölkerung wird noch aus einer vertikalen bzw. einseitigen Position ausgerichtet. Die Neuheit der Einführung von digitalen Medien in Kuba besteht darin, dass die politischen Identitätsbildungsprozesse, die durch die Nutzung von Medientechnik ausgelöst werden, die Veränderung unterschiedlicher Sphären (Kultur, Binnenwirtschaft, Politik, individuelles und kollektives Gedächtnis) des Lebens des Einzelnen vorantreiben. Die Angebote der traditionellen Massenmedien treffen im öffentlichen Raum nicht mehr auf einen passiven Empfänger, der sich der Verteidigung der Erfolge der kubanischen Revolution widmet oder den guten ästhetischen Geschmack in seinem Kulturkonsum privilegiert. Digitale Medien und deren neue kulturelle Praktiken eröffnen grundsätzlich einen sozialen Raum für Dialog, Dissidenz, kulturellen Widerstand und politischen Protest. Sie ermöglichen die Ausübung anderer, nicht-konventioneller Partizipations- und Machtformen. Diese Formen werden im Kontext einer ständigen Wirtschaftsumstrukturierung entwickelt.

Wie kann die Kommunikation in Bezug auf den Einsatz der Medientechnik und im engen Zusammenhang mit der Transformation von Wirklichkeitsvorstellungen in kulturtheoretischer Sicht erfasst werden?

Medienkultur ist ein Ausdruck, der in unterschiedlichen nicht-akademischen und akademischen Feldern, zunehmend in den Sozial- und Geisteswissenschaften, so auch in den Kulturwissenschaften zur modernen Bestimmung von Kultur und Austauschprozessen im Rahmen von Globalisierungsprozessen (vgl. Giddens 2001, 2008; Sloterdijk 2016) ihre Relevanz findet. Innerhalb eines sozialen, politischen Systems produziert ein medienkultureller Wandel die Entwicklung kulturübergreifender Aspekte von kommunikativen und technischen Prozessen, die Unterschiede in der Durchführung von Dialogen und politischer Vereinbarung zwischen sozialen Akteuren ausmachen. In der Folge enthalten diese Elemente eine konfliktstiftende Wirkung. Unter diesem Aspekt wird die Behauptung aufgestellt, dass der Einsatz von Medientechnik im sozialen Kontext Kubas als eine Art Zusatzleistung des Lebens des Einzelnen betrachtet werden kann. Die Nutzer passen die Technologie an ihre Bedürfnisse und Forderungen an. Somit entwickelt sich eine kulturelle Praxis mit einer besonderen Kreativität, die mit der Konzeption einer homogenen kulturellen Entwicklung nicht beschrieben werden kann. Die Basis dieser Überlegung bildet ein Kulturbegriff, der im engeren Sinne auf einen Komplex von identitätsstiftenden politischen und kulturellen Verhandlungen verweist. Dies beschreibt eine Konzeption, die über örtliche Kulturpraktiken hinausgeht und auf ein Feld abseits üblicher Kulturtheorien verweist.

Zur Erforschung der politischen Dimension des medienkulturellen Wandels in Kuba ist es notwendig, auf die Art und Weise der Mediatisierung zu achten, die durch die Nutzung der Digitaltechnologien etabliert wird. Auch wenn *Vernetzung* ein Schlagwort unserer gegenwärtigen Gesellschaften ist, bedeutet dies nicht, dass alle sozialen und kulturellen Verhältnisse sich angesichts der Entwicklung technischer Fortschritte (Netzwerke, digitale Medien, Nachrichtentechnik usw.) aus einem Gemenge unterschiedlicher nationaler und transnationaler Kulturprozesse bilden. Kultur ist nicht monolithisch, sie entwickelt sich aus heterogenen Prozessen in einem auch kulturübergreifenden Kontext. Der Einsatz von Medientechnik in einer Gesellschaft dient grundsätzlich dem Ausbau von transnationalen Räumen. Innerhalb dieser Räume laufen soziale und kulturelle Beziehungen (vor allem wirtschaftlich) zusammen, die sich also vernetzen, doch diese Vernetzung birgt noch keine Aussage über den Wert und die Qualität eines Wandels oder über die Funktionsweise von Medienanwendungen in sich. Diese Relationen sind die Aussagekraft eines Ausdifferenzierungsmerkmals gemäß dem politischen und ideologischen Sachverhalt, in dem sie sich reproduzieren. Einerseits hat der Einsatz von Digitaltechnologien in paradoxer Weise zur Stabilisierung des homogenen medienkulturellen Raums in Kuba beigetragen, andererseits diversifizieren sie die Mediennutzung und die Medienpraktiken durch einen immer weitreichenderen Internetzugang für die kubanischen User. Kultur und Politik sind dabei eng miteinander verwobene Entwicklungen. Die Nutzung digitaler Medien trägt den Hinweis auf den begreifbaren Erfahrungsinhalt in einem technisch bedingt sozialen System mit sich. Die Nutzer bezeichnen die technischen Fortschritte als einen integralen Bestandteil des gegenwärtigen kulturellen Lebens.

Hierbei beschäftigt sich das wissenschaftliche Vorhaben mit der Entwicklung der Medienkompetenzen der Nutzer als neue Kulturtechnik. Voraussetzungen dafür sind das Beherrschen von Lesen, Schreiben und in geringem Maße von Rechnen. Die Nutzer entfalten ihre Fähigkeit zur bildlichen Darstellung und zum Selbstmanagement von Information. Sie entwickeln ein besonderes Verhalten im Netz, das häufig grafisch dargestellt wird. In der Privatsphäre des Einzelnen sowie in den Institutionen werden technische Fähigkeiten entfaltet, ein kulturhistorisches Wissen und die Anwendung verschiedener Methoden verwendet, um einen produktiven Umgang mit der Nutzung der Digitaltechnologie zu fördern. Durch die Erklärung der sozialen Interaktion und der gesellschaftlichen Teilnahme (kulturelle und politische Partizipation) werden nicht nur die Leistungen von Einzelpersonen, sondern auch die Gruppenleistungen, die innerhalb eines kulturellen Kontexts entstehen, hervorgehoben. Dies führt zu der These, dass der Übergang von einem an die Masse gerichteten politischen Diskurs durch den Einsatz von Medientechnik zu einer personalisierten bzw. individualisierten Kommunikation führt und mit der Entwicklung einer neuen Form der Oralität und Literalität in Kuba einhergeht.

Die Untersuchungsmethode des Vorhabens besteht aus der Analyse von Presseberichten (Zeitungen, Zeitschriften, Webseiten und Weblogs), informellen Gesprächen und einer partizipativen Beobachtung der Medienpraktiken und des Medienkonsums der kubanischen Nutzer im öffentlichen Raum bis zum Jahr 2018. Zudem wurden wenige Interviews (ca. 15 aufgrund der Sensibilität des Themas) mit kubanischen Bloggern geführt, um die Umstände in der Entwicklung der kubanischen Blogosphäre erklären zu können. Über den medienkulturellen Wandel in Kuba wurde bislang nur sehr wenig veröffentlicht. Es gibt keine Studien, die den Gegenstand systematisch erforscht haben. Aufgrund dessen wird eine praxisorientierte Recherche durchgeführt, die auf der Untersuchung anthropologischer, kommunikativer und politischer Aspekte der kubanischen Gesellschaft basiert. Die Erhebung der für die Arbeit relevanten angeführten empirischen Daten erfolgte über eine Feldforschung im sozialen Kontext Kubas anhand einer informativen Befragung (keine Fragebogen) und einer teilnehmenden Beobachtung.

Weite Strecken der konkreten Beschreibung von Medienphänomenen kommen in der Arbeit ohne Literaturhinweise aus, da die Beschreibung der im Vorhaben erwähnten kulturellen Prozesse und Medienphänomene aus eigener Anschauung schöpft und sich zugleich von allseits bekannten und zugänglichen Informationen nährt. Zur Erforschung der kulturellen Praxis der kubanischen Nutzer im privaten und öffentlichen Raum, stützt sich die Recherche auf die Inhaltsanalyse der obengenannten

Presseberichte (in Zeitungen, Zeitschriften, Webseiten und Weblogs), welche aber auch als Belege verwendet wurden. Um die Fragestellung zu beantworten, wurde ein umfangreicher Überblick über die Mediatisierung und Digitalisierung Kubas seit den frühen 1990er Jahren gestellt. Dieser umfasst einen medienkulturellen Wandel in der sozialen Entwicklung der kubanischen Zivilgesellschaft über einen Zeitraum von rund drei Jahrzehnten, um den Zusammenhang zwischen Usern, sozialen Akteuren (selbstständigen Erwerbstätigen), staatlichen Institutionen und technischen Entwicklungen (privaten und staatlichen Projekten) zu verdeutlichen.

Die Auseinandersetzung mit lateinamerikanischen und europäischen Kommunikationstheorien soll zu einem medientheoretischen Dialog führen. Insbesondere handelt es sich dabei um die Skizzierung unterschiedlicher Theoriebildungen in der Betrachtung von Kommunikation als kultureller Praxis und deren Verhältnis zu Technik. Im Falle Kubas wird der charakteristische Aufbau des Mediensystems analysiert, um den kulturellen Umbruch und die Medienrevolution zu erforschen, die den Einsatz von Medientechnik in der Öffentlichkeit hervorruft. Hierbei übernimmt die Arbeit eine medienkulturelle Sichtweise im Hinblick auf die Erforschung der Medienstrukturen, aus denen eine neuartige Medienorganisation erschlossen wird. Was sind die Faktoren eines medienkulturellen Wandels und wie werden sie im Zeitraum 1990 bis 2018 aufrechterhalten? Wie sehen die Verbindungen im Raum aus und welche Elemente charakterisieren die kommunikative Praxis? Die Erforschung der relevanten Ansätze von Medienkultur, eine Übersicht, kritische Bestandsaufnahme und Begriffsbestimmung ist die Zielvorstellung der vorliegenden Arbeit, um ebenfalls die Grundlagen, Probleme, Merkmale, Erfolge und Widersprüche des medienkulturellen Wandels in Kuba zu untersuchen. Was bedeutet ein medienkultureller Wandel für die Kommunikation, die technische Transformation und die Kultur? Was bedeutet medienkultureller Wandel mit Blick auf zukünftige individuelle und kollektive Entwicklungsperspektiven?

Was bewirkt einen medienkulturellen Wandel? Welche Indikatoren und Agenten können benannt werden? Wie schreibt sich der medienkulturelle Wandel in den technischen Prozess ein? Fragen wie diese gilt es zu beantworten.

Kapitel 1

Transformation und Erweiterung eines homogenen Kommunikationsraums ins Web 2.0

Eine medientheoretische Auseinandersetzung mit den politischen, wirtschaftlichen und kulturellen Bedingungen, die die technische Transformation des kubanischen Kommunikationsraums prägen, erfordert eine Untersuchung von deren kulturellen Eigenheiten. Die Beschreibung der Dynamik dieser technischen Transformation sowie die soziale Einordnung von medialen Strukturen dienen dem Verständnis der historischen Entwicklung des medienkulturellen Wandels in Kuba. Die Nutzung von Medientechnik bildet aktuell in Kuba Rahmen-, Raum- und Zeitkonzepte, die durch Aneignung, Wahrnehmung, Produktion und Übersetzung einen neuen Kommunikationsraum entwickeln. In diesem Kapitel wird eine Analyse über die Erstellung von Webseiten innerhalb institutioneller Rahmenbedingungen und ihre Auswirkung auf die Organisation von medialen Strukturen im sozialen Kontext Kubas durchgeführt. Zudem wird erörtert, wie die Gesamtheit der technischen Bestandteile eines Informationssystems über Mediengebrauch gesteuert wird, während die dadurch geschaffenen medialen Strukturen einen kulturellen Einfluss ausüben. Der Ausdruck Medientechnik bezieht sich auf die digitalen Prozeduren im Gebrauch der Informations- und Kommunikationstechnologien, welche über die Anwendung von Computertechnologie neue Formen von Daten- und Informationsverarbeitung erlauben. Die technischen Verfahren generieren neue kulturelle Prozesse, wodurch die Nutzung des Internets einen Beitrag zur Erweiterung der kubanischen Telekommunikationsstrukturen leistet. Medien werden – technisch, politisch und kulturell – als Dispositiv verstanden, das in einem bestimmten Kontext Sinn und Gesten von Medienpraktiken erzeugt.

Der Einfluss der Nutzung von Medientechnik auf die Kultur und die Einführung von technischen Projekten entsprechen einer Gesellschaft neuer Prägung. Ansatzpunkt für diese Betrachtung ist die Behauptung des kubanischen Kommunikationstheoretikers Enrique González-Manet, dass

> [...] La informatización de la sociedad supone el tránsito de la producción industrial a la economía de servicios, la conexión interactiva de todas las instituciones y organismos públicos y privados, y la elevación cualitativa y constante de la capacitación profesional. Se trata de un nuevo concepto social de mediano y largo plazo que comienza en algunos países altamente desarrollados, proceso al que acompañan contradicciones, desfases y rupturas debido a los efectos de las políticas de privatización y declinación de los servicios de carácter público. [...] La era de la informática no es únicamente la expresión de un dinámico desarrollo tecnológico, sino también un feroz campo de competencia y una articulada urdimbre de relaciones políticas, económicas, ideológicas y culturales [...].[1]

---

[1] Übersetzung des Zitats durch den Autor: „[...] die Informatisierung der Gesellschaft [etwa der Einsatz von digitalen Kommunikations- und Informationstechnologien] setzt den Übergang von der industriellen Produktion zur Dienstleistungsgesellschaft, die interaktive Verbindung von allen öffentlichen und privaten Institutionen und eine qualitativ ständig steigende fachliche Qualifikation voraus. Hierbei handelt es sich um ein neues mittel- bis langfristiges Sozialkonzept, das sich in einigen der Industrienationen in einem Umsetzungsprozess befindet. Dieser Prozess wird begleitet von Widersprüchen, Produktionslücken und wirtschaftlichen Verzerrungen, die durch die Politik der Privatisierung und den Kürzungen bei den öffentlichen Diensten erzeugt werden. Das Informationszeitalter ist nicht nur der Ausdruck einer dynamischen tech-

Zudem werden die Strategien zur Einführung eines Programms zur informationellen Alphabetisierung (aus dem Englischen Information Literacy) im institutionellen Kontext Kubas erläutert. Der Ausdruck bezieht sich insbesondere auf die Konzeption von sozialen Lernprogrammen zur Erweiterung digitaler Verfahren in der Suche, Auswahl, Erstellung, Organisation und Verbreitung von digitalen Medieninhalten. Im Rahmen der Kommunikation im institutionellen Kontext umfasst die sogenannte informationelle Alphabetisierung eine komplexe Einheit von Methoden und digitalen Prozeduren, welche die kubanische Öffentlichkeit in kommunikative Prozesse und kulturelle Praktiken einführen. Das Programm zielt auf die Qualifizierung der kubanischen Nutzer und generell der kubanischen Bevölkerung in der Handhabung und Bedienung von technischen Geräten und auf das Management von Informationen in digitalen Netzwerken. Im sozialen Kontext Kubas wird das Programm neben dieser „Belehrung" aber auch genutzt, um zu identifizieren, wie, wann und warum Informationen benötigt werden. Die kubanischen User werden zwar dazu befähigt, Informationen zu finden und zu verwenden, doch zugleich sollen sie die Informationen auch auf eine bestimmte „ethische Weise" bewerten.

Dieses Kapitel geht der These nach, dass Medientechnik eine indoktrinierende Funktion erfüllt und Kommunikation im institutionellen Kontext somit eine politische Implikation mit sich bringt. Anhand von drei Webprojekten (Infomed, Cubarte und EcuRed) als soziale Akteure wird deren politischer Auftrag, die Kompetenzerweiterung der kubanischen Nutzer auszubilden, hinsichtlich der Kommunikation im institutionellen Kontext analysiert. Die Kulturinstitutionen widmen sich einer sozialen Aufgabe, indem sie mittels ihrer Projekte in der Öffentlichkeit

---

nologischen Entwicklung, sondern auch ein konkurrenzorientierter Bereich und eine strukturierte Reihenfolge von politischen, wirtschaftlichen, ideologischen und kulturellen Relationen[…]." Das spanischsprachige Original findet sich in: García Luis 1997: 7.

eine aktive Rolle einnehmen. Sie unternehmen den Versuch, die Nutzer in den digitalen Netzwerken mit den in der Folge weiter beschriebenen Ressourcen zu belehren. Sie entwickeln neue Programme, um die technischen Fähigkeiten des Einzelnen auf einer individuellen und beruflichen Ebene erweitern zu können. Bestimmte Tätigkeiten werden mit einem politischen Anspruch realisiert, z. B. ein Webprojekt (Website oder Weblog) durchzuführen, Informationen gemeinsam zu nutzen oder mit anderen zu teilen bzw. kulturelle Inhalte (über den Gebrauch von E-Mail, Websites oder das Bloggen) zu verbreiten. Erwähnenswert ist die Teilnahme von individuellen sozialen Akteuren an diesem Prozess, wie beispielsweise im Falle der kubanischen Blogosphäre. Diese sozialen Akteure wenden sich gegen den politischen Anspruch der Kulturinstitutionen, wie in einem folgenden Kapitel weiter erläutert werden wird.

1.1 Infomed 2.0: Portal des kubanischen Gesundheitswesens

Im Jahr 1992 wurde Infomed als ein Netzwerk von Einzelpersonen und Institutionen gegründet, mit dem Ziel, ein funktionales technisches System der Informations- und Wissenverbreitung im Rahmen des kubanischen Gesundheitssektors zu erschaffen. Das Projekt wurde von *Centro Nacional de Información de Ciencias Médicas* (Nationales Informationszentrum für Medizin) durchgeführt, um einen ausreichenden Informationsaustausch zwischen medizinischen Angestellten, Forschern, Lehrenden, Studierenden und Beamten des kubanischen *Sistema Nacional de Salud* (Nationales Gesundheitssystem) zu bewerkstelligen. Das Hauptziel des Projekts Infomed ist, ein kollektives Ökosystem von Einzelpersonen, Dienstleistungen und Informationsquellen für das Gesundheitssystem aufzubauen, um seinen Nutzern einen optimalen Zugriff auf hochwertige Informationen zur Medizin anbieten zu können. Das Projekt fördert die Entfaltung der kreativen Fähigkeiten von den Nutzern, die als Produzenten von Information, kulturellen Inhalten und Wissen zu betrachten sind. Infomed ist insbesondere für den Bereich Informatik im kubanischen Gesundheitswesen konzipiert und basiert auf einem dynamischen und effizienten Netzwerk von fachlich versiertem Wissen von hohem humanitärem Wert.

Infomed zeichnet sich durch sein qualifiziertes Personal aus und beschäftigt Gruppen von technischen Mitarbeitern, die die digitalen Knotenpunkte Kubas verwalten. Jede kubanische Provinz besitzt einen städtischen Knotenpunkt des Netzwerks. Diese Gruppen von Technikern sind eine Referenz in Bezug auf die Netzwerk- und Kommunikationstechnologien im sozialen Kontext Kubas. Infomed integriert in sich andere Netzwerke, die weitere Dienstleistungen sowie digitale Informationsprodukte und digitale Medieninhalte gestalten und generieren. Unter anderem beinhaltet Infomed das Netzwerk der kubanischen Bibliotheken, die territorialen Knotenpunkte von Infomed sowie die *Biblioteca Virtual en Salud* (Virtuelle medizinische Bibliothek) und die Universidad Virtual en Salud (Virtuelle medizinische Universität). Jedes dieser Netzwerke sorgt für die Wertschöpfung von Inhalten und Dienstleistungen, die sich nach einem internationalen Qualitätsstandard richten. Das Design von Infomed entspricht dem Anspruch, den Bedarf an Informationen unter den kubanischen Nutzern zu decken. Im kubanischen Gesundheitssektor vereint Infomed eine große Anzahl von Spezialisten, die unterschiedliche Funktionen ausüben, wie unter anderem Fachberatung, Recherche, Lehrtätigkeit und Management. Dies soll die Qualität seiner Produkte, Dienstleistungen und des Managements von Information gewährleisten. Als Sozialprojekt wurde es nach den Prinzipien der kubanischen Kulturpolitik konzipiert, wie die kanadische Theoretikerin Ann C. Séror ausführt:

[…] The Cuban strategy recognizes a new industrial revolution driven by information technology defined as the integration and convergence of computing, microelectronics, telecommunications and data processing. The fundamental premise of the Cuban information society is controlled universal access to information and telecommunication technologies. Analysis of telecommunication in the developed world focuses on the identity between the individual user and the technology, while in the developing world universal service is defined with respect to collective social units, and necessary distance or travel time to reach points of access to such service. For example, the Cuban strategy defines the standard for telephone service as availability in all villages and communities of more than 500 inhabitants (International Telecommunication Union, 1998; Ministerio de la Industria Sideromecánica y Electrónica et al., 1997). This distinction raises the important debate between universal service and universal access […].[2]

Im Jahr 1965 entstand das kubanische *Centro Nacional de Información de Ciencias Médicas* (im Folgenden CNICM – Nationales Informationszentrum für Medizin). Seit dessen Gründung steuert es die Funktionen und die technischen Verfahren zum Management von medizinischen Informationen in Kuba. Diese Tätigkeit erweiterte sich bis hin zur Gründung eines Verlages. Der Verlag gab die Gesamtheit der kubanischen medizinischen Zeitschriften heraus und fungierte als Bibliothek und *hemerotek*, die sich allmählich in die heutige *Biblioteca Médica Nacional* (Medizinische Nationalbibliothek Kubas) verwandelte. Als dazugehöriger Bestandteil integrierte sich Infomed in die Weiterentwicklung dieses Informationszentrums. Im Jahr 1992 wurde Infomed als eine Initiative von CNICM ausgeführt, um die Nutzung des Internets und der Netzwerktechnologien zugunsten des Zugangs zu Informationen im Gesundheitssektor zu fördern. Seit 1965 arbeitete das CNICM noch mit den traditionellen Formaten wie dem Ausdrucken von Dokumenten, dem Abonnieren von Zeitschriften usw.; im Jahr

---

1992 bezog das Digitale eine untergeordnete Stellung. Im Rahmen eines Programms des kubanischen Ministerio de Educación Superior (Ministerium für höheres Bildungswesen) begann die Verteilung von Computern in den kubanischen Bildungsstätten, um den Zugriff auf das Netzwerk *Medline* – heute *Pubmed* – zu ermöglichen, dabei förderte das CNICM die Nutzung von CD-ROM-Laufwerken. Jedes Informationszentrum in den kubanischen Provinzen wurde mindestens mit einem Computer mit CD-ROM-Laufwerk ausgestattet, während eine CD mit gespeicherten Informationen aus dem Netzwerk Medline in den Bibliotheken hinterlegt wurde.[3]

Das Projekt Infomed wurde ebenfalls während der sogenannten Sonderperiode in den – 1990er Jahren – in Kuba gegründet. Der Beschluss zum Aufbau eines digitalen Netzwerks für das Gesundheitssystem wurde gefasst und gleichzeitig wurde die staatliche Subventionierung für das Abonnement auf Zeitschriften abgeschafft, welche jährlich eine Summe von einer Million Dollar betrug. In den 1980er Jahren verfügte das CNICM über einige Ressourcen. Der damalige Minister für das Gesundheitswesen Kubas, Julio Tejas, bewilligte zehntausend Dollar für den Erwerb der ersten Server für den Ausbau von Infomed als digitales Netzwerk.[4] Damals wurde den Mitarbeitern dieser Institution über das *Centro Nacional de Intercambio Automatizado de Información* (CENIAI – Nationales Zentrum für automatisierten Informationsaustausch) ein E-Mail-Account angeboten. Das CENIAI gehört zum *Ministerio de Ciencia, Tecnología y Medio Ambiente de Cuba* (CITMA – Ministerium für Wissenschaft, Technologie und Umwelt). Finanziell wurde Infomed mit der Unterstützung interna-

---

[3]   Siehe Díaz Antúnez, Maura E.: ¿Qué es Infomed y dónde se encuentra? Una entrevista con Pedro Urra González, director de Infomed. ☞ Link S. 399

[4]   Siehe Escobar Domínguez, Cristina/Leyva Dehesa, Ana: Entrevista a Pedro Urra, director de INFOMED, Cuba. La tecnología como razón liberadora. ☞ Link S. 399

tionaler Institutionen wie PNUD und USA/Cuba *InfoMed*[5] sowie kubanischer Sponsoren wie der *Academia de Ciencias de Cuba* (Akademie der Wissenschaften Kubas) und dem kubanischen Telekommunikationsunternehmen ETECSA weiterentwickelt. In den 1990er Jahren verfügte auch das kubanische *Centro de Inmunología Molecular* (Forschungszentrum für molekulare Immunologie) über ein Netzwerk von medizinischen Laboren, die innerhalb Kubas in jeder Fakultät für Medizin zu finden waren. In diesen Labors befanden sich die Informationszentren der kubanischen Provinzen, die gleichzeitig mit der Gesamtheit der medizinischen Fakultäten in einem nationalen Netzwerk verbunden waren. Dieses Netzwerk erlaubte die Steuerung und Verwaltung der medizinischen Labore und Fakultäten, um den Zugriff auf Literatur und aktualisierte Dokumentation für das gesamte Gesundheitssystem bereitstellen zu können. Ann C. Seror unterstreicht diesen Umstand:

> […] The Cuban innovation system is then presented in the framework of a national development model focusing on management of enterprise linkages with educational and research institutions, investment and financial incentives for innovation, and information services with particular emphasis on telecommunications networks and infrastructures […].[6]

Gemäß Pedro Urra González, einem Entwickler, ehemaligen Koordinator und Leiter von Infomed, war dieses Vorhaben eine Art technologische Revolution, indem die Einführung des Netzwerks wie ein Paradigma für das Management von Information im kubanischen institutionellen Kontext betrachtet wurde.[7] Die

---

5   Siehe Urra González, Pedro: Cuba & ICTs: Real Crisis Leads to Virtual Innovation. ☞ Link S. 399

6   Séror/Fach Arteaga 2000: 204.

7   Siehe Díaz Antúnez, Maura E.: ¿Qué es Infomed y dónde se encuentra? Una entrevista con Pedro Urra González, director de Infomed. ☞ Link S. 399

Gesamtheit der medizinischen Zeitschriften konnte elektronisch herausgegeben werden und die Konzeption von Infomed war das greifbare Ergebnis dieses Strebens. Die Nutzer, die die traditionellen Formate nicht verwendeten, fingen plötzlich mit dem Abfragen von Informationen und digitalen Medieninhalten auf dem neuen Träger an. Es sind Infomed nicht nur medizinische Informationen und Inhalte in Infomed integriert, sondern es umfasst auch alle sozialen Aspekte des kubanischen öffentlichen Gesundheitswesens. Im Jahr 1992 übernahm das Netzwerk die Gesamtheit der Dienstleistungen des CNICM. Dadurch war es möglich, die Informationsdienste des Verlages und der Bibliothek sowie die Verwaltung des Informationszentrums zu digitalisieren. Die Erweiterung der Informationsdienste über das Netzwerk Infomed ermöglichte ebenfalls den Aufbau von digitalen Knotenpunkten in den kubanischen Provinzen, was zur Einrichtung eines nationalen Daten- und Informationssystems im Gesundheitssektor führte. Der oben beschriebene beginnende Prozess der Digitalisierung eröffnete die Möglichkeit für eine neue Marktdynamik, wie Séror und Fach erklären:

[…] The most important research themes related to implementation of this model in Cuba are identification of appropriate technologies, evaluation of their effects on society, and their transfer for application in all sectors of economic activity. Institutional innovation networks contribute to the process of technology transfer motivated by market dynamics; this motivation may be based on the creation of a new product or process (push), or the emergence of a new technological requirement in the market (pull). In the context of the technological market, network institutions infuence or control the transfer process through a variety of roles (King, Gurbaxani, Mcfarlan, Raman & Yap, 1994). These roles include the processes of research and development, knowledge diffusion, creation of archives and data banks, resource allocation to technology transfer projects, public information, education and training, definition of technological norms and standards, and the use of administrative policies and directives to foster creation or adoption of innovations identified as policy priorities […]. […] The nature of the relationship among the centers is cooperative, and each creates its own network within its provincial territory (Negrin, 1996). These regional networks are designed to facilitate integration of technological market dynamics and reduction of related market uncertainties. They play a key role, with the network of university centers, in the process of information technology transfer and management of the linkage among education, research and industry.[8]

Infomed beschränkt sich nicht nur auf das Konzept eines digitalen nationalen Netzwerks, sondern es strebt nach einer internationalen Reichweite, denn es basiert auf der Nutzung des Internets. Die Konzeption von Infomed besteht in der Absicht, durch die Bereitstellung und Organisation von Informationen und digitalen Medieninhalten im Gesundheitssektor kulturelle Prozesse in der kubanischen Öffentlichkeit auszulösen. Das Portal Infomed im kubanischen Intranet ist nur eine der Instanzen, auf die sich das Projekt Infomed stützt. Die Verbindung mit anderen digitalen Plattformen wie zum Beispiel mit dem Portal *Scielo Cuba* (http://www.scielo.sld.cu/scielo.php) sind andere Instanzen, aus denen das Projekt Infomed besteht. Für das öffentliche Gesundheitswesen wird hierbei ein Konglomerat digitaler Ressourcen, Informationsquellen und gemeinsamer Räume zur Kooperation bereitgestellt, um das Management von Informationen und die Generierung von Wissen zu steuern. Die Kooperation mit internationalen Institutionen und Einzelpersonen erlaubt den Austausch von Ressourcen, Werkzeugen, Inhalten und Dienstleistungen, die für die kubanischen medizinischen Hilfs-Missionen in anderen Ländern nützlich sind.

---

[8]   Séror/Fach Arteaga 2000: 205, 210.

Trotz der technischen Schwierigkeiten Kubas wurde das Netzwerk im Zeitraum von 2000 bis 2010 in ein neues Projekt, bezeichnet als Infomed 2.0, überführt. Nach González passte es sich über diese Transformation den kulturellen Veränderungen des Internets an, die ein neues Muster für eine verbesserte Datenübertragung bildeten. Der Hauptgrund für das neuartige Design des Infomeds war die Erweiterung der technischen Infrastruktur und die Einführung eines Programms, welches als informationelle Alphabetisierung bezeichnet wird. Mit diesem Programm wird danach gestrebt, die Fähigkeiten von Einzelpersonen und Institutionen im Gebrauch dieses Netzwerks zu entwickeln, indem die Nutzer andere Dienstleistungen wie die Abfrage von digitalen Medieninhalten auf dem Portal, die Suche nach Informationen und die Nutzung einer E-Mail-Adresse gemeistert haben. Zudem wurde gefördert, dass die Nutzer ihre Kreativität entfalten, um die Kooperation zwischen den sozialen Akteuren vorantreiben zu können, die zu diesem Netzwerk gehören. Für das kubanische Gesundheitssystem konstituierte die Initiative eine große Leistung hinsichtlich der Lehrtätigkeit. Die Professoren der *Universidad Virtual en Salud* (Virtuelle medizinische Universität) waren dazu befähigt, ihre Buchprojekte und Lehrveranstaltungen den kubanischen Nutzen zur Verfügung zu stellen, um ein Feedback zu erhalten. Die Nutzer konnten ihre Meinung zu den erstellten Inhalten zwecks deren Verbesserung äußern. Dies entsprach der Entwicklung einer Strategie zur Partizipation, die sowohl auf die Zusammenarbeit mit sozialen Gruppen als auch auf die gemeinsame Suche nach kreativen Lösungen für technische Probleme abzielte.

Das Programm zur informationellen Alphabetisierung dient seitdem zur Befähigung des Personals und der Infomed-Nutzer, Informationen abzufragen und zu managen sowie sich innerhalb eines digitalen Netzwerks bewegen zu können. Die Förderung von ethischen Werten angesichts des Modus, in dem die Information verwendet wird, konstituiert einen der Kernpunkte des Programms. Dennoch ist dies gleichzeitig eine seiner Schwächen.

Die Bereitstellung von digitalen Werkzeugen und Lösungen für technische Probleme wird in einem Kontext von Kontrolle, Abhängigkeit und Autorität gestellt, die nur den Forderungen eines Sektors der kubanischen Gesellschaft entspricht. Die Entwicklung einer Strategie zu einer „Belehrung" des Personals im Gesundheitssektor, wie sie die Medientechnik zu gebrauchen haben, ist nur ein Aspekt, der mit der Inbetriebnahme von digitalen Netzwerken in Kuba einherging. Im Gegensatz dazu bevorzugen die kubanischen Nutzer, sich in einem freien Informations- und Kommunikationsraum zu bewegen, aus dem eine nachhaltige Entwicklung von nicht gesteuerten technischen Infrastrukturen denkbar wäre. Die Kompetenzerweiterung von technischen Fähigkeiten des Einzelnen im Mediengebrauch ist ein Prozess, der nicht nur mittels der kubanischen Institutionen angestoßen wird.

Die Umgestaltung von Infomed nahm in den 1990er Jahren das Geschäftsmodell des Internets als Entwurf für die Weiterentwicklung seiner technischen Infrastruktur. Der Gebrauch von freien und Open Source Softwares wurde übernommen, um eine neue Architektur für die Interoperabilität der technischen Informationssysteme – analog und digital – zu schaffen. In einem politischen Prozess der relativen Autonomie – Dezentralisierung – konnten die Gestalter und Förderer des Projekts Infomed die vom Staat zugewiesenen Ressourcen anwenden, um die Funktionsweise des Portals über die Leistung u. a. der Social Media zu verbessern. Die Erstellung von Weblogs und die Nutzung von Wikipedia ermöglichte die Partizipation der kubanischen Nutzer. Das Internet garantierte dabei, das Portal jederzeit mit aktualisierten Informationen zu warten. Die Nutzung der Social Media wurde so verstanden, dass die Nutzer, die einen Zugang zu den angebotenen Informationsdiensten erhalten hatten, ihren Beitrag leisteten, indem sie Informationen, digitale Medieninhalte und Werkzeuge beschafften. Voraussetzung dafür war, dass die Nutzer die gemeinsamen Ziele der Entwickler des Netzwerks teilten. Obwohl Infomed eine breite Deckungsfläche mit seinen digitalen Knotenpunkten entlang Kubas besitzt, erfordert es ebenfalls eine verbesserte Anschlussfähigkeit, die eine reale Partizipation der kubanischen Nutzer am sogenannte Programm zur informationellen Alphabetisierung gewährleisten kann.[9] Die Verwendung von *Open Source Softwares* war seit den 1990er Jahren ein entscheidendes Element bei der Erstellung von digitalen Netzwerken in Kuba. Im Jahr 1994 begannen die damaligen Verwalter die Server von Infomed mit dem Betriebssystem Linux zu betreiben, mit dem Ziel, die digitalen Plattformen des Portals zu weiter voranzubringen. Zu der Zeit stand Linux noch in den Kinderschuhen, dennoch konnten so Probleme mit den E-Mail-Accounts und beim Zugriff auf Informationen behoben werden. Linux wurde seitens der Verwalter als Modell genutzt, um die notwendigen Anwendungen für das Projekt mithilfe verschiedener Datenbank-Management-Systemen wie etwa MySQL oder Apache entwickeln zu können.

Die Auswahl von Inhalten, die über Infomed bereitgestellt wird, enthält Webseiten, Portale und insbesondere Datenbanken mit Informationen zum öffentlichen Gesundheitswesen. Obwohl die Bandbreite von Infomed lediglich auf einige Dienstleistungen beschränkt ist, sind diese für die Nutzer von Vorteil. Die Nutzer verfügen über eine E-Mail-Adresse oder können auf der Website *Pubmed* surfen. Ein anderer Vorteil des Internetzugangs ist das Beauftragen von bestimmten Datenbanken und Informationsdiensten zu niedrigen Kosten wie der Zugriff auf die Plattform EBSCO. Für die Nutzer bedeutet dies, einen Zugang zur Gesamtheit der Zeitschriften mit medizinischer Information zur Verfügung zur haben. Die Zugangsmöglichkeit entsprach einer Initiative der *World Health Organization*, die am Anfang der 2000er Jahren beschloss, den Entwicklungsländern den Zugriff auf die gesamten Texte von fast allen Zeitschriften im Bereich der Medizin und Biomedizin zu einem niedrigen Preis anzubieten. Jedoch hängt das Abfragen der angebotenen Dienstleistungen von der

---

[9]   Siehe Escobar Domínguez, Cristina/Leyva Dehesa, Ana: Entrevista a Pedro Urra, director de INFOMED, Cuba. La tecnología como razón liberadora. ☞ Link S. 399

Datenübertragungsrate ab, die über Infomed angeboten wird. Dies führt zur Hierarchisierung der abzufragenden Informationen und Inhalte. Die Nutzer können nur die Inhalte abfragen, die mit einer niedrigen Konnektivität abrufbar sind. Seit den 1990er Jahren schwankte die Datenübertragung von Infomed zwischen 16, 56 und 100 MBps für eine Community von hunderttausend Nutzern.

Eine der für Kuba innovativen Arbeiten, die durch das Infomed ausgeführt wurde, ist die Konzeption der *Biblioteca Virtual en Salud* (Virtuelle medizinische Bibliothek). Die Bibliothek widmet sich dem Erstellen und Management sowie der Indexierung und Klassifikation der medizinischen Dokumentation in einem Datensystem.[10] Sie ermöglicht die Entwicklung von grafischen Anwendungen für den Erwerb, die Verarbeitung, Speicherung, Wiedergewinnung und Verbreitung der medizinischen Dokumentation. Die Bibliothek als Datensystem erlaubt den Aufbau eines Wissensbestandes für die Produktion und den Konsum von Informationen im Bereich der Medizin. Die Konzeption einer virtuellen Bibliothek basiert auf einem Geschäftsmodell, das sich auf das Management von digitalen Medieninhalten und Wissen über die Interaktion von Nutzern, Vermittlern und Informationsproduzenten fokussiert. Dieses Modell setzt den Aufbau eines Netzwerks zwischen verschiedenen sozialen Akteuren für das Management unterschiedlicher Informationsquellen in einem gemeinsamen Raum voraus. Hierbei soll die Bibliothek fortschreitend in einen Raum für einen dynamischen Informationsaustausch strukturiert werden. Solche technischen Verfahren werden kooperativ und dezentralisiert über mehrere Institutionen eingeleitet und gesteuert, zudem werden sie ebenfalls einer strengen Qualitätskontrolle unterzogen. Außerdem müssen diese Verfahren sich nach den international ausgelegten Prinzipien der

---

[10] Siehe Urra González, Pedro: Biblioteca Virtual en Ciencias de la Salud. Habilidades informacionales: recursos, metodología y técnicas de trabajo científico. ☞ Link S. 399

kubanischen Informationspolitik richten. Der Theoretikerin Ann C. Séror zufolge, ist die

> […] institutional duality in response to centralized US Internet control […] apparent in the general lack of connection of national networks to the Internet and the careful selection process which determines which individuals and institutional affiliations may gain such access. Such determinations are based as much on political evaluation criteria as on other considerations. The control of access relies to a significant degree on the personal 'trustworthiness' of selected users in positions of authority. The strategic plan for a Cuban information society stipulates that computers containing classified information will not be connected to international networks and designates network administrators as key actors to allocate appropriate resources and to protect the integrity of network functions. User control is reinforced by collective modes of use, where individuals with appropriate institutional affiliations share access to limited computing equipment. The lack of privacy associated with access to computers and networks strengthens group and institutional norms controlling usage and strongly discourages deviant or nonconformist behavior on the part of individual users. The Cuban principle of universal access to telecommunications technology is predicated upon institutional affiliation and collective use. Thus there is a distinctive coherence between access, managerial control processes and resource constraints. These principles guide computer usage, for example, at InfoMed where the office headquarters in Havana are being designed according to this model. These arrangements are also apparent among the TinoRed youth clubs set up throughout Cuba to facilitate young people's access to computers and training programs on technology use […].[11]

---

[11]   Séror/Fach Arteaga 2000: 214–215.

Die virtuelle Bibliothek von Infomed kann als ein Beispiel der staatlichen Kontrolle über den Einsatz von Medientechnik zwecks der Erfüllung einer bestimmten Funktion angesehen werden. Obwohl die Bibliothek als ein öffentlicher Raum für die Interaktion zwischen Produzenten, Vermittlern und Nutzern konzipiert wurde, können sie nicht wirklich autonom agieren. Dennoch leistet sie einen Beitrag zur Publikation, Registrierung, Organisation, Bewahrung und Qualitätskontrolle der Informationen und der digitalen Medieninhalte im Gesundheitssektor. Dies ist ein Prozess, der jedoch zu einer Bestandsaufnahme des Konsums der kubanischen Nutzer in Forschungszentren, Bildungseinrichtungen, Polikliniken und Krankenhäusern im Gesundheitssektor und der Struktur der Mediennutzung in einem nationalen Datensystem beitragen kann. Das dadurch generierte Wissen enthält nicht nur einen theoretischen Gehalt, sondern auch eine praxisorientierte Bewertung, die der Gesamtheit der kubanischen Bevölkerung zur Verfügung stehen sollte.

Das Format der virtuellen medizinischen Bibliothek entspricht dem Einsatz neuer Medienpraktiken, aus denen andere Methoden und Mechanismen angewendet sind. Im Kontext der Kommunikation im institutionellen Raum werden diese Medienpraktiken die sozialen und kulturellen Aspekte ihrer Umsetzung in ein differenziertes Bezugssystem verorten, der ebenfalls eine politische Dimension übernimmt. Dazu erläutert González, dass die

[…] Möglichkeit des Einzelnen, unter verschiedenen Informationsquellen auszuwählen, sozial konditioniert [ist]. Die Art und Weise, in der eine Botschaft verstanden wird, richtet sich nach den mitgeteilten Bedeutungen, die in unterschiedlichen Kontexten geschaffen werden. Der Konsum von Information ist sowohl im privaten als auch im institutionellen Raum sozial konditioniert […].[12]

---

[12] Urra González, Pedro: Biblioteca Virtual en Ciencias de la Salud. Habilidades informacionales: recursos, metodología y técnicas de trabajo científico. ☞ Link S. 399

Hierfür wurde das Programm zur informationellen Alphabetisierung konzipiert, um die Medienkompetenz der kubanischen Nutzer zu entfalten.[13] Die Strategie dabei ist, eine Modifikation auf das Nutzerverhalten gegenüber der zu behandelnden Information und der digitalen Arbeitsweisen zu bewirken.

Die technische Transformation unter den in Kuba stattfindenden wirtschaftlichen Reformen ist ein Wirtschaftsfaktor, aus dem institutionelle Strategien für eine neue Form eines Informationsmarkts zwischen Staatsunternehmen, Privatisierung und öffentlichen Investitionen entwickelt werden. Im Fall von Infomed zeigen solche Strategien teilweise, wie die Zuweisung von Ressourcen Einfluss auf die Kaufkraft eines Staatsbetriebs ausübt, indem diese für Innovation im Sektor der Information effektiv angewendet sind. Seit dessen Gründung spielt das Projekt eine entscheidende Rolle beim Aufbau eines differenzierten Informationsmarkts. Einige der Aspekte des Erfolgs von Infomed beziehen sich auf die Risikoaversion, die Unterstützung von lokalen und konkurrenzfähigen Akteuren mit einer zukunftsorientierten Perspektive und die Konzeption eines Programms für langfristige Investitionen. Dennoch stellt sich diese Form von technischer Infrastruktur neuen Herausforderungen, die politisch, kulturell und ideologisch zu bewältigen sind. Dazu äußert Séror:

> […] Patterns of control in the Cuban context show how collective culture, ideological differences and resource constraints affect the management of a dual telecommunications system. Examples illustrate how institutional infrastructures serve to reduce technological market uncertainties, to manage the interface between internal and external telecommunications systems and technological

---

[13] Siehe einen ausführlichen Bericht über das Programm zur Alfabetización informacional in: Zayas Mujica, Roberto/Fernández Valdés/María de las Mercedes/ Urra González, Pedro: Programa de alfabetización informacional del sistema nacional de salud en Cuba. ☞ Link S. 399

markets, and to bring together in a tightly controlled system appropriate information suppliers, brokers and users. The objectives of these infrastructures appear to be the most effective use of limited resources and management of the interaction between technological markets with differing ideological foundations [...].[14]

1.2 Cubarte: Politische Programmatik bei der Produktion kultureller Informationen

Im Jahr 1998 wurde das Projekt Cubarte gegründet, mit dem Ziel, die Gesamtheit der städtischen Abteilungen des *Ministerio de Cultura* (Kulturministerium) über die digitalen Knotenpunkte der kubanischen Provinzen in einem zentralen Netzwerk zu verbinden. Neben Infomed war das Projekt Cubarte in Havanna eins der ersten Datensysteme Kubas für die Verteilung von kulturellen Inhalten mit Hilfe digitaler Medien. Das *Ministerio de Cultura* ist seit 1996 eine der ersten kubanischen Institutionen, die das Internet in Kuba einführte und gilt als Vorreiter in Bezug auf die Einführung von Informations- und Kommunikationstechnologien mit der einhergehenden Konfiguration des ersten nationalen Datensystems. Bezeichnet als *El portal de la cultura cubana en Internet* (Portal der kubanischen Kultur im Internet) ist Cubarte die Webseite des *Ministerio de Cultura* geworden. Seine Konzeption umfasst die Verteilung von digitalen Medieninhalten über die Bereitstellung von kulturellen Informationen. Infolgedessen ordnet sich Cubarte einer strengen politischen Programmatik unter, indem das Projekt mit der Erfüllung einer sozialen Aufgabe, abgeleitet aus den strikten Richtlinien der kubanischen Kulturpolitik, beauftragt ist. Diese Aufgabe erfüllt Cubarte durch das Angebot von verschiedenen Dienstleistungen. Um einen Gesamtüberblick über die kubanische Kultur zu generieren, werden folgende Webseiten über

---

[14]   Séror/Fach Arteaga 2000: 215.

das Portal verlinkt: die digitale Zeitung www.cubarte.cult.cu, das Portal für Kubanische Filmkunst http://www.cubacine.cult.cu/ und ein Portal für Bildende Künste www.cubaescena.cult.cu.

Diese digitalen Medieninhalte dienen der politischen Propaganda und werden über *funcionarios del estado*[15] reguliert und kontrolliert, somit wird die Nutzung digitaler Netzwerke entsprechend in der kubanischen Öffentlichkeit instrumentalisiert. Im Rahmen der Kommunikation im institutionellen Kontext spielt das Netzwerk als Website des *Ministerio de Cultura* eine Rolle bei der Organisation und Vermittlung von kulturellen Ereignissen und Informationen in der Öffentlichkeit.

Die soziale Aufgabe, welche das Projekt Cubarte erfüllen soll, besteht nicht nur aus der Erstellung, Verarbeitung und Verbreitung von kulturellen Inhalten mit Hilfe der Publikation seiner Mitarbeiter. Es soll ebenso die Interaktiion der kubanischen Kulturinstitutionen mit der Bürgerschaft politisch gesteuert werden. Der Anspruch Cubartes bezogen auf sein soziales und politisches Engagement besteht darin, die kubanischen Nutzer mit digitalen Informationen und kulturellen Inhalten zu versorgen, um den ästhetischen Geschmack der Bevölkerung gemäß den politischen Interessen der Institution herauszubilden. Eine der dafür eingesetzten Strategien ist, seinen Mitarbeitern einen beschränkten Internetzugang anzubieten, um ihnen systematisch digitale Medieninhalte zu vermitteln. Damit werden die Mitarbeiter beauftragt, diese kulturellen Inhalte an die Bevölkerung über verschiedene Kanäle weiterzuleiten. Als zentrales Netzwerk ist Cubarte in Havanna ansässig, während eine Website und ein Portal in den

---

[15] Der Ausdruck *funcionarios del estado* (Funktionär) bezeichnet wie im Deutschen die Einzelpersonen, die als leitende Angestellte in einer Institution oder in staatlichen Organisationen beschäftigt sind und vor allem eine administrative Funktion mit einer politischen Dimension erfüllen, beispielsweise der Dekan einer Fakultät an einer Universität, der Rektor bzw. Präsident einer Universität oder die Beamten einer staatlichen Institution. Eine wertende Dimension gibt es im kubanischen Sprachgebrauch jedoch nicht.

kubanischen Gemeinden und Provinzen betrieben werden. Jede Gemeinde hat eine Website und jede Provinz ein Kulturportal. Jeder wirtschaftliche Sektor im Kulturbereich integriert sich in das Netzwerk Cubarte mit einem thematischen Portal und manifestiert auf diese Weise die verschiedenen Sparten der Kultur (u. a. Kulturerbe und Kunstlehre). Dabei betreibt Cubarte ein Netzwerksystem für die kubanischen Kulturhäuser. Die Verbindung dieser verschiedenen digitalen Knotenpunkte ist die Grundlage für die Aktualisierung des Informationssystems Cubartes, über das ebenfalls der Informationsaustausch zwischen den Institutionen stattfindet.

Ein anderes politisches Ziel von Cubarte ist ein Beitrag zum Prozess der Digitalisierung von Informationen und Inhalten, welche derzeit im Rahmen der kubanischen Institutionen stattfindet. Dies ist ein Projekt, das in Zusammenarbeit mit staatlichen Institutionen wie die *Biblioteca Nacional de Cuba José Martí*, das *ICAIC* (Kubanisches Institut für Filmindustrie), das *Museo de la Música* u. a. durchgeführt wird. Der Prozess der Digitalisierung dient insbesondere zur Bewahrung des institutionellen Informationsangebotes als Kulturgüter und fördert ihren Gebrauch über verschiedene Formate wie u. a. digitalisierte Kataloge, Partituren, Abbildungen, Fotos, Bücher, Filme und Landkarten. Die digitalisierte Information wird den kubanischen Nutzern im Intranet der Institutionen zur Verfügung gestellt. Die zu diesem Zweck verwendeten Arbeitsmaterialien und erstellten kulturellen Inhalte werden ins Internet hochladen, um international einen Überblick über Kuba zur Verfügung zu stellen. Das angestrebte Ziel ist es, die neu erstellten digitalen Medieninhalte im Netzwerk der kubanischen Bibliotheken zu strukturieren. Im Jahr 2012 begann der Aufbau eines nationalen Netzwerks von öffentlichen Bibliotheken, das jede Gemeinde Kubas über ein System von Datenbanken miteinander verknüpfen sollte.[16] Jede Bibliothek sollte mindestens

---

[16] Siehe: Méndez Muñoz, Susana: Una gran fiesta de la cultura cubana en lo digital. ☞ Link S. 399

über einen Computer verfügen, um der Bevölkerung die Dienstleistungen zur Informationsverarbeitung und zur Erstellung von kleinen Datenbanken und ihrer Verteilung anzubieten. Die Bibliotheken werden allmählich einen Internetzugang für die kubanischen Nutzer bereitstellen, in dem Maße, wie sich der Prozess der Digitalisierung von Informationen und Inhalten erweitert.

Die Kooperation zwischen Cubarte und anderen staatlichen Kulturinstitutionen betrifft das politische Anliegen, über öffentliche Kommunikationskanäle den Konsum digitaler Medieninhalte bei den kubanischen Usern zu regulieren. Zwar fördert das *Ministerio de Cultura* damit die Nutzung der Kommunikationstechnologien, kontrolliert aber dadurch den Internetzugang in den verschiedenen Institutionen gemäß der politischen Richtlinien der kubanischen Kulturpolitik. Die politische Strategie dafür ist, die Institutionen mit Computern für den Internetzugang auszustatten. Die kubanischen Hochschulen und Universitäten beispielsweise verfügen über Computerräume, in denen die Studenten und Professoren im Intranet und Internet surfen können. Das Internet soll insbesondere zur Lehrtätigkeit, zur Suche von Informationen und zum Abfragen von digitalen Medieninhalten auf der Website der Bibliotheken dienen. Die Digitalisierung des Wissensbestandes der *Biblioteca Nacional de Cuba* ist dafür gedacht, die Inhalte über das Internet für die kubanischen Nutzer im akademischen Bereich öffentlich zu machen. Jede Filiale des *UNEAC* (Kubanischer Verband für Künstler und Schriftsteller) verfügt auch über einen Computerraum für ihre Mitglieder. Mithilfe der Kooperation mit Cubarte wurden Computerräume für die *Asociación Hermanos Saíz* (eine der kubanischen Verbände für jüngere Künstler) aufgebaut, um den Mitgliedern des Verbands einen E-Mail-Account und Internetzugang bereitzustellen. Die in den 1990er Jahren gegründeten Jugend-Computer-Clubs, die in einem einzigen Netzwerksystem verbunden sind, bieten der Bevölkerung, vor allem Kindern und Jugendlichen, den Zugriff auf die Informationsdienste im kubanischen Intranet an.

Nach Rafael de la Osa Díaz[17], dem Leiter des Projekts Cubarte, bedeutet dies, dass es öffentliche Räume für eine verbreitete Nutzung der Kommunikationstechnologien in Kuba gibt. Sie sind nicht ausreichend, aber es ist noch möglich, dass Nutzer in unterschiedlichen Lebensaltern an diesem Prozess teilnehmen. Auf diese Weise werden die Nutzer dazu befähigt, die Inhalte auf der Website von Cubarte oder einer anderen Institution abzufragen. Dieselbe Information, die nicht Eigentum von Cubarte ist, kann auf der Webseite des *Ministerio de Educación* abgerufen werden. Auf dieser Webseite können die kubanischen Nutzer seit 2012 einige Lehrpläne mit Fachberatungen sowie Beispiele von Prüfungen für Eltern und Studierende finden, um die Leistung der Studierenden zu bewerten. Die Inhalte wurden auch ins Portal des *ICRT* (Kubanisches Institut für Rundfunk und Fernsehen) oder in die Mehrheit der kubanischen digitalen Netzwerke hochgeladen. Nach de la Osa Díaz ist das Wichtigste dabei, die Rolle des Kulturellen als Produktionsmittel in der Erstellung dieser Medieninhalte und mittels der Nutzung von digitalen Medien hervorzuheben, vor allem wenn diese kulturellen Inhalte die kubanische Bevölkerung interessieren, damit ein Informationsdienst gemäß ihrer Bedürfnisse angeboten wird.

Als Kulturinstitution beabsichtigt Cubarte eine neue Form von Interaktion mit den kubanischen Nutzern. Die Förderung der Nutzung von digitalen Medien soll zu einem ausreichenden Informationsaustausch mit den Nutzern und Lesern führen. Eine weitere soziale Aufgabe, die Cubarte in der Öffentlichkeit erfüllt, ist die Konzeption einer neuen Form von Kulturjournalismus. Dadurch wird angestrebt, dass die Nutzer einen Beitrag zur Produktion der journalistischen Inhalte leisten. Über die Nutzung der bereitgestellten digitalen Ressourcen und Werkzeuge können die Nutzer die bestehende Information über Kommentare, andere Meinungen, Presseberichte etc. ergänzen. Gemäß der Redaktionspolitik Cubartes wird den Nutzern die Option geboten, ihre

---

[17] Ebd.

Meinungen zu besonderen Themen zu äußern. Dieser Politik zufolge stehen die Nachrichten, Artikel und Presseberichte, die auf der Website Cubartes publiziert werden, offen für Kommentare und Kritiken seitens der Nutzer. Die neue Form von Interaktion erlaubt, dass ein Nutzer beispielsweise den Artikel eines Journalisten mit neuen Informationen ergänzt; vorausgesetzt, dass die Nutzer die Redaktionspolitik des Portals Cubarte erfüllen. In der Tat bedeutet dies, dass die Beiträge der kubanischen Nutzer überwacht werden und sie sich mit ihrer Teilnahme dazu verpflichten, sich an die Regeln zu halten.

Die Option, die Cubarte für die Kontrolle, Überwachung und Regulierung der Meinung der kubanischen Nutzer anbietet, sind seine digitalen Foren. Über diese Foren werden Diskussionen über verschiedene soziale Themen gelenkt. Die Foren strukturieren sich in der Form von Social Media und beschränken sich nicht nur auf die Behandlung ökonomischer und politischer Themen, sondern streben danach, andere Aspekte der kubanischen Kultur zu umfassen. Hierbei werden beispielsweise Foren erstellt, die sich mit kubanischer Musik und anderen Elementen der kubanischen Identität beschäftigen. Die digitalen Foren sind als politischer Mechanismus konzipiert, somit verfügt das *Ministerio de Cultura* über einen institutionellen und kontrollierten Raum zur Meinungssteuerung. Wenn diese Foren als eine neue Form für Dialogbereitschaft unter der Bevölkerung betrachtet werden, handelt es sich um einen politischen Prozess und eine Interaktion, die für die Bewohner anderer Provinzen Kubas nützlich wäre, weil sie eine Frage an leitende Angestellte eines Unternehmens oder einer Institution stellen können oder weil sie einen politischen oder kulturellen Austausch mit Spezialisten, Musikern, Künstlern oder Journalisten führen möchten (vgl. de la Osa Díaz 2012). Tatsächlich wird diese Möglichkeit durch die kubanischen Nutzer nur in geringem Maße ausgeschöpft.

Die Bereitstellung eines Informationssystems für den Kulturkonsum ist eine der Voraussetzungen des Portals Cubarte. Zudem ist der politische Anspruch, der kubanischen Bevölkerung ein funktionales Netzwerk mit digitalen Informationen und kulturellen Inhalten anzubieten, eine Herausforderung, sobald dieses dem Interesse eines der Nutzer nicht entspricht. Dem Mediengebrauch wird dabei eine spezifische Funktion zugewiesen, indem die Institutionen versuchen, den Prozess der technischen Transformation in der Öffentlichkeit einzuleiten und zu kontrollieren. Der Kulturkonsum wird als eine Art Gadget genutzt, um den ästhetischen Geschmack der kubanischen Nutzer zu steuern. Das Projekt Cubarte ist zu stark von einer unzureichenden Konnektivität sowie von einer mangelhaften Zuweisung finanzieller Ressourcen gekennzeichnet, um langfristige Investitionen in seine Telekommunikationsinfrastruktur tätigen zu können. Dies hemmt seine Rezeption unter den kubanischen Nutzern. Ein anderer Aspekt ist der technische Zustand, in dem sich die kubanische Telekommunikationsinfrastruktur befindet, der die Verbreitung der Nutzung von digitalen Medien erschwert. In Auseinandersetzung damit äußerte im Jahr 2012 Rafael de la Osa Díaz, dass es derzeit ein verdichtetes Netzwerk von Dateisystemen geben sollte, das die Kommunikation zwischen den verschiedenen digitalen Knotenpunkten erlaubte, die heutzutage vertikal aus den institutionellen Netzwerken heraus bereitgestellt würden. Dies wäre ein System, welches von ETECSA aufgebaut werden soll. Hiermit plädiert er für eine Alphabetisierungskampagne, um der kubanischen Bevölkerung bzw. den Nutzern die Handhabung und die Bedienung von digitalen Medien beizubringen. Im Grunde sollte die Kampagne sich auf folgende Fragen konzentrieren: Wie hoch sind die Gefahren eines Virus? Welche Aspekte entsprechen den Normen oder dem Berufsethos des Arbeitens im Web 2.0? Welche Dienstleistungen und Vorteile können die digitalen Medien dem Nutzer anbieten? usw.

Die durch Cubarte angestrebte informationelle Alphabetisierung verfolgt dieselben Prinzipien der kubanischen Informationspolitik, die Medienkompetenz der Nutzer nach politischen Maßgaben zu erweitern. Nimmt die Anzahl der kubanischen User zu und werden andere öffentliche Räume für den Zugriff auf Information offeriert, wird der Prozess der Kompetenzerweiterung in der Handhabung von technischen Geräten nicht nur unter institutioneller Aufsicht ausgelöst. Die Nutzung von anderen Formaten für das Management von Information bestimmt den Erwerb von Medienkompetenzen bei den kubanischen Nutzern außerhalb der Institutionen. Jedoch ist das Angebot der Kulturinstitutionen ein Teil der durch die kubanische Bevölkerung am meisten verwendeten Dienstleistungen. Rafael de la Osa Díaz zufolge hält solche Fortschritte für ein Land wie Kuba, das ein höheres Bildungsniveau besitzt, nicht für ausreichend, vor allem im Vergleich mit anderen Ländern in der Karibik und Zentralamerika.

Der politische Anspruch Cubartes bringt eine soziale Funktion mit sich. Als Vertreter des *Ministerio de Cultura* erfüllen die zuständigen Behörden von Cubarte besondere Aufgaben, zum Beispiel ein jährliches Festival zur Förderung der Digitalkultur in Kuba. Die Tagung *La cultura cubana en medios digitales* (Kubanische Kultur in digitalen Medien) findet einmal im Jahr als Jubiläum der Gründung von Cubarte statt. Während des Festivals werden die sogenannten Preise *Palma Digital* an die besten digitalen Produktionen Kubas verliehen. Diese Produktionen umfassen entweder das Erstellen von Multimedia-Projekten oder die Konfiguration einer Website oder einer digitalen Zeitschrift. Nach der politischen Programmatik des *Ministerio de Cultura* ist das Festival als ein kontrollierter öffentlicher Raum konzipiert, um die Interaktion zwischen den Institutionen und der Bürgerschaft anzusteuern. Infolgedessen wird angestrebt, den Medien- und Kulturkonsum nach den Interessen institutioneller Instanzen zu regulieren.

Das Festival wird jährlich entsprechend der Weiterentwicklung des Portals Cubarte und der Anzahl von bestehenden Informationen und Inhalten organisiert, somit wird ein besonderes Programm für die kubanischen Nutzer veranstaltet. Die Hauptaufgabe des Festivals ist eine große Menge an Informationen, Daten und kulturellen Inhalten bereitzuhalten, um sie den kubanischen Nutzern zur Verfügung zu stellen. Dabei beschränkt sich das Festival nicht nur auf die Interaktion zwischen kubanischen Bürgern und Institutionen, sondern es ist der Versuch, die Nutzung von digitalen Medien als kulturelles Phänomen in der Öffentlichkeit zu instrumentalisieren. Cubarte soll dazu als digitale Plattform dienen.

Das Festival von Cubarte wird als öffentlicher Raum dazu verwendet, den kubanischen Nutzern digitale Inhalte wie u. a. Musik, Literatur, Abbildungen und Fotos zur Verfügung zu stellen. Diese digitalen Medieninhalte können frei und kostenlos aus dem Intranet heruntergeladen werden. Die im Intranet hochgeladenen Inhalte enthalten vor allem Informationen über das kubanische Kulturerbe. Zu diesem Zweck leisten die staatlichen Institutionen, wie etwa Universitäten, Verbände und ETECSA, einen Beitrag mit einer relativ guten Internetverbindung. Der freie Download von digitalen Medieninhalten umfasst tausende Bücher von kubanischen Autoren wie auch der Weltliteratur. Hierbei werden tausende von Musikaufnahmen angeboten. Die herunterladbaren Medieninhalte finden unter der Bevölkerung eine lebhafte Zustimmung.

Cubartes Dienstleistungen werden nicht nur im Rahmen seines Festivals angeboten, diese Medieninhalte sind jederzeit auf seiner Webseite abrufbar. Die Gesamtheit dieser Medieninhalte ist sowohl im kubanischen Intranet als auch im Internet verfügbar. Wie später in Kapitel 4 näher ausgeführt, muss nach Rafael de la Osa Díaz zwischen den Inhalten, die für ein kubanisches Publikum erstellt werden, und denen, die für einen internationalen Markt zur Verfügung stehen, unterschieden werden. Der Prozess zum freien Download von raubkopierten digitalisierten Inhalten bringt eine Problematik mit sich, welche die Urheberrechte, die Erlaubnisse und die Vergabe von Lizenzen betrifft. Innerhalb der Institutionen leistet die Digitalisierung von Archivmaterial einen Beitrag zum ästhetischen Geschmack der Bevölkerung in dem Maße, wie diese an den Regeln, Normen und Voraussetzungen der Kulturpolitik angepasst sind. In den 1970er Jahren, mit dem Aufschwung der sozialen Transformation der politischen Revolution, haben sich viele kubanische Intellektuelle (Schriftsteller, Wissenschaftler, Filmregisseure etc.) bei diesem Prozess engagiert und auf die Urheberrechte und das geistige Eigentum an ihren Werken verzichtet. Diese literarischen, audiovisuellen, wissenschaftlichen Werke wurden der Bevölkerung kostenlos in Bibliotheken, Schulen, Universitäten, im Fernsehen etc. zur Verfügung gestellt. Seitdem besteht bei der kubanischen Bevölkerung die Vorstellung, dass der *Genuss von Kultur* kostenlos und selbstverständlich ist. Mit der Digitalisierung von Archivmaterial geschieht mit der Nutzung des Internets und den digitalen Plattformen dasselbe. Eine große Menge an Informationen und Daten werden aus Büchern, Artikeln, Musik, Videos, Filmen usw. generiert und in staatlichen Institutionen kostenlos zur Verfügung gestellt. Raubkopierte Medieninhalte werden ohne Beachtung der Urheberrechte oder des geistigen Eigentums produziert. Die politische Führung ist davon überzeugt, dass sie den ästhetischen Geschmack bilden kann, indem die staatlichen Institutionen bestimmen, wie wann welche *Kultur* (vermittelt durch politische Ansichten) konsumiert werden kann. Dabei präsentiert Cubarte nur eine limitierte Version der kulturellen Inhalte, während ein Teil der bestehenden Informationen im Rahmen des Festivals frei angeboten wird. Die Plattform dient dazu, den Nutzern beizubringen, wie sie auf Wissen über digitale Medien zugreifen können.

Das Festival von Cubarte ist zugleich auch ein öffentlicher Raum für die Markteinführung der Produkte des *Ministerio de Cultura*. Es wird als ein politisches Instrument genutzt, um die Vermarktung der durch die kubanischen Institutionen hergestellten kulturellen Produkte, meistens handelt es sich um Multimedia-Projekte, zu fördern. Multimedia-Projekte wie für die *Revista Cubana del Ballet* (Kubanische Zeitschrift für Ballett) werden mit Hilfe des Verlages *Ediciones Cubarte* produziert. Die Multimedia-Version enthält die Gesamtheit der Publikationen seit der Gründung der Zeitschrift sowie alle Fotos und Abbildungen. Veranstaltungen zur Verleihung des Preises *Cubadisco* (ein Preis der Musikfestivals Kubas) werden auch organisiert. Die daran teilnehmenden staatlichen Handelsunternehmen streben danach, Literatur, Schallplatten,

CDs und DVDs, Filme, Zeitschriften, Kunsthandwerk und den gesamten Katalog der digitalen Produktion Kubas zu vermarkten.

Im öffentlichen Raum gewinnt das Festival Cubartes eine soziale Dimension über die Organisation von kulturellen Veranstaltungen für Jugendliche. Um die Veranstaltungen für Jugendliche verlockend zu machen, werden Institutionen wie das *Laboratorio Nacional de Música Electroacústica* (Nationales Labor für elektroakustische Musik) engagiert. Ein Anliegen des Festivals ist es, diese Art der Veranstaltungen nicht nur in Havanna und nicht mehr als einmal im Jahr zu realisieren. Die digitalen Medien finden eine breite Rezeption. Dies stellt ein entscheidendes Element für die Verbreitung und den Erwerb von Medienkompetenzen dar und ist ein Aspekt, der durch die politische Programmatik der Institutionen konditioniert wird. Den Kulturinstitutionen und deren *funcionarios* ist bewusst, dass die junge Generation bereits mit den digitalen Medien aufgewachsen sind, deswegen versuchen sie, politische Strategien zu entwickeln, um die Interessen auch dieser Nutzer zu lenken und den Mediengebrauch in der Öffentlichkeit zu regulieren.

Ein ähnliches Festival wird durch die kubanischen Jugend-Computer-Clubs regelmäßig in Havanna organisiert. Auf ihm kursieren wie landesüblich raubkopierte Medieninhalte, für deren Download den kubanischen Nutzern dieselben Dienstleistungen angeboten werden. Heruntergeladen werden Software, in Kuba hergestellte Computerspiele, Antivirus-Programme und, neben dem Marktführer Windows, auch andere Betriebssysteme angeboten. Das Surfen im kubanischen Intranet wird frei und kostenlos zur Verfügung gestellt. Dabei besteht die Möglichkeit, eine Website oder einen Weblog zu erstellen, um die Interaktion zwischen den Nutzern oder die Entwicklung von freien Netzwerken zu ermöglichen. Das Vorhaben steht im engen Zusammenhang mit einem seit den 1990er Jahren staatlichen Programm zur Einführung der Nutzung von Technologie bei der kubanischen Bevölkerung. Die Jugend-Computer-Clubs widmen sich einer sozialen Aufgabe, die aus einem pädagogischen Programm (Computerunterricht) für Kinder und Senioren besteht. Das Ziel des Programms ist, den Erwerb von Grundkenntnissen in der Nutzung und Handhabung der Informationstechnologien zu fördern. Seit dem Jahr 2014 organisieren die Jugend-Computer-Clubs regelmäßig ein Festival. Die kubanischen Nutzer können sich mit ihren Laptops, Smartphones, iPads, Tablets oder anderen mobilen Geräten über eine Wi-Fi-Verbindung mit dem kubanischen Intranet verknüpfen. Das Festival wird von mehreren Kulturinstitutionen unterstützt und, wie bereits vorab erwähnt, ist der freie Download von digitaler Literatur, Filmen, kubanischer Musik, Antivirus-Programmen usw. verfügbar. Im Gegensatz dazu geht das Festival Cubartes einen Schritt weiter, indem neben dem Download von digitalen Inhalten ein öffentlicher Raum zur medientheoretischen und akademischen Diskussion gestattet wird. Ob dieser Raum neben den daran teilnehmenden Akademikern, Intellektuellen und Künstlern auch von der Bevölkerung wahrgenommen wird, bleibt offen (siehe hierzu Kapitel 4).

Unter den Fragestellungen, die jährlich in der Tagung Cubartes systematisiert werden, sind die folgenden zu erwähnen:

1. Digitaler Kulturjournalismus und die Transformation des Berufsethos im Internet: Das Thema setzt sich mit der Entwicklung neuer Diskurse über die Erstellung von Websites und Weblogs sowie mit dem Gebrauch von digitalen Arbeitsmaterialien wie Multimedia, Zeitschriften usw. auseinander.

2. Die Nutzung von digitalen Medien in der kubanischen Musikindustrie: Dieses Thema setzt sich mit der aktuellen Situation der Produktion und Konsum von digitalisierter Musik und dem Stand der kubanischen Plattenlabels auseinander, sowohl institutionell als auch privat.

3. Analyse der kubanischen Kulturindustrie hinsichtlich ihrer Einbeziehung in einen digitalen Markt: Das Thema ana-

lysiert die Entwicklung der kubanischen Animationsfilm-studios und der in Kuba realisierten digitalen Kunst. Die Digitalisierung von Literatur, deren Vermarktung und Implikationen für das Urheberrecht werden auch behandelt.

4. Die Umstrukturierung des kubanischen Rundfunks über den Gebrauch von digitalen Medien.

Die Behandlung dieser Thematiken beeinflusst den Dialog über die Einführung von digitalen Medien in Kuba. Dazu hob der kubanische Journalist Pedro de la Hoz hervor, dass das Portal nach der Inbetriebnahme von Cubarte eine eigene Dynamik für die öffentliche Bekanntmachung der in Kuba hergestellten kulturellen Produkte entwickelt hat.[18] Zwar hat Cubarte laut ihm ein eigenes Publikum während seiner Umsetzung gewonnen, aber dieses konstituiert nur ein ziemlich kleineres Fragment eines breiten Spektrums an Interessen, die sich zwischen dem politischen Programm der Institutionen und den tatsächlichen Forderungen der Bevölkerung unterscheiden.

Die Durchführung des Projekts Cubarte beeinflusste die zunehmende Anzahl von digitalen Versionen einiger kubanischen Zeitschriften; u. a. *La Jiribilla*, *Cubanow*, *Librínsula*, *Cubaliteraria*, *El Caimán Barbudo*, *La Ventana*. Seit dessen Gründung förderte Cubarte eine andere Form der Behandlung von Informationen mit einer kulturellen Dimension, die auf anderen Websites wie Cubadebate und Cubasí sichtbar ist. Die Organisation der im Intranet hochgeladenen kulturellen Inhalte hat ein Muster geprägt, das für die Arbeit der Journalisten und die Behandlung der unterschiedlichen Themen nützlich ist. Dennoch führt diese Organisation zu einer Hierarchisierung der Information und der digitalen Medieninhalte, während die Themen in einer Reihenfolge nach Politik, Gesellschaft, und Kultur behandelt werden. Die eigenen Publikationen von Cubarte sind über thematische Webseiten

---

[18] Siehe: de la Hoz, Pedro: Prensa cultural, contenidos digitales. ☞ Link S. 399

strukturiert und werden über die digitale Version der kubanischen Zeitungen und gemäß einer Redaktionspolitik verbreitet. Der Meinungsäußerung der Nutzer wird ein eigener Stellenwert zugewiesen, aber nur wenn sie sich an die Redaktionspolitik des jeweiligen Portals anpasst. Hierbei kritisiert der Journalist Pedro de la Hoz, dass

> […] A primera vista pareciera una transgresión de ciertos mitos tempranamente preestablecidos en la concepción del periodismo digital, que apuntan a la prioridad de contenidos informativos, sobre todo capsulares, a partir de las supuestas características de las personas que acceden a estos medios que exigen brevedad y ligereza en los mensajes. Suele describirse al internauta como un individuo impaciente, ávido por recibir en la menor cantidad de tiempo posible información concentrada, discriminador de toda opción que demande un profundo ejercicio intelectual. Pero hay otros, y no pocos, internautas que buscan en la red alternativas para el verdadero enriquecimiento espiritual y la útil confrontación de ideas. Son los que saben hallar lo que necesitan, y cuando lo encuentran, marcan esos sitios entre sus favoritos, y llegado el caso, aunque dispongan de poco tiempo ante la máquina, guardan archivos y los hacen circular entre personas afines […].[19]

---

[19] Übersetzung des Zitats durch den Autor: „[…] Auf den ersten Blick scheint es, als handele es sich um das Übertreten bestimmter früh in der Konzeption des digitalen Journalismus angelegten Mythen, die informative Inhalte priorisieren, welche unwidersprochen auf angeblichen Eigenschaften der Menschen beruhen, die auf diese Medien zugreifen und die nach kurzen und einfachen Botschaften verlangen. Der Internetnutzer kann als ein ungeduldiges Individuum beschrieben werden, das, gierig nach konzentrierter Information in möglichst kurzer Zeit, jede Option, die eine tiefgreifende intellektuelle Anstrengung erfordert, umgeht. Aber es gibt trotzdem eine nicht geringe Anzahl an Internetnutzern, die im Netz nach Alternativen für eine echte spirituelle Bereicherung und die nützliche Konfrontation mit [anderen] Ideen suchen. Dies sind die In-

Auf diese Art und Weise gewann die Arbeit von Cubarte eine internationale Reichweite, indem es das Interesse mancher Nutzer und Blogger-Communities erweckte, hauptsächlich wegen der Eröffnung eines Raumes zur Analyse, Reflexion und zum Informationsaustausch über Themen bezogen auf die kubanische Kultur.

Die Konjunkturen und Faktoren, welche den Internetzugang im sozialen Kontext Kubas bestimmen, spielen für den Mediengebrauch eine entscheidende Rolle. Die durch Cubarte an diesem Prozess angestrebte Teilnahme beschränkt sich zumeist auf den Beitrag von Künstlern, Intellektuellen, Akademikern oder die sozialen Akteure, die als Kolumnisten bei Zeitschriften wie *Cubaliteraria* oder *La Jiribilla* mitarbeiten. Nach Pedro de la Hoz bedeutet dieser kulturelle Prozess im Rahmen der Kommunikation im institutionellen Kontext, dass die intellektuelle und künstlerische Avantgarde Kubas auf die Produktionsbedingungen der digitalen Medien vertrauen, um ihre theoretischen, kritischen und analytischen Erkenntnisse zu verbreiten. Der Journalist de la Hoz plädiert für das Engagement von Künstlern, Schriftstellern und Akademikern aus anderen Provinzen Kubas, außerhalb Havannas. Als ein in Havanna ansässiger, zentraler digitaler Knotenpunkt regiert Cubarte mit strikter Kontrolle die digitalen Netzwerke im Kulturbereich in den kubanischen Provinzen. Jede Provinz wird beauftragt, ihre eigene Website zu erstellen, um die kulturellen Ereignisse der Städte als digitale Medieninhalte ins Intranet hochzuladen.

Das von de la Hoz verfochtene Vertrauen der kubanischen Regierung in ihre Intellektuellen, Künstler und Akademiker ist eine Idealvorstellung einer angestrebten Teilnahme an den po-

---

ternetnutzer, die wissen, wie das Netz nach benötigten Inhalten durchsucht werden kann und die die abgefragten Websites als Favoriten kennzeichnen. Obwohl sie wenig Zeit zum Surfen haben, downloaden und speichern sie die Dateien, um diese später an andere Nutzer weiterzuleiten […].“ Das spanischsprachige Original findet sich in: de la Hoz, Pedro: Prensa cultural, contenidos digitales. ☞ Link S. 399

litischen Entscheidungen, die durch die Institutionen getroffen werden. Einerseits fühlen sich die Mitarbeiter der Kulturinstitutionen gezwungen, eine Meinung zu äußern oder an politischen Entscheidungsfindungen teilzunehmen, jedoch nur in dem Maße, wie sich ihre Arbeit den Richtlinien der Kulturpolitik anpasst.[20] Andererseits bleiben die für die Angestellten der Institutionen angebotenen Informationen und Inhalte zumeist ungenutzt.[21] Der Koordinator und Leiter von Cubarte, Rafael de la Osa Díaz, erklärt, dass beispielsweise trotz der Anstrengung mancher Institutionen, ihre digitalen Publikationen in anderen Sprachen wie Englisch und Französisch zu veröffentlichen, die Angestellten und generell die kubanische Bevölkerung diese fremdsprachlichen Inhalte nicht aufriefen, auch wenn diese im Intranet zur Verfügung gestellt würden.

Im Kulturbereich sollte Cubarte eine bedeutende Rolle spielen, denn das Projekt spiegelt folgende Politik wider: Im Rahmen eines staatlichen Programms in den 1990er Jahren wurde die Einführung der Kommunikationstechnologien als Teil eines nationalen Makroprojekts zum Bewahren des historischen Gedächtnisses Kubas konzipiert (vgl. García Luis 1997). Neben der Konzeption von technischen Informationssystemen wie Infomed oder Cubarte begannen damals einige Institutionen mit der Digitalisierung von Zeitschriften, Zeitungen, Literatur, Fotos, Landkarten, Musik, Filme etc., um diese Medieninhalte in CDs in verschiedenen Einrichtungen zu verteilen. Das Projekt beabsichtigte das Bewahren der neu erstellten Inhalte auf digitalen Trägern. Der Prozess der Digitalisierung wurde beispielsweise durch die *Biblioteca Nacional de Cuba José Martí*, das *Museo de la Música*, das *ICAIC* und das *Centro de Investigaciones de la Música Cubana* durchgeführt. Das Ziel der Kooperation war ein funktionales und gemischtes Finanzsystem zu erschaffen, um die Nutzung der Technologie mit Hilfe gezielter Aktionen zu fördern oder subventionieren zu können. Trotz-

---

[20] Siehe: Propuestas para una refundación de la prensa cubana. ☞ Link S. 399

[21] Siehe de la Osa Díaz, Rafael: La Cultura Cubana en Digital. ☞ Link S. 399

dem wird dies nicht in Erfüllung gehen, wenn die Nutzer sie nicht wirklich nutzen, sie abfragen oder die Daten verbrauchen.

Zunehmend und im Gegensatz zu dieser institutionellen Organisation spielen auch die Weblogs eine wichtige Rolle in der Erstellung, Verbreitung und Aneignung der kulturellen Inhalte in der Öffentlichkeit (siehe Kapitel 5). Jedoch bildet sich, nach Meinung Rafael de la Osa, keine Bevölkerungsschicht heraus, die sich die digitalen Medien und die Verarbeitung der über institutionellen Webseiten bereitgestellten Inhalte zu eigen macht.[22] Der Journalist hebt ironisch hervor, dass in der Vorstellung der kubanischen Bürgerinnen und Bürger die Meinung bestehe, dass das Internet nur dazu diene, auf außerkubanische Webseiten zugreifen zu können. Um die Inselsituation aufzulösen, plädiert de la Osa für noch mehr Förderung und ein ausreichendes Informationsangebot. Denn, so behauptet er, in der jetzigen Situation fehle dem kubanischen Nutzer noch das richtige Urteilsvermögen über die institutionellen Produktionen seines Landes. Diese seien häufig besser als diejenigen, die sie auf internationalen Webseiten abfragen.[23]

Der prekäre technische Zustand der Ausstattungen in den kubanischen Institutionen sowie die Beschränkung des Internetzugangs auf bestimmte institutionelle Räume konditioniert eine Form des Mediengebrauchs in Kuba. Die kubanischen Nutzer fühlen sich in den Institutionen dazu gezwungen, die verschiedenen Zugangsmöglichkeiten zum Intranet und Internet zu nutzen. Allerdings lassen die Nutzer diese Gelegenheit oft ungenutzt verstreichen, weil die angebotenen Informationen ihren Interessen nicht entsprechen. Stattdessen verwenden sie den Intranet- und Internetzugang in den Institutionen für ihre eigenen Interessen (Chats, Facebook, Social Media etc.), hauptsächlich weil er kostenlos angeboten wird.[24] Dies ist ein Phänomen, das nicht nur den Sektor der Kultur, sondern andere wie das Schulsystem, die

---

[22] Ebd.
[23] Ebd.
[24] Ebd.

Forschungsinstitute, die Presse und das Fernsehen betrifft. Der Versuch, den Mediengebrauch nach politischen Maßgaben in der Öffentlichkeit zu kontrollieren und zu regulieren, reagiert mehr auf die veralteten dogmatischen Methoden der Institutionen und weniger auf die Herausbildung des ästhetischen Geschmacks oder das Urteilsvermögen der Nutzer, laut la Osa. Es ist davon auszugehen, dass die kubanischen Nutzer eher nach einer Möglichkeit suchen, sich in einem freien und nicht kontrollierten Kommunikationsraum zu bewegen – ein Raum, in dem keine politische Stellungnahme zu vertreten ist.

Die Arbeit von Cubarte wurde trotzdem im Juni 2014 international mit der Verleihung des *WSIS Project Prize 2014 der International Telecommunication Union* in Genf und im Rahmen des *10. World Summit on the Information Society* anerkannt.[25] Dieser Preis wird an Einzelpersonen, Regierungen und soziale Akteure der Zivilgesellschaft verliehen, die hervorragende Ergebnisse in der Einführung von Kommunikationstechnologien erlangen. Dabei werden lokale und regionale Institutionen, internationale Organisationen sowie Forschungsinstitute und Unternehmen aus dem Privatsektor eingeschlossen, die entwicklungsorientierte Strategien für die Nutzung der Medientechnik betreiben.

Für den *WSIS Project Prize 2014* wurden 138 Projekte aus 43 Ländern nominiert; aus Kuba wurden sechs Anträge gestellt. Projekte wie das kubanische Betriebssystem NOVA und das Portal *Cuba Va* (entwickelt an der UCI – Universität für Computerwissenschaft Kubas) sowie das Konzept der Jugend Computer-Clubs und das Portal Cubarte wurden präsentiert. Das Projekt Cubarte gewann den Preis in der Kategorie *Diversity and cultural identity, linguistic diversity and local content*. Das Portal wurde zu einem Vertreter der kubanischen Kultur im Internet erklärt, der die kulturelle Vielfalt Kubas über die Förderung identitätsstiftender Aspekte bewahrt und verbreitet. Außerdem wurde es wegen der Form seines

---

[25] Siehe: Méndez Muñoz, Susana: Gana Cubarte premio WSIS Project Prize 2014.
☞ Link S. 400

Portals ausgewählt, da es einheimische und kulturelle Elemente der kubanischen Identität präsentiert, die einem internationalen Publikum unbekannt sind.

Die Verleihung des *WSIS Project Prize 2014* fördert eine Politik über nationale Grenzen und Gesetze hinweg, welche das kulturelle Kapital einer Nation sowie die Verbreitung ihrer kulturellen und sprachlichen Vielfalt innerhalb der Informationsgesellschaft als Kulturerbe anregt und bewahrt. Der Preis soll die Arbeit von Buchläden, Archiven, Museen und anderen Kulturinstitutionen in der Generierung von digitalen und kulturellen Medieninhalten unterstützen. Die Arbeit von Cubarte wurde damit für den Wissens- und Erfahrungstransfer in der Digitalisierung von Aspekten der kubanischen Kultur ausgezeichnet.

1.3 EcuRed: Projekt einer kubanischen Enzyklopädie im Internet

Im Dezember 2010 wurde im *Palacio Central de Computación* in Havanna in einer offiziellen Veranstaltung die digitale Enzyklopädie EcuRed präsentiert. Nach einer politischen Programmatik, abgeleitet aus den Richtlinien der kubanischen Kommunistischen Partei, wurde dieses Projekt ins Leben gerufen, um verschiedene soziale Akteure der kubanischen Zivilgesellschaft für die Erstellung digitaler Medieninhalten zu gewinnen. Dabei verfolgten die staatlichen Institutionen das gemeinsame Ziel, kubanische Inhalte ins Internet zu stellen und so einen Überblick über die Wissensproduktion in Kuba zu liefern, „der sich von den Ansichten der traditionellen Machtzentren unterscheiden sollte"[26]. Die Bezeichnung EcuRed stammt aus der Verbindung zweier Wörter aus dem Spanischen: *Ecúmene* (Ökumene) und *Red* (Netz).

---

[26] Vgl. Peláez Sordo, Claudio: EcuRed: „… un arma cargada de futuro". ☞ Link S. 400

1.3.1 EcuMóvil: Neue Anwendung von EcuRed für Mobiltelefone

Eine neue Anwendung für eine tragbare Version von EcuRed ist seit dem 4. April 2013 in den kubanischen Jugend-Computer-Clubs entwickelt worden.[27] Sie ermöglicht eine Offline-Nutzung über das Betriebssystem Android in Mobiltelefonen. Bezeichnet als *EcuMóvil* wurde sie zusammen mit einem digitalen Handbuch für ihre Konfiguration und kostenlos in unterschiedlichen Institutionen verteilt. Iroel Sánchez, Koordinator von EcuRed im kubanischen *Ministerio de la Informática y las Comunicaciones*, gab der kubanischen Zeitung *Granma* bekannt, dass die tragbare Version für Mobiltelefone eine beschränkte Adaptation der Enzyklopädie ohne Bilder sei, in der über 103.000 Artikel zur Verfügung gestellt würden. Die neue Version sei ebenfalls mit Touch-Screen zu bedienen.

EcuMóvil kann in den Jugend-Computer-Clubs kostenlos auf digitalen Trägern und in verschiedenen digitalen Formaten überspielt werden. Den kubanischen Nutzern wird ein Link auf der Website www.ecured.cu zum direkten Download der tragbaren Version bereitgestellt. Die Informationen und Inhalte sowie die Datenbanken der Enzyklopädie werden monatlich aktualisiert. EcuMóvil wurde offiziell während der Internationalen Messe *Informática* 2013 (im März 2013) an die Öffentlichkeit gebracht. „Entwickelt durch das kubanische staatseigene Softwareunternehmen DESOFT und in Zusammenarbeit mit den Jugend Computer-Clubs versucht *EcuMóvil* die kubanischen Nutzer an die neuen Informationsdienste – sowohl online als auch offline – heranzubringen […]"[28], hob Rubén Rodríguez Torres, Manager des Fachgeschäftes von DESOFT in Havanna, hervor.

---

[27] Deutsche Übersetzung durch Autor. Spanisches Original, vgl. Enciclopedia EcuRed estará disponible para móviles. ☞ Link S. 400

[28] Ebd.

1.4 Von der Infosphäre und ihrer medial relationalen Struktur

Innerhalb medialer Kontexte erzeugt die Nutzung von digitalen Medien eine sich ändernde Medienwelt. Wird diese Medienwelt als Infosphäre bezeichnet, kann eine medientheoretische Auseinandersetzung über ihre Auswirkung auf die Kultur geführt werden. Die im Kapitel beschriebenen und analysierten Projekte ermöglichen eine medienästhetische Analyse. Die technische Transformation erfolgt auf der Basis einer informationsbedingten Struktur, welche die Konnotation eines ideologisierten Raums hervorhebt. In diesem Raum gibt es medienbasierte Relationen zwischen den Institutionen und den Nutzern, die im Rahmen ihrer technischen Möglichkeiten eine Wirkung mit einer politischen und ideologischen Implikation entfalten. In der Öffentlichkeit üben die Projekte mit ihrer Umsetzung eine soziale und indoktrinierende Funktion aus. Kultur und Politik werden in einen kontextualisierten Informationsraum eingegliedert, welcher die Nutzer zu einer neuen Bereitschaft – Information zu konsumieren – anregt. Die im institutionellen Kontext geschaffene Medienorganisation wirkt auf die Reproduktion kultureller Aspekte einer festgelegten politischen Identität durch gesteuerten Medienwandel ein.

Der Begriff *Infosphäre* (vgl. Floridi 2015) besteht aus der Gesamtheit aller informationellen Einheiten, aus denen Interaktionen, kulturelle Prozesse und wechselseitige Relationen in einem informationsbedingten Kontext generiert werden. In Bezug auf das Technoimaginär (vgl. Hartmann 2015) bedeutet sie die Gestaltung und Strukturierung der technischen Eigenschaften differenzierter Informationssysteme, mittels derer die Nutzer in Bezug auf Politik neue Formen des Umganges mit digitalen Medien und Informationen verarbeiten. Der Ausdruck *Technoimaginär* suggeriert die Wahrnehmung einer möglichen Medienwelt, durch die die Nutzer eine andere Wirklichkeitsform erahnen. Der Einsatz von technischen Verfahren innerhalb einer Medienwelt ist ein Faktor, der als erlernte Kulturtechnik die Einbildungskraft des Menschen über medienästhetische Erfahrungen symbolisiert. Entsprechend einer Gesellschaft neuer Prägung (Floridi 2015: 118) beschränkt sich die Konzeption der Infosphäre nicht nur auf das Internet, sondern sie umfasst die politischen, wirtschaftlichen und kulturellen Aspekte einer computervermittelten Form der Kommunikation als Praxis. Bei diesem Sachverhalt dient die Nutzung von Technologie zum Aufbau einer technischen Struktur von möglichen Kommunikations- und Lebensräumen, die durch die Verbindung vielfältiger Grundbestandteile vollendet wird.

Infomed, Cubarte und EcuRed reproduzieren diese technische und mediale Struktur in dem Maße, wie sie die Medienpraktiken im Rahmen der Kommunikation im institutionellen Kontext widerspiegeln. Somit werden diese Projekte einer politischen Programmatik untergeordnet. Der Mediengebrauch enthüllt eine Form von Kommunikations- und Interaktionsverhalten, die anstrebt, die Beziehung zwischen Politik und Gesellschaft, Wirtschaft und Kultur zu modifizieren. Eine der Voraussetzungen für den Erfolg dieser Projekte ist die Steigerung der Rentabilität von diesem für Kuba neuartigen Geschäftsmodell. Politisch kommt der Technik einer bedeutenden Rolle zu, indem die technische Transformation eine politische und ideologische Tiefendimension übernimmt. Innovativ für Kuba ist die Entstehung und Entwicklung eines Informationsmarktes, durch den das Land internationale Anerkennung genießt. Im Gegensatz dazu hängt die Realisation dieser Projekte von veralteten kommunikativen Praktiken und Ausstattungen ab, welche die Konstruktion einer innovativen technischen Struktur hemmt. Die im kubanischen Intranet bereitgestellten Informationen unterziehen sich dem Zwang der institutionellen Kontrolle, während die erstellten kulturellen Inhalte politisiert und ideologisiert werden. Die durch die kubanische Politik angestrebte Technologiehoheit ist nur der Anschein einer veralteten Ideologie, durch welche versucht wird, eine gemeinsame Software-Basis – wie die Projekte Infomed und Ecured – zu benutzen, um institutionelle Interessen in der Öffentlichkeit durchzusetzen.

Dies ist ein Prozess, der sich seit den 1960er Jahren mit dem Entwurf einer Informationspolitik befasst und den die kubanische Regierung in drei Phasen einleitete. Die erste Phase wurde von 1962 bis 1976 implementiert, zum Zweck der Bereitstellung einer wissenschaftlichen Grundlage und einer technischen Infrastruktur für die Planung und Förderung von staatlichen Programmen zum Technologietransfer. Die zweite wurde von 1977 bis 1989 ausgeführt, um die technischen Bedingungen für ein zentralisiertes Wirtschaftsmodell zu kreieren. Die dritte Phase von 1990 bis zum ersten Jahrzehnt des 21. Jahrhunderts entsprach der Reorganisation und der Umstrukturierung der verschiedenen wirtschaftlichen Faktoren nach dem Zusammenbruch des Ostblocks. Die kanadische Theoretikerin Ann C. Séror präzisiert hierzu den technischen Hintergrund dieser Phasenbildung und den Zusammenhang von Internet und staatlicher Zuweisung von Ressourcen:

[…] The first stage of development was motivated by recognition of the need to promote technology transfer from external sources in order to create national productive capacity. The ability to receive and adapt new technology required a national capability for research and engineering supported by an institutional infrastructure. After 15 years of efforts dedicated to creation of a research and development sector with the necessary critical mass of resources, it became necessary to develop national mechanisms for coordination and management of the emerging institutional system. The objectives of intervention in technology transfer included the improvement of commercial conditions of technology transfer agreements such as supplier pricing, the elimination of certain restrictions as to technology transfer and adaptation to specific needs, the unbundling of the components of new technologies and the control of intra-firm accounting and management practices of transnational corporations (Correa, 1995).

The second stage of the development process (1977–1989) began with institutional efforts to manage the use of results generated in R&D. This was accomplished by designation of research institutes and identification of research problems reflecting national priorities. In the second half of the 1980s, scientific and technical program structures were introduced to better integrate technology producers and users as well as other agents in the transfer process. A system for the transfer of research results was introduced in 1987 to complement program structures with a mechanism for technological innovation. However, enterprises specialized in technological change were operating in a closed market without exposure to a demanding international clientele, and in these conditions the presumed national leaders in technology adoption did not assume the leadership role necessary for the successful diffusion of research and development results.

Starting in 1986, difficulties in the effectiveness of centralized planning were diagnosed, and a process of 'rectification' indicated the beginning of a third evolutionary stage (1990–present). In organizational terms, the integration of networks for collaboration in activities of science and production, the creation of the National Forum for Science and Technology, and the development of expertise in technology management characterized the third phase of science and technology policy. During this period, technico-scientific programs emerged in project management structures with refereed evaluation for project selection. Ecological considerations began to influence science and technology policy, and national production was profoundly affected by changes in international markets and the disintegration of the Soviet Bloc (Richards, 1998). These changes produced a national debate on the topic of Cuban competitive strategy that extended to the foundations of social and political organizations, including municipalities, people's councils (consejos populares), and new forms of union organizations. Technological innovation has thus emerged since as a very broad social and political concern in Cuba […].[29]

In der Infosphäre gestaltet der Prozess von Adaptation und Transfer der Technologie Medienpraktiken und -verhältnisse, durch die die Nutzer mit Informationen interagieren und eine andere Form der Handlungskompetenz entwickeln – eine Kompetenz, die als die Entfaltung der technischen Fähigkeiten eines sozialen Akteurs zu betrachten ist, denn er übt betriebliche Aufgaben in einem technisch gegebenen Kontext aus. Die soziale Funktion, die diese Projekte innehaben, wird zielgerichtet, praxisorientiert, bewusst und verantwortungspflichtig gemäß der Informationspolitik erfüllt. Infolgedessen wird der politische Anspruch über digitalisierte Informationen und Medieninhalte und durch die Netzwerkverwendung nahegebracht. Dies ist zugleich ein technischer Prozess, der die Partizipation und die Interaktion zwischen den Institutionen und den kubanischen Nutzern im öffentlichen Raum voraussetzt. Dennoch ist es ein Versuch, der in seinem Ansatz scheitert, wenn auf Seiten der Anwender kein Interesse an diesem Angebot besteht.

In der Öffentlichkeit diente der Schlüsselbegriff Partizipation einem staatlichen Vorhaben, einem Programm der informationellen Alphabetisierung, dessen Zweck die Entfaltung von Medienkompetenzen (vgl. Baacke 1973) ist. Dieses Programm wird über den technischen Prozess des Outcome-Mapping durchgeführt, um Methoden für die Planung, Steuerung, Kontrolle, Überwachung und Aufwertung der verschiedenen Initiativen in der Nutzung von Medientechnik zu anzuregen. Dies sollte ebenfalls zu einer nachhaltigen Entwicklung mit einem implizit sozialen und kulturellen Wandel führen. Die daran teilnehmenden sozialen Ak-

---

[29] Séror/Fach Arteaga 2000: 208–209.

teure sind zuerst im Rahmen der Institutionen anzuerkennen, sie treiben politische Strategien für die Implementierung von technischen Projekten voran. Die gemäß der kubanischen Informationspolitik eingesetzten Verfahren dienen zur Inbetriebnahme von technischen Informationssystemen. Die Dynamik dieser Systeme ist von einem nicht-linearen Wirtschaftswachstum und externen Faktoren abhängig. Dass die kubanischen Nutzer daran aktiv teilnehmen, gewährleistet den Erfolg des staatlichen Programms hinsichtlich der Informationsgewinnung und des Wissenserwerbs nicht. Innerhalb dieser technischen Informationssysteme sind die Faktoren für einen sozialen und kulturellen Wandel stets von strukturellen Veränderungen und Verhaltensmodifikationen gegenüber der zu behandelnden Information konditioniert. Vorausgesetzt wird, dass es die Anwender sind, die die erworbene Information lagern, prozessieren und weitergeben. Die Besonderheit dieses Programms besteht aus der Konzeption des kubanischen Staates, sich nach wie vor als Förderer, Ausbilder und Leitfigur der vorzunehmenden technischen Transformation zu verstehen. Der Umgang mit digitalen Medien sowie die Handhabung technischer Geräte in der kubanischen Bevölkerung stellt eine andere Situation dar, die den Bedarf nach dem möglichen Erwerb von Medienkompetenzen und somit einen kulturellen Prozes aus individueller Initiative heraus auslöst.

Der Mediengebrauch, der in der Erstellung von Webseiten in Kuba stattfindet, ist in einem Kontext einer mangelhaften Zuweisung von Ressourcen sowie technischen und finanziellen Schwierigkeiten zu betrachten. Die Kultur- und Medienpraktiken der Institutionen in der Öffentlichkeit vermitteln das Anliegen, das erworbene Wissen zu sozialisieren, welches als gemeinsames Interesse konstruiert wird. Die zunehmende Anzahl von kubanischen Websites verweist auf einen seit den 1990er Jahren beginnenden, aber nun fühlbaren und allmählichen Einfluss der Medientechnik auf die kubanische Kultur. Der Mediengebrauch bedeutet im Rahmen der Kommunikation im institutionellen Kontext die Reproduktion derselben Mechanismen der kubanischen politischen

Richtlinien in den Kommunikationskanälen, die die Bürgerschaft mit Informationen versorgen wollen. Gleichzeitig steht der Anspruch auf Homogenisierung der digitalen Arbeitsverfahren in Einklang mit der institutionellen Informationspolitik. Obwohl die Institutionen dadurch eine neue Form von Interaktion mit den kubanischen Nutzern anstreben, garantiert dies nicht den Empfang der intendierten Botschaft. Dieser Prozess stellt die Institutionen sowohl bezüglich der Formen, in denen die Kommunikation innerhalb der Institutionen stattfindet, als auch in Bezug auf die Organisation ihres Arbeitsflusses vor neue Herausforderungen. Das Hauptproblem der institutionellen Informationspolitik bleibt, dass die kubanischen Nutzer nicht erreicht werden.

Innovation, kurz- und langfristige Investitionen sowie die Zuweisung von finanziellen und technischen Ressourcen sind die Voraussetzungen für eine gelingende Einführung der informationellen Alphabetisierung. Das Treffen von Handelsabkommen mit internationalen Unternehmen im Bereich der Telekommunikation wird dazu einen wichtigen Beitrag leisten. Sobald sich die kubanische technische Infrastruktur erweitert, werden andere öffentliche Räume für den Zugriff auf Informationen und Medieninhalte geschaffen. Im Rahmen der Kommunikation im institutionellen Kontext beabsichtigt das Programm zur informationellen Alphabetisierung die Steigerung der Qualität des Lehrens und Lernens. Die Nutzer werden ihre eigenen Bedürfnisse durch die neue Kulturtechnik identifizieren, um konkrete Lösungen zu deren Erfüllung zu finden, wobei es um Rezeption, Verarbeitung und Weitergabe von Information geht. Ein anderer Aspekt des Vorhabens ist, den Zugriff auf neue Datenbanken, Informationsquellen und kulturelle Inhalte zu ermöglichen, um sie auf ethische und kritische Weise zu verwerten. Soziale Institutionen wie Bibliotheken, Hochschulen und Universitäten sowie die Jugend-Computer-Clubs spielen eine entscheidende Rolle als Versorger von Informationen und digitalen Medieninhalten. Sie werden damit beauftragt, die sozialen Kompetenzen der daran teilnehmenden Akteure zu vermitteln und den Prozess ihrer Aneignung zu organisieren. Der politische Anspruch besteht in dem Versuch, die Interessen, die Bedürfnisse und die Motivationen der kubanischen Nutzer in der Nutzung von digitalen Medien zu steuern. Die implementierte politische Strategie ist die Konzeption eines pädagogischen Programms durch den Gebrauch von audiovisuellen Medien für die Entfaltung der Medienkompetenzen. Die medienkulturelle Dimension, die dieser Prozess übernimmt, erschließt sich einerseits in der Gestaltung einer innovativen und kreativen Form von Mediennutzung, die die Funktionsweise der kubanischen Institutionen wiedergibt. Andererseits zerbricht die traditionelle Kommunikationsstruktur durch die dadurch geschaffene Medienorganisation.

Kapitel 2

Einordnung des kubanischen Mediensystems mit Blick auf den sozialen Gebrauch von Medientechnik

Das Thema *Internet* ist grundsätzlich komplex und weckt in vielen wissenschaftlichen Disziplinen großes Interesse. Internet und Kuba sind als Thema miteinander verflochten und zudem vielschichtig widersprüchlich, was die Komplexität einer Forschung zusätzlich steigert. Die Nutzung von Medientechnik weist auf eine stärkere Rezeption und Partizipation neben den traditionellen Medien hin. Das kubanische Mediensystem entwickelt sich nach einer normativen Ordnung. Diese Normativität setzt die zunehmende Leistungsfähigkeit eines im Laufe der letzten Jahrzehnte durch den Einsatz von Medientechnik beschleunigtes Wirtschaftswachstum voraus. Inmitten dieser geschwächten und zum Teil auch ansteigenden Wirtschaftskonjunktur werden insbesondere sowohl institutionelle als auch private Projekte und Initiativen durchgeführt, die die Materialität der Kommunikation im kulturellen Kontext Kubas verorten. Infolgedessen sind neue soziale Strukturen aufgetaucht, die den Produktionsprozess von Waren und Konsumgütern prägen. Der Mediengebrauch deutet hierbei auf die Einführung von politischen Mechanismen zur Steuerung der neu entstandenen Medienorganisation.

Der Entwicklung der *Neuen Medien* wollte und konnte sich Kuba auch als sozialistischer Staat nicht verweigern. Der Staat, mit seinen Rahmenbedingungen der nicht klar umrissenen Medienpolitik und mit einem in der Verfassung (1976) verankerten staatlichem Medienmonopol, stand angesichts der Eigenschaften der Informations- und Kommunikationstechnologien vor komplexen Herausforderungen. Die im Jahr 2019 neu erlassene Verfassung stellt in Artikel 55 fest, dass der Staat weiterhin die Prinzipien für die Organisation und Funktionsweise aller Massenmedien bestimmt. Mit dem Oberbegriff *medios fundamentales de comunicación social* (Leitmedien der sozialen Kommunikation) erkennt der neue Artikel 55 andere Formen des Eigentums außer dem sozialistischen nicht an. Obwohl dieser Artikel Leitmedien wie Fernsehen, Rundfunk und Presse in allen ihren Formen zur *propiedad socialista de todo el pueblo* (zum sozialistischen Eigentum des gesamten Volkes) erklärt, ist es unklar, ob das Internet und die in den letzten zwei Jahrzehnten entstandenen, selbstständigen digitalen Medien darin miteinbezogen sind. Im Folgenden wird die These aufgestellt, dass die Internetnutzung kulturbedingte Prozesse zur Umsetzung einer kommunikativen Praxis auslöst, in der Information kulturellen Einfluss auf das Nutzerverhalten nimmt. Die Inbetriebnahme der Internettechnik modifiziert das Treffen von politischen Entscheidungen, da der Ausbau einer technischen Infrastruktur innerhalb der Institutionen oder in der Privatsphäre der Nutzer den Einsatz von soziotechnischen Systemen (vgl. Buhr 2015) ermöglicht. Die These gründet sich auf der Behauptung, dass

> […] die technischen Infrastrukturen des Internets damit wie soziale Institutionen [wirken], da sie ähnlich wie Gesetze, Vorschriften, Verhaltensnormen oder Werte individuelles Handeln und kollektives Verhalten nicht nur ermöglichen, sondern auch strukturieren und kontrollieren und von den Nutzern nicht einfach ignoriert oder hintergangen werden können, sofern sie mitspielen können.[1]

Bezogen auf die Entwicklungen um das Internet und seine Dienstleistungen lässt sich noch für Kuba kurz und allgemein feststellen, dass die Privathaushalte bis zum Jahr 2018 fast keinen Zugang

---

[1]   Dolata/Schrape 2018: 19–20.

zum Internet hatten; die genaue Zahl ist aber nicht belegbar. Es kann davon ausgegangen werden, dass die Nutzer sich zumeist auf die Städte konzentrieren. Der öffentliche Zugang zum Internet in staatlichen Institutionen unterliegt zahlreichen technischen und ökonomischen Beschränkungen und wird zudem durch politische Beschlüsse vergeben. Zudem kommen von der kubanischen Politik nicht definierte Beschränkungen wie die Sperrung von Plattformen mit Sitz in den USA. Aufgrund des hohen Stellenwerts der Bildung und Gesundheit in der Politik Kubas und in Anbetracht der ökonomischen Situation und den politischen Grundansichten wurden seit dem Jahr 1992 verschiedene nationale Pläne zur *Informatización de la Sociedad Cubana* eingesetzt. Eines der Ziele ist das politische Anliegen zur Strukturierung und Organisation von neuen Formen der Mediennutzung im öffentlichen Raum. Dazu gehören der Einsatz von Computern im Bildungswesen, der Aufbau einer Netzinfrastruktur für staatliche Unternehmen und im Bereich des Gesundheitssystems sowie die Vernetzung der landesweiten sogenannten *Joven Clubs de Computación e Informática* (Jugend-Computer-Clubs).[2] Im Rahmen der Modernisierung der kubanischen Wirtschaft kommen den devisenbringenden Bereichen Tourismus und Joint Venture eine treibende Schlüsselrolle beim weiteren Ausbau der Medientechnik zu. Der knappe Internetzugang für Privatnutzer und eine breite, aber durch die Institutionen gesteuerte Nutzungsmöglichkeit von nationalen computergestützten Netzwerken führte in der Außenansicht auf Kuba zu einer Bandbreite von scheinbar widersprüchlichen Statements

---

[2] Die Jugend-Computer Clubs sind eine Art Cybercafé in Kuba, in denen die kubanischen Nutzer Zugriff auf das kubanische Intranet haben. In diesen Einrichtungen werden Informationen und Inhalte den Nutzern kostenlos zur Verfügung gestellt und es wird ebenfalls Computerunterricht für Kinder, Jugendliche und Senioren erteilt. Die Mediennutzung wird dabei als eine Form verstanden, aus der die Nutzer die vom Staat bereitgestellte Medienorganisation nutzen, um verschiedene Tätigkeiten – wie etwa Programmieren, die Entwicklung von Netzwerken, Bloggen etc. – auszuführen.

wie „Feind des Internets"[3]. Infolgedessen erklärte die kubanische Regierung mit ihrer politischen Programmatik den Internetzugang widersprüchlich als Gemeinwohl aller kubanischen Bürgerinnen und Bürger.

In Bezug auf die Entwicklungen außerhalb Kubas mit relativer Verzögerung und entsprechend der ökonomischen Bedingungen unter der bestehenden Wirtschaftsblockade findet die Medientransformation der kubanischen Gesellschaft über einzelne Elemente Anschluss an eine moderne Zukunft. Die Medientransformation findet einerseits auf der politischen und der kulturellen Ebene statt und ist andererseits gleichzeitig, im Übergang zu einer Medienkultur auf der sichtbaren sozialen Ebene, teilweise rückläufig. Die bis dato eingesetzte technische Transformation entspricht in dem Sinne nicht der begehrten Schnelligkeit des Prozesses. Das Internet wird noch über Satellit empfangen, was den Internetdienst beschränkt, ihn verlangsamt und für die Makroökonomie (Staat) sowie auch für die Mikroökonomie (Bevölkerung, Dienstleistungssektor) teuer macht. Eine der Hoffnungen Kubas war, sich mit dem Glasfaserkabel Alba-1 zu verbinden, das 2007 in Kooperation mit Venezuela gelegt wurde. Kuba kann sich wegen der US-Blockade mit dem schon vorhandenen internationalen unter der Meeresoberfläche gelegenem Glasfaserkabel nicht verbinden. Die Betriebsfähigkeit des Glasfaserkabels würde seine Anschlussfähigkeit über 3.000 Mal erweitern, sodass sich die Qualität der Internetnutzung sowie die mögliche Ausbreitung in den Privathaushalten verbessern würden (laut den offiziellen Verlautbarungen von 2007). Im Jahr 2011 ist das Kabel verlegt worden. Laut den offiziellen Stellungnahmen Ende Januar 2013 ist das Kabel in Betrieb genommen worden. Welche spürbaren Auswirkungen dieser Tatbestand auf den Gebrauch der Medientechnik hat, wird über die Entwicklung gestalterischer und gesellschaftlicher Medienpraktiken in diesem Kapitel beschrieben.

---

[3]   ROG-Bericht „Feinde des Internets" 2012. ☞ Link S. 400

Wie wird eine besondere Kulturpraxis über die Nutzung der Medientechnik in Kuba instrumentalisiert? Inwieweit wird die Verortung einer Gebrauchskultur den Zielen einer Informationspolitik in Kuba entsprechen? Welche staatlichen Interessen werden mit der Entwicklung der Glasfasertechnik verfolgt? Welche Rolle würde ein breiter, freier Internetzugang spielen, wenn er als virtueller transnationaler Raum, ohne ideologisch motivierte staatliche Eingriffe, funktionieren würde? Aus einer medienkulturellen Perspektive werden im Folgenden die aufgeworfenen Fragen beantwortet.

2.1 Der politische Wille der kubanischen Regierung in Bezug auf die *Informatización de la Sociedad Cubana*

Der Prozess des medienkulturellen Wandels in Kuba, der sogenannten *Informatización de la Sociedad Cubana*, wird unter staatliche Aufsicht gestellt. Die kubanische Gesellschaft unterzieht sich politischen, wirtschaftlichen und sozialen Veränderungen. Der Prozess der *Informatización* ist nach einem staatlichen Programm für den Einsatz der Informations- und Kommunikationstechnologien konzipiert. Aus diesem Programm soll die Telekommunikationsinfrastruktur innerhalb aller Bereiche der kubanischen Wirtschaft und der Gesamtheit der Gesellschaftssektoren kurz- und langfristig entwickelt werden. Mit der Neuorientierung ihres politischen Willens strebt die kubanische Regierung nach der Kontrolle der technischen Transformation und der strategischen Organisation der entsprechenden Mediennutzung in der Öffentlichkeit. Das staatliche Programm für die Durchführung von Projekten im Rahmen der Informations- und Kommunikationstechnologien ist als politische Richtlinie im Dokument Lineamientos de la Política

Económica y Social del Partido y la Revolución[4] gekennzeichnet. In seiner politischen Dimension bestimmt das Dokument die technische Transformation mit der Voraussetzung, dass es nicht möglich ist, die nachhaltige Entwicklung einer Gesellschaft ohne den Einsatz und die Nutzung der Medientechnik voranzutreiben. Technik ist als Werkzeug zu betrachten, indem sie den Zugriff auf neues Wissen ermöglicht und im Kontext der wirtschaftlichen Entwicklung zur Effizienz und Produktivität dient. Ideologisch bedient sich dieses Vorhaben der Entfaltung von politischen Strategien, um die Wissensproduktion und den -transfer sowie den notwendigen Aufschwung mancher Bereiche der kubanischen Wirtschaft und den Entwurf einer neuen Medien- und Informationspolitik zu steuern.[5]

Der Ausbau der Telekommunikationsinfrastruktur ist ein Prozess, der sich nicht nur auf die Bereitstellung des Internetzugangs beschränkt. Seit 2008 sind verschiedene Projekte durchgeführt worden, um die Anschlussfähigkeit Kubas zu verbessern. Die Projekte beabsichtigen, die Leistungsfähigkeit der in Kuba bestehenden technischen Infrastruktur zu steigern, um die Entwicklung von automatisierten Tätigkeiten innerhalb mancher Wirtschaftssektoren strategisch zu vollziehen. Bezogen auf die Erweiterung des Internetzugangs werden technische Kapazitäten in staatlichen Institutionen und Unternehmen organisiert, um die begehrte Konnektivität im öffentlichen Raum zu ermöglichen. Dafür sind makroökonomische Projekte zur Restrukturierung der Finanzen, des Kreditmarkts und der Energiewirtschaft entworfen worden. Ein Beispiel dafür ist das Projekt *Mariel Special Development Zone* und die petrochemische Enklave in der Provinz *Cienfuegos*.

---

[4]   Eine Version des Dokuments Lineamientos de la Política Económica y Social del Partido y la Revolución für den Zeitraum von 2016 bis 2021 ist zu finden unter http://www.granma.cu/file/pdf/gaceta/Lineamientos%202016-2021%20Versi%C3%B3n%20Final.pdf, (letzter Zugriff am 04.12.2018).

[5]   Siehe: La informatización de la sociedad, una prioridad para Cuba. ☞ Link S. 400

Dem Ausbau und der Modernisierung dieser Wirtschaftszweige wurden finanzielle Ressourcen zugewiesen, um die Infrastruktur für zukünftige Investitionen zu versichern. Die finanziellen Mittel dienen auch zur Steigerung der Leistungsfähigkeit des Mobilfunksystems und des Internetzugangs. Innerhalb anderer Sektoren wie Bildung, Wissenschaft, Gesundheit und Kultur werden bei den technischen Fortschritten Prioritäten gesetzt, indem der kubanische Staat die anzubietenden Informationsdienste subventioniert.

Der Prozess der *Informatización de la Sociedad Cubana* wird durch die Planung von besonderen technischen Programmen in Kuba durchgeführt. Im Jahr 2014 begannen diese Programme mit der Entwicklung wirtschaftlicher Strategien für den Aufbau der Infrastruktur und der Ausbesserung der Netzwerke für die Datenübertragung des kubanischen Telekommunikationsunternehmens ETECSA. Das Ziel dieser Programme ist ein funktionales Netzwerk, um den Informationsfluss – etwa die Gewinnung, Speicherung und Verarbeitung von Informationen und digitalen Medieninhalten – zu regulieren. Eine Kontrolle der Mediennutzung wird angestrebt.

Die von den kubanischen Nutzern verwendeten technischen Geräte wie Smartphones, Laptops und iPads haben meistens eine höhere Leistungsfähigkeit als diejenigen, die in staatlichen Institutionen benutzt oder im staatlichen Markt kommerzialisiert werden. Zur Regulierung der Mediennutzung sind Verwaltungsmechanismen und unternehmerische Handlungsweisen etabliert worden, die versuchen, das Verhalten der Nutzer online zu steuern. Infolgedessen wurde im Jahr 2015 der Internetzugang im öffentlichen Raum eingesetzt. Die Eröffnung von 36 neuen Internetcafés wurde als politische Strategie konzipiert, um massenhaft den Zugriff auf das Internet und seine entsprechenden Informationsdienste zu erlauben. Um einen erschwinglichen Internetzugang anbieten zu können, wurden mehrere Einrichtungen wie etwa Bibliotheken, Hotels, Parks im öffentlichen Raum mit einer Wi-Fi-Verbindung ausgestattet. Dieser Prozess wird auch durch die Bereitstellung digitaler Plattformen mit pädagogischen

Informationen und digitalen Medieninhalten in den staatlichen Institutionen und Universitäten geprägt. Die politische Dimension, die der Prozess im öffentlichen Raum übernimmt, bezieht sich auf den durch die kubanische Regierung propagierten Sozialanspruch, die Bevölkerung zu ermächtigen, die Handhabung der Informations- und Kommunikationstechnologien zu bewältigen. Dabei werden staatseigene Softwarebetriebe wie DESOFT und Telekommunikationsunternehmen wie ETECSA engagiert.

Im Rahmen dieses staatlichen Programms wurden im Jahr 2014 etwa 26 neue Projekte in Angriff genommen. Die Projekte dienten generell zur Einrichtung und Strukturierung einer nationalen digitalen Plattform, dem sogenannten Red Cuba, für das Management von Informationen und digitalen Medieninhalten. Die Konfiguration und das Design der Plattform Red Cuba soll die Qualität der in Kuba hergestellten digitalen Medieninhalte gewährleisten, obwohl sie der Mehrheit der kubanischen Nutzer nicht bekannt ist. Sie wurde als ein digitales Werkzeug für die Aufbewahrung der kulturellen Vielfalt und die identitätsstiftenden Elemente konzipiert, welche durch die Arbeit und das Agieren der Nutzer im Intranet und Internet generiert werden. Außerdem soll die Plattform zur Archivierung der kulturellen Produkte benutzt werden, die durch kubanische Kulturinstitutionen produziert werden. Das Ziel bei der Einrichtung der digitalen Plattform Red Cuba besteht darin, mit einem Wissensbestand zu arbeiten, um den Bedarf der kubanischen Nutzer an Informationen zu decken. Ein weiteres Ziel des Programms ist, andere Möglichkeiten für den Internetzugang bereitzustellen und eine ordentliche Nutzung der Medientechnik im öffentlichen Raum zu schaffen. Die digitalen Netzwerke mancher Institutionen in Sektoren wie dem Gesundheitswesen (Infomed), Hochschulwesen (REDUNIV) und der Kultur (Cubarte) werden den Nutzern zur Verfügung gestellt. Diese Institutionen wurden mit einem leistungsfähigeren Server ausgestattet. Zudem zielen diese staatlichen Programme auf pädagogische Zwecke ab. Multimedia und Videospiele wurden in den Jugend-Computer-Clubs verteilt, um das Interesse der Jugendlichen für die kubanische digitale Produktion zu erwecken. Die in den Multimedia gespeicherten Informationen und Inhalte enthalten historische Aspekte der kubanischen Kultur und sollen den Anwendern als eine neue Form der Unterhaltung dienen. Gesetzlich beabsichtigt die Durchführung dieser Projekte das Schaffen eines rechtlichen Rahmens, um die Mediennutzung im sozialen Kontext Kubas zu regulieren.

Die soziale Organisation der durch kubanische Institutionen erstellten und informationsbasierten Infrastruktur im öffentlichen Raum entspricht den Rahmenbedingungen einer neuen Medienpolitik. Neu für Kuba ist dabei die grenzüberschreitende Dimension, die diese Medienpolitik für die stattfindende technische Transformation übernimmt. Das Thema *Internet in Kuba* sorgt für erhitzende Diskussionen innerhalb verschiedener Gesellschaftssektoren. In der Öffentlichkeit kanalisieren diese Diskussionen die Forderungen der kubanischen Bevölkerung nach einem schnellen Einsatz der Informations- und Kommunikationstechnologien, um eine internationale Reichweite zu gewinnen.[6] Der politische Anspruch zur *Informatización de la Sociedad Cubana* ist ein Prozess, der im Grunde genommen ein Wirtschaftsprogramm darstellt. Dementsprechend passt er sich an den Entwurf eines Wirtschaftsplans an, wodurch eine neue Dynamik der Marktpolitik entwickelt wird. Hierbei erfordert das staatliche Wirtschaftsprogramm die Konkurrenz von internationalen Telekommunikationsunternehmen, die den beginnenden kubanischen Informationsmarkt regulieren. Das Verlegen eines Glasfaserkabels, um eine ausreichende Anschlussfähigkeit zu garantieren, sowie die Bereitstellung eines breitbandigen Internetzugangs sind zwei der ersten Voraussetzungen für einen medienkulturellen Wandel in Kuba. Die Entstehung neuer Kulturpraktiken kennzeichnet ein komplexes sozi-

---

[6] Siehe dazu ein Bericht einer Debatte über die Ermächtigung kubanischer sozialer Akteure in der Nutzung von Technologie, in: Saladrigas, Carlos/ Gorordo, Felice/de Lasa, José Jr./Aho, Matthew: Empowering the cuban people through access to technology. Panel at the ASCE 2010 Annual Meetings. ☞ Link S. 400

ales Gefüge von politischen, wirtschaftlichen und ideologischen Interessen. In ihrer Umsetzung verweisen diese Interessen auf die Transmission von spezifischen Bedeutungen, die im Kontext eines medienkulturellen Wandels besondere Aspekte des Lebens des Einzelnen sowie die Arbeit der Institutionen modifizieren.

Der Prozess eines medienkulturellen Wandels mit dessen entsprechender technischer Transformation ist ein ausschlaggebender Aspekt der gegenwärtigen Medienkulturen. Der komplexe Zusammenhang von Kultur und Politik prägt die Art und Weise, in der eine Gesellschaft ihr soziales Projekt gestaltet. Im Falle Kubas ist der medienkulturelle Wandel ein Prozess, der die Einbeziehung anderer internationaler Akteure für die Entwicklung seiner Medienpolitik erfordert; hauptsächlich da das Land nicht über alle technischen Bedingungen für seine technische Transformation verfügt. Die Integration von internationalen Telekommunikationsunternehmen in den beginnenden kubanischen Informationsmarkt entspricht vorwiegend der Demokratisierung der Mediennutzung im sozialen Kontext und zudem der Sozialisation des dadurch zu vermittelnden Wissens. Ein Beispiel dafür ist das Angebot des Telekommunikationsunternehmens *O3b Networks*[7] und das Treffen eines Handelsabkommens mit dem Betrieb *SES Networks*[8]. Die Inbetriebnahme von Satelliten ermöglicht eine bessere Konnektivität für den Internetzugang wie auch günstige Telefontarife für internationale Anrufe. Einer der Vorteile dieses Abkommens ist, dass sich diese Unternehmen den Verordnungen und Beschränkungen des US-amerikanischen Embargos gegen Kuba nicht unterziehen. Hierbei wird Kuba als ein attraktiver Markt und Investitionsstandort betrachtet. Ein breitbandiges Internet mit niedriger Latenz an jedem Ort des Landes ohne kostspielige Investitionen in eine Glasfaserkabel-Infrastruktur,

---

[7]   Siehe: Internet satelital y llamadas baratas para Cuba son posibles, sin Embargo. ☞ Link S. 400

[8]   Siehe: ETECSA Enhances Connectivity to the Rest of the World with SES Networks. ☞ Link S. 400

die Bereitstellung von Informationsdiensten mit einer erhöhten Datenübertragungsrate für Mobiltelefone (3G, 4G, WiMAX und LTE) und die Möglichkeit eines günstigen Sprachnachrichtendienstes, um die Kosten der internationalen Telefontarife herabsetzen zu können, sind andere Vorteile dieses Abkommens.

Eine wichtige politische Rolle für die Modernisierung Kubas spielte die Wiederaufnahme der diplomatischen Beziehungen zu den USA. Die im Dezember 2014 angekündigte politische Annäherung zwischen beiden Ländern brachte eine wirtschaftliche Dimension mit sich. Der damalige US-Präsident Barack Obama unternahm dafür neue politische Maßnahmen, um einige der Reglementierungen und Beschränkungen des wirtschaftlichen US-Embargos gegen Kuba aufzuheben.[9] Obwohl letztendlich das Embargo nicht aufgehoben wurde, unternahm Obama besondere Maßnahmen in Sektoren wie Finanzen, Wirtschaft und Technologie, um die Integration US-amerikanischer Unternehmen in den kubanischen Markt zu erleichtern. Wichtige Konzessionen wurden an US-amerikanische Unternehmen vergeben, um das politische und wirtschaftliche Interesse der US-Regierung in Kuba zu vertreten. Die Bewilligung für die Investition in Sektoren wie Landwirtschaft, Technologie und Telekommunikation sowie in die Entwicklung der kubanischen Infrastruktur jeglicher Art waren drei der Wirtschaftszweige, in denen die US-amerikanischen Unternehmen eine Erlaubnis für ihre Investitionen erhielten. Einigen US-amerikanischen Betrieben wurde der Export neuer Technologien und Dienstleistungen für Telefonie, Informatik und das Internet nach Kuba gewährt. Die Beschränkungen auf den Export von Hightech-Produkten wurden nicht aufgehoben, abgesehen von einigen Produkten wie Baumaterialien und Ersatzteilen oder Zubehören für kubanische landwirtschaftliche Unternehmen.

---

[9]   Siehe hierzu ein Gesamtüberblick des US-amerikanischen Department of Treasury, bezogen auf die Aufhebung einiger Beschränkungen des US-Embargos gegen Kuba unter der Regierung des ehemaligen Präsidenten Barack Obama, in: Cuban Assets Control Regulations ☞ Link S. 400

Entsprechend dem Ziel der US-Politik, einen kulturellen Einfluss auf die kubanische Gesellschaft auszuüben, ist die Telekommunikationsbranche eine der entscheidenden Sektoren bei der Durchsetzung der neuen Maßnahmen und Regelungen. Es wurde im Jahr 2014 gestattet, dass US-amerikanische Unternehmen Investitionen in der kubanischen Infrastruktur tätigen und Dienstleistungen, Software, mobile Geräte etc. an staatseigene Betriebe in Kuba verkaufen. Andere Aspekte des wirtschaftlichen Embargos wurden nicht modifiziert, darunter beispielweise die Nutzung des Dollars für die finanziellen Transaktionen von Kuba auf dem internationalen Markt, der Erwerb technischer Ausrüstung und neuer Technologien, welche mehr als 10% US-amerikanische Bestandteile enthalten, die Möglichkeit, mit Filialen US-amerikanischer Unternehmen in Drittstaaten zu handeln, und der Import von Waren und Produkten aus kubanischen Rohstoffen in die USA.

Die Reform- und Öffnungspolitik Kubas steht deshalb vor einem vielversprechenden Wirtschaftsaufschwung, der mit der Bewilligung des Technologietransfers einen spürbar kulturellen Einfluss auf die Medienpolitik ausübt. Der Transfer von Informationstechnik und Dienstleistungen sowie der Aufbau der Telekommunikationsinfrastruktur konstituieren kulturelle Elemente, die den kubanischen Informationsmarkt fortschrittlich in einem internationalen Kontext verorten können. Das Abschließen von Handelsabkommen mit internationalen Medienkonzernen und Telekommunikationsunternehmen wie u.a. Netflix, Google, Verizon, Huawei garantiert, dass Kuba allmählich einen Platz in seinem beginnenden Informationsmarkt findet. Auf diese Weise steht die technische Transformation im engen Zusammenhang mit dem politischen Anspruch zur *Informatización de la Sociedad Cubana* und den tatsächlichen Forderungen der kubanischen Bevölkerung. Das Agieren von internationalen Telekommunikationsunternehmen verstärkt unter den kubanischen Nutzern die Vorstellung, dass ein schneller, effizienter und massenhafter Einsatz der Medientechnik möglich ist. Kulturell verweist die neue politische Stellungnahme der kubanischen Regierung auf eine vermeintliche Dialogbereitschaft, die weiterhin diesen Prozess in der Öffentlichkeit zu steuern versucht. Durch die Bereitstellung von Informationsdiensten und die Inbetriebnahme des Internetzugangs werden die kubanischen Nutzer vorbereitet, sich neue Formen des technischen Know-hows anzueignen, um ihre Medienkompetenzen zu erweitern. Ein Prozess, der auch als Sozialordnung durch die Nutzer ohne Staatsaufsicht eingeführt wird.

2.1.1 Der Internetzugang im öffentlichen Dialog

Die Einführung und der Einsatz digitaler Medien rufen heftige Diskussionen im sozialen Kontext Kubas hervor. In der Öffentlichkeit werden institutionelle Räume wie etwa Hochschulen, Universitäten, Kulturinstitutionen dazu genutzt, um Diskussionen und Debatten zu führen, mit dem Ziel, politische Strategien für die Nutzung digitaler Medien zu entwickeln, welche die Kontrolle der im Internet zirkulierenden Information und digitalen Medieninhalte anstreben. Zudem suchen diese Strategien nach einem politischen Konsens für die soziale Nutzung des Internets.[10] Außerhalb institutioneller Räume spielen die Social Media eine entscheidende Rolle für die Realisation dieser Debatten. Die kubanischen User verfügen dadurch über einen relativ freien Kommunikationsraum, um ihre Meinung zur technischen Transformation zu äußern.

In der Öffentlichkeit Kubas systematisieren die Debatten bestimmte Themen, die im Interesse der Allgemeinheit sind. Der Aufbau und die Verbesserung der Leistung der technischen Infrastruktur ist ein Aspekt, der einen effizienten Einsatz der Medientechnik ermöglicht und außerdem den Nutzern erlaubt, ihre Medienkompetenzen zu erweitern. Die allmähliche Integration von Kuba in den internationalen Informationsfluss setzt voraus,

---

[10] Vgl. ein Beispiel dieser Debatten innerhalb institutioneller Räume, in: Rodríguez Guerrero, Lissy: Internet y los derechos en la voz de los universitarios. ☞ Link S. 400

dass die Nutzer eine neue Stellungnahme gegenüber der zu behandelnden Information einnehmen. Der nach Kuba kommende Informationsfluss sowie der durch die digitalen Medien angesagte Kulturkonsum sind aber auch Faktoren, die ein kritisches Denken erfordern, um die kulturellen Inhalte im Internet zu verstehen. Ein anderer Aspekt, den einige soziale Akteure wie etwa Studenten, Wissenschaftler und Intellektuelle kritisieren, ist der Mangel an Förderung der digitalen Produktion, welche sich nicht nur auf die Institutionen beschränkt. Dass die kubanischen Institutionen sich der Produktion von digitalen Medieninhalten widmen (vgl. Kapitel 1.), bedeutet für einige Sektoren der Zivilgesellschaft die Mediennutzung zu kontrollieren und bei Bedarf zu zensieren, vor allem wenn die erstellten Medieninhalte die Anforderungen einer Institution nicht erfüllen. Dass die technische Transformation über ein staatliches Programm umgesetzt wird, entspricht ebenfalls dem politischen Interesse, die digitale Kluft zu überbrücken. Das Treffen politischer Maßnahmen für die Kontrolle der Informationen und Medieninhalte steht im engen Zusammenhang mit der von der US-Politik betriebenen Subversionsstragegien gegen Kuba. Die von US-amerikanischen Organisationen eingeführten Projekte wie *Zunzuneo*[11] und *Piramideo*[12] zielen darauf ab, durch subversive Aktionen eine politische Destabilisierung in Kuba herbeizuführen. Die im öffentlichen Raum und durch die Social Media stattfindenden Debatten fokussieren zumeist die Forderungen der kubanischen Bevölkerung für einen erschwinglichen Internetzugang und die unterschiedlichen Formen der Nutzung digitaler Medien.[13] Wofür die kubanischen Anwender den Internetzugang verwenden und welche Formen des Kulturkonsums

---

[11] Ein ausführlicher Bericht über das Programm Zunzuneo ist unter http://pdf. usaid.gov/pdf_docs/PBAAD880.pdf , (letzter Zugriff am 04.12.2018), zu finden.

[12] Siehe: Erlich, Reese: U.S. Funding (Another) Social Network to Try to Overthrow Castro. ☞ Link S. 400

[13] Vgl. beispielhaft einer dieser Diskussionen, in: Internet en Cuba... ¿básico, no básico o dirigido? ☞ Link S. 400

daraus entstehen, sind zwei entscheidende Aspekte, die die zu entwickelnde Medienpolitik im sozialen Kontext Kubas prägen. Diese Elemente heben hervor, dass der Internetzugang unter den Usern als sozialer Bedarf identifiziert wird. Hierbei ist zu beachten, welche Aspekte der Medienpolitik unabdingbar modifiziert werden sollen, um eine effiziente Nutzung der Informations- und Kommunikationstechnologien umzusetzen.

Wirtschaftlich basiert die Entwicklung einer neuen Medienpolitik auf einer effizienten Zuweisung und Verteilung von Ressourcen, was an die konjunkturelle Wirtschaftslage angepasst werden muss. Die wirtschaftlichen Ressourcen und deren Investitionen gelten als Entwicklungsfaktor innerhalb bestimmter Institutionen wie Bibliotheken, Bildungsstätten, Hochschulen und Universitäten, Arbeitsorte, Genossenschaften und den Sektoren, die potenziell einen wirtschaftlichen Aufschwung bewirken können. Der Mangel an diesen Ressourcen hemmt die technische Transformation in Kuba. Auch das Armutsrisiko, in dem sich manche Sektoren der kubanischen Bevölkerung befinden, erschwert die Umsetzung einer angemessenen Medienpolitik. Der Internetzugang wird auch durch den kubanischen Staat subventioniert. Dies ist ein politischer Prozess, der allmählich über die Gelder der internationalen Investoren, grundsätzlich mit dem Aufbau der Telekommunikationsinfrastruktur, modifiziert wird. Die Verfügbarkeit über knappe wirtschaftliche Ressourcen hindert bis zu einem gewissen Grade die Entwicklung öffentlicher Politik hinsichtlich der Mediennutzung, vor allem weil die Prioritäten auf andere Aspekte des Lebens wie etwa Ernährung, öffentliche Verkehrsmittel, Arbeitslohn gesetzt werden. Die Mediennutzung konstituiert sich dadurch als ein zusätzlicher sozialer Bedarf. Die technische Transformation erfordert dabei eine nachhaltige und effiziente Wirtschaftsordnung mit politischer Stabilität.

Die Konstruktion eines öffentlichen Dialogs über den Internetzugang verortet die identitätsstiftenden Elemente eines medienkulturellen Wandels in einem bestimmten Bezugssystem. Zum einen deutet diese Konstruktion auf die Gestaltung einer gewissen Sinneslehre für die ästhetischen Erfahrungen hin, die die Nutzer mit den Medien machen, dabei insbesondere die junge Generation, die mit flinken Fingern ihre Smartphones steuert, sich vernetzt und kommuniziert (vgl. Serres 2013), um das Verhältnis zwischen ihrer realen und virtuellen Lebensbedingungen bzw. ihrem politischen Miteinander durch die Nutzung medialer Plattformen und Foren zu gestalten (vgl. te Wildt 2012). Zum zweiten hebt der Prozess eines medienkulturellen Wandels die sozialen Beziehungen hervor, welche die Interaktion zwischen Machtpolitik (vgl. Castells 2001), Wirtschaft und politischen Interessen (vgl. Dolata/Schrape 2018) beschreiben. Die Einführung und Anwendung der Informationstechnik bringt einen Strukturwandel mit sich, der nicht nur eine technische Transformation, sondern auch die Transmission und Rezeption von kulturellen und ideologischen Bedeutungen (vgl. Debray 2000) impliziert. Für Kuba sind der Aufbau einer glasfasertechnikbasierten Infrastruktur und die Verkabelung der digitalen Knotenpunkte mit deren entsprechenden Kosten eine der Voraussetzungen für einen beginnenden Informationsmarkt. Dies wird das Land in einem globalen Kontext verorten, mit der Folge, dass sich ein unkontrollierbarer und unregierbarer Kommunikationsraum entwickeln wird.

2.1.2 Die Internetnutzung als spezifisches Phänomen im öffentlichen Raum

Bevor das Internet in den Internetcafés und den Wi-Fi-Hotspots dem kubanischen Individualnutzer zur Verfügung stand, wurde es im Wesentlichen von Beamten, Funktionären, Angestellten staatlicher Institutionen und Vorstandsmitgliedern internationaler *Joint Ventures* verwendet. Lediglich Professoren und anerkannte Persönlichkeiten wie etwa Sänger, Schriftsteller oder Schauspieler aus den Bildungsstätten und Kulturinstitutionen verfügten über einen Internetzugang im Haushalt. Ausländer mit Wohnsitz in Kuba konnten sich auch einen Internetzugang im Haushalt leisten. Jede Institution beschloss anhand eines Auswahlverfahrens, welcher von ihren Mitarbeitern den Zugang zum Internet oder Intranet erhalten konnte. Akademische Institutionen wie Universitäten erlaubten beispielsweise nur einen Internetzugang für leitende Angestellte und Verwaltungsangestellte sowie für Professoren und Forscher. Andere Mitarbeiter des Lehrkörpers wie u. a. Hochschullehrer (Masterstudierende oder Doktoranden), Assistenzprofessoren oder studentische Hilfskräfte hatten nur das Recht auf einen Intranetzugang im Haushalt.

Aus dieser privilegierten Stellung und aufgrund des Bedürfnisses mancher sozialer Akteure der kubanischen Zivilgesellschaft ist ein illegaler Schwarzmarkt rund um den Internetzugang und die Möglichkeit eines E-Mail-Accounts entstanden. Diejenigen Nutzer, die sich einen Internetzugang oder einen E-Mail-Account im Haushalt leisten können, werden potenzielle Anbieter dieser Dienstleistungen. Im kubanischen Schwarzmarkt werden die Dienstleistungen mit einem hohen Preis (ca. 40 bis 80 Euro für den Internetzugang) kommerzialisiert. Dieser Preis überschreitet das durchschnittliche monatliche Gehalt (zwischen 20 und 40 Euro) eines Kubaners. Der Zugriff auf einen E-Mail-Account ist erschwinglicher. Dass der Internet- und Intranetzugang noch über eine Telefonverbindung im Haushalt zu empfangen ist, verstärkt die Verbreitung dieser illegalen Form der Verbindung. Die potenziellen Kunden müssen nur über ein externes oder internes Modem verfügen, um sich an die Netzwerke oder Informationsdienste einer Institution anzuschließen. In den staatlichen Institutionen wird der Internet- und Intranetzugang den Mitarbeitern kostenlos zur Verfügung gestellt.

Im Jahr 2014 wurden besondere Maßnahmen in einigen Institutionen zur Kontrolle der entstehenden illegalen Tätigkeit getroffen. Der Zugang für weitere Nutzer, welche nicht zum Personal einer Institution gehören, wurde gesperrt. Für das Surfen im Internet und Intranet wurde die Anzahl der Stunden auf 25 bis 30 im Monat festgelegt, somit hatten die Nutzer nur einen beschränkten Zugang im Haushalt. Eine weitere Maßnahme war die Kontrolle der Telefonnummer der Mitarbeiter einer Institution. Wollten Nutzer die Informationsdienste einer Institution im Haushalt haben, mussten sie bei den zuständigen Behörden ihre Telefonnummern eingeben, so dass der Zugang bewilligt wurde. Die geringe Bandbreite und die mangelhafte Anschlussfähigkeit der Mehrheit der staatlichen Institutionen konditionieren diese Form der Verbindung. Die Nutzer fühlten sich hierbei dazu gezwungen, andere Programme wie *Outlook Express* oder *Windows Live* Mail zu benutzen, welche nicht eine ständige Verbindung mit dem Internet erfordern.

Bei den kubanischen Anwendern sind der Internetzugang und vor allem die Verfügbarkeit eines E-Mail-Accounts sehr begehrt. Eine E-Mail-Adresse ist im Gegensatz zu einem Internetzugang eine bezahlbare und nützliche Form für die Kommunikation mit dem Ausland und auch für die Bekanntmachung geschäftsmäßiger Tätigkeiten. Die E-Mail-Accounts, die meistens in der Öffentlichkeit vermarktet wurden, gehören zu einer Institution, so dass diese illegale Tätigkeit von der Polizei und der zuständigen Behörde der Institution verfolgt wurde. Ungeachtet dessen können die Nutzer in kubanischen Kleinanzeigenportalen wie *Revolico. com* oder *Cubangos* Angebote für einen E-Mail-Account finden. Im Schwarzmarkt beschafft die Vermarktung eines Internetzugangs den Anbietern zusätzliche Einkommensquellen. In manchen Institutionen sind die Netzverwalter bzw. Informatiker diejenigen, die den Internetdienst für weitere Nutzer anbieten. Dabei handelt es sich um die Nutzung eines neuen Routers, um den Internetdienst für die illegalen Kunden zur Verfügung zu stellen, die nicht zu einer Institution gehören.

Die Verfügbarkeit über einen Internetdienst ermöglichte es manchen Mitarbeitern einer Institution, private Internetcafés in ihren Haushalten einzurichten. Diese waren für die kubanischen Nutzer eine preisgünstige Alternative im Gegensatz zu den staatlichen Angeboten (vor allem in Hotels). Obwohl die Zugangsmöglichkeiten institutionell vergeben waren, wurden sie keiner strengen Kontrolle, etwa innerhalb einer Institution, unterzogen. Die Nutzer waren in der Lage, abhängig von der Anschlussfähigkeit dieser privaten Internetcafés und mit nur wenigen Einschränkungen etwa über amerikanische Internetdienste wie Gmail oder Yahoo die gewünschten Informationen und Inhalte abzufragen.[14] Die soziale Interaktion für diese Form der Mediennutzung etablierte sich vorwiegend innerhalb des Freundeskreises und wurde in der Öffentlichkeit über Mundpropaganda verbreitet. Eine andere Form der illegal angebotenen Internetnutzung war die Verwendung von Apps wie *Skype* für das Telefonieren ins Ausland. Um die Verbindung mit dem Internet zu setzen und danach die internationalen Anrufe zu tätigen, war nur ein gegen Entgelt einmalig zur Verfügung gestellter mobiler Laptop und eine Telefonleitung nötig, was im Vergleich mit dem Angebot des staatseigenen Telekommunikationsunternehmen ETECSA günstiger war. Ein Telefongespräch oder ein Videoanruf kosteten jeweils etwa 5 und 10 Euro pro 15 oder 20 Minuten.

In der Öffentlichkeit Kubas beschreibt die Struktur der illegalen Internetverbindung eine neue Art und Weise von sozialer Interaktion, bei der die Anwender selbst zu Vermittlern von technischen Prozessen werden, die wiederum zur Entwicklung und Strukturierung anderer Formen der Mediennutzung beitragen. Daher sind sie als soziale und kulturelle Praxis zu betrachten. Die Teilnahme an diesem illegalen Geschäft beschränkt sich auf die finanziellen Möglichkeiten eines Nutzers, welcher sich zumeist die Dienstleistungen mit hohen Preisen nicht leisten kann. Die geringe Anschlussfähigkeit Kubas spielt für die Erweiterung eines verdichteten Netzwerks von gesetzwidrigen Praktiken eine entscheidende Rolle. Für die Informationsgewinnung und den -austausch bedeutet dies die Strukturierung anderer Formen der Mediennutzung, aus denen die Nutzer aus Mangel an einer zuverlässigen Internetverbindung differenzierte Informationssysteme entwickeln. Die Nutzung einer E-Mail-Adresse dient zum Einholen und Teilen von Informationen und Inhalten innerhalb bestimmter sozialer

---

[14] Dies wurde durch das persönliche Gespräch des Autors mit einem der illegalen Nutzer bestätigt.

Kreise, im akademischen Raum meist auch zum Austausch von Nachrichten, Artikeln, Büchern und neuen Recherchen.

Zur Modernisierung der kubanischen Telekommunikationsinfrastruktur verlegte das staatseigene Telekommunikationsunternehmen ETECSA im Jahr 2011 das Glasfaserkabel Alba-1 aus Venezuela. Eins der ersten Ziele der Verkabelung war die Verbesserung der technischen Infrastruktur für das Mobilfunksystem. Dadurch wurden ein Jahr später die Preise für einige Dienstleistungen wie Anrufe, SMS oder die Einrichtung neuer Mobilfunkanschlüsse herabgesetzt. Für ETECSA bedeutete dies ein exponentielles Umsatzwachstum, da die kubanischen Nutzer zunehmend neue Verträge abschlossen. Ungeachtet dessen ist die Leistungsfähigkeit des Glasfaserkabels in seiner vollen Kapazität nicht erreicht worden, insbesondere da die Gewinne nicht in die Umstrukturierung der technischen Infrastruktur reinvestiert wurden.[15] Die Investition in die Telekommunikationsinfrastruktur ist ein kostspieliger Faktor, der von der beschädigten Wirtschaftslage Kubas und den internationalen Investoren abhängt. Die Rückzahlung für die Kosten der Investition in die Informationsinfrastruktur würde, nach Meinung Rafael de la Osa Díaz[16], durch die Weiterentwicklung des Mobilfunks und nicht über eine größere Anzahl neuer Internetverbindungen erfolgen. Die Einrichtung eines breitbandigen Systems sollte proportional zur Zahlungsfähigkeit der kubanischen Unternehmen und der Institutionen sein. Dies setzt einen breitbandigen Internetzugang mit ausreichend technischen Kapazitäten voraus. Eine effiziente Nutzung der Informations- und Kommunikationstechnologien ist bei den meisten kubanischen Institutionen und Telekommunikationsunternehmen aufgrund der Überlastung der Ausstattungen eingeschränkt. Im Jahr 2013 befand sich der Datenverkehr beispielsweise in den unterschiedlichen kubanischen Netzwerken in einem Stau, der 95 % der gesamten Datenübertragung umfasste.

---

[15]   Siehe: de la Osa, Rafael: El cable no lo resuelve todo. ☞ Link S. 401

[16]   Ebd.

2.2 Das kubanische Telekommunikationsunternehmen ETECSA in der Konjunktur eines Medienwandels

Kuba wurde im Jahr 1996 an das Internet angeschlossen, obwohl die technischen Bedingungen und die Infrastruktur zu diesem Zeitpunkt noch nicht bereit waren.[17] Anfang der 2000er Jahre hatte die kubanische Regierung ein Programm für die Reparatur und Verbesserung der bestehenden Telekommunikationsnetze entwickelt. Das Programm ermöglichte es, das öffentliche Telekommunikationsnetz in Betrieb zu setzen, das unterschiedliche ISDN-Netze (Integrated Services Digital Network) verknüpft. Aufgrund der mangelhaften Zuweisung von Ressourcen und der Zentralisation der finanziellen Mittel befand sich 2009 die Telekommunikationsinfrastruktur dennoch in schlechtem technischen

---

[17]   Im Jahr 1994 und zum Anlass der World Telecommunication Development Conference, veranstaltet durch die International Telecommunication Union in Buenos Aires, wurde das Dokument Remarks prepared for delivery by Mr. Al Gore U.S. Vice President präsentiert. Im Dokument plädierte der ehemalige US-Vizepräsident für das Engagement von Abgeordneten, Gesetzgebern und Unternehmern bei dem Aufbau und der Inbetriebnahme einer Global Information Infrastructure Unterstützung zu leisten. Der Aufbau des sogenannten Network of Networks (das Internet) sollte als technische Voraussetzung einer nachhaltigen Entwicklung der Gesamtheit der Weltbevölkerung dienen, siehe hierzu: Gore 1994. In Europa wurde der Bangemann Report, Europe and the Global Information Society (1994) für die Europäische Kommission in Brüssel vorgelegt. Dadurch strebten die europäischen Staaten die Entwicklung eines politischen Programms an, um die Prozeduren, die Aktionen und die notwendigen finanziellen Ressourcen in Bezug auf den Übergang in die Informationsgesellschaft zu definieren. Der Action Plan zielte insbesondere auf die Entwicklung konkreter Initiativen zur Partnerschaft zwischen dem privaten und öffentlichen Sektor, um das Internet in Betrieb zu setzen. Siehe hierzu: Bangemann Report, Europe and the Global Information Society (1994) ☞ Link S. 401 wie auch Hartmann 2006: 181. Eine Analyse über die kulturellen, wirtschaftlichen und politischen Implikationen des Prozesses zur Vernetzung der Welt sowie der Internetnutzung, in: Mattelart 1994, 1996, 2000, 2002, 2003, 2010.

Zustand. Diese Situation hemmte die die vom kubanischen Staat angestrebte *Informatización de la Sociedad Cubana*. Der ehemalige Vizeminister für *Informática y Comunicaciones* Boris Moreno Cordovés erklärte dazu, dass ETECSA technisch vorbereitet werden solle, um in den nächsten Jahren den kommenden Informationsfluss über neue ISDN-Verbindungen bereitstellen zu können.[18] Dieser Prozess verlangte teure Investitionen. In der ersten Phase dieses Prozesses wurde ein nationales Glasfaserkabel verlegt und damit einhergehend war gleichzeitig die Erweiterung der kubanischen Telefondichte geplant. In den darauffolgenden Jahren erforderte das Vorhaben langfristige und laufende Investitionen. Gemäß offiziellen Verlautbarungen[19] investierte ETECSA im Jahr 2013 ca. 44 Millionen Dollar in den Aufbau der nationalen Telekommunikationsinfrastruktur, obwohl sich diese noch in einem schlechten technischen Zustand befand.

Im Jahr 1993 wurde das staatseigene Telekommunikationsunternehmen ETECSA aus dem Zusammenschluss mehrerer kubanischer Betriebe und dem italienischen Unternehmen Telecom Italia gegründet. Die Partnerschaft mit Telecom Italia wurde zuerst mit 49 % und später mit 27 % des Gewinnes vereinbart. Mit dem Handelsabkommen begann eine zweite Phase der Weiterentwicklung der kubanischen Informationsinfrastruktur auf Basis des Prozesses, der in den 1960er Jahren angefangen hatte. Im Jahr 2011 wurde die Zusammenlegung mit Telecom Italia aufgelöst, indem der kubanische Staat die Firma ETECSA wieder verstaatlichte. 27 % der Aktien von Telecom Italia wurden an das kubanische Unternehmen Rafin S.A. verkauft. Im August 1994 unterschrieb der kubanische Staat, bewilligt durch die Verordnung 190 des *Comité Ejecutivo del Consejo de Ministros de Cuba*, mit ETECCSA einen Exklusivvertrag für einen Zeitraum von zwölf Jahren. Im Jahr 2003 wurde dieser Vertrag über die Verordnung

---

275 des kubanischen Ministerrates bis 2018 erneuert. Der Vertrag gestattet ETECSA das Management und die Kontrolle aller Dienstleistungen der nationalen und internationalen Telefonie sowie der nationalen und internationalen Signal- und Datenübertragung. Zudem managt das Unternehmen die Dienstleistungen des kubanischen Mobilfunksystems wie auch der nationalen und internationalen Telex. Obwohl die Einkommen und die Ausgabedaten von ETECSA nicht öffentlich sind, sei anzunehmen, dass die Zahlung für diese Konzession dem kubanischen Staat beträchtliche Erträge eingebracht hätten, vermutet die kubanische Kommunikationstheoretikerin Milena Recio[20] .

Die Gründung von ETECSA wurde durch ein staatliches Programm zur technischen Modernisierung über einen Sektor der kubanischen Wirtschaft gestützt. Technisch durfte das Unternehmen autonom nach zweckmäßigen Lösungen suchen, um die Leitung seiner Geschäfte in der kubanischen Öffentlichkeit vornehmen zu können. Eine der ersten Tätigkeiten für das neue Management war den schlechten Zustand der Telefonverbindung in Kuba zu verbessern. In den 1990er Jahren wurde eine Strategie entwickelt, durch welche ETECSA die Digitalisierung der Telefonie übernahm. Die Telefondichte wurde in den kommenden Jahren bis zu 99,1 % erweitert. Im Jahr 1995 umfasste sie nur 5 % der Institutionen und Haushalte. Ein anderer Aspekt des Programms war es, ein neues nationales Glasfaserkabel-System für die Datenübertragung aufzubauen. Auf diese Weise etablierte ETECSA sich als ein innovatives Unternehmen; es war dadurch imstande, seine Angestellten mit überdurchschnittlichen Gehältern, Arbeitsmittel in ausreichender Menge und anderen Leistungen zu vergüten. Für den beginnenden Informationsmarkt in Kuba entwickelte ETECSA eine neue Marktdynamik mit einer effizienten Strategie für seine Kundschaft und ein verlockendes Angebot seiner Produkte und Dienstleistungen. Dennoch wird das Unternehmen von der kubanischen Bevölkerung wegen sei-

---

[20]   Ebd.

ner staatlichen Monopolstellung kritisiert, dessen wirtschaftliches Treiben nicht ausreichend transparent gemacht würde. In der Vorstellung der kubanischen Bevölkerung besteht die Meinung[21], dass die hohen Preise der von ETECSA angebotenen Dienstleistungen einer Politik entsprächen, die auf eine Beschränkung des Zugriffes auf Information abziele.

Im Jahr 2008 erlaubte der kubanische Staat ETECSA das Angebot von Mobilfunkdiensten, was eine Neuheit darstellte, da solche Dienste in früheren Jahrzehnten über freundschaftliche oder verwandschaftliche internationale Kontakte über das Ausland in Anspruch genommen worden waren. Die Vermarktung von technischen Geräten in den kubanischen staatlichen Einzelhandelsgeschäften war bis zum Jahr 2008 verboten, in jener Zeit war es unmöglich, Geräte dieser Art aus dem Ausland zu importieren. Für die kubanische Bevölkerung waren die Telefongebühren des Mobilfunks sehr hoch angesetzt und trotz ihrer allmählichen Herabsetzung konnte sich der größte Teil der Bevölkerung die Gebühren nicht leisten. Die Freigabe der Mobilfunkdienste stellte ein in der Öffentlichkeit vieldiskutiertes Problem dar. Auf die Kritiken reagierte ETECSA mit der Restrukturierung seiner Angebote. Eine der Modalitäten, die damals angeboten wurde, war „*el que llama paga*" (dt.: wer anruft, zahlt). Wenn ein Nutzer in seinem Handy einen Anruf aus einem Festnetz empfing, musste der Anruf zweimal bezahlt werden. Unter dieser Prepayment-Modalität kassierte ETECSA die Kosten eines Telefonanrufes zweimal: sowohl zwischen mobilen Geräten als auch zwischen einem Handy und einem Festnetz. Mit diesen Mechanismen wurden besondere Maßnahmen getroffen, um das Kapital des Unternehmens zu vermehren. Das Kapital sollte dazu verwendet werden, die notwendige Telekommunikationsinfrastruktur auszubauen, um den großen Umfang der generierten Datenübertragung regulieren zu können. Im Jahr 2012 durfte in Kuba kein individueller Internetnutzungsvertrag ohne Bewilligung des *Ministerio de las Comunicacio-*

---

[21]   Ebd.

nes abgeschlossen werden, was durch die Verordnung 146/2012[22] geregelt war.

Trotz der technischen Schwierigkeiten eröffnete ETECSA im Juni 2013 mit Hilfe des Internetproviders Nauta 118 staatliche Cybercafés innerhalb des Landes. Vor der Eröffnung der staatlichen Internetcafés entwickelte sich ein Schwarzmarkt um den Internetzugang. Im öffentlichen Raum wurde der Internetzugang überwiegend im Hotelgewerbe zu hohen Nutzungsgebühren (zwischen 6 und 10 Euro pro Stunde) angeboten. In den Hotels bestand die Möglichkeit, sich mit einem illegalen Internetzugang zu versorgen. Da es seit dem Jahr 2013 dort WLAN-Anschlüsse gibt, kommt es seither teilweise zu illegalen Handlungsweisen. Das Geschäft besteht in der Weitergabe eines Passworts, welches die Angestellten eines Internetcafés an ihre Kunden verkaufen. In Havannas Stadtvierteln Vedado oder Miramar wurden in Hotels beispielsweise 24 Online-Stunden für lediglich etwa 10 Euro verkauft.[23] Im Gespräch mit einigen der illegale Nutzer wurde bestätigt, dass dies beispielsweise ausländischen Studenten erleichterte, den Kontakt mit ihren Familien zu pflegen. In den staatlichen Cybercafés wurden die Computer mit einem durchschnittlichen RAM-Verbrauch von 2 Megabyte für jeden Nutzer ausgestattet. Die für weite Teile der Gesellschaft unerschwinglichen und daher stark umstrittenen Preise wurden pro Stunde wie im Folgenden festgelegt:

- 4,50 CUC (ca. 112.50 Pesos Cubanos oder 5,00 Euro) für den Internetzugang,

- 1,50 CUC (ca. 37.50 Pesos Cubanos oder 2,00 Euro) für den Zugriff auf einen internationalen E-Mail-Account (Gmail, Yahoo, Hotmail etc.) und

---

22   Siehe: RESOLUCIÓN No. 146 2012 Norma de Telefonía fija. ☞ Link S. 401

23   Im persönlichen Gespräch des Autors mit einigen der illegalen Nutzer.

- 0,60 CUC (ca. 15 Pesos Cubanos oder 0,50 Euro) für den Zugriff auf das kubanische Intranet.

Mit der Inbetriebnahme des Internetzugangsanbieters *Nauta* begann eine neue Phase der Entwicklung der kubanischen Telekommunikationsinfrastruktur, da sie nun an Marktrelevanz gewann. In diesem Prozess wurden ebenfalls politische Maßnahmen getroffen, die die Mediennutzung regulieren und kontrollieren sollten.

So wurden in den 2013 neu eröffneten Internetcafés strenge Regelungen eingeführt.[24] Die Behörde ist z. B. imstande, einen Account zu sperren, wenn ein Nutzer den Internetzugang für schädliche Aktionen gegen die öffentliche Sicherheit sowie gegen die Integrität, die Wirtschaft, die Unabhängigkeit oder die nationale Souveränität Kubas verwendet. ETECSA besitzt die Befugnis, den Vertrag eines Anwenders zu kündigen, sollte er nachweislich während der Nutzung des Internetzugangs die ethischen Verhaltensnormen in der Öffentlichkeit wie etwa Webseiten mit politischen oder sexuellen Inhalten übertreten hat. Das Surfen im Internet wird über die Verwendung von Cookies reguliert, um die Webseiten zu sperren, welche gegen die herrschende Ideologie und die Moral stoßen. Neu war dabei, dass die Websites mancher digitaler Zeitungen wie *El Nuevo Herald* aus Miami nicht gesperrt wurden, während die Mehrheit der in Kuba erstellten Weblogs mit einer kritischen Meinung gegenüber der Regierung den Nutzern nicht zur Verfügung standen. Eine andere Regelung in den Internetcafés betraf die Zensur von jeglichen verdächtigen Websites, die sich mit Pornografie, Erotik, persönlichen Kontakten zu Dating oder das Versenden von persönlichen Videos und Fotos beschäftigen. Der Zugang zu den kubanischen Kleinanzeigenportalen wie beispielsweise *Revolico.com* war auch gesperrt, obwohl die Nutzer über die Verwendung eines Proxyservers auf diese zugreifen konnten. Internetnutzer unter 18 Jahren war dies nicht gestattet. Ohne das Vorweisen eines Personalausweises konnte

---

[24] Siehe Ravsberg, Fernando: Internet, la estrategia del cuentagotas. ☞ Link S. 401

über keine der vom ETECSA angebotenen Dienstleistungen ein Vertrag abgeschlossen werden.

Die Inbetriebnahme der Internetcafés entsprach einem Plan für kurz- und mittelfristige Investitionen in die technische Infrastruktur in geschlossenen Räumen wie Hotels, staatlichen Institutionen oder Geschäftszentren. Die Erweiterung der öffentlichen Dienstleistungen von ETECSA wurde 2015 mit der Einführung der Wi-Fi-Hotspots durchgeführt. Ende 2014 wartete ETECSA mit einer Zusatzleistung für Mobiltelefone auf: Über die lokale Domain @*nauta.cu* konnte nun auch über sie auf das Internet zugegriffen werden. Diese Dienstleistung hängt jedoch von langfristigen Investitionen in der Telekommunikationsinfrastruktur ab, da der Internetzugang auch staatlich subventioniert ist. Auch wenn die Preise für Einkommensschwache zu hoch waren, stießen diese Maßnahmen bei der kubanischen Bevölkerung auf große Zustimmung, zumal sie in den Internetcafés ihre Medienkompetenz erweitern hatten können. Dies zeigte sich, als ETECSA im Jahr 2018 die Kosten für den Internetzugang für Mobilfunktelefone über *Nauta* pro Stunde allmählich auf bis zu 1,50 CUC (ca. 2 Euro) reduzierte und daraufhin in den ersten zwei Wochen der Markteinführung des Internetproviders *Nauta* ca. 11.000 befristete Verträge abgeschlossen wurden. Es folgte der Verkauf von einer ähnlich hohen Anzahl an Prepaidkarten.[25]

Eine Besonderheit der Vergabe von E-Mail-Adressen mit der Endung @*nauta.cu* war – seit 2014 – die Übermittlungsmöglichkeit von Nachrichten ins Ausland. Diese neue Freiheit wurde jedoch kostspielig vermarktet, jedes Megabyte versendeter oder empfangener Informationen kostete ca. 1 Euro. Dennoch genoss der Dienst große Popularität, was sich in der ersten Woche der Vermarktung zeigte: Mit der Inbetriebnahme des mobilen E-Maildienstes schloss ETECSA seit dem Jahr 2014 ungefähr 1.900 neue Verträge ab.[26] Gemäß offizieller Mitteilungen des Unternehmens

---

[25]   Siehe ETECSA rebaja tarifas de navegación por internet. ☞ Link S. 401

[26]   Siehe: Sokolov, Daniel AJ: Kuba: Mobile E-Mail rollt langsam an.☞ Link S. 401

gab es zu diesem Zeitpunkt mehr als 1.750.000 nationale Mobilfunkanschlüsse mit Vorauszahlung (Prepaid) in Kuba und im Jahr 2014 wurden die zwei Millionen wohl überschritten.[27] Wegen der allmählichen Erweiterung der Dienstleistungen rechnete das Unternehmen bis 2018 mit einer Zunahme von fünf Millionen Handynutzern.

Auch die Verwendung der E-Mail-Adresse (@*nauta.cu*) ist bei ETECSA mittels eines Vertrags anzufordern. Die Konfiguration und der Gebrauch der Dienstleistung beschränkt sich auf die öffentlichen Räume, an denen der Internetzugang gestattet ist. Die Nutzung von anderen kostenlosen E-Mail-Anbietern wie u. a. Yahoo, Hotmail oder Gmail war eine Alternative für diejenigen Nutzer, die sich eine in ihren Arbeitsorten leisten konnten. Seit 2011 durften Ausländer oder kubanische Auswanderer die Festnetzrechnungen und das Aufladen des Handyguthabens ihrer kubanischen Verwandten, Freunde oder Bekannten begleichen. Diese vom ETECSA getroffenen Maßnahmen dienen grundsätzlich dem Zufluss von Devisen nach Kuba, welche vermutlich in die Entwicklung und Modernisierung seiner Informationsinfrastruktur investiert werden. Seit dem Jahr 2014 senkte ETECSA schrittweise die Mindeststückelung für das Aufladen des Handyguthabens. Derzeit muss jedes Mal ein Guthaben für mindestens 5 CUC (ca. 5 Euro) gekauft werden, was ein Viertel des durchschnittlichen Monatsgehalts eines Kubaners darstellt.

Im Jahr 2014 war der Zeitpunkt für die Konzeption eines staatlichen Programms gekommen, mit dem Internetzugänge in den kubanischen Haushalten angeboten werden konnten. Das Ziel des Programms war es, die Internetverbindung über die Telefonleitung durch einen ADSL-Anschluss zu ersetzen. Zwei Jahre später wurde das Projekt als technischer Versuch in ca. 2.000 Haushalte in Havanna durchgeführt.[28] Zur Erprobung wurde der Internet-

---

zugang kostenlos eingerichtet. Es sollte damit die Einrichtung einer Glasfaserverbindung und ihre mögliche Infrastruktur überprüft werden. Die Gebühren für den Internetzugang im Haushalt werden auf die Datenübertragungsrate festgelegt.[29] Die Nutzer konnten monatlich nur eine bestimmte Anzahl an Stunden (etwa 30) für das Surfen im Internet beauftragen. Die Preise wurden ebenfalls gemäß der Datenübertragungsrate (256 Kbps, 512 Kbps oder 2 Mb) der entsprechenden Dienste festgelegt. Im Dezember 2018 wurde der Internetzugang in den Smartphones der Nutzer ohne Beschränkungen freigegeben.[30]

In der Öffentlichkeit steht ETECSA mit der Entwicklung neuer Marktstrategien gut da. Die Herabsetzung der Nutzungsgebühren um 50 % und die Freigabe des Internetzugangs garantieren dem Telekommunikationsmonopol eine feste Kundschaft. Dies ist ein Prozess, der politisch im Interesse der gesamten Bevölkerung liegt, vor allem nach der Verkündung der Wiederaufnahme der diplomatischen Beziehungen zwischen Kuba und den USA. Die Herabsetzung der Preise für den Internetzugang ist als eine Zahlungserleichterung für die kubanischen Nutzer zu betrachten. Die Erweiterung der Anschlussfähigkeit Kubas sowie die Möglichkeit des Internetzugangs sind Aspekte, welche sowohl den sozialen Forderungen der kubanischen Nutzer entsprechen als auch Handelsabkommen mit US-amerikanischen Telekommunikationsunternehmen begünstigen.

Die Inbetriebnahme der durch ETECSA angebotenen Dienstleistungen ist nicht frei von Problemen. Durch technische Schwierigkeiten kam es häufig zu Beschwerden, die generell die niedrige Qualität des Datensystems betreffen. Durch die schnelle Zunahme an Nutzern war die Funktionalität des Netzwerks gestört. Fehlfunktionen der Server von ETECSA, Unkenntnis in

---

29 Siehe: Beltrán, Federico: Nuevos detalles sobre Internet en hogares de Cuba (+Precios). ☞ Link S. 401

30 Siehe: 3G mobile Internet service begins in Cuba on December 6. ☞ Link S. 401

der Handhabung der technischen Ausstattungen oder das Außer-Betrieb-Setzen veralteter Geräte sind einige der Gründe für die mangelhafte Leistung des Informationsdienstes. In den öffentlichen Dienststellen von ETECSA, den sogenannten *Telepuntos*, gab es zudem Probleme mit dem Vertrieb der Prepaidkarten. Das Aufladen des Handyguthabens, die sogenannten *recargas*, gewann als eine der Dienstleistungen internationale Reichweite. Aufrgund des aufzuladenden Guthabens erregt diese Modalität noch immer Besorgnis wegen der hohen Preise unter den kubanischen Nutzern.

Nach Meinung des kubanischen Intellektuellen Esteban Morales Domínguez erstellte ETECSA keine Marktstudie für die Inbetriebnahme seiner Dienstleistungen.[31] Die Bereitstellung des Internetzugangs, die Inbetriebnahme der Internetcafés sowie die Markteinführung neuer Produkte schufen in der kubanischen Öffentlichkeit eine größere Nachfrage, als das Unternehmen erwartet hatte. Der Ansturm überschritt bei Weitem den durchschnittlichen vorherigen Gebrauch, doch genau dies verursachte funktionale Störungen: Die gleichzeitige Verbindung einer großen Anzahl von Nutzern legte die Betriebsfähigkeit des Netzwerks in Teilen lahm. Bei der Markteinführung der neuen Informationsdienste war ETECSA schlichtweg nicht imstande, passende technische Lösungen für die verwendeten Geräte zu anbieten: Mobile Geräte wie etwa iPad, Laptops, Smartphones wurden in der Regel aus dem Ausland importiert.

Ein Bericht von Vorstandsmitgliedern von ETECSA zeigt, dass das Unternehmen seit 2016 an seiner Infrastruktur feilte und mit dem Ausbau der 2G- und 3G-Technologie begann.[32] Bis Ende 2017 wurden über 1 Million unbefristete und 27 Mil-

---

[31] Siehe: Morales Domínguez, Esteban: ¿Qué le ocurrió a ETECSA ☞ Link S. 401

[32] Vgl. Figueredo Reinaldo, Oscar/Sifonte Díaz, Yunier Javier/Francisco, Ismael: ¿Cómo marcha el proceso de informatización de la sociedad cubana? ☞ Link S. 402

lionen befristete Verträge für die Mobiltelefonie abgeschlossen. Zudem begann die Vermarktung der Dienstleistung *Nauta Hogar*, durch welche etwa 14.634 Nutzer eine Internetverbindung im Haushalt erwarben. Im Bericht ist zu lesen, dass in 95 % der Verträge die Kondition 1MB/s für *Nauta Hogar* beauftragt wurde. Dies bestimmte entsprechend der Kaufkraft der Familien die Rezeption des Internetdienstes im Haushalt. Im Jahr 2018 wurde mit dem staatlich subventionierten Betriebssystem NOVA dem Zusammenbau von technischen Geräten wie Laptops, Tablets und Computer aus Kuba große Bedeutung beigemessen. Die öffentliche Nutzungsmöglichkeit wurde ebenso stark erweitert: Im Jahr 2018 standen der kubanischen Bevölkerung etwa 1.651 öffentliche Räume für den Internetzugriff und auf die angebotenen Informationsdienste zur Verfügung. Darunter befinden sich 673 Wi-Fi-Hotspots, 207 Internetcafés und 771 Cybercafés in Hotels, Jugend-Computer-Clubs und Dienststellen des Unternehmens *Correos de Cuba*. Als wie weiter oben bereits dargelegt Ende 2018 der Internetzugang über mobile Geräte (Smartphones) ermöglicht wurde, war zeitgleich eine Netzabdeckung von 47 % für die digitale Datenübertragung in den kubanischen Provinzen geplant. Ein anderes Ziel des kubanischen Unternehmens war es, die Konnektivität der Institutionen und der staatlichen Betriebe auszubauen, um ihre Wirtschaftstätigkeit zu fördern und der Bevölkerung eine verbesserte Qualität der Informationsdienste anzubieten. 3.992 mobile Datenverbindungen wurden in diesem Zeitraum in Institutionen von 23 Verwaltungsorganismen und nationalen Entitäten installiert. Trotz dieser technischen Entwicklungen erfüllen die staatlichen Angebote die Forderungen der Nutzer nicht. Im Gegensatz dazu bauen die User ihre technischen Netzwerke mit eigenen Mitteln auf, um selbstständig digitale Medieninhalte zugeschnitten auf ihre Interessen und Wünsche zu verwalten.

2.3 Die Entwicklung freier Netzwerke im öffentlichen Raum

Eine von kubanischen Jugendlichen ausgehende Initiative subvertierte das bestehende staatliche Bezahlsystem und ermöglichte einen alternativen Zugang zu Information mit eigenen Foren. Durch den gemeinsam vorgenommenen Kauf eines bezahlbaren Switchs und das durch Brandgefahr risikobehaftete Verlegen eines Netzkabels von Haus zu Haus konnten die Computer mit einer Steckverbindung RJ-45 und über die Stromleitung miteinander vernetzt werden. Diese Art der illegalen Einrichtung lokaler Netzwerke breitete sich seit 2014 in mehreren kubanischen Provinzen aus.

Schon im Vorfeld wurde aufgrund dieser absehbaren Entwicklung auf Bestreben des *Ministerio de Educación* im Gegenzug ein Red Social eingerichtet. Im Jahr 2011 führten einige kubanische Institutionen den Versuch durch, verschiedene Netzwerke mit ähnlichen Charakteristiken wie Facebook einzurichten, um die Nutzung der Social Media bei den kubanischen Nutzern einzuführen. Der Zugang war für ausländische Nutzer gesperrt. Aus Angst vor Überwachung setzte sich dieses Modell nicht durch. Obwohl die freien Netzwerke zu den staatlich angebotenen konkurrierten, verbot die kubanische Regierung diese illegale Form der Vernetzung nicht. Es wurde auch kein offizielles Statement abgegeben, lediglich die Nutzung eines drahtlosen Gerätes (z. B. einer Satellit-Antenne) wurde aufgrund von Sicherheitsmaßnahmen als Straftat verfolgt.

Die Weiterentwicklung der freien Netzwerke hängt von den Kosten der technischen Ausstattungen wie etwa Switch, Netzkabel, Computer oder Modem ab. Der Erwerb dieser technischen Ausstattungen war für die Mehrheit der Anhänger dieser Netzwerke aufgrund der nicht vorhandenen finanziellen Ressourcen nicht möglich. Ein anderer Aspekt ist die Angst vor dem Verbot bzw. der Sperrung, sobald im freien Fluss der Netz-Informationen mitunter auch politische Botschaften verbreitet würden. So hatten die zuständigen Behörden mancher kubanischer Institutionen die

Chatrooms mit solchen subversiven Inhalten auf ihren Webseiten im Vorfeld bereits gesperrt. Die Nutzerschaft dieser freien und eigenständig errichteten Netzwerke bestand vorwiegend aus der jungen Bevölkerung. Im persönlichen Gespräch mit einigen der Anhänger wurde festgestellt, dass diese Jugendlichen den freien und unkontrollierbaren Kommunikationsraum bevorzugen, indem sie, anstatt ein vorgegebenes pädagogisches Ziel erreichen oder über Politik sprechen zu müssen, unbewacht Online-Spiele spielen, Filme gemeinsam anschauen oder Informationen über Autos, Mode, Musik, technische Fortschritte u. a. teilen können.

Das Netzwerk RoG (Republic of Gamer) oder SNET (Street NetWork) soll dies verdeutlichen.[33] Dies ist ein durch kubanische Jugendliche illegales und eigenständig errichtetes Netzwerk, das tausende Bewohner Havannas in einer einzigen Nutzer-Community miteinander verknüpft. Street Network dehnt sich über mehrere Gemeinden aus, hauptsächlich in Havanna. Nach Meinung des Bloggers Raymond J. Sutil Delgado gab es im Jahr 2015 etwa 8.000 Computer, die zu diesem Netzwerk gehörten und die Community über Wi-Fi oder LAN verbanden. Außerhalb Havannas existierten ähnliche illegale Netzwerke, die von Nutzern in den Hauptstädten der Provinzen *Camagüey*, *Villa Clara*, *Holguín* und *Varadero* entwickelt wurden. Das Street Network wird durch kubanische Server in Institutionen und Privathaushalten verwaltet. Manche seiner Förderer und Anhänger sind Netzverwalter von staatlichen Institutionen sowie Informatiker und Computerfreaks. Das Netzwerk wird innerhalb einer offenen Community entwickelt. Jeder Nutzer kann sich jederzeit an die Gemeinschaft anschließen, sofern er gewisse Anforderungen erfüllt.

Diese besonderen Zugangsregelungen gewährleisten den Erfolg der alternativen Netzwerke im öffentlichen Raum, hauptsächlich weil sie den Ansprüchen und Befürfnissen eines breiten Sektors der kubanischen Zivilgesellschaft entsprechen. Der Fokus auf das gemeinsame Spielen ist ein Aspekt, der eine neue Form

---

[33]   Siehe Sutil Delgado, Raymond: La red de la calle (SNET). ☞ Link S. 402

von Interaktion prägt. Die Plattform *Battle.net* erlaubt den Netzverwaltern, den interessierten Teilnehmern bestimmte Computerspiele wie *Warcraft*, *Call of Duty*, *Dota 2*, *FIFA*, *WOW*, *BattleField*, *Starcraft* u. a. zuzuweisen. Die Spielkonsolen Xnova und Travian werden auch durch die Nutzer verwendet. Andere Formen der Sozialisation sind thematische Foren, Social Media und FTP (*File Transfer Protocol*). Die Anwendung *TeamSpeak* wird meistens für den Video-Chat verwendet. Die Organisation dieser illegalen Netzwerke in der Öffentlichkeit hängt von den verschiedenen Stadtvierteln ab, in denen die Anwender wohnen.

Aus technischer Sicht enthalten diese freien und eigenständig errichteten Netzwerke kein DNS (*Domain Name System*). Die Nutzer greifen auf die Informationen und digitalen Medieninhalte über eine zugewiesene IP-Adresse zu. Finanziell sind die Netzverwalter diejenigen, die in den Aufbau des neuen Kommunikationsraums investieren. Die Nutzer leisten dazu einen Beitrag, indem sie entweder technische Mittel zur Verfügung stellen, innerhalb eines spezifischen Stadtviertels einen Dienst leisten oder imstande sind, Videospiele in ihren Computern einzurichten. Die Kosten der technischen Ausstattungen sind als ein symbolischer Beitrag zu betrachten, um die Netzwerke mit eigenen Mitteln in Betrieb zu nehmen.

Ein anderes Beispiel für die Entwicklung freier Netzwerke ist das Anzapfen illegaler WLAN-Antennen. Die Nutzer, die mit eigenen Mittel öffentliche WLAN-Hotspots aufbauen, werden durch die zuständige Behörde des Unternehmens ETECSA strafrechtlich verfolgt. Die elektronischen Bestandteile wie auch die technischen Ausstattungen für den Aufbau der freien Netzwerke werden zumeist aus dem Ausland nach Kuba gebracht. Damit werden öffentliche WLAN-Hotspots mit einer Reichweite bis zu 100 Metern eingerichtet. Unter den Nutzern werden sie auch meistens dazu verwendet, den Kontakt mit Freunden zu pflegen oder online zu spielen. Die freien öffentlichen WLAN-Hotspots fanden und finden große Zustimmung bei den kubanischen Nutzern. Manche Blogger berichteten, dass es pro Hotspot etwa 100 Anwender geben könnte.

Eine der Gegenmaßnahmen der kubanischen Behörden war und ist die Beschlagnahmung der verwendeten technischen Geräte. Selbstständige Journalisten beschrieben, dass und auf welche Weise die Polizei die eigenständigen Versuche zur illegalen Vernetzung unterdrückte.[34] Die geschilderten Angriffe sollen nach der Bekanntmachung des von der USAID (United States Agency for International Development) ausgeführten Programms *Zunzuneo* begonnen haben. In Zusammenarbeit mit der US-Regierung entwarf die USAID im Jahr 2015 ein politisches Programm, um den verschiedenen sozialen Akteuren der – vor allem jugendlichen – kubanischen Zivilgesellschaft eine Social-Media-Nutzung zu erlauben. Im Grunde genommen zielte das Programm auf den Übergang zur Demokratie (Regimewechsel) in Kuba und auf die Aufhebung der Kommunikationsbeschränkungen seitens der Regierung. Die Bereitstellung von unzensierten Informationen und die persönliche Erweiterung der eigenen Medienkompetenz sollten dabei helfen, andere Formen von Informationsgewinnung und -austausch meistern zu können. Unter den kubanischen Jugendlichen fand *Zunzuneo* jedoch wenig Verbreitung, weil es entweder an Internetzugängen oder am jeweiligen Interesse fehlte.

2.3.1 Der Künstler Alexis Leyva Kcho und der erste freie Wi-Fi-Hotspot Kubas

Im Januar 2015 richtete der kubanische Künstler Alexis Leyva Machado mit dem Künstlernamen *Kcho* den ersten drahtlosen Zugangspunkt für eine kostenlose Internetverbindung in Kuba ein. Über Mundpropaganda wurde der freie Wi-Fi-Hotspot in der kubanischen Öffentlichkeit bekanntgemacht. Der Zugang wurde im Kulturzentrum *Kcho Estudio Romerillo Laboratorio para el Arte* im Westen von Havanna bereitgestellt, wo der Künstler vier Computer in der Bibliothek seiner Kunstgalerie an das Internet anschloss.

---

34   Siehe: González Oliva, Daniel: Desmantelan en la Habana red de Biblioteca virtual conocida como el paquete. ☞ Link S. 402

Der Internetdienst wurde über das auffällige Passwort *aquinose-rindenadie*[35] (dt.: hiergibtniemandauf) zur Verfügung gestellt. „Es ist kostspielig, aber es gibt viele Vorteile. […] Ich habe da etwas Großes, Mächtiges. Ich kann es [mit den Anderen] teilen und ich teile es"[36], äußerte er gegenüber der Presseagentur AP. Als Inhaber eines durch das *Ministerio de Cultura* bewilligten Internet-Accounts verwaltet Kcho den Zugang mit dem Ziel, seinen Nutzern den Umgang mit dem Internet zu lehren. Das Kulturzentrum verfügte über eine Anschlussfähigkeit mit einem Volumen von zwei täglich abrufbaren Megabyte und die Verbindung zu dem Wi-Fi-Netzwerk wurde über den persönlichen Internet-Account Kchos angeboten. Die Einrichtung des Wi-Fi-Hotspots war durch die zuständigen Behörden des Telekommunikationsunternehmens ETECSA bewilligt worden.

Die Bereitstellung eines freien und legalen Internetzugangs hatte vor allem auf die Jugendlichen einen ziemlich großen Einfluss. Die Abfrage von Informationsdiensten und Social Media wie Facebook und Twitter nahm plötzlich zu. Im Unterschied zu den staatlichen Internetcafés, deren Zugangsmodalitäten für die Mehrheit der Kubaner nicht bezahlbar waren, gab es für die Einwohner Havannas das erste Mal in der Geschichte des Landes eine kostenlose Anbindung ans Netz. In der näheren Umgebung der Einrichtung versammelten sich Nutzer unterschiedlichen Alters, vor allem Studenten, welche neben den anderen Angeboten zur Unterhaltung hauptsächlich den legalen Internetzugang gebrauchten. Dadurch kam es auch hier zu technischen Schwierigkeiten.

---

[35] Bei der Inbetriebnahme des Wi-Fi-Hotspots besteht ein für Kuba typisches politisches Interesse. Die Werbeanzeige des kostenlosen Internetzugangs zeigte ein Foto von Fidel Castro und Juan Almeida Bosque und trug den Slogan „¡Aquí no se rinde nadie!" [dt.: Hier gibt niemand auf!]. Das Datum verweist auf die allgemein bekannte „Alegría de Pío"-Schlacht in der Sierra Maestra, in der der verwundete Freiheitskämpfer Juan Almeida Bosque seine Waffenbrüder am 5. Dezember 1956 zum Nicht-Kapitulieren aufgefordert hatte.

[36] Siehe Cuba: centro cultural ofrece internet gratis e inalámbrico. ☞ Link S. 402

Die angebotene Datenübertragungsrate reichte bis zu 128 Kbps, wodurch das Surfen verlangsamt wurde, wenn mehrere Nutzer denselben Account miteinander teilten.

Bis zum Jahr 2015 waren keine Gesetze erlassen worden, die es Privatpersonen erlaubt hätten, öffentlich einen für alle freien Informationsdienst zu betreiben. Eine solche Genehmigung erhielten nur Einzelpersonen und Institutionen, deren Projekte mit staatlichen Interessen verbunden waren. Daher hatten manche Nutzer hatten das Vorhaben in Verdacht und sahen darin einen politischen Vorstoß der Behörden, einen Integrationsversuch von Kultur und Technik zu starten, einerseits aufgrund der Mitgliedschaft Kchos zur Partido Comunista de Cuba (Kommunistische Partei Kubas), andererseits wegen ihrer latenten Furcht vor staatlicher Überwachung. Dem steht entgegen, dass der Zugriff auf Informationsquellen wie u. a. *Martí Noticias*, *El Blog de Yusnaby*, *Cubanet*, bekannt wegen ihrer kritischen Stellungnahme gegenüber der kubanischen Regierung, nicht gesperrt war.

Faktisch wurde der von der kubanischen Bevölkerung geforderte und begehrte freie Internetzugang dessen ungeachtet jedoch nicht von einem luxuriösen Hotel oder einer staatlichen Institution erfüllt, sondern von einem Kulturzentrum am Stadtrand Havannas durch den Willen eines einzelnen Künstlers, der die Mittel dazu besaß. Der Wunsch nach kulturellem Austausch spielte dabei nur eine untergeordnete Rolle.

2.4 Die Inbetriebnahme der Wi-Fi-Hotspots im öffentlichen Raum

Im Jahr 2015 richtete das Telekommunikationsunternehmen ETECSA Wi-Fi-Hotspots in ganz Kuba ein. Mit dem Vorhaben war geplant, der kubanischen Bevölkerung einen erschwinglichen Internetzugang anzubieten. Unter denselben Vertragsbedingungen wie zuvor konnte die kubanische Bevölkerung den wie schon weiter oben beschriebenen Internetservice *Nauta*, einen Dienst von ETECSA, nutzen. Die Eröffnung der Wi-Fi-Hotspots wurde im Rahmen eines staatlichen Programms für die *Informatización de la Sociedad Cubana* konzipiert.

Mit der Inbetriebnahme von 35 Wi-Fi-Hotspots im öffentlichen Raum beabsichtigte das Unternehmen eine ausreichende Netzabdeckung innerhalb der kubanischen Groß- und Kleinstädte zu erreichen. Die Gebühr für den Internetzugang wurde von 4,50 CUC (ca. 5 Euro) auf 1,00 CUC (ca. 1,50 Euro) pro Stunde gesenkt. Dieses Projekt entsprach den Zielen der ITU (*International Telecommunication Union*), die den Gebrauch von Informations- und Kommunikationstechnologien bis zum Jahr 2020 erhöhen wollte. Zu diesem Zweck sollte die Regierung den Internetzugang für mindestens 50 % der Haushalte sowie für die Mehrheit der staatlichen Institutionen und Wirtschaftsunternehmen geplant und umgesetzt haben. Mitgezählt werden sollten hierbei die selbstständigen Erwerbstätigen und die seit 2011 neu gegründeten Genossenschaften.

Mit dem Ausbau des Internets und der Eröffnung der Wi-Fi Hotspots bekundet die kubanische Regierung ihren Willen zur Umsetzung der vereinbarten Ziele der UN-Agenda *Connect 2020*[37], was im Rahmen des *1. Taller Nacional de Informatización y Ciberseguridad* (1. Nationaler Workshop zur Informatisierung und Cybersicherheit) durch den ehemaligen ersten Vizepräsidenten Miguel Mario Díaz-Canel Bermúdez und den Entwurf einer neuen Informations- und Medienpolitik bekannt gegeben wurde. Um die Punkte auf dieser Agenda erfüllen zu können, steht kubanische Politik etlichen Herausforderung gegenüber, beispielsweise was den Aufbau der Telekommunikationsinfrastruktur und der entsprechenden Informationspolitik, die den Prozess der technischen Transformation in der Öffentlichkeit reguliert sowie ebenso auch die mangelhafte Entwicklung der Telekommunika-

---

[37] Das Dokument ist abrufbar unter https://www.itu.int/en/plenipotentiary/2014/newsroom/Documents/backgrounders/pp14-backgrounder-connect-2020.pdf, (letzter Zugriff am 04.12.2018).

tionsinfrastruktur angeht. Aufgrund der Wirtschaftskrise ist die Geschäftsführung von ETECSA nicht imstande, die technischen Probleme bezogen auf die Verkabelung, die Datenübertragung sowie auf den Empfang des digitalen Signals und den Zustand der technischen Ausstattungen innerhalb der kubanischen Haushalte, Institutionen und Wirtschaftsunternehmen zu lösen. Da Kuba sich relativ spät im Informationszeitalter einfand, durchlief es mehrere Phasen der technischen Transformation. Der Ersatz von veralteten Techniken durch neue ist ein Prozess, der keiner linearen Richtung folgt. Der Erwerb von kostengünstigsten Spitzentechnologien mittels ausländischer Telekommunikationsunternehmen ist ein Faktor, der besondere Aspekte eines beginnenden Informationsmarktes in Kuba kennzeichnet.

Die Inbetriebnahme der Wi-Fi-Hotspots im öffentlichen Raum fand große Zustimmung in der kubanischen Bevölkerung. Entsprechend der Bedürfnisse und der finanziellen Mittel, über die die Nutzer verfügten, ermöglichte der erschwingliche Internetzugang andere Formen des Zugriffs auf Information und bewirkte eine größere Nutzeranzahl. Obwohl die angebotene Datenübertragung eine Geschwindigkeit von 1 oder 2 Megabytes nicht überschreitet, wird der neue Zugang hauptsächlich zur Kommunikation verwendet. Die Einrichtung der Wi-Fi-Hotspots in Parks, Hauptstraßen, Hotels etc. löste innerstädtische Konflikte aus, vorwiegend aufgrund der Anzahl an Nutzern, die sich in diesen Räumen ansammelte. Auf jedem Platz (Fußboden, Mauern, der Flur eines Gebäudes, der Bürgersteig, eine Parkbank oder im Schatten unterm Baum) suchen die Nutzer den besten Empfang des digitalen Signals, um bevorzugt mit Verwandten, Freunden oder Bekannten im Ausland zu kommunizieren. Um sich zu verbinden, verwenden die meisten ihre persönlichen mobilen Geräte. Für die kubanischen Bürger ist der Internetzugang von Vorteil. Die ständige Auswanderung, unter der die kubanische Gesellschaft seit Jahrzehnten leidet, prägt die Nutzung des Internetzugangs. Über Apps für Video-Chats lässt sich der Kontakt einfacher, schneller und lebendiger gestalten. Der Anschein, sich in einem freien Kommunikationsraum zu bewegen, stellt bisweilen eine Form von sozialer Interaktion unter den Nutzern dar, insbesondere wenn der Internetzugang zur Informationsgewinnung und zum Meinungsaustausch dient. Entscheidend für die zunehmende Nutzung des Internetzugangs war, dass wie bei den illegalen Netzwerken das Unterhaltungsangebot im Vordergrund stand und das pädagogische Ziel wegfiel. Auf diese Weise wurden persönliche Strategien entwickelt, aus denen die Nutzer ihre Medienkompetenzen erweitern konnten. Die Handhabung von technischen Geräten setzte einen Lernprozess in Gang, bei dem auch auf Beratung und Hilfe von Verwandten und Freunden im Ausland oder Internettutorials zurückgegriffen wurde und wird.

Bezogen auf den Kulturkonsum sind die Verfügbarkeit über soziale Netzwerke und eine E-Mail-Adresse die von den kubanischen Nutzern meist verwendeten Dienstleistungen. Prioritäten werden auf die Kommunikation in einem internationalen Kontext gelegt, während der Konsum von Informationen und digitalen Medieninhalten im Hintergrund steht.[38] Die Verwendung von kostenlosen Apps wie WhatsApp oder IMO sind bei den kubanischen Jugendlichen immer populärer geworden, und die Freigabe des Internetzugangs deutet auf einen zunehmenden Bedarf an Kommunikation hin. Der Umstand einer mangelhaften Privatsphäre bei persönlichen Gesprächen bildete wiederum besondere Aspekte der Kommunikation im öffentlichen Raum aus, da diese sich an einem geschützten und sicheren Einzelplatz anders gestaltet.

Gemäß eines Berichts von IPS (*Inter Press Service en Cuba*) gab es Anfang des Jahres 2015 ca. 2.400.000 aktive Mobiltelefone in Kuba und es wurden etwa 507.000 E-Mail-Accounts vertraglich mit der Domain *@nauta.cu* abgeschlossen.[39] Die Nutzung der Mobiltelefone und der Dienstleistung Nauta soll täglich eine Million gesendete Nachrichten generiert haben. Die Wi-Fi-Hotspots

---

[38] Siehe: Rojas, Rachel D.: La wifi que nos une. ☞ Link S. 402

[39] Siehe: Conectados, Nauta mediante. ☞ Link S. 402

im öffentlichen Raum erleichterten den Zugriff auf die von
ETECSA angebotenen Dienstleistungen, etwa 400.000 Abfragen
der E-Mail-Adresse *Nauta* über Mobilfunk wurden täglich getätigt. Zum Zeitpunkt der Inbetriebnahme der Wi-Fi-Hotspots soll
ETECSA einen Umsatz von über 472.000 CUC (ca. 480.000 Euro)
mit dem Verkauf der Prepaidkarten erzielt haben. Die Statistik besagt, dass das Internet für das Telekommunikationsunternehmen
ETECSA ein lukratives Geschäft ist, das große wirtschaftliche
Vorteile bringen kann, vor allem da es keine konkurrierenden Telekommunikationsunternehmen auf dem Markt gibt.

Nach anderen offiziellen Veröffentlichungen von ETECSA
wurden im Jahr 2015 über 7.000 unbefristete Verträge für die Nutzung der Dienstleistung *Nauta* abgeschlossen.[40] 6.000 von ihnen
wurden nach der Inbetriebnahme der Wi-Fi-Hotspots erworben.
In der Folge vertrieb ETECSA ca. 50.000 Prepaidkarten in Höhe
von 2,50 und 10 CUC (zwischen 3 und 11 Euro). Diese Verkaufszahlen spiegeln die Bevorzugung von jeweils kurzfristiger Bin-
dung wider: Im Zeitraum zwischen Juli und September 2015 wurden ca. 13.000 befristete Verträge abgeschlossen. Angestellte von
ETECSA erklärten, dass sich die Vorliebe der Nutzer für diese
Modalität vermeintlich auf den Schutz der Privatsphäre beziehe,
obwohl sie grundsätzlich den Personalausweis für die Unterzeich-
nung auch dieses Vertragstyps benötigten. Im Gegensatz zu den
unbefristeten Verträgen sind die befristeten zudem rentabler und
preisgünstiger, da über sie ein Gutschein zum Aufladen des eigenen Accounts erworben werden kann.

Neben den Angeboten von ETECSA ist rund um Netzanbin-
dung ein Schwarzmarkt entstanden. Das unter den kubanischen
Jugendlichen kreierte Verb *rutear* (aus dem Englischen *router* oder
route) bezeichnet eine neue Form eines illegalen Geschäfts, bei
dem sich mehrere Nutzer in Höhe von 1,00 CUC (ca. 1,50 Euro)
statt für 2 Euro pro Stunde den Zugang teilen oder ihn weiterver-
kaufen. Auch wenn die Datenübertragung bei gemeinsamem An-

---

[40]   Siehe: Alfonso, Lilibeth: Wifi nuestra que estás en los aires. ☞ Link S. 402

zapfen nicht optimal ist, so ist neben der Geldfrage auch die An-
gewiesenheit auf gegenseitige Hilfe, sollte einer von ihnen nicht
über die entsprechende Medienkompetenz verfügen, der Grund
für das boomende Marktsegment. Die verschiedenen Apps für
die Kommunikation wie IMO oder WhatsApp werden von einem Smartphone oder Laptop zu einem anderen überspielt. Die
Betreiber können mit dem Mehrfachnutzungsmodell beträchtliche Gewinne erzielen. Für das Teilen der Dienstleistungen wird
ein Laptop mit einem USB Wi-Fi-Adapter verwendet, während
die Datenübertragung über den Router *Connectify* erfolgt. Jedoch
bevorzugen die Nutzer es, den Internetzugang über eine Prepaid-
karte *Nauta* mit zwei oder drei weiteren Kunden zu teilen oder
weiterzuverkaufen.

Dies ist ein Phänomen, das sich allmählich in den kubanischen
Provinzen verbreitet hat. In manchen Weblogs und selbstständigen Medien wurde berichtet, dass einer der Gründe für die Entstehung dieses illegalen Schwarzmarkts der Aufkauf der Prepaidkarten seitens der Angestellten von ETECSA sei.[41] Die Berichte
wurden in den staatlichen Massenmedien Kubas bestätigt, in denen v.a. Kritik an der überteuerten inoffiziellen Kundenbetreuung
und -beratung, die etwa 10,00 Pesos Cubanos (0,50 Euro) kostet,
wodurch diese illegalen Händler den Internetzugang zum halben
Preis anbieten könnten. Zudem gäbe es viele Nutzer, die über
keine Computerkenntnisse verfügen und nicht wissen würden,
wie sie mit ihren Smartphones auf das Internet über das Wi-Fi zugreifen könnten. Insofern geriet auch die Geschäftsführung von
ETECSA in die Kritik, da sie keine fachliche Kundenberatung anbieten würde und so eine bestehende Nachfrage nach Einführung
in die Technik über Umwegen erfüllt werden müsse.

Dazu äußerte Enrique Ferrer, Leiter des *Oficina Territorial de
Control des Ministerio de Comunicaciones*, dass lediglich einige Nutzer
gegen die Regelungen des Unternehmens verstoßen würden.[42]

---

[41] Siehe: Wifi: Piracorsarios y emprendedores. ☞ Link S. 402
[42] Siehe: Alfonso, Lilibeth: Wifi nuestra que estás en los aires. ☞ Link S. 402

In der fünften Klausel des Vertrags mit ETECSA wird zwar festgehalten, dass die Nutzer ihre persönlichen Accounts nicht teilen oder für kommerzielle Zwecke weiter verwenden dürfen, aber das Teilen der Dienstleistung in kleineren Räumen ist nach den Regelungen des Unternehmens und des *Ministerio de Comunicaciones* nicht ungesetzlich. In Kuba besteht kein Gesetz, das diese Verfahren als gesetzwidrig verurteilt. Aufgrund der illegalen Geschäfte der Nutzer im öffentlichen Raum sind die finanziellen Verluste von ETECSA dementsprechend gering. Alberto Limonta Frómeta, stellvertretender Direktor von ETECSA, hob hervor, dass die Nutzer selbst die meist Betroffenen sind, wenn ein Kunde sich dafür entscheidet, seine Megabytes mit anderen zehn oder fünfzehn weiteren Nutzern zu teilen. Von Vorteil könnte dies nur sein, wenn innerhalb einer Familie die Prepaidkarten geteilt wird, um weniger Geld auszugeben. Dennoch warnten die Funktionäre von ETECSA vor der Möglichkeit des Hackens. Einige illegale Händler verwenden Softwares, die nützlich sind, um die persönlichen Daten – etwa Fotos, Passwort – anderer Nutzer zu hacken.

Die Anhäufung von Nutzern in den Wi-Fi-Hotspots verursacht besondere Probleme in der Öffentlichkeit, die die zuständigen Behörden und die Bewohner der Städte betreffen. Auf der Suche nach einem optimalen Signal richten die Nutzer Schäden am Gemeineigentum in Parks, Gebäuden, Hotels und anderen Einrichtungen an. Die Straßenbeleuchtung, die elektrischen Schaltungen oder die Stromleitung werden angezapft, um diese als Steckdosen für das Aufladen der mobilen Geräte zu benutzen. In mehreren Gegenden verursacht diese Praktik beispielsweise Kurzschlüsse. Sitzbänke und Denkmäler werden auch zerstört, indem die User auf ihnen herumklettern, um nach dem Wi-Fi-Signal zu suchen. Im Kampf gegen den Vandalismus beschlagnahmt die Polizei lediglich die mobilen Geräte der Nutzer, die die Taten begehen. Die Verantwortung für den angerichteten Schaden im öffentlichen Raum liegt nicht bei ETECSA, sondern bei den zuständigen Behörden der entsprechenden Gemeinde. Diese sind dazu verpflichtet, Maßnahmen zur Vermeidung der Schäden bezüglich der Ordnung und der Sicherheit des Gemeineigentums zu ergreifen.

2.4.1 Handelsabkommen mit internationalen Telekommunikationsunternehmen

Das Tätigen laufender Investitionen in den beginnenden Informationsmarkt Kubas hängt teilweise von der Aufhebung des US-amerikanischen Embargos gegen das Land ab. In Anbetracht der im Dezember 2014 angekündigten politischen Annäherung zwischen Kuba und den USA unterschrieb das US-amerikanische Telekommunikationsunternehmen IDT Telecom ein Austauschabkommen mit ETECSA, um eine direkte Telefonverbindung zwischen beiden Ländern zu setzen.[43] Das Abkommen wurde durch die US-amerikanische *Federal Communications Commission* bewilligt. Als erstes US-amerikanisches Unternehmen erklärte IDT Telecom die Inkraftsetzung des Abkommens mit einer direkten Telefonverbindung mit Kuba.

Im Laufe des Jahres 2015 unterschrieb ETECSA auch wichtige Handelsabkommen mit US-amerikanischen Telekommunikationsunternehmen, welche auf die Modernisierung der kubanischen Telekommunikationsinfrastruktur zielten. Im September 2015 kündigte das US-amerikanische Unternehmen Verizon Communications Inc. den Beginn eines Roamingdienstes für Kuba an.[44] Das Abkommen wurde nach der politischen Annäherung der USA, unter der damaligen Regierung von Barack Obama, unterschrieben, einige Beschränkungen des US-Embargos wurden aufgehoben. Die getroffenen Ausnahmeregelungen ermöglichten, dass US-amerikanische Telekommunikationsunternehmen technische Ausstattungen, neue Technologien und Dienstleistun-

---

[43] Siehe: ETECSA establece acuerdo con compañía norteamericana para interconexión entre Cuba y EE.UU. ☞ Link S. 402

[44] Siehe: Verizon ofrecerá servicio de roaming en Cuba. ☞ Link S. 402

gen nach Kuba exportieren konnten. Im Falle des Unternehmens Verizon wurde festgelet, eine direkte Telefonverbindung zwischen den USA und Kuba mit einem Preis von 2,99 Dollar pro Minute anzubieten und 2,05 Dollar für jedes Megabyte der Datenübertragung einzunehmen. Für den kubanischen Markt ist das ein teures Angebot.

Ein anderes wichtiges Handelsabkommen wurde im November 2015 zwischen ETECSA und der chinesischen Huawei Technologies Co. Ltd unterschrieben.[45] Das Abkommen beabsichtigt die Vermarktung von Smartphones in Kuba. Eine der Klauseln legt fest, dass die kubanischen Telekommunikationsunternehmen Zahlungserleichterungen für ihre geschäftlichen Transaktionen erhalten. Außerdem erlaubt es den Erwerb der mobilen Geräte im chinesischen Markt. Ein anderer Vorteil des Abkommens ist die Zuweisung von finanziellen Mitteln zur Investition in die Infrastruktur und das Netzwerk für die Datenübertragung von ETECSA. Zusatzleistungen sind darin eingeschlossen, wie etwa die Lieferung von elektronischen Bau- und Ersatzteilen sowie eine technische und betriebliche Fortbildung, um die Handlungs- und Medienkompetenzen der Mitarbeiter von ETECSA zu erweitern. Zur Modernisierung der kubanischen Telekommunikationsinfrastruktur führte Huawei in Zusammenarbeit mit ETECSA wichtige Projekte im Rahmen des Einsatzes neuer Informationstechniken in Kuba ein. Das chinesische Unternehmen sorgte für den Aufbau des kubanischen Mobilfunk- und Festnetzes sowie die Entwicklung der technischen Infrastruktur für die Datenübertragung und die Architektur der Wi-Fi-Hotspots im öffentlichen Raum.

Die Verhandlung über die Möglichkeit des Verlegens eines weiteren, unter der Meeresoberfläche gelegenen Glasfaserkabels zwischen den USA und Kuba könnte als weiteres Element einen Beitrag zur Modernisierung der kubanischen Infrastruktur

---

[45] Siehe: Firmaron ETECSA y HUAWEI acuerdo de comercialización. ☞ Link S. 402

leisten. Die Verhandlung war Gegenstand während des Besuchs von Daniel Sepúlveda, *Deputy Assistant Secretary of State and U.S. Coordinator for International Communications and Information Policy*, und den kubanischen Behörden im September 2015 in Havanna.[46] Eine direkte Verbindung zwischen den USA und Kuba würde die Leistungsfähigkeit des im Jahr 2013 aus Venezuela verlegten Glasfaserkabels Alba-1 ersetzen, welches in vollem Betrieb nicht gefördert wird. Das Projekt benötigt die Bewilligung der kubanischen Regierung. In dem Treffen hob der Staatssekretär hervor, dass die US-Regierung beabsichtigt, die technischen Bedingungen und die betriebsnotwendige Infrastruktur zu entwickeln, um die Verhandlungen zwischen den Telekommunikationsunternehmen beider Länder zu ermöglichen.

Im November 2015 unterschrieb ETECSA ein weiteres Handelsabkommen über einen Roamingdienst der US-amerikanischen Sprint Corporation.[47] Das Abkommen wurde im Rahmen der *Feria Internacional de La Habana 2015* getroffen und sollte, in Konkurrenz zu Verizon und AT&T günstigere Preise garantieren. Nach der Durchführung von technischen Versuchen und der Lösung von Problemen beim Netzempfang sowie beim Geldtransfer wurde im Jahr 2015 der neue Roamingdienst angeboten. Aufgrund des Embargos sollten die Zahlungen über eine dritte Bank in einer anderen Währung als dem Dollar getätigt werden. Im September 2015 unterschrieb Sprint Corporation ebenfalls eine Vereinbarung über eine direkte Telefonverbindung durch das Glasfaserkabel Alba-1. Das Treffen der Handelsabkommen zielte darauf ab, gewinnbringende Geschäfte im kubanischen Markt abzuschließen. Diese neuen Geschäfte im Rahmen der Telekommunikation wurden durch die Bewilligung der *U.S. Chamber of Commerce* und den 2015 gegründeten *Consejo de Negocios EE.UU.-Cuba* abgeschlossen.

---

[46] Siehe: Washington y Cuba negocian cable submarino. ☞ Link S. 402

[47] Siehe: Gómez, Alan: Sprint signs agreement with Cuban officials in Havana. ☞ Link S. 402

Im Jahr 2016 kam es zu einem Handelsabkommen zwischen Google und dem staatseigenen Telekommunikationsunternehmen ETECSA[48], das einen schnellen Zugriff auf die Produkte von Google, somit eine Erhöhung der Datenübertragungsrate und der Qualität der Dienstleitungen durch das Datensystem von ETECSA für den internationalen Markt zu optimieren. Diesem Abkommen waren die Besuche von Google-Vorstandsmitgliedern vorausgegangen, die durch ihre Durchschlagskraft eine politische Dimension erhielten und für die Entwicklung einer kubanischen Informations- und Medienpolitik eine wichtige Rolle spielten. Im Jahr 2014 hatte Eric Schmidt, Präsident von Google, sich vor Ort bei mehreren kubanischen Einrichtungen danach erkundigt, wie Produkte und Dienstleistungen durch kubanische Unternehmen entwickelt und welche Software, elektronischen Geräte und Informationstechnologien an sich in Kuba verwendet werden. Schmidt hatte Interesse an der Form des Aufbaus der Informationsinfrastruktur innerhalb staatseigener Telekommunikationsunternehmen gezeigt.

Angeführt durch den stellvertretenden Direktor Scott Carpenter hatten die Führungskräfte von Google im März 2015 mehrere Sitzungen mit staatseigenen und selbstständigen Unternehmen in Kuba abgehalten.[49] Ziel des Besuchs war ein Austausch mit kubanischen Institutionen, Studierenden, Professoren und sozialen Akteuren der kubanischen Zivilgesellschaft, darunter die *UCI* (Universität für Computerwissenschaft Kubas), die *CUJAE* (Technische Universität José Antonio Echeverría) und die Jugend Computer-Clubs, gewesen. Währenddessen wurde die Bewilligung für die Nutzung von *Google Chrome*, *Google Play* und anderen Anwendungen für die kubanischen Nutzer angekündigt. Weiter war die Möglichkeit für eine Kooperation zwischen kubanischen Ins-

---

[48] Siehe: Del Sol González, Yaditza: Etecsa y Google firman acuerdo para mejorar servicios en Cuba. ☞ Link S. 403

[49] Siehe: Ejecutivos del gigante Google visitaron Cuba esta semana   ☞ Link S. 403

titutionen und dem Internetkonzern Google besprochen worden. Nach der Meinung mehrerer Professoren der *UCI* hatte die Kooperation zum Ziel, Computerspiele für die Rehabilitation von Sehfunktionen zu entwickeln, um insbesondere durch einen Simulator die kubanischen ärztlichen Missionen im Ausland etwa im Kampf gegen das Ebola-Virus zu trainieren. Diese Anwendung trug den Namen *Google Glass*.

Der Besuch im Jahr 2015 war durch die Anwesenheit des Vorstandsmitglieds Brett Perlmutter, leitender Angestellter von *Google Ideas*, gekennzeichnet gewesen. *Google Ideas* widmete sich der Förderung von Projekten bei der Nutzung von Medientechnik für Einzelpersonen oder soziale Gruppen. Insbesondere werden diese Personen bei ihrer Suche nach einer Lösung von sozialen Konflikten bestärkt. Dieses Anliegen entsprach einem der Ziele der US-Politik: Der damalige Präsident Barack Obama hatte die Stärkung unterschiedlicher sozialer Akteure der Zivilgesellschaft über die digitale Mediennutzung angestrebt.

Das Abkommen wurde in den höheren Regierungsrängen des kubanischen politischen Systems hoch geschätzt. Der Besuch der Vorstandsmitglieder von Google bei Bildungsstätten und kubanischen Telekommunikationsunternehmen wie auch mit selbstständigen Unternehmern wurde durch die kubanische Regierung erlaubt und bewilligt. Durch diesen Umstand fand bei der kubanischen Bevölkerung ein Bewusstseinswandel statt. Die Vorstellung, dass Google eine Annäherung an Kuba vereiteln wolle, um weiterhin durch die Beschränkungen, die das US-amerikanische Embargo gegen Kuba festgesetzt hatte, einen Regimewechsel voranzutreiben, lockerte sich.

Im Jahr 2017 wurden auf der einen Seite die Wiederaufnahme der diplomatischen Beziehungen zwischen den USA und Kuba durch neue Verordnungen der Regierung des Präsidenten Donald Trump und auf der anderen Seite damit einhergehend die oben erläuterten bis dato errungenen Abkommen zurückgesetzt. Neue Beschränkungen in Bezug auf das US-amerikanische Embargo wurden gegen das Land auferlegt. Ein Jahr später besuchten die

Führungskräfte von Google erneut Havanna, um weitere Gespräche mit dem neuen kubanischen Präsidenten Miguel Mario Díaz-Canel Bermúdez zu führen.[50] Die folgenden Handelsabkommen werden den Schaden, den das Verhältnis zwischen der kubanischen Wirtschaft und den internationalen Medienkonzernen durch den Wechsel der amerikanischen Präsidentschaft erlitten hat, wieder zu beheben versuchen.

2.5 Der Entwurf einer neuen Informations- und Medienpolitik

Die Informations- und Kommunikationstechnologien als strategischen Wirtschaftssektor in den nationalen Markt miteinzubeziehen, war eine der Herausforderungen der kubanischen Politik. Im Februar 2015 fand der *1. Taller Nacional de Informatización y Ciberseguridad* (1. Nationaler Workshop zur Informatisierung und Cybersicherheit) in Anwesenheit des ehemaligen ersten Vizepräsidenten Kubas, Miguel Mario Díaz-Canel Bermúdez, statt. Unter anderem wurden in diesem Workshop die folgenden Themen thematisiert:

- die Entfaltung von technischen Fähigkeiten bei den kubanischen Nutzern und die Entwicklung wissenschaftlicher Methoden innerhalb des kubanischen Bildungswesens für die Handhabung von Informationstechnik;

- der Aufbau einer betriebsnotwendigen Infrastruktur für die Institutionen zum Management von digitalen Medieninhalten und Anwendungen im Internet;

- die Gestaltung eines neuen nachhaltigen Wirtschaftsmo-

---

[50] Siehe: Google y Cuba cerca de un nuevo acuerdo. ☞ Link S. 403 und Presidente ejecutivo de Google en Cuba. ☞ Link S. 403

dells hinsichtlich der Anfertigung eines rechtlichen Rahmens zur internationalen Kooperation im Internet und schließlich das Treffen von Sicherheitsmaßnahmen beim Einsatz der Medientechnik.

Diese Debatte über den Entwurf einer Informations- und Medienpolitik mittels der Fachwissenschaft fand über einen gesicherten Platz auf der Website des Kommunikationsministeriums statt. An der zweitägigen Diskussion über die Vorteile der Verbreitung von digitalen Medien beteiligten sich rund 74.000 kubanische Nutzer. Dies entsprach dem politischen Anspruch, eine öffentliche Meinung zum Prozess der *Informatización de la Sociedad Cubana* zu bilden. Der Workshop führte zur Gründung einer neuen Institution: der *Unión de Informáticos de Cuba* (Informatikerverband Kubas).

Zu diesem politischen Ziel wurden spezifische Projekte ausgearbeitet, um die technische Infrastruktur Kubas allmählich aufbauen zu können. Es ging um die Integration des Mobilfunks und des Fernsehens sowie der Datenübertragungsrate des Fest- und Mobilfunknetzes in einem einzigen technischen System. Zudem wurde der Aufbau eines nationalen Datensystems durch die Kooperation zwischen staatlichen Institutionen angestrebt. Es sollte weiterhin eine ausreichend große Fläche, die eine beständige Erweiterung der technischen Infrastruktur mit ihren entsprechenden Dienstleistungen ermöglichen konnte, abgedeckt werden. Ein staatliches Programm wurde eingesetzt, um die technische Ausstattung, vor allem mit Computern, zu erneuern, da 70 % davon als veraltet galten.[51] Es wurden andere Formen des E-Commerce entwickelt, die die verschiedenen Verfahren zur Kontrolle und Verwaltung von digitalen Plattformen vereinfachen sollten, um ihre Nutzung zwecks der Integration in internationale Finanzmärkte zu fördern. Im öffentlichen Raum wurden weitere Stra-

---

[51] Siehe: Saborit Alfonso, Amaya/Fonticoba Gener, O./Pérez Cabrera, Freddy: Informatización de la sociedad, un motor de la economía. ☞ Link S. 403

tegien durchgeführt, um den Internetzugang für die kubanische Bevölkerung erschwinglicher zu machen.

Andere Schritte in diesem Bereich betreffen die Entwicklung der kubanischen staatlichen Softwareunternehmen mit der Unterstützung anderer Formen nicht-staatlicher Geschäftsmodelle, beispielsweise der neu auftauchenden selbstständigen Erwerbstätigen. Dies ist ein Prozess, der über eine Kommission von Spezialisten vorangetrieben wird, um den angestrebten Einsatz der Technologie zu kontrollieren. Die Kommission war damit beauftragt, die Auswirkungen der Technologie auf die kubanische Wirtschaft auszuwerten. Die Suche nach Lösungen für technische Probleme sollte die Qualität der zu schaffenden Datenverwaltung und Dateisysteme garantieren, indem neue Politiken für die Kontrolle der Übertragungsrate des kubanischen Intranets entwickelt werden. Es war notwendig geworden, die Rahmenbedingungen und die Gesetzgebung zu aktualisieren, die die technischen Verfahren im Bereich der Informatik und Telekommunikation regulierten. Laut offiziellen Verlautbarungen wurde dadurch die Arbeit der staatlichen Institutionen auf die Verwaltung der Prozesse und die Geschäftsführung der im Netz durchgeführten Initiative fokussiert.[52] Neue Strategien wurden entwickelt, um die Interaktion zwischen der staatlichen Hauptverwaltung und den Bürgern zu steuern. Insofern werden Anwendungen für die Nutzung von digitalen Medien wie etwa Internet, Social Media, Unterhaltungsmedien entwickelt, um die digitalen Informationsdienste für die Bürgerschaft bereitstellen zu können. Innerhalb des öffentlichen Sektors und der Industrieproduktion wurde die Medientechnik nach politischen Maßgaben adaptiert.

Die Abschlusssitzung des *1. Taller Nacional de Informatización y Ciberseguridad* war durch die Rede des heutigen Präsidenten Kubas Miguel Mario Díaz-Canel Bermúdez gekennzeichnet. Ihre Relevanz lag auf der Anerkennung des Willens und der Bereitschaft

---

[52] Ebd.

der kubanischen Partido Comunista und der Regierung, um den Prozess der *Informatización de la Sociedad Cubana* fortzusetzen. Díaz-Canel wolle das Internet als gemeinnützige Sozialleistung für alle sozialen Schichten öffnen. Die Erweiterung von Medienkompetenzen sei ein Aspekt, der das Vordringen der Technologie in die Gesellschaft erlaubte, so der Politiker:

> [...] Se ha hecho mucho, pero no todo lo que necesitamos, ni de la manera más coherente. El Estado trabajará para que este recurso esté disponible, accesible, costeable para todos. Hay una responsabilidad del Estado y la sociedad para que eso se haga efectivo, y también presupone la convivencia con otros derechos fundamentales: el derecho a la información, la comunicación, la participación, la rendición social de cuentas, unida a la responsabilidad individual y colectiva.

El derecho a Internet se acompaña por tanto de los deberes del ciudadano y de las organizaciones e instituciones para con la sociedad. Es por tanto totalmente responsable reconocer que el derecho de todos a Internet supone deberes en relación con su uso adecuado y conforme a la Ley y supone también la responsabilidad de los órganos de control que velan por la defensa del país y su integridad. La Internet debe ser 'una herramienta al servicio del desarrollo humano sostenible del país y su inserción efectiva en el concierto de naciones'. Internet y el acceso a las Tecnologías de la Información y las Comunicaciones en general, ofrecen oportunidades para que las personas, las organizaciones y las comunidades puedan desarrollar su pleno potencial, promover su desarrollo sostenible y mejorar su calidad de vida. Internet no resuelve los problemas por sí sola, pero puede ayudar a respaldar las estrategias en función del desarrollo social [...]. Son los problemas fundamentales de la sociedad, sus desafíos económicos, sociales y culturales los que deben estar en el centro de la estrategia y demandar el uso creativo e intensivo de Internet.[53]

Auf der Abschlusssitzung des Workshops wurde der 2013 gegründete Verwaltungsrat *Consejo de Informatización y Ciberseguridad* bekanntgegeben, eine Institution, die mit der Regulierung, Kontrolle und Entwicklung von Politiken und Strategien beauftragt ist, um den Prozess der technischen Transformation zu steuern. Diese Aufgabe hatte in früheren Jahrzehnten das *Ministerio de Co-*

---

[53] Übersetzung des Zitats durch den Autor: „[…] Wir haben uns zwar viel geleistet, aber bislang noch nicht das Notwendige und nicht in einer kohärenten Weise. Der Staat wird daran arbeiten, die unterschiedlichen Ressourcen verfügbar, zugänglich und erschwinglich zu machen. Wir sind dazu verpflichtet und tragen die Verantwortung, den [angestrebten technischen] Wandel umzusetzen. Dieser Prozess muss mit den grundlegenden Rechten übereinstimmen: der Zugang zur Information, das Kommunikationsrecht und der Prozess von rendición de cuentas [Rechenschaftslegung] sind die Elemente für die Teilnahme der Bevölkerung an allen politischen Angelegenheiten der Nation. Dies ist ein Prozess, der mit einer individuellen und kollektiven Verantwortung verbunden sein sollte. Das Recht auf einen Internetzugang ist ein Prozess, der von sozialen Pflichten der Bürger, der Institutionen und der Gesellschaft begleitet wird. Deswegen ist es verantwortungsvoll zu erkennen, dass ‚das Recht auf einen erschwinglichen Internetzugang zum Wohle aller Verpflichtungen bei dessen gesetzeskonformen Gebrauch voraussetzt. Es setzt auch eine Kontrolle der Staatsorgane voraus, die über die Verteidigung und Souveränität des Landes wachen. Das Internet und die Informations- und Kommunikationstechnologien bieten den Einzelpersonen, den Institutionen und den Gemeinschaften unzählige Möglichkeiten, ihr eigenes Potenzial zu entfalten und sie fördern eine nachhaltige Entwicklung, um eine verbesserte Lebensqualität zu ermöglichen. Das Internet als einziges Medium wird kein Problem lösen, aber es wird die politischen Strategien im Verhältnis zu anderen sozialen Entwicklungen unterstützen. Das sind die Hauptprobleme der kubanischen Gesellschaft. Diese wirtschaftlichen, sozialen und kulturellen Herausforderungen sollen im Zentrum der [politischen] Strategie stehen, um eine kreative, intensive und zweckmäßige Nutzung des Internet zu fördern." Das spanische Original befindet sich in: Elizalde, Rosa María: Díaz-Canel: Existe la voluntad de poner la Informatizaión y la Internet al servicio de todos. ☞ Link S. 403

municaciones übernommen. Diese Neugründung war eine Reaktion auf den Entwurf der grundlegenden Ansätze der im Jahr 2015 skizzierten Informations- und Medienpolitik und bedeutete zugleich die Anerkennung der mit ihr verbundenen Probleme und Herausforderungen.

Eins der wichtigsten Elemente für die Entwicklung einer neuen Informations- und Medienpolitik ist die Erkenntnis, dass die durch die Institutionen entwickelten Politiken und Strategien den Bedarf der kubanischen Bevölkerung nicht decken. Ein effizienter, schneller und kohärenter Einsatz der Informations- und Kommunikationstechnologien stehe noch aus: Die technischen Kapazitäten und die Medieninfrastruktur der Institutionen müssten die Nutzerbedürfnisse nach Informationen umfassen. Das Vorhaben verfolge grundsätzlich wirtschaftliche Interessen, denn die digitalen Technologien sollten sich in einen strategischen Entwicklungsfaktor verwandeln, um die Wirtschaft in Schwung zu bringen und einen breiten Zugang zu den digitalen Informationsdiensten für die Bevölkerung zu ermöglichen.[54]

Der Entwurf dieser formalen Richtlinien konstituiert das politische Anliegen und die Rahmenbedingungen der kubanischen Regierung für die angestrebte *Informatización de la Sociedad Cubana*. Als Kernpunkt des Vorhabens steht die Suche nach einer Lösung für die technischen Probleme, die die Telekommunikationsinfrastruktur enthält. Politische Strategien für die Planung und Umsetzung der technischen Transformation werden entwickelt, um die Prioritäten des kubanischen Staats in die Praxis umzusetzen. Es ist jedoch wichtig hervorzuheben, dass die technische Transformation institutionell durch die Instanzen der kubanischen Kommunistischen Partei und der Regierung gesteuert und geleitet wird. Zudem ist der Verwaltungsrat *Consejo de Informatización y Ciberseguridad* gegründet worden, um das Treffen von politischen Maßnahmen in den Institutionen zu beaufsichtigen und um die Mediennutzung in der Öffentlichkeit und die Entwicklung von

---

[54]   Vgl. López García 2017.

institutionellen Programmen für die Organisation des Mediengebrauchs im öffentlichen Raum zu kontrollieren. Die Konfiguration eines kubanischen Sicherheitssystems im Internet wird in
Kooperation mit internationalen Institutionen und Unternehmen,
vor allem aus Russland und China, aufgebaut, mit denen Kuba
bereits Handelsabkommen im Bereich der Telekommunikation
getroffen hat.

Politisch ist zwar die vollständige Teilnahme der kubanischen
Bevölkerung anvisiert, jedoch wird dieser Prozess in jeweils verschiedene Gesellschaftsssegmente unterteilt. Dennoch stehen die
neuen sozialen Akteure, d. h. die selbstständigen Erwerbstätigen,
unter dem Verdacht, sich der Leitung der kubanischen Kommunistischen Partei nicht unterziehen zu wollen. Die Informationen,
kulturellen Inhalte und die technischen Strukturen, die von den
Institutionen bereitgestellt werden, entsprächen nicht den Bedürfnissen und Interessen eines breiten Sektors der Gesellschaft. Wenn
stattdessen der Internetzugang und die Kommunikationstechnologien den Nutzern als Werkzeug für das Selbstmanagement von
Informationen und Inhalten sowie für ihre eigene Suche nach
technischen Lösungen dienten, dann würde dies Privathaushalten
ermöglichen, ihre Medienkompetenz aus eigener Initiative zu erwerben und erweitern, so wie es bereits im sozialen Kontext der
Blogger-Communities und des Schwarzmarkts geschieht.

Diese neue Form des Kulturkonsums mit der Idee eines *freien
Kommunikationsraums* würde sich von dem institutionellen Angebot unterscheiden, denn bei den kubanischen Nutzern herrscht
die Vorstellung vor, dass der Medienwandel sich einer institutionellen Zuordnung entziehen und eher umgekehrt den aktiven
Teilnehmern die Chance eröffnen sollen, ihre eigenen identitäts-
stiftendenden Merkmale beisteuern zu können. Die Entwicklung
einer Telekommunikationsinfrastruktur muss desgleichen *von unten
nach oben* geschaffen werden, nicht nur mit Hilfe internationaler
Handelsabkommen oder anhand politischer Beschlüsse, sondern
aus den persönlichen Erfahrungen des Einzelnen heraus. Hierbei muss auf diejenigen Nutzer geachtet werden, die als selbst-

ständige Unternehmer fungieren und eine bestimmte Form des Mediengebrauchs in die Öffentlichkeit tragen.

Der Prozess eines medienkulturellen Wandels erschließt sich in der Durchführung eines Projekts, das eine gerechtere, freie und demokratische Gesellschaft zum Wohl aller und entsprechend der Konjunktur wirtschaftlicher Reformen gewährleistet. Sollte tatsächlich das Programm zur *Informatización de la Sociedad* Cubana gelingen, dann sollten alle sozialen Akteure der Zivilgesellschaft mit ihrer Gestaltungskraft an dem Aufbau einer nachhaltigen Entwicklung teilnehmen können. Die Regierung Kubas hat sich als Mitglied der ITU verpflichtet, die Voraussetzungen der UN-Agenda *Connect 2020* zu erfüllen[55] , welche im November 2014 im südkoreanischen Busan vereinbart wurden. Die Verpflichtung von internationalen Institutionen und Organisationen mit dem Programm *Connect 2020 Agenda for Global Telecommunication/ICT Development* legt fest, dass mindestens 50 % der Haushalte weltweit bis zum Jahr 2020 über einen Internetzugang verfügen sollen.[56]

---

[55] Siehe: Annex to Resolution 200 (BUSAN, 2014). ☞ Link S. 403

[56] Siehe: Compromiso de la comunidad internacional en el Programa Mundial de las TIC para 2020. ☞ Link S. 403

Despite all the attention paid to new gadgets, technology does not determine
human behavior; humans determine how technology is used.

Lee Rainie, Barry Wellman

Erstes Fazit: Strukturen der technischen Transformation

Die technische Transformation, die ein medienkultureller Wandel impliziert, sorgt für einen tiefen Umbruch von politischen, wirtschaftlichen und sozialen Strukturen. Dies ruft eine Umwandlung der medialen Strukturen in einem kulturbedingten Kontext hervor, während der Einsatz von Medientechnik politische Identitätsbildungsprozesse aufzeichnet. Politik und Kultur bedingen zuallerletzt eine Form des menschlichen Handels innerhalb der Infosphäre, denn sie deutet „sich damit als neue Umgebung [an], in der Mensch und Maschine unter dem gemeinsamen Nenner Information agieren"[1]. Bei der Auseinandersetzung mit Information ist ihr Einfluss auf das Nutzerverhalten (vgl. Floridi 2010) und insbesondere auf den Aufbau medialer und technischer Systeme eine Relevanz beizumessen.

Als mediale Einheit in der Infosphäre „definiert Information Unterschiede, [denn] sie hat keine Substanz sondern bestimmt Relationen"[2]. Insofern sind die Relationen zwischen den politischen Identitätsbildungsprozessen diejenigen Elemente, welche „das Ziel von Kommunikation nicht [als] Konsens, sondern [als] Kollektivierung, nicht [als] Verständigung, sondern [als] Wahrnehmungsverschiebung und Übersetzung"[3] festlegen. Im Zuge eines medienkulturellen Wandels modifiziert dies entscheidend

---

[1]   Hartmann 2018: 122.

[2]   Ebd.:139

[3]   Ebd.

den Modus, in dem Information in Form von digitalen Medieninhalten aufgenommen, wiedergegeben und übertragen wird. Dem
italienischen Philosophen Luciano Floridi zufolge beinhaltet der
Informationskreislauf folgende Phasen:

> […] occurrence (discovering, designing, authoring, etc.),
> transmission (networking, distributing, accessing, retriev-
> ing, transmitting, etc.), processing and management (col-
> lecting, validating, modifying, organizing, indexing, classi-
> fying, filtering, updating, sorting, storing, etc.), and usage
> (monitoring, modelling, analysing, explaining, planning,
> forecasting, decision-making, instructing, educating, learn-
> ing, etc.).[4]

Aus einer medienkulturellen Betrachtung heraus ermöglicht Medientechnik die Eröffnung eines *networked operating system* (vgl. Rai-
nie/Wellman 2012), in dem den Nutzern die Möglichkeit gegeben
wird, neue Wege zu finden, um Probleme zu lösen und soziale
Bedürfnisse zu befriedigen. Zudem führt dies zur Gestaltung eines Systems, in dem das Agieren mit Information einen Spielraum für Einzelpersonen erlaubt, während sie ebenso über mehr
Handlungsfreiheit, Medienkompetenzen und Selbstständigkeit
verfügen (Rainie/Wellman 2012: 9). In diesem Zusammenhang
kommt den Nutzern eine zentrale Rolle zu, indem sie sich als Entwickler, Gestalter und Koproduzenten von Informationen und
Daten herausbilden (vgl. Buhr 2015). Somit werden die Anwender
als diejenigen Individuen definiert, die sich, nach langer Zeit der
Entbehrung, gierig dem Konsum von Information annähern und
mit ihren Aktionen die kommunikativen Prozesse in der Infosphäre als kulturelle Praxis modifizieren.

Hierbei bezieht sich die Nutzung von Medientechnik auf eine
neue Positionierung des Einzelnen gegenüber einer sich ändernden Welt, indem durch sie andersartige kulturelle Prozesse und

---

[4]   Floridi 2010: 4.

Praktiken generiert werden. In vielerlei Hinsicht verlangt das Agieren in der Infosphäre den Entwurf von kollektiven (Lebens- und Arbeitsprojekte etc.) und individuellen Strategien sowie die Erweiterung der Medienkompetenzen, um technische Probleme bewältigen zu können. Die Internetnutzung verändert die Form, in der die kommunikativen Prozesse stattfinden, etwa von einer massenhaften zu einer persönlichen Kommunikation: Jeder User macht, zugeschnitten auf seine Bedürfnisse, seine eigenen Erfahrungen mit dem Internet. Die neue Möglichkeit der Online-Aktivität erweitert die Dynamiken und Referenzstrukturen einer tradierten Gebrauchskultur (vgl. Lanier 2014; Hartmann 2018), indem Medientechnik mit ihrer Logik und ihrem Eigensinn einigermaßen die in der Infosphäre stattfindenden kulturellen Prozesse homogenisiert (vgl. Debray 2000), organisiert und mitstrukturiert. Diese Gebrauchskultur bestimmt „[…] nicht nur in subjektiver, sondern auch in intersubjektiver Hinsicht die Taktilität der gegenwärtigen Epoche"[5]. Aber in welchem Sinne ist die Rede von einer Gebrauchskultur im Rahmen eines medienkulturellen Wandels? Welche Merkmale besitzen sie und welche kulturellen Elemente kennzeichnen die Herausbildung eines *Typographic man* (vgl. McLuhan 1962; Eisenstein 1997)?

Im sozialen Kontext Kubas führt die Untersuchung des medienkulturellen Wandels zur Auseinandersetzung mit einer Gebrauchskultur des Selbstreparierens und -bastelns, die fast alle Bereiche des sozialen, kulturellen und vor allem des politischen Miteinanders umschließt. Diese wird als Durchqueren verstanden, bei dem sich Gewohnheiten, Überzeugungen, Denkweisen, private und öffentliche Handlungen im Moment der kulturellen Übersetzung vermischen. Die Nutzer spielen dabei eine wichtige Rolle, da sie die technische Transformation sowohl innerhalb institutioneller Räume als auch in ihrer Privatsphäre vorantreiben. Mit der Entfaltung ihrer Medienkompetenz entwickeln sie aber auch eine neue grafische und typografische Literalität durch die Nutzung der Medientechnik.

---

[5]   Hartmann 2018: 131.

Die technische Transformation unterzieht sich einer Institutionalisierungsdynamik, da die medialen Strukturen eines medienkulturellen Wandels aber auch in Einklang mit politischen Leitlinien gebracht werden. Die im Netz durchgeführten Projekte üben eine Selektion aus, die den Nutzern gezielt den Zugang zu ausgewählten fremden Kulturräumen ermöglicht. Durch die Förderung neuer Formen der Mediennutzung entwickeln die Institutionen, die Telekommunikationsunternehmen und die Anwender identitätsstiftende Prozesse zur Dialogbereitschaft weiter. Ausgangspunkt dafür ist die Transformation der Medienoperationen in häufige, gewöhnliche, lebende und kulturelle Erfahrungen des Einzelnen durch die kulturelle Praxis. In gewisser Hinsicht deutet sich hier eine Art Transversalität an, die besondere Aspekte des Lebens zwischen lokal und global, traditionell und neu, Innen- und Außengrenzen, An- und Abwesenheit, Partizipation und Nicht-Partizipation durchquert. Zudem führt

[…] das Internet also keineswegs zu einer Disintermediation genuin sozialer Organisierungs- und Strukturierungsleistungen, wie dies bisweilen vermutet wird. Stattdessen vermischen sich klassische soziale Organisierungsmuster und Institutionalisierungsdynamiken von kollektiven Akteuren mit technischen Strukturierungsleistungen auf neuartige Weise. Die Genese überindividueller Intentionalität, die Herausbildung einer kollektiven Identität sowie die Entwicklung von informell abgestimmten Regeln und Koordinationsstrukturen, die situatives und spontanes kollektives Verhalten in situationsübergreifend verstetigtes kollektives Handeln überführen, bleiben genuin soziale Prozesse, die durch die technischen Eigenheiten des Netzes unterstützt werden können, allerdings weit mehr als nur handlungsfördernde technologische Infrastrukturen benötigen, die andernorts bereitgestellt werden. Ohne zielgerichtete soziale Institutionalisierungsdynamiken bleiben spontan emergierende Kollektivitäten und Bewegungen in den meisten Fällen ein Strohfeuer und verlieren wieder an Einfluss […].[6]

Die medientechnische Praxis führt einerseits zu Interaktion, Transmission und Datenspeicherung, durch welche sich Kommunikation kulturbedingt realisiert. Andererseits wird durch sie nicht die Vernetzung verstreuter Einzelnutzer über integrierte Gruppen ermöglicht (vgl. Turkle 2012), sondern sie generiert *connected individuals* (vgl. Rainie/Wellman 2012). Dies ist ein kultureller Prozess mit einer politischen Dimension, der sich auf die Gestaltung einer Medien- und Informationspolitik auswirkt. Die Inbetriebnahme des Internets führt zu einer Medienrevolution, es erweitert die technischen Eigenschaften der digitalen Netzwerke mit einer differenzierten Funktionsweise. In der Privatsphäre des Einzelnen wirkt das Agieren über die digitalen Netzwerke auf das Nutzerverhalten ein, es wird Hilfe in allen Lebenslagen angeboten:

[…] many [of the networks] provide havens: a sense of belonging and being helped. Many provide bandages: emotional aid and services that help people cope with the stresses and strains of their situations. Still others provide safety nets that lessen the effects of acute crises and chronic difficulties. They all provide social capital: interpersonal resources not only to survive and thrive, but also to change situations (houses, jobs, spouses) or to change the world or at least their neighborhood (organizing major political activity, local school board politics). Not only must people choose which parts of their networks to access, the proliferation of communications devices means they must also choose how to connect with others: meet in person, phone, email, text, tweets, or post on Facebook […].[7]

---

6   Dolata/Schrape 2018: 30.
7   Rainie/Wellman 2012: 19.

Im institutionellen Kontext Kubas hingegen ist die Mediennutzung nicht frei von einer politischen Implikation, da die Medientechnik eine indoktrinierende Funktion ausüben soll.

Insgesamt bilden sich kulturbedingte Prozesse bei der Umsetzung einer kommunikativen Praxis aus, in der zugleich Information einen kulturellen Einfluss auf das Nutzerverhalten und auf die Organisation medialer Strukturen in der Öffentlichkeit hat. Hiermit werden „[…] meritokratische Ordnungsmuster und Meinungsführer herauskristallisiert, welche die Kommunikation dominieren und strukturieren".[8] Die Internettechnik führt ebenso politische Entscheidungen herbei, denn der Ausbau einer technischen Infrastruktur ermöglicht die Umsetzung von soziotechnischen Systemen (vgl. Buhr 2015). Die Politik, die Nutzung der Medientechnik und das Agieren der Nutzer in der Infosphäre werden zunehmend zu integrierenden Bestandteilen einer Internetkultur (vgl. Lovink 2008) und einer technischen Sozialität (vgl. Stalder 2016; Dolata/Schrape 2018), wodurch sie meinungsbildende Aspekte organisieren und stabilisieren, soziale Bewegungen mobilisieren sowie politische Identitätsbildungsprozesse herausbilden. Bei der Gestaltung einer Medien- und Informationspolitik orientiert sich die technische Transformation an dem Ausbau technischer und medialer Infrastrukturen (Top-down: Institutionen), die den Nutzern zur Verfügung gestellt werden, und an der Ergänzung dieser institutionellen Strukturen (Bottom-up: Einzelnutzer), während die Nutzer andere Formen der Mediennutzung schaffen.

Angesichts der Entwicklungen kann behauptet werden, dass sich eine *digital citizenship* abzuzeichnen beginnt, die in vielerlei Hinsicht als prekär bezeichnet werden kann. Bei der Definition von *digital citizenship* handelt es sich darum, wie die Nutzer ihre Aktionen, Handlungen, Nutzungsroutinen und Habitus im digitalen Milieu bzw. online ausüben. Im sozialen Kontext Kubas wird sie als prekär bezeichnet, weil sie einen sehr instabilen und vor

---

allem unsicheren Raum abbildet, in dem die kulturelle Praxis der User hinsichtlich der Verwendung der technischen Möglichkeiten von Technologie nicht dauerhaft ist. Die Handlungen und Nutzungsroutinen sind ständig wechselbar und die Aktionen einzelner Nutzer sind zumeist illegal und werden politisch geduldet. Hierbei umfasst eine *digital citizenship* ebenso die Aktionen, die die User für den digitalen Zugang durchführen. Sie wollen gleichermaßen ihre digitalen Rechte ausüben und die soziale Verantwortung, die die Nutzung des Internets mit sich bringt, tragen. Mit der Verbreitung einer mediengestützten und digitalen Kommunikation, wollen sie ihre Medienkompetenzen erweitern und wenden dafür unterschiedliche Strategien wie der Aufbau selbstständiger Netzwerke, digitaler Kommerz usw. an. Eine digital citizenship wird zum einen definiert als

> […] the quality of habits, actions, and consumption patterns that impact the ecology of digital content and communities […]. Revising that might more clearly articulate the differences between physical and digital communities, so a decent definition of digital citizenship then might be 'Self-monitored participation that reflects conscious interdependence with all (visible and less visible) community members' […].[9]

Zum anderen beschreibt der Ausdruck die Verhaltensnormen und Prozesse zur kommunikativen Aneignung (vgl. Hepp 2005) von Medienoperationen bezüglich der Nutzung technischer Geräte (vgl. Ribble / Bailey 2007). Im Gegensatz zu dieser Definition erläutert Martin Emmer, dass diese „[…] new opportunities of communication enable what we call 'digital citizenship': People in a society with access to digital and networked media (provided by ICTs) can exert their citizen role using digital technologies […]".[10]

---

[9] Heick 2018.
[10] Emmer/Kunst 2018: 2193.

Die Aneignung emergenter Verhaltensnormen und Partizipationsmöglichkeiten durch die kulturelle Praxis der Nutzer deutet zuallerletzt auf die Dialogbereitschaft eines Sektors der kubanischen Zivilgesellschaft hin. Es geht um Meinungsäußerung, Bewegungs- und Versammlungsfreiheit gegenüber der individuellen Verantwortlichkeit, die die Institutionen und staatliche Instanzen in der Öffentlichkeit übernehmen. Obwohl die technische Transformation in Kuba sich einer Institutionalisierungsdynamik unterzieht (vgl. Dolata/Schrape 2018), ist festzustellen, dass die Bürger eine bedeutsame Rolle in der Vernetzung der Gesellschaft haben. Sie können mit ihren Aktionen als konkrete soziale Akteure der Zivilgesellschaft verstanden werden, während sie ebenfalls den Diskurs im Netz artikulieren und die Bedingungen für eine gezielte Nutzung der Medientechnik definieren.

Dass der Übergang zu einer Medienkultur die Merkmale einer beginnenden digital citizenship aufweist, ist dadurch bedingt, dass die Nutzer ihre *info-technischen Imaginationen* in die Wirklichkeit umsetzen. In der Herausbildung eines *Typographic man* deuten die hier erörternden info-technischen Imaginationen auf die Erfahrungen und die kulturelle Praxis an, welche die Nutzer mit Medientechnik machen. Diese unterscheiden sich nicht so sehr von anderen internationalen Kontexten außerhalb Kubas.

1. Sie fordern mit ihren Aktionen einen Internetzugang im öffentlichen Raum und in ihrem Privathaushalt.

2. Sie verlangen einen universellen Zugang zu neuen Dienstleistungen.

3. Sie stellen nicht in Frage, was es bedeutet, online zu sein.

4. Sie betrachten sich selbst als interconnected individuals.

5. Sie führen einen kulturellen Kampf um Konnektivität als öffentliches Gut, indem sie dem Internet qualitative Ei-

genschaften für die Verbesserung ihrer Lebensbedingungen zuweisen.

Im Falle Kubas führt der Entwurf einer Medien- und Informationspolitik aber auch zu einem beginnenden Informationsmarkt (vgl. Kuhlen 2015), der sich aus einer politischen Programmatik entwickelt. Er könnte zum Entwurf einer Informationsökonomie im kubanischen Kontext führen. Durch die Nutzung der Medientechnik werden elektronische und digitale Märkte entwickelt, die neben den traditionellen kommerziellen Märkten die Beschäftigung mit Informationen und Daten in einem strukturellen Kontext zulassen. Diese elektronischen und digitalen Marktplätze ermöglichen in der Folge die Produktion und Organisation sowie den Vertrieb und die Rezeption von jeder Art kultureller Güter in Form digitaler Medieninhalten. Zudem eröffnen sie ebenfalls einen Raum für den Austausch von Informationsprodukten und -dienstleistungen sowie von Informationsgütern wie etwa Büchern, Musik, Software, Berichterstattungen etc. (vgl. Linde/Stock 2011).

Die in Kuba durch die Institutionen entwickelten Webprojekte, die Inbetriebnahme des Internetdienstes sowie die individuellen Initiativen der Nutzer in der Öffentlichkeit verlangen nach qualifiziertem und erfahrene Fachpersonal, das die erforderlichen Kompetenzen für das Management von Informationen besitzt. Als Nutzer müssen diese qualifizierten Personen die notwendigen Fähigkeiten in einem technologisch benachteiligten Umfeld erworben haben, um den Formen der Produktion, Bereitstellung, Verteilung, Vermittlung und Gebrauch von Information eine Bedeutung beizumessen. Als Besonderheit des in Kuba beginnenden Informationsmarktes ist zu erachten, dass die Nachfrage sich nach dem Konsum richtet. Die im Kapitel 1 erläuterten Beispiele Infomed, Cubarte und EcuRed zeigen, wie Informationen dem User kostenlos zum Konsum bereitgestellt werden können, sogar wenn dies zur Verletzung des Urheberrechtes und des geistigen Eigentums führen kann. Welche Art von Informationen den Nutzern zur Verfügung gestellt wird, richtet sich nicht so sehr nach den Verkaufszahlen (vgl. Szczutkowski 2018), sondern nach ihrem bloßen Konsum. Dazu kritisiert Andreas Szczutkowski, dass „[…] die Nachfrage nach Informationsdiensten dabei wesentlich vom Informationsgehalt [abhängt], d. h. wie stark die Beobachtung eines Signals zur Reduzierung der zugrunde liegenden Unsicherheit beiträgt".[11] Im institutionellen Raum führen die oben genannten Einrichtungen eine führende Rolle in der Erstellung von Informationen und Daten, da sie verschiedene Möglichkeiten des Zuganges zu digitalen Netzwerken anbieten, die im Interesse der Allgemeinheit liegen sollen. Trotzdem gerät die Arbeit dieser Institutionen in eine Krise, wenn die Nutzer sich für andere Informationsgehalte interessieren. Zwar beeinflusst die durch kubanische Institutionen bereitgestellte Information das Nuzterverhalten und -konsum (vgl. Floridi 2010), aber die erwartete Wirkung auf die Konsumente ist größtenteils gering. Die Nuzter wählen nur diejenigen Informationen, die für sie relevant sind.

Bei der Analyse des beginnenden Informationsmarktes in Kuba handelt es sich aber auch um den Entwurf eine Informationsökonomie, die in den kommenden Jahrzehnten die Mediensituation radikal verändern wird. Somit ist Informationsökonomie „[…] aus volkswirtschaftlicher Sicht der vierte Wirtschaftssektor, [in dem] der zentrale Produktionsfaktor bzw. die zentrale Produktionsressource die von physischen Gütern unabhängige Information in Form von als Zeichen codierte und übertragbare Information (Digitalisierung) ist".[12] Als wirtschaftliche Basis der sogenannten Informationsgesellschaft (vgl. Floridi 2015: 118) „[…] sind die wesentlichen Merkmale der Informationsökonomie die zentrale Bedeutung von Information als Produktionsfaktor für das Wirtschaftswachstum sowie die sich aus der Digitalisierung von Information ergebenden Strukturveränderungen der Lebens- und Arbeitswelt".[13] Unter den sozialen, technischen

---

[11] Szczutkowski 2018.

[12] Haric 2018.

[13] Ebd.

und kulturellen Veränderungen, denen sich das Internet aktuell unterzieht, fungieren die Institutionen und Telekommunikationsunternehmen auch „[…] als regelsetzende [soziale] Akteure, die das Online-Erlebnis individueller Nutzer prägen, den soziotechnischen Rahmen für deren Bewegung vorgeben und dadurch das auf ihren Angeboten basierende kollektive Verhalten und Handeln maßgeblich mitstrukturieren […]".[14] Bei der Auseinandersetzung mit dem Informationsmarkt unterscheiden sich grundsätzlich fünf Aspekte, welche den Modus auszeichnen, in dem die medialen Strukturen für die Internetnutzung in Kuba aufgebaut werden:

- Auslotung eines neuen (technischen) Spielraums, um neue strategische Geschäftsfelder in Entwicklungsprojekte zu integrieren;

- Aufbau und Sicherstellung einer betriebsnotwendigen Informationsinfrastruktur für das Management digitaler Medieninhalte;

- wirtschaftliche Förderung neuartiger Marktverhältnisse mit einer markant politischen Implikation;

- Ermächtigung durch Technologie von Einzelpersonen (bzw. Nutzer) in Hinblick auf die Entwicklung politischer Identitätsbildungsprozesse zur Meinungsäußerung, Bewegungs- und Versammlungsfreiheit sowie zum Informationsaustausch. Prozesse, welche zuallerletzt zur Subversion, Konfrontation oder zu einer entgegengesetzten Stellungnahme gegenüber herrschenden politischen Angelegenheiten bei der Gestaltung einer Teil- und Gegenöffentlichkeit führen; und schließlich

---

[14] Dolata/Schrape 2018: 14.

- Erstellung und institutionelle Organisation digitaler Plattformen und Netzwerke mit rechtlichen Rahmenbedingungen, um die Mediennutzung in der Öffentlichkeit zu
regulieren, dadurch ordnet sich die Information einer hie-
rarchischen Ordnung unter.

Einem medienkulturellen Wandel liegt der Entwurf einer Informationsökonomie zugrunde. In Gestalt eines Informationsmarktes werden technische Systeme durch den Ausbau verschiedenartiger Medienangebote und Geschäftsgründungen strukturiert, in
denen Prioritäten einer größeren Anzahl aufeinander abgestimm-
ter und vernetzter Dienste, Programme und Geräte zur Erhöhung von Wechselkosten für Nutzer und Anbieter gesetzt werden (vgl. Dolata/Schrape 2018: 107). Der Mediengebrauch hängt
maßgeblich von der Entwicklung sozialer Politiken ab, indem die
daran teilzunehmenden sozialen Akteure, wie etwa der Privatsektor, die digitalen Communities, die Zivilgesellschaft oder die
Einzelnutzer die Internetnutzung bestimmen (vgl. Castells 2001).
Außerdem definiert der Mediengebrauch die Anwendung technischer Infrastrukturen in der Gestaltung sozialer Räume. Die User
schreiben der Suche und dem Austausch von Information sowie
der Entfaltung von Nutzungsroutinen und dem Konsum digitaler
Medieninhalte eine Bedeutung zu.

Eine der mit wichtigen rechtlichen, gesellschaftlichen und
politischen Implikationen verbundenen technischen und kulturellen Veränderungen der gegenwärtigen Internetnutzung für die
Entwicklungsländer ist die durch das *World Economic Forum* definierte *Internet Fragmentation*.[15] Im Grunde bezieht sich die Fragmentierung des Internet auf die Konformation und Integration
technischer Kapazitäten in die Eröffnung neuartiger Verfahren
zum Management von Information und mobilen Endgeräten
(Internet of Things) und zur Verbreitung neuer Informationsdienste und Dienstleistungen (Blockchain-Technologie). „[…]

---

[15] Vgl. Drake/Cerf/Kleinwächter 2016.

Moreover, the increasing synergies between the Internet and revolutionary changes in other technological and social arenas are leading us into a new era of global development that can be seen as constituting a fourth industrial revolution [...]"[16]. Dies ist ein technischer und kultureller Prozess, der die folgenden Aspekte miteinbezieht:

- Technical Fragmentation: conditions in the underlying infrastructure that impede the ability of systems to fully interoperate and exchange data packets and of the Internet to function consistently at all end points.

- Governmental Fragmentation: Government policies and actions that constrain or prevent certain uses of the Internet to create, distribute, or access information resources.

- Commercial Fragmentation: Business practices that constrain or prevent certain uses of the Internet to create, distribute, or access information resources.[17]

Zudem steht der Prozess der Fragmentierung im engen Zusammenhang mit der Entwicklung und Variation nationaler Politiken, die entweder die Wechselkosten des Zuganges zur Information erhöhen oder die kommerziellen Transaktionen sperren. Insbesondere bezieht sich dies auf die

[...] new policies and practices that interfere with the transborder flow of data, cloud services, globalized value chains, the industrial Internet, and so on. For many in civil society, fragmentation seems to refer instead to the spread of government censorship, blocking, filtering and other access limitations, as well as to proprietary platforms and

---

16 Drake/Cerf/Kleinwächter 2016: 3.
17 Ebd.: 4.

business models that in some measure impede end users' abilities to freely create, distribute and access information.[18]

Der mit der Fragmentierung verbundene Prozess der technischen und kulturellen Transformation des Internets spielt in einem medienkulturellen Wandel eine wichtige Rolle in der Strukturierung digitaler Verfahren. Zum einen orientieren sich diese Verfahren vorwiegend an einer technischen Fragmentierung durch den zunehmenden Ausbau technischer Kapazitäten, um einer immer größeren Anzahl von Endnutzern und -geräten die Informationsdienste anzubieten. Zweitens orientieren sie sich an der Vernetzung verschiedenartiger digitaler Netzwerke, um den Informationsfluss durch ein neues System von Routern und Internetprotokollen zu kanalisieren und die Konnektivität zwischen den aufgebauten technischen Systemen zu sichern. Drittens führt dies zur Weiterentwicklung des *Domain Name System* „[…] for flexibility, the protocols above the TCP/IP layer make use of domain names rather than numerical IP addresses to refer to sources and sinks of Internet traffic"[19] . Viertens ermöglicht diese technische und kulturelle Transformation die Entwicklung von Strategien und Politiken zur nationalen Souveränität in einem transnationalen Cyberspace, durch welchen eine Kontrolle über die Segmente der digitalen grenzüberschreitenden Netzwerke und dem freien Informationsfluss ausgeübt wird. Schließlich adaptiert sich die technische Transformation an die entstehenden Realitäten, in denen eine Relevanz für das Wirtschaftswachstum in einem Kontext von Globalisierung und Kommerzialisierung (siehe *E-Commerce* und *Internet economy)* beigemessen wird.

Der in Kuba stattfindende Prozess der *Informatización de la Sociedad Cubana* bedeutet die Entwicklung politischer Strategien, gemäß der politischen Programmatik der kommunistischen Partei, zur Überwindung der sogenannten digitalen Kluft. Die Gestaltung

---

18   Ebd.: 7.
19   Ebd.: 24.

einer Medien- und Informationspolitik ändert über verschiedenartige soziale Akteure (Institutionen, Privatsektor, Einzelnutzer etc.) schrittweise die Mediensituation. Dem medienkulturellen Wandel liegt ebenso die Materialität der Nutzung von Medientechnik zugrunde. Materielle und technische Aspekte der Transformation wie die Verwendung der Glasfasertechnik, die Einrichtung lokaler Server von internationalen Internetkonzernen, die Freigabe zur Nutzung von Medienanwendungen und die technische Standardisierung digitaler Verfahren ändern die wirtschaftliche Lage und den sozialen, kulturellen Kontext Kubas. Für ein gezieltes Wirtschaftswachstum erfordert dies hauptsächlich die Bestimmung von Geschäftsfeldern mit finanzieller Sicherheit, ökonomischem Vertrauen, Effizienz, konkurrenzfähigen Akteuren und Rentabilität. Die Einsatzgebiete dieser unternehmerischen Aktivitäten sollen diesbezüglich zu politischen Identitätsbildungsprozessen führen, in denen die Sozialisierung, die Demokratisierung und der Ausbau des freien Zuganges zur Information gewährleistet werden müssen. Hierbei steht die Erweiterung der technischen Kommunikations- und Informationsinfrastruktur im engen Zusammenhang mit dem Treffen politischer Entscheidungen in Bezug auf die Partizipation aller sozialen Akteure. Dabei konstituiert sich selbst die durch die kubanische Politik angestrebte, aber auch fragwürdige Technologiehoheit als das Phantom eines beschleunigten Wirtschaftswachstums mit Hilfe des Einsatzes digitaler Technologien; hauptsächlich da die eingesetzte technische Transformation von dem Technologietransfer ausländischer Telekommunikationsunternehmen und den ausländischen Direktinvestitionen in die Medieninfrastruktur abhängt. Dabei wird der Nutzung einer gemeinsamen Software-Basis (wie bei den Webprojekten Infomed, Cubarte und Ecured) eine ideologische und indoktrinierende Funktion zugeschrieben, wohingegen den Internetdiensten der Verdacht der Überwachung sowie sozialen Kontrolle und somit einer Instrumentalisierung der Öffentlichkeit anhaftet.

Medien sind keine vermittelnden Instanzen eines medienkulturellen Wandels, sondern sie schaffen mit ihrer Logik und ihrem

Eigensinn die Kontextualisierung koevolutionärer Informations-
räume mit einer kulturellen Determination. Zudem ermöglichen
sie keine Verbesserung von Kommunikationen in der Öffentlichkeit; hingegen führen sie ausschließlich eine kulturbedingte Praxis ein, die das politische, kulturelle und technische Fundament
einer zunehmend tiefgreifenden Gebrauchskultur ist. Jenseits
des digitalen Milieus generiert der Mediengebrauch Zeit- und
Raumkonzepte in der Verortung einer sozialen und kulturellen
Praxis in einem physischen Ort, dem die Nutzer eine Bedeutung
(Offline- und Online-Aktivitäten) zuschreiben. Somit bildet sich
eine neuartige Relation zwischen Technik und Kultur, wodurch
die Nutzer nicht nur eine weitere soziale Ordnung, sondern auch
die Erfahrungs- und Wahrnehmungsmöglichkeit einer Form der
Welterschließung mitprägen.

Kapitel 3

Der Digitalisierungsprozess als institutionalisierte Medienpraktik

Ungeachtet der materiellen und finanziellen Schwierigkeiten integrieren sich die staatlichen kubanischen Institutionen allmählich in einen Prozess der Digitalisierung ihrer technischen Infrastruktur. Die technische Transformation spielt dabei eine entscheidende Rolle sowohl in deren Beziehung zum digitalen Milieu als auch in dem Entwurf und der Entwicklung von sozialen Politiken. Der Prozess der Digitalisierung dient vorwiegend der Optimierung der technischen Infrastruktur der Institutionen, um die Entwicklung von Politiken und Projekten zu fördern. Diese sollen einen freien Zugang zur Information und Bewahrung des dokumentarischen und bibliografischen Erbes Kubas gewährleisten. Der politische Anspruch entspricht vornehmlich einem sich ändernden Bedarf hinsichtlich der Erschaffung, Organisation und Kanalisierung einer gewissen institutionalisierten Kulturpraxis, die den öffentlichen Raum Kubas durch kulturstiftende Elemente und gemäß der Leistung der Medientechnik auszeichnet.

Eine der Voraussetzungen für die Umsetzung der technischen Transformation ist die Konzeption einer effizienten Politik der Selektion, Konvertierung und des Managements und Designs der zu behandelnden Information. Die Institutionen haben ein langfristiges Programm zur Qualitätskontrolle und Erhaltung der produzierten Inhalte eingerichtet. Bei diesem Prozess geht es um eine Auslotung bestimmter technischer Aspekte der Kultur der Digitalität (vgl. Stalder 2016). Eine Analyse der Produktion von Kultur innerhalb des kubanischen Buchgewerbes, bezogen auf die Einführung des digitalen Fernsehens, macht deutlich, inwieweit Kulturgüter in brauchbare informationelle Einheiten um (vgl. Floridi 2015). Dies stellt einen komplexen Prozess dar, der der Produktion identitätsstiftender Elemente mit deren Anforderungen zur Meinungsäußerung und zum Experimentieren gegenübersteht. Die Erstellung digitalisierter Informationen begegnet dem Versuch, kulturelle Inhalte zu erzeugen, um die daraus resultierenden Wissensbestände zu bewahren, zu übermitteln und zu verbreiten. Der Digitalisierungsprozess wird als die Gesamtheit der technischen Verfahren verstanden, welche für die Selektion, Gewinnung, Organisation, Verarbeitung, Verbreitung und Bewahrung von Dokumenten in digitalen Formaten und Kontexten durchgeführt werden. Er transformiert diese virtuellen Räume, indem sie in den sozialen und kulturellen Kontext integriert und dort weiterentwickelt und verwendet werden.[1] Die traditionellen Aufgaben einer Bibliothek bleiben weiterhin bestehen und sind koexistent.

Desgleichen ist festzustellen, dass die Digitalierung auch innerhalb der Institutionen als persönliches Projekt bzw. individuelle Initiative durchgeführt wird. Dies findet nicht nur im Bildungssystem oder mit der Einführung des digitalen Fernsehens statt, sondern in allen Bereichen der Kultur. Auf diese Weise hat sich dank der neuen Medientechnik und durch den Aufbau professioneller Aufnahmestudios in Privathaushalten auch die Musikindustrie Kubas weiterentwickelt. Die sogenannte kubanische *Urban Music* entfaltet sich durch die Verfügbarkeit eigener materieller und finanzieller Mittel, die hauptsächlich für die Besorgung von Computern, neuer Software, Mischpulten, Videokameras, neuen Set-Designs für Videoclips etc. verwendet werden. Zudem boomt ein Teil dieser Industrie ohne institutionelle Unterstützung. Die zunehmende Nutzung von technischen Geräten wie DVD- und Mp3-Playern, Smartphones oder Computern ermöglicht den Konsum der in dieser Industrie hergestellten kulturellen Produkte. Dies konstituiert aber auch ein Phänomen, das auf die kubani-

---

[1]   Vgl. Espíndola Rosales/Urra González 2014.

sche Filmindustrie einwirkt. Die Produktion, Verteilung und Rezeption einzelner selbstständiger Filmproduktionen vollzieht sich durch den Mediengebrauch, den die kubanischen Nutzer im sozialen Kontext praktizieren. Insbesondere die Postproduktion der Dreharbeiten und die Verarbeitung von Bildern und Tönen sind Elemente, die andere ästhetische Formate für die Entwicklung nicht-staatlicher Filmgesellschaften und Plattenlabels ermöglichen. Solche kulturellen Prozesse prägen einen sozialen Raum der Rezeption und Aneignung, in dem die Zirkulation audiovisueller Materialien unregier- und unkontrollierbar wird und in dem raubkopierte Informationen und digitale Medieninhalte als bezahlbare illegale Alternative zu den hochpreisigen staatlichen Produktionen kursieren.

Staatlich wird der Prozess der Digitalisierung durch zahlreiche kubanische Institutionen wie *Laboratorio Nacional de Música Electroacústica*, das Kulturzentrum *Pablo de la Torriente Brau*, die Animationsstudios des *Instituto Cubano del Arte e Industria Cinematográficos* (ICAIC), das *Instituto Cubano de Radio y Televisión* (ICRT), die *Biblioteca Nacional José Martí*, das Portal *Cubarte* u. a. durchgeführt. Dies betrifft nicht nur die Förderung von Kultur in all ihren Erscheinungsformen (Literatur, Filme, Kunst, Musik etc.), sondern auch die Einführung dieser Elemente in die kubanische Gesellschaft mit einer sozialen Aufgabe: etwa den ästhetischen Geschmack der Bevölkerung zu bilden. Kubanische staatseigene Betriebe in Kooperation mit ausländischen Unternehmen vollführen einen Prozess zum Technologietransfer, der die Verwertung technischer Erkenntnisse und Verfahren ermittelt. Dieser Vorgang beschreibt ein kulturelles Phänomen, das die Arbeit innerhalb der Institutionen modifiziert und auf das Leben des Einzelnen in seiner Privatsphäre einwirkt.

Welche kurzfristigen bzw. langfristigen Auswirkungen werden in der kubanischen Gesellschaft spürbar sein? Welche logischen Schlussfolgerungen ergeben sich aus der technischen Transformation der Wissensproduktion und -ordnung? Wird der Ausbau von neuen Wissensbeständen eine neue Kulturförderung nach sich ziehen? Diese Fragen sollen im Folgenden herausgearbeitet werden.

3.1 Der Prozess der Digitalisierung von Kulturgütern im Bildungssystem

Die digitale Transformation von Informationen und Inhalten in Kuba richtet sich je nach institutionellem oder sozialem Bedarf, wird aber auch durch politische Strategien programmatisch gesteuert. Vorwiegend im Bereich des Bildungssystems unterstellen sich Institutionen wie Universitäten, Hochschulen, Bilbiotheken oder Forschungszentren dem politischen Zwang zur Modernisierung ihrer Wissensinfrastruktur. Diese sozialen Einrichtungen bestimmen teilweise, regulieren und organisieren den Modus, in dem Informationen und digitale Medieninhalte im öffentlichen Raum produziert, verteilt und gebraucht werden. Was wird digitalisiert und welchen kapitalen Interessen dienen die angewandten Digitalisierungsverfahren? Wodurch wird Mehrwert geschaffen?

In Kuba handelt es sich meist um die Umwandlung und Reproduktion der Inhalte von Papierdokumenten in eine digitalisierte Kopie. Digitale Verfahren wie das Einscannen von Dokumenten und Büchern sowie die Nutzung von Digitalfotografie sind die meist verwendeten Methoden, um digitale Informationen im Grafik- und Textformat zu erzeugen. Dementsprechend ist die Verarbeitung von elektronischen Dateien (Bilder, Texte, Videos, Tönen etc.) ein Anreiz für die Entstehung institutionalisierter Medienpraktiken. Parallel dazu gibt es auch Mikrofilmverfahren. Dadurch werden traditionelle Methoden zur Speicherung und Erhaltung von Dokumenten allmählich ersetzt. Dies sollte auch den Ausbau eines internetbasierten Netzwerks ermöglichen, um den Nutzern die produzierten Informationen zur Verfügung zu stellen.

Dieses politische Programm wird aber auch aus wirtschaftlichen Interessen konzipiert, um die Produktionskosten der im Papier gedruckten Publikationen zu senken. Hierbei ist die Digitalisierung von Vorteil, indem der Zugriff auf die digitale Information, gespeichert auf einem digitalen Träger, schneller und kostengünstiger wird. Die abgespeicherten Inhalte stehen auch zahlreichen Nutzern zur Verfügung, denn dieselbe Information kann gleichzeitig unter den Nutzern verteilt werden. Die digitale Verwaltung jeglicher Art von Dateien erfordert nicht die Zuweisung von zusätzlichen finanziellen Mitteln, vorausgesetzt, dass eine funktional technische Infrastruktur für die Datenübertragung und deren Verteilung vorhanden ist. Die Nutzung von digitalen Plattformen würde außerdem versichern, dass die digitalisierten Dokumente jederzeit abrufbar sind, wodurch eine große Investition in den Erwerb neuer Ausstattungen (Server, Computer etc.) nicht mehr erforderlich ist. Die Nutzung des Internets, der E-Mail und die Verwendung technischer Geräte wie etwa CDs, DVDs, USB-Sticks und Festplatten ermöglichen den Transport sowie die Verteilung und das Management der Information. Der Aufbau von Datenbanken leistet einen Beitrag zur Datensicherheit, indem die abzufragende Information den Nutzern stets zur Verfügung steht. Die Produktion digitaler Medieninhalte ermöglicht auch die Erhaltung der Qualität der digitalisierten Dokumente. Schließlich erlaubt der Prozess der Digitalisierung, dass die Nutzer über aktualisierte Informationen verfügen, wodurch die Suche und Abfrage dieser Inhalte zum Teil vereinfacht werden.

Vor diesem Hintergrund gibt es mehrere kubanische Institutionen, die sich ihren Wissensbeständen widmen, beispielsweise die *Biblioteca Nacional de Cuba José Martí*. Seit dem Jahr 2000 erlauben die vom Staat zugewiesenen finanziellen Ressourcen der Bibliothek die Entwicklung eines sozialen Programms zur Digitalisierung ihres kulturellen Vermögens. Im Zeitraum von 2013 bis 2014 begann der Prozess mit dem Erwerb neuer technischer Ausstattungen für die Digitalisierung und infolgedessen für die Restrukturierung ihrer dokumentarischen und bibliografischen Datenbanken. Im Bereich der Kultur ist die *Biblioteca Nacional de Cuba* eine der ersten Institutionen, die ihren Wissensbestand digitalisiert. Im Auftrag des *Ministerio de Cultura* wurden verschiedene

Untersuchungen von anderen Institutionen durchgeführt, um den Prozess der Selektion, Organisation und Erstellung der zu digitalisierenden Informationen und Inhalte innerhalb der Bibliothek zu bestimmen (vgl. Espíndola Rosales/Urra González 2014).

Der Digitalisierung zahlreicher wertvoller Dokumente wird eine besondere Relevanz beigemessen. Das Bewahren des kulturellen Erbes der Bibliothek ist einer der Gründe für die staatliche Zuweisung von finanziellen Ressourcen. Die Digitalisierung soll dazu beitragen, die Abnutzung oder den Zerfall von Originalen sowie das Risiko des Raubs oder der Zerstörung von historischen Dokumenten zu vermeiden und leitet somit das Ende der Ausleihe sowohl innerhalb als auch außerhalb der Bibliothek ein. Die digitalisierte Information wird den Nutzern in digitalen Katalogen und Plattformen oder in den Netzwerken anderer Institutionen angeboten. Auch die Kosten der Umstellung und die Zeit der Abfrage von Dateien sollen durch sie erheblich reduziert werden. Den Nutzern wird die Möglichkeit angeboten, die digitalisierte Information (Bilder, Dateien, Artikel, Musik etc.) zu fotokopieren.[2] Die Fotokopien werden ebenfalls als Sicherungskopie der originalen Dokumente verwendet.

Im Jahr 2002 wurde das *Laboratorio Digital* durch ein vom Staat subventioniertes Programm innerhalb der *Biblioteca Nacional de Cuba* gegründet.[3] Die Tätigkeit des Labors besteht darin, einen Wissensbestand aus den gesamten Sammlungen der Bibliothek aufzubauen und die Bücherbestände zu digitalisieren. Dokumente oder Bücher, die beschädigt sind oder sich in schlechtem Zustand befinden, erhalten die höchste Priorität. Einzigartige Exemplare mit einem historischen Wert sowie die Bücher, in denen die Nutzer am meisten nachschlagen, werden auch mit Vorrang digitalisiert. Hierbei wird dem sogenannten *Proyecto de Preservación de la*

---

[2]   Siehe: Biblioteca Nacional de Cuba digitaliza su patrimonio cultural-musical. ☞ Link S. 403

[3]   Siehe: Rodríguez Calzadilla, Nora: A buen nivel, digitalización del patrimonio documental de la Biblioteca Nacional de Cuba.   ☞ Link S. 403

Memoria Histórica Cubana eine besondere Bedeutung beigemessen. Dieses Projekt orientiert sich ausschließlich auf die Bewahrung der Dokumentation der kubanischen Presse aus früheren Jahrzehnten. Die Funktion des *Laboratorio Digital* wird vorwiegend durch die Organisation von digitalisierten Inhalten in thematischen Katalogen erfüllt, darunter Dokumente wie etwa Feuilletons, Zeitschriften, Landkarten, Abbildungen und Fotos. Die Digitalisierung der Bücherbestände hängt vom Alterungsgrad und Zustand ab. Materielle Elemente wie die Qualität des Papiers oder die Abnutzung hemmen zum Teil den Prozess. Die Digitalisierung impliziert verschiedene Variablen, welche im engen Zusammenhang mit der eingesetzten Arbeit, der Qualität und den Ergebnissen des digitalen Verfahrens stehen, damit die bereitgestellten Informationen und kulturellen Inhalte sowohl den Institutionen als auch den Nutzern dienen.

Hierbei ist politische Strategie, wie das Interesse an den digitalen Formaten (Texte, Bilder, Video, Audio, Mikrofilm etc.) geweckt werden soll, von Bedeutung. Die Erweiterung der Medienkompetenz wird von den Nutzern bisweilen aber auch als „belehrende" Medienpolitik wahrgenommen, damit sie lernen, eine große Menge an Informationen zu managen und handhaben. Der Ausdruck Medienkompetenz „[…] meint grundlegend nichts anderes als die Fähigkeit, in die Welt aktiv aneignender Weise auch alle Arten von Medien für das Kommunikations- und Handlungsrepertoire von Menschen einzusetzen."[4] Zudem ist hervorzuheben, dass die kubanischen Nutzer – sowohl in den Institutionen als auch die passiven Konsumenten – in ihrem Umgang mit der Digitaltechnologie eine neue Medienkompetenz als grundsätzlich kultureller Bestandteil einer kommunikativen Kompetenz entwickeln (vgl. Baacke 1996, Treumann et al. 2002), und zwar innerhalb eines technisch benachteiligten Umfelds. Im Gegensatz zum Verständnis, dass digitale Medien eine indoktrinierende Funktion erfüllen (siehe Kapitel 1.), stellen die kubanischen Soziologinnen

---

[4]   Baacke 1996: 119.

Yisel Rivero Baxter und Liliam Barthelemy Panizo (2017) die These auf, dass die Nutzer –verstanden als Konsumente– sich aber auch als Entwickler und Gestalter einer Form der Kulturpolitik fortbilden und verstehen. Medienpolitisch ist die Nutzung der Medientechnik in Bezug auf die unterschiedlichen Alltagserfahrungen (vgl. Serres 2013, te Wildt 2012, Greenfield 2017) weitgehend mit sozialen wie kulturellen Wandlungs- und Bildungsprozessen im institutionellen Raum verknüpft. Dies stellt hauptsächlich das komplexe, aber auch spannungsreiche, teilweise widersprüchliche Verhältnis zwischen der Produktivkraft von Medientechnik – etwa deren Produktion, Regulation, Inhalte und/oder Aneignung – und den durch sie auf gesellschaftiche, kulturelle und medientechnologische Kontextfelder einwirkenden Wandlungsprozessen (vgl. Hepp 2015, 2012, 2009) heraus.

Der Prozess der Digitalisierung setzt nicht unmittelbar die Verfügbarkeit der digitalisierten Inhalte für deren Konsum voraus. Es ist Aufgabe der Politik, den Zugang zu den produzierten Informationen zu ermöglichen. Zu diesem Zweck wurde im Jahr 2000 die *Biblioteca Digital Nacional* innerhalb der Biblioteca Nacional de Cuba für die Bewahrung der schriftlichen Arbeiten von kubanischen Autoren aus dem 17., 18. und 19. Jahrhundert gegründet. Im Grunde genommen besteht die Tätigkeit der *Biblioteca Digital Nacional* darin, dokumentarische und bibliografische Archive zu erzeugen, um die abgespeicherte Information als nationales Kulturerbe aufzubewahren.

Als soziales Programm entspricht dieses Vorhaben grundsätzlich dem politischen Anspruch, die digitalisierte Information und kulturellen Inhalte den jungen Generationen zur Verfügung zu stellen. Die *Biblioteca Nacional de Cuba* unterzieht sich seit den 2000er Jahren einer Umstrukturierung ihrer Leseräume durch die Digitalisierung ihrer gesamten Bücherverzeichnisse. Eine gesamte Kollektion von *Documentos de extraordinario valor histórico* (Dokumente von außergewöhnlich hohem historischen Wert) soll das Interesse der jungen Generationen erwecken. Im Jahr 2014 wurde eine Etappe der Digitalisierung thematischer Kataloge

(Sozial-, Natur- und Geisteswissenschaften) vollendet. Im selben Jahr wurde ebenfalls eine neue Webseite der Bibliothek mit Zugang zum virtuellen Katalog erstellt. Ein Jahr später begann das Digitalisieren der Arbeitsmaterialien jener Leseräume zur Allgemeinbildung (Weltliteratur, Weltgeschichte, Wissenschaft u. a.). Das Projekt innerhalb der *Biblioteca Nacional de Cuba José Martí* wird in Zusammenarbeit mit dem Instituto Cubano de Historia, dem *Archivo Nacional de la República de Cuba*, dem *Instituto Cubano de Literatura y Lingüística* sowie mit dem Portal Cubarte, dem Kulturinstitut *Casa de las Américas* und dem *Oficina de Asuntos Históricos del Consejo de Estado* durchgeführt. Die Kooperation zwischen den staatlichen Institutionen spiegelt das politische Engagement mit den Elementen wider, die die soziale Dimension eines medienkulturellen Wandels prägen. Institutionelle Interessen fließen in den Ausbau von institutionalisierten Netzwerken ein, um eine besondere Medienpraxis in die Öffentlichkeit einzuführen. Politisch bestimmt dies aber auch den Ausbau von digitalen Netzwerken und Datenbanken für die Produktion, Speicherung und Verteilung von Informationen.

Ein anderer Aspekt zeichnet sich beim kubanischen Bildungssystem ab. Die Bereitstellung digitalisierter Literatur, die Erstellung von digitalen Medieninhalten wie Multimedia und der Versuch, die technische Infrastruktur der Bildungsstätten auszubauen, zeichnen diesen politischen Anspruch aus. Durch die Leitung des *Ministerio de Educación Superior* und des *Ministerio de Educación* werden die kubanischen Universitäten und Hochschulen in den Prozess der Digitalisierung ihrer Wissensinfrastruktur integriert.[5] Dadurch wird angestrebt, den kubanischen Studenten eine abwechslungsreiche Auswahl an digitalisierter Literatur anzubieten, die ihren Interessen entspricht. Die Universitäten entwickeln dafür eine gemeinsame Politik, um die digitalisierten Inhalte, die eingescannten Arbeitsmaterialien und die auf die Netzwerke

---

[5] Siehe: Zuferri, Wendy: Digitalizar: buena opción para los libros de texto cubanos. ☞ Link S. 403

hochzuladenden Informationen zu veröffentlichen bzw. zu verwalten.

Insbesondere werden durch das Programm die Lehrbücher (Übungs- und Lesebücher) von unterschiedlichen Lehrfächern digitalisiert. Die erstellten Medieninhalte werden zur kubanischen Enzyklopädie EcuRed zur Abfrage über die Netzwerke der Bildungsstätten hinzugefügt. In dem Maße wie die technische Infrastruktur der Bildungseinrichtungen dies erlaubt, entstehen virtuelle Labore als digitale Plattformen, um die Lern- und Lehrprozesse beeinflussen zu können. In das Intranet der Universitäten und Hochschulen werden beispielsweise digitale Medieninhalte wie Multimedia sowie Audio- und Videoaufnahmen der Vorlesungen und Seminare der Professoren hochgeladen. Die Verfügbarkeit von technischen Geräten wie etwa Laptops, Smartphones, iPads lässt es bisweilen zu, dass die kubanischen Studenten die Vorlesungen und Seminare im Klassenzimmer aufnehmen können, meistens ohne die Genehmigung der Dozenten.

Hilfen vom Staat werden für veraltete Ausstattungen wie etwa Computer, Server und Netzkabel aufgewendet. Im Bildungssystem sind die politischen Entscheidungen noch zentralisiert, die zuständigen Behörden bestimmen, wozu die Mittel verwendet werden. Die zugewiesenen finanziellen Ressourcen sollen zur Gestaltung von Datenbanken mit wissenschaftlichen Informationen dienen, um akademische Arbeiten (Abschluss-, Master oder Doktorarbeiten) fertigzustellen. Dieses Vorhaben hängt von der technischen Infrastruktur der Bildungseinrichtungen und dem Zugang zum Internet und Intranet ab. Ein anderes Ziel des *Ministerio de Educación Superior* ist es, eine gemeinsame Politik fortzusetzen, um die verschiedenen Universitätsverlage in einem einzigen technischen System zu verbinden. Zu diesem Zweck wird es notwendig sein, kurz- und langfristige Investitionen für den Ausbau der technischen Infrastruktur dieser Einrichtungen zu tätigen, die nur mit digitalen Plattformen eine verbesserte Anschlussfähigkeit und Funktionalität erhalten.

Infolgedessen sind davon unabhängig andere Projekte zur Digitalisierung von Medieninhalten durchgeführt worden. Im Jahr 2014 starteten die Initiative *Claustrofobias Promociones Literarias en Cuba* (https://www.claustrofobias.com/) und die *Asociación Hermanos Saíz* ein gemeinsames Projekt und verteilten eine Multimedia-CD-ROM, auf der sich eine digitale Bibliothek befand, an die kubanischen Bildungsstätten.[6] Die digitale Bibliothek enthält ca. 200 digitalisierte Bücher und wurde insbesondere für das System der kubanischen Schulbibliotheken erstellt. Das Ziel des Projekts ist es, bei den Schülern ein Interesse am Lesen zu wecken. Dafür enthält die digitale Bibliothek klassische Werke der Weltliteratur und ist in unterschiedlichen Sektionen für Kinder, Jugendliche und junge Menschen unterteilt. Es werden für ihren Konsum Kurzerzählungen, Romane, Dichtkunst, Bücher zur Geschichte und Philosophie sowie Lexika und Wörterbücher angeboten.

3.2 Fallstudie zur Nutzung digitaler Medien im kubanischen Bibliothekswesen: Die *Universidad de La Habana*

Die Verwendung von digitalisierten Büchern spielt eine bedeutende Rolle, insbesondere in Universitäten und Hochschulen. Nicht nur mangels zur Verfügung stehender (vor allem fremdsprachlicher) Fachliteratur schafft das Einscannen von Büchern oder Texten neue Informationskreisläufe von Wissen, welche auch Fragen zum Urheberrecht, geistiges Eigentum und der Wissensproduktion aufwerfen. Die Folge ist die Entstehung einer „Copy-Paste-Kultur", auf die sich die Realitätskonstruktion des Individuums immer mehr zu reduzieren droht. Die Digitalisierung von Bildungsinhalten fördert zunehmend Formen des E-Learning in Fernstudien, da Studenten oder jüngere Hochschullehrer der Postgradierten-Kurse

---

[6] Siehe: Riquenes García, Yunier: Libros digitales para nuestras escuelas. ☞ Link S. 403

ihre Literatur via E-Mail, auf einer CD oder auf einem USB-Stick erhalten und darüber Medienkompetenz aufbauen.

Im Jahr 2010 wurde die *Biblioteca Central Rubén Martínez Villena* an der *Universidad de La Habana* restrukturiert. Nach der Erlassung neuer Verordnungen wurden organisatorische Maßnahmen für den Einsatz technischer Transformationen getroffen. Das Ziel der Transformation war, die Arbeitsmethoden der Universitätsbibliothek sowie der Fakultäten und der zur Universität gehörigen Instituten durch die Gestaltung neuer Verwaltungsorgane zu steuern. Eigens gegründete Arbeitsgruppen schufen innovativer Arbeitsmethoden in Bezug auf das Management von digitalen Medieninhalten. Diese Transformation kam dem Bedarf nach, eine technische Infrastruktur zu errichten, um die Prozesse zur Erstellung, Organisation, Verteilung und Verarbeitung von Informationen managen zu können. Das Verwaltungsorgan *Dirección de Información* entstand innerhalb der Universität Havanna. Diese Abteilung widmet sich der Aufgabe, die Information, die Netzwerke und die für die Nutzer bereitgestellten Informationsdienste zu regulieren und zu kontrollieren. Zudem verwaltet sie den Zugang zu den digitalen Werkzeugen, die für die Lehrtätigkeit und die Forschung an den verschiedenen Fakultäten verwendet werden.

Einer der Aspekte, der die *Dirección de Información* von der Zentralverwaltung der Universität Havanna unterscheidet, ist, dass die *Biblioteca Central Rubén Martínez Villena* (Zentralbibliothek) dieser Abteilung untergeordnet ist. Der Prozess der technischen Transformation zielt auf die Bereitstellung von neuen Dienstleistungen für die Nutzer. Darunter befinden sich die Erstellung eines elektronischen Katalogs für die schnelle Abfrage von Informationen, das Ausleihen von Dokumenten, Lexika und Enzyklopädien sowie die Eröffnung eines Computerraums für die Studenten, das Abonnement der durch den Universitätsverlag herausgegebenen akademischen Zeitschriften und die Bereitstellung einer Sammlung audiovisueller Inhalte (Vorlesungen), die nützlich für die Studenten (z. B. deu Aufnahmeprüfungen für die Zulassung zum Studium) sein könnten.

Der Prozess wird einer politischen Programmatik folgend fortgesetzt, indem die Strukturen des Bildungssystems geändert werden. Hierbei unterzieht sich die technische Transformation einer strengen Kontrolle und es gibt eine Zentralisation der zugewiesenen Ressourcen. Alle Veränderungen werden durch leitende institutionelle Instanzen vorgenommen. Durch die *Dirección de Información* streben die zuständigen Behörden der Universität Havanna an, die Forschungstätigkeit bei ihrer Suche nach Informationen und der Abfrage digitaler Inhalte bezogen auf unterschiedliche Themen zu regulieren. Die Abteilung wird ebenfalls der Direktion der Universität untergeordnet. Die Erweiterung der Medienkompetenz der Nutzer (Studenten, Professoren oder Mitarbeiter) ist ein anderes Ziel für die Inbetriebnahme der neuen Informationsdienste. Sie sollen eine verbesserte Qualität enthalten, um einen effizienten Zugriff auf die angebotenen Dienstleitungen zu schaffen.

Die Inbetriebnahme der Informationsdienste zielt auf die Deckung des Bedarfs an akademischen Informationen, vor allem für die Studenten. Die Bereitstellung von digitalen Medieninhalten auf den Webseiten der Fakultäten und Instituten dient zur Entfaltung der akademischen Leistung der Studenten und ihrer Teilnahme an universitären Veranstaltungen (Kongressen, Seminaren, internationalen Austauschen etc.). Politisch lässt dies den Prozess der Entscheidungsfindung von einer leitenden Behörde zu, während die institutionellen Instanzen der Universität den Mediengebrauch bestimmen. Dennoch schafft die Nutzung von Medientechnik bessere Arbeitsbedingungen für Professoren, Forscher und Mitarbeiter. Über die Zuweisung von finanziellen Mitteln wird dieses Restrukturierungsprogramm subventioniert. Der Erwerb neuer technischer Ausstattungen soll ebenfalls zur Entfaltung der *human resources* der Universität durch eine betriebliche Fortbildung beitragen, um ihre Qualifizierung und ihr technisches Know-how zu erweitern.

Die Zentralbibliothek der Universität Havanna verfolgt die Strategie, das universitäre Informationssystem zu gestalten. Das

Design, das Management und die Wartung der den Nutzern zur Verfügung gestellten Informationsdienste gestalten den Modus um, in dem die digitalen Inhalte gebraucht werden. Zum Aufbau des Informationssystems werden zielgerichtete Dienstleistungen adaptiert, personalisiert und kontextualisiert. Die Dienstleistungen werden gemäß den Bedürfnissen der Nutzer und hinsichtlich des Konsums von Information durch die zuständige Behörde unterbreitet. Dies richtet sich nach gesetzlichen Regelungen, denn die Handhabung technischer Geräte und das Management von Informationen unterziehen sich den Anordnungen einer externen Instanz (Behörde). Dennoch ermöglicht die Inbetriebnahme der Informationsdienste Prozesse des E-Learnings und betriebliche Weiterbildungen, durch welche eine Qualifizierung des Institutspersonals erfolgt.

Die Nutzung der Medientechnik soll die Organisation sowie die Strukturierung des Informationssystems gewährleisten, um die Bedürfnisse der Nutzer und der Institution zu decken. Schließlich verfolgt diese Strategie ökonomische Interessen, um neue Formen der akademischen Tätigkeit zu entwickeln. Die Nutzung von digitalen Medien soll die Kooperation zwischen den Einrichtungen der Universität mit anderen kubanischen und internationalen Institutionen fördern. Zudem ist die zuständige Behörde dazu verpflichtet, ein technisches System aufzubauen, das die Qualität und Effizienz der angebotenen Dienstleistungen garantiert. Dies hemmt die Restrukturierung der Bibliotheken sowie die Durchführung von Forschungs-, Innovations- und Entwicklungsprojekten.

Diese technischen Veränderungen führten zur Konzeption eines Online-Beratungsdienstes, um den Nutzern das Management von Information zu erleichtern und die angebotenen Dienstleistungen zu handhaben (vgl. Espíndola Rosales/Urra González 2014). Der *Servicio de asesoramiento para la gestión de la producción de conocimiento* (Beratungsdienst zum Management der Wissensproduktion) bezweckt das Erschaffen rechtlicher Rahmenbedingungen für die akademische und wissenschaftliche Tätigkeit.

Zudem werden handlungsleitende Kriterien zur Geschäftsleitung des an den Fakultäten produzierten Wissens sowie zur Akkreditierung der an der Universität angebotenen Studiengänge festgelegt. Mittels der Nutzung der Software *Open Journal Systems* wird ein Portal zur Förderung und Verbreitung der universitären Zeitschriften erstellt. Der *Servicio de asesoramiento para la gestión y el acceso a los recursos de información* (Beratungsdienst für das Management und dem Zugriff auf Informationsressourcen) ist mit der Geschäftsleitung, Planung, Organisation, Kontrolle und Bewahrung der universitären Bücherbestände beauftragt. Dies zielt auf die Deckung des Bedarfs an Information nicht nur auf Seiten der Nutzer, sondern auch der Lehr- und Forschungstätigkeit. Dies fördert den Ausbau eines breiten Netzwerkes der Universitätsbibliotheken, um die Kooperation zwischen Professoren, Forschern, den Fakultäten und den Bibliothekaren zu ermöglichen. Die Aufgabe der Bibliothekare besteht darin, die Verbreitung und die Nutzung bestimmter wertvoller Buchsammlungen zu fördern, um sie der universitären Gemeinschaft zur Verfügung zu stellen. Die Gruppe übernimmt die Verteilung und Vermarktung der wissenschaftlichen Produktion des Universitätsverlags und verwaltet desgleichen die Datenbanken der Bibliotheken. Gefördert werden dadurch die Organisation und das Management der bestehenden Information und die neuen Erwerbungen der Zentralbibliothek wie etwa Bücher, Zeitschriften und Forschungsergebnisse. Schließlich beschäftigt sich der *Servicio de asesoramiento para la organización y presentación de la información* (Beratungsdienst für die Organisation und Visualisierung von Information) mit der bibliografischen Dokumentation von Arbeitsmaterialien in unterschiedlichen Formaten und den Neuerwerbungen der Zentralbibliothek. Dafür werden verschiedenartige Methoden, Werkzeuge und Techniken zur Analyse von Information verwendet. Zum einen wird die Dewey-Dezimalklassifikation für die inhaltliche Erschließung der Bibliotheksbestände und zum anderen das Format MARC 21 für die Organisation der bibliografischen Daten angewendet.

Dieses Programm wurde durch einen PC-Pool und Wi-Fi-Hotspots ergänzt. Im Jahr 2005 wurde ein neuer Computerraum für Professoren und Studenten innerhalb der Zentralbibliothek zur Unterstützung der Lehrtätigkeit und der wissenschaftlichen Recherche eröffnet. Seitdem wird den Usern die Möglichkeit der Abfrage von Inhalten auf den Webseiten der Universität und auf denen der kubanischen Institutionen angeboten. Der Internet- und Intranetzugang wird unter der Voraussetzung erlaubt, dass die Nutzer die angebotenen Informationsdienste ausschließlich für die Realisierung der akademischen und wissenschaftlichen Tätigkeiten gebrauchen. Hierbei unterzieht sich die technische Transformation der Kontrolle, der Regulierung und der Zensur der im Netz bereitgestellten Informationen und Inhalte.

Aufgrund der niedrigen Anschlussfähigkeit und der Schwierigkeiten der technischen Infrastruktur (etwa veraltete Computer) der Universität Havanna wurde im Zeitraum 2007 bis 2008 das sogenannte *Observatorio de Internet* gegründet.[7] Das digitale Dossier enthält eine Zusammenfassung der meist relevanten wissenschaftlichen Recherchen im akademischen Bereich und wird über E-Mail unter den Nutzern der Universität verteilt. Es strukturiert sich entsprechend der Interessen der Nutzer, denn das Dossier ermöglicht gleichzeitig den Zugang zu aktualisierten Informationen. Das *Observatorio de Internet* basiert auf einer systematischen und umfassenden Suchfunktion für relevante akademische Recherchen, um strukturierte Präsentationen (etwa Vorlesungen, Vorträge, publizierte Artikel in Büchern und Zeitschriften etc.) hinterlegen zu können. Ferner widmet sich das Dossier der Klassifikation, dem Update und der digitalen Transformation der Informationsbestände. Ein Ziel für dessen Erstellung ist die Verwaltung des Informationsaustauschs zwischen den Verwaltungsorganen der Universität und den Fakultäten und Instituten. Durch das *Observatorio de Internet* werden die akademischen Interessen des Lehrkörpers

---

[7]   Siehe: Vidal Larramendi, Julio/Pérez Perdomo, Armando (2008): Observatorio de Internet de la Universidad de La Habana.☞ Link S. 403

und der Studenten mit aktualisiertem Wissen der unterschiedlichen wissenschaftlichen Fachgebiete gelenkt. Inhaltlich orientiert sich das Dossier auf die Verbesserung der Lehrtätigkeit in der Hochschulbildung. Es basiert auf vier Richtlinien:

- theoretisches Fundament des Lernprozesses: eine Beschäftigung mit den unterschiedlichen Lerntheorien und deren Entfaltung anhand der Nutzung der Informations- und Kommunikationstechnologien;

- Förderung des E-Learning: Erfahrungsaustausch im Fernstudium und eine Auslotung der Möglichkeiten, die diese Form vom Studium für das Online-Lernen anbietet;

- Nutzbarmachung von Ressourcen: zur-Verfügung-Stellen von Werkzeugen und Ressourcen werden für den Lernprozess;

- Forschung und Entwicklung: die Verbreitung akademischer und wissenschaftlicher Arbeiten, die innovative Ideen zur kurz- und langfristigen Entwicklung der Hochschulbildung beitragen.

Bei dieser Analyse ist hervorzuheben, dass sich dieser Digitalisierungsprozess nicht nur aus institutioneller, sondern auch aus individueller Initiative weiterentwickelt. Ein Beispiel dafür ist die Verwendung digitaler Anwendungen wie die Software *Calibre* (siehe http://calibre-ebook.com/) für die Erstellung, Organisation, Speicherung und Verwaltung digitalisierter Literatur. Die Nutzung von *Open Source Softwares* wie *Calibre* ermöglicht die Verarbeitung mehrerer digitaler Formate für die Gestaltung persönlicher Bücherbestände. Jeder Anwender, der Bücher einscannt, ist als Gestalter zu betrachten. Im akademischen Bereich ist dies ein Phänomen, welches die Rezeption, den Gebrauch und die Verteilung digitalisierter Literatur (vor allem im PDF-Format) in Kuba prägt. Die Organisation dieser Medieninhalte in einer digitalen Bibliothek auf dem Computer eines Nutzers erlaubt, dass auch jeder andere User die Inhalte seines Interesses unter einer großen Menge an Information auswählen kann. Dies lässt eine neue Form von sozialer Interaktion zu. Als Einzelnutzer sind Professoren, Forscher oder Studenten befähigt, ihre eigenen Bücherbestände mit anderen zu teilen oder sie öffentlich auf der Website einer Fakultät zur Verfügung zu stellen. Die verwendeten Softwares werden über das Internet regelmäßig aktualisiert.

Der Internetzugang sowie die Inbetriebnahme der Wi-Fi-Hotspots konditionieren den Konsum digitaler Medieninhalte innerhalb der Universität Havanna. Die Verfügbarkeit einer kostenlosen Internetverbindung verändert ebenfalls den Mediengebrauch derjenigen aus der Bevölkerung, die sich einen Internetzugang beim ETECSA nicht leisten können. Dies prägt die Vorgehensweise der Anwender (entweder Professoren, Hochschullehrer oder Studenten) beim Festlegen ihrer Prioritäten in Bezug auf die zu behandelnde Information und die Abfrage von digitalen Inhalten. Die Nutzung von digitalen Anwendungen wie *Calibre* leistet zwar einen großen Beitrag zur Lehrtätigkeit, aber der angebotene Zugriff auf Informationen verstreicht zumeist ungenutzt. Die Abfrage von Informationen für die akademische Tätigkeit spielt generell eine untergeordnete Rolle. Stattdessen bevorzugen die Nutzer den Internetzugang für ihre persönlichen Angelegenheiten wie das Chatten oder das Checken der Social Media (grundsätzlich Facebook). Der schlechte technische Zustand der universitären Ausstattung verstärkt dieses Phänomen. Die Nutzung mobiler Geräte ermöglicht, dass die Nutzer sich in einem unkontrollierten Kommunikationsraum bewegen. Obwohl der Internetzugang über die Netzwerke der Universität versorgt wird, können die zuständigen Behörden die Abfrage von digitalen Medieninhalten in den persönlichen Geräten der Nutzer (vor allem Studenten) nicht kontrollieren. Die wichtigen Informationen in Bezug auf die akademische oder wissenschaftliche Tätigkeit können auf einem USB-Stick gespeichert oder aus dem Internet heruntergeladen werden, um diese später zu Hause nachlesen können. Die Suche nach anderen Informationsquellen wie die digitalen Versionen internationaler Zeitungen und Zeitschriften (u. a. Spiegel Online, El Nuevo Herald, The New York Times, Cibercuba) entspricht einer Form des Konsums von Medieninhalten vieler Professoren. Das Verfolgen institutioneller Interessen erweitert nicht nur die Medien- sondern auch die politische Kompetenz (durch Aneignung, Rezeption und Partizipation) und treibt somit auch die technische Transformation voran.

3.2.1 Die Nutzung des öffentlichen Raums als Forum für digitale Literatur

Die zunehmende Nutzung der Medientechnik erhöht den Konsum von digitalen Medieninhalten in der Privatsphäre der Nutzer. Die Erstellung multimedialer Inhalte bestimmt desgleichen den Konsum von Informationen in den Institutionen. Im Prozess der technischen Transformation widmen sich die kubanischen Institutionen dem politischen Anspruch, kulturelle Inhalte für einen gezielten Konsum durch die Bevölkerung bereitzustellen. Dazu werden soziale Räume und kulturelle Veranstaltungen genutzt, um den Verbrauch digitaler Medieninhalte zu ermöglichen, vor allem in Form von Multimedia.

Einer dieser Räume ist die *Feria Internacional del Libro*, die jährlich in Kuba stattfindet. Seit 2013 ist die Bereitstellung von digitalen Büchern und digitalisierter Literatur innerhalb der Buchmesse exponentiell angestiegen.[8] Als institutionelle Angebote werden Multimedia-Produkte unterbreitet, welche generell Kompilationen digitalisierter Texte sind. Die Medieninhalte lassen sich im Rahmen der Buchmesse gut kommerzialisieren. Während der *Feria Internacional del Libro* streben einige Institutionen im Bereich des kubanischen Buchgewerbes danach, den Bedarf an digitalisierter Literatur zu decken. Es handelt sich um einen öffentlichen Bedarf,

---

[8]   Siehe: de la Osa Díaz, Rafael: Lo digital en el Libro Cubano. ☞ Link S. 404

der grundsätzlich aus den Bedürfnissen der jungen Generationen (vor allem Kindern und Jugendlichen) auf der Suche nach diesen Medieninhalten entspringt. Die zunehmende Verfügbarkeit technischer Geräte erleichtert den Zugang und den Konsum digitaler Medieninhalte und modifiziert den Kontext (Arbeitsplatz, Bildungsstätte oder Haushalt), in dem die jungen Generationen sie verbrauchen. Zudem leisten Verlage wie das *Ruth Casa Editorial*[9] einen großen Beitrag zur Vermarktung digitaler Bücher. Das Ruth Casa Editorial widmet sich der Produktion digitaler Bücher und Musikdateien mit kubanischen Inhalten, um sie im Internet zu vermarkten.

Eine andere Institution, die einen Beitrag dazu leistet, ist die *Biblioteca Nacional de Cuba José Martí*. Der Prozess der Digitalisierung der Bücherbestände der Bibliothek dient zur Bereitstellung einer digitalen Version jeder Publikation. Die Bibliothek verfügt über einen Verlag, der mit der Bewahrung und Kommerzialisierung der produzierten Wissensbestände beauftragt ist. Dies zielt auf eine neue Politik zum Schutz der Urheberrechte und des geistigen Eigentums der digitalisierten Werke. Innerhalb der Bibliothek werden die Verteilung und der Konsum der Medieninhalte mit der Produktion von Multimedia potenziert. Dieses Programm ordnet sich dem *Proyecto de Preservación de la Memoria Histórica Cubana* unter, das an der Bibliothek durchgeführt wird. Die Bereitstellung digitaler Medieninhalte für die kubanischen Nutzer bezweckt die Sozialisierung des produzierten Wissens auf unterschiedlichen sozialen Ebenen. Vollständige Sammlungen von Büchern, Zeitschriften oder dokumentarischen Wertpapieren werden digitalisiert und den Usern, nicht nur in den Bibliotheken, sondern auch in den Buchläden, zur Verfügung gestellt.

Der Prozess der Digitalisierung innerhalb des kubanischen Buchgewerbes erweitert sich mit der Produktion digitaler Versionen von Enzyklopädien, Zeitungen, Zeitschriften usw. Dies er-

---

[9] Siehe die Webseite des Verlags unter dem folgenden Link http://ruthcasaeditorial.org/

öffnet Diskussionen in intellektuellen Kreisen bezogen auf die technische Transformation und die Möglichkeiten, die sie anbietet. Insbesondere beziehen sich die Diskussionen auf die jungen Generationen und die Form ihres Konsums digitaler Literatur. Bei der Analyse ist interessant zu beobachten, wie der Konsum von Musik in den 1990er Jahren mit der Nutzung digitaler Träger angestiegen ist. Die zunehmende Verwendung tragbarer digitaler Geräte wie Mp3- oder CD-Player änderte die Art und Weise, in der die damaligen jungen Generationen Musik konsumierten. Im Vergleich mit dem staatlichen Markt der kubanischen Musikindustrie stieg der Konsum digitalisierter Musikdateien in der Privatsphäre der Nutzer um etwa 70%. Der Gebrauch unterschiedlicher Formate erlaubte damals die Entstehung eines informellen Marktes für die Kommerzialisierung von Musik. Bezogen auf den Erwerb und die Vermarktung digitaler Bücher sind die E-Reader, Smartphones, iPads oder Laptops die Geräte, die zumeist bei den jungen Generationen für das Lesen verwendet werden. In Kuba werden die o. g. technischen Geräte zumeist im informellen Sektor besorgt. Mit der Konkurrenz internationaler Telekommunikationsunternehmen wie dem chinesischen Huawei wird der kubanische staatliche Markt allmählich mit diesen Geräten versorgt. Für die Versorgung digitaler Bücher werden institutionelle Mechanismen für deren Verteilung und Erwerb im Intranet oder in den Netzwerken mancher staatlicher Kultureinrichtungen erschaffen. Diese Inhalte stehen generell den kubanischen Nutzern kostenlos zur Verfügung und können frei heruntergeladen werden. Die sogenannten CD/DVD-Verkäufer spielen in diesem Zusammenhang eine Rolle, sie vermarkten jegliche Art digitalisierter Literatur mit einem niedrigen Preis. Hierbei sind auch die sogenannten Handykliniken der Ort, wo die kubanischen Nutzer die technischen Geräte erwerben können.

Die Förderung von gemeinsamen sozialen Räumen für die Lektüre ist eine politische Strategie, die die kubanischen Institutionen verfolgen. Diese Aufgabe wird durch das kubanische *Ministerio de Cultura* übernommen, um die Interessen der jungen

Generationen beeinflussen zu können.[10] Dies zielt auf eine ausreichende Verbreitung der Produktionen kubanischer Verlage, um
den Konsum digitaler Bücher zu ermöglichen. Dennoch sind die
durch die Institutionen geführten Strategien nicht effektiv. Die
knappe Zuweisung von finanziellen Ressourcen genügt nicht, um
den Bedarf an Konsum digitaler Medieninhalte zu decken. Obwohl Institutionen wie die Universitäten, die Jugend-Computer-
Clubs oder Webprojekte wie Cubarte auf ihren Webseiten einen
freien Zugang anbieten, ist es wichtig darauf zu achten, welche Informationen oder Inhalte für die Nutzer interessant sein können.
Eine politische Strategie, die den Konsum digitaler Medieninhalte
steuert oder den ästhetischen Geschmack der Nutzer zu bilden
versucht, indem soziale Räume für die Lektüre mit einem pädagogischen Ziel konstruiert werden, reicht bei Weitem nicht aus. Bei
der Auseinandersetzung plädieren einige kubanische Intellektuelle
für die Ausreizung der digitalen Formate, um die digitalen Bücher
zu vermarkten, hauptsächlich wenn sie attraktiv für die jungen
Generationen sind.

Im Vergleich zur digitalen Produktion überwiegt die Herstellung von Büchern in Papierform im kubanischen Buchgewerbe.
Der Aufschwung der digitalen Publikationen manifestiert sich in
der Anzahl der produzierten Buchtitel, aber nicht in der Anzahl
der vermarkteten Exemplare oder in den im Intranet und Internet
freigeschalteten Zugänge. Im Zeitraum von 2009 bis 2011 stieg
die Produktion digitaler Publikationen um etwa 20 % und erst ab
2012 gab es eine Zunahme um etwa 43,5 % der publizierten Bücher mit einer entsprechenden digitalen Version (vgl. Laguardia
Martínez 2014). Unter den Institutionen, die sich der Publikation
wissenschaftlicher Arbeiten im digitalen Format widmen, befinden sich u. a. das staatseigene Unternehmen CITMATEL und die
Universitätsverlage *Ediciones UO* aus der Universidad de Oriente,
Editorial Feijóo aus der *Universidad Central de Las Villas*, *Editorial*

---

[10]   Siehe: Albert Pino, Beatriz: Cuba Digital: Democratizar la lectura (+ Podcast).
☞ Link S. 404

Ciencias Médicas aus dem Portal Infomed, *Editorial CUJAE* aus der *Universidad Tecnológica de La Habana José Antonio Echeverría*, *Editorial Universitaria* aus dem kubanischen *Ministerio de Ecudación Superior*.

Der regelmäßige Konsum von Büchern beschränkt sich zumeist auf die Privatsphäre des Einzelnen. Die Geschäftätigkeit des kubanischen Buchgewerbes ist durch seine Verortung im öffentlichen Raum gekennzeichnet. Die Konsumenten assoziieren sie zumeist mit kulturellen Veranstaltungen, die das Lesen und die tatsächliche Beschäftigung mit Büchern in der Öffentlichkeit fördern. Die Vermarktung von gebrauchten Büchern in Pesos Cubanos erleichtert die Geschäftätigkeit des kubanischen Buchgewerbes, denn dadurch verfügen die kubanischen Leser über eine bezahlbare Option. Dementsprechend ist eins der größten Probleme des kubanischen Buchgewerbes, dass die technologische Basis und die Inputs für die Buchproduktion importiert werden müssen. Dazu gehören technische Elemente, die alle Facetten der Produktion modifizieren und die Distribution und Kommerzialisierung der hergestellten Publikationen erschweren. Das *Instituto Cubano del Libro* ist die staatliche Entität, die die Herausgabe, Vermarktung und Förderung von Büchern zentralisiert. Zu bemerken ist, dass die Wirtschaftskrise in den 1990er Jahren politische Maßnahmen herbeiführte, die die Redaktionspolitik im kubanischen Buchgewerbe veränderten. Damals begann ein Prozess der Selbstfinanzierung, indem die Märkte nach der Politik zur doppelten Geldzirkulation (Pesos Cubanos und CUC) differenziert wurden. Dies bewirkte eine Reduzierung der Auflagen der zu publizierenden Bücher und führte weiterhin zur Konzeption eines Subventionierungsprogramms durch den kubanischen Staat (vgl. Laguardia Martínez 2014).

Im Rahmen der *Feria Internacional del Libro* wurde seit dem Jahr 2000 der Leseraum *Lecturas en la Red* gefördert. Dies ist ein Projekt, das sich auf andere Institutionen (*Cubaliteraria*, *Instituto Cubano del Libro* etc.) und Ministerien erweiterte. Im Jahr 2018 wurde das Projekt *Lecturas en la Red* in das Programm *Cuba Digital* umstrukturiert, mit dem Ziel, Unternehmen, Verlage, Institutionen und Organismen in einem Verband zusammenzuschließen, die sich mit der Herstellung digitaler Produkte beschäftigen. Insbesondere bezweckt das kubanische *Ministerio de Cultura* damit, den E-Commerce mit digitalen Büchern zu beginnen. Die Projekte nehmen sich der Realisierung thematischer Workshops vor, um den kubanischen Nutzern zielgerichtet die Handhabung technischer Geräte sowie das Management von Informationen und Medieninhalten beizubringen. Zudem sollte die Bereitstellung digitaler Medieninhalte dazu dienen, die Nutzer zu belehren, wie sie die digitalen Formate für das Management von Information auf unterschiedlichen Trägern verwenden können. Hierbei ist zu bemerken, dass die kostenlose Verteilung von digitalen Büchern ein sehr verbreitetes Phänomen in Kuba ist. In öffentlichen Veranstaltungen wie die *Feria del Libro*, in akademischen Räumen wie etwa den Zeitschriften *Criterios* oder *Temas* wird die kostenlose Verteilung von tausenden akademischen und wissenschaftlichen Büchern gefördert. Die Nutzung unterschiedlicher Formate wie CD-ROMs, DVDs oder Multimedia unterstützt ebenfalls die Distribution von E-Books. Die Institutionen stellen den Nutzern jegliche Art von Literaturgattungen zum Konsum zur Verfügung.[11]

Im kubanischen Kultursektor ist der Digitalisierungsprozess kultureller Inhalte von politischen Entscheidungen zur Regulierung der Mediennutzung in der Öffentlichkeit begleitet. Dies bezeichnet einen Prozess, der durch die Konkurrenz aller Institutionen in diesem Sektor fortgesetzt wird, indem sich Mechanismen zur Umsetzung einer institutionalisierten Medienpraktik etablieren.

3.3 Die Einführung des digitalen Fernsehens

Im Jahr 2013 begann die Einführung des digitalen Fernsehens in Kuba (vgl. Acosta Cintado/Guillén Nieto 2015). Zahlreiche Stadt-

---

[11] Siehe: Sautié Rodríguez, Madeleine: Literatura en soporte digital en la Feria del Libro. ☞ Link S. 404

viertel in Havanna wurden selektiert, um technische Versuche für die Inbetriebnahme der Dienstleistung durchzuführen. Damals wurden ca. 50 % der Privathaushalte mit den notwendigen technischen Ausstattungen für die Versuche vorbereitet. Der Einsatz des digitalen Fernsehens in unterschiedlichen Gebieten ergab positive Ergebnisse, sowohl in der Nutzung des chinesischen digitalen Fernsehstandards DTMB (*Digital Terrestrial Multimedia Broadcast*) als auch im Erwerb geeigneter technischer Ausstattungen für die Weiterentwicklung der Technologie in Kuba. Abgabenfrei verlieh die damalige chinesische Regierung den kubanischen Behörden das geistige Eigentum für die Nutzung des Fernsehstandards. Die *Digital Decoder* und andere Technologien wurden durch die chinesische Regierung für die technischen Versuche gespendet. Mit einem niedrigen Preis wurden die technischen Ausstattungen in der kubanischen Bevölkerung in den Haushalten verteilt, die für die Versuche geeignet waren. Die *Digital Decoder* erlaubten den Empfang des zu übertragenden digitalen Signals in analogen Fernsehern. Die Stadt Havanna wurde als Testlabor wegen seines geographischen Standorts, seiner größeren Dichte an Nutzern, der Anwesenheit höherer Gebäude und der technischen Qualität seiner Netzwerkinfrastruktur, welche eine vollständige Netzabdeckung garantierte, ausgewählt.

Neue Transmitter und Antennen für eine verbesserte Übertragung des digitalen Signals wurden eingerichtet. Die erste Phase des Vorhabens war im Dezember 2013 beendet. Zielgerichtete Versuche wurden unter den Fernsehzuschauern durchgeführt, um den Empfang des digitalen Signals in Echtzeit in den Privathaushalten der Konsumenten zu testen. Darüber hinaus testete die dafür zuständige Behörde die Funktionalität der eingerichteten Nachrichtentechnik. Die Nutzung des chinesischen digitalen Fernsehstandards DTMB wurde von 8 Mhz zu 6 Mhz reduziert.

Die Dienstleistung ermöglicht den Konsum neuer Fernsehangebote. Für die 2013 eingeführten technischen Proben wurde der Fernsehkanal *Cubavisión Internacional* und ein neuer Fernsehsender mit Musik und Unterhaltung für Kinder bereitgestellt. Zudem lässt das digitale Fernsehen den Zugang zu weiteren zusätzlichen Leistungen mit einer verbesserten Qualität und höherer Wertschöpfung zu, wie etwa ein elektronisches Handbuch für das Management der angebotenen Fernsehinhalte, kulturelle Nachrichten, Wettervorhersage, Zeitungen und Journale im PDF-Format. Kubanische Institutionen wie das ICRT (*Instituto Cubano de Radio y Televisión*) widmen sich seitdem der Produktion digitaler Fernsehinhalte für deren Übertragung. Wirtschaftlich ist die Inbetriebnahme des digitalen Fernsehens von Vorteil, denn die Anzahl der Transmitter und Antennen wird dadurch reduziert. Dies bedeutet für die Wirtschaft eine Energieersparnis. Die Technologie erlaubt den Fernsehzuschauern den Empfang eines neuartigen Signals mit einer verbesserten Audio- und Videoqualität. Eine effiziente Nutzung des radioelektrischen Spektrums und die Reduktion der Transmitter und Antennen sind Faktoren, die die Preise des Erwerbs der technischen Ausstattungen im internationalen Markt herabsetzt. Voraussichtlich ist der Prozess der Digitalisierung des kubanischen Fernsehens in drei Phasen bis zum Jahr 2021 konzipiert.

Der Erfolg der technischen Versuche in Havanna ermöglichte die Erweiterung der Dienstleistung zu anderen kubanischen Provinzen. Die Installation von Transmittern und Antennen sowie die Verteilung der *Digital Decoder* in mehreren Vororten zeichneten die Erweiterung des digitalen Fernsehens entlang des Landes aus. Dieser Prozess ist im Rahmen des staatlichen Programms zur *Informatización de la Sociedad Cubana* konzipiert. Die Verteilung der Digital Decoder wurde in der Bevölkerung politisch zweckmäßig über die sogenannten CDR (*Comités de Defensa de la Revolución*) durchgeführt. Spezifische Privathaushalte für die technischen Proben wurden ausgewählt, worin sich Angestellte staatlicher Institutionen und Mitarbeiter staatseigener Unternehmen befanden. Eine der Voraussetzungen für den Empfang des Dienstes im Privathaushalt war die Verfügbarkeit über einen Fernseher mit einem AV-Eingang für das Anschließen der *Digital Decoder*. Die Kunden mussten einen Nutzungsvertrag mit den kubanischen Telekommunikationsunternehmen abschließen, um die eingesetzte Technologie zu erwerben. Zudem sollten sich die Kunden regelmäßigen Besuchen von Spezialisten des kubanischen *Ministerio de Comunicaciones* unterziehen. Diese führten ein internes Audit zur Kontrolle des Prozesses.

Der Preis für die Dienstleistung im Haushalt betrug 7,35 Pesos Cubanos (umgerechnet 0,70 Euro). Die Vermarktung der *Digital Decoder* fing im kubanischen Devisenmarkt am Ende der Probezeit an. Darüber hinaus begannen die Kommerzialisierung und der Vertrieb neuer Fernsehgeräte, die für den Empfang des digitalen Signals ohne die Nutzung eines externen *Digital Decoders* geeignet waren. Das Experimentieren mit der Einführung des digitalen Signals führte die Behörden der kubanischen Telekommunikationsunternehmen zur Aufstellung eines Planes und zur Suche einer Lösung für die daraus resultierenden technischen Probleme. Die Übertragung und der Empfang des digitalen Signals in Echtzeit waren technische Schwierigkeiten, die die Unternehmen im Haushalt der Kunden bewältigen mussten.

Die technische Zusammenarbeit zwischen chinesischen und kubanischen Unternehmen ergab die Herstellung eines hybriden Fernsehgerätes, das imstande war, analoge und digitale Signale zu empfangen.[12] Der Fernseher wird im kubanischen Devisenmarkt durch das staatseigene Unternehmen *Habaguanex S.A.* vermarktet. Im Jahr 2013 fand die Kommerzialisierung des hybriden Fernsehers eine breite Rezeption bei den kubanischen Konsumenten. Einer der Gründe für die breite Rezeption war, dass die neu hergestellten Geräte über einen USB-Anschluss verfügten, der das Abspielen von Dateien wie etwa Musik, Videos oder Fotos zuließ. Diese Dateien konnten in verschiedenartigen Formaten verwendet werden. Die Möglichkeit, Ton- und Videoaufnahmen auf einem tragbaren digitalen Träger (USB-Stick oder externe Festplatte) zu machen, hat zur Verbreitung des digitalen Fernsehens

---

[12] Siehe: Benítez, Daniel: Cuba y China inventan un televisor híbrido. ☞ Link S. 404

in Kuba beigetragen. Obwohl der Preis der hybriden Fernseher in Höhe von 300 CUC (umgerechnet etwa 300 Euro) bestimmt wurde, eine hohe Geldsumme im Vergleich zu einem kubanischen Durchschnittsgehalt, wurden im Jahr 2014 ungefähr 10.000 Geräte im Moment der Markeinführung des Produktes verkauft.

Die technischen Bauteile für die Herstellung der hybriden Fernseher wurden aus China importiert, während kubanische Unternehmen die Produktion anderer technischer Elemente (Decoder, Fernbedienung etc.) übernahmen. Das Ziel der Produktion war, den Bedarf an diesen Geräten im kubanischen Markt zu decken. Zu erwähnen ist, dass der Versuch eine Herausforderung für die staatliche Fernsehproduktion darstellte, da das digitale Fernsehen zugleich langfristige Investitionen erforderte. Der zunehmende und selbstständige Konsum von kulturellen und digitalen Inhalten im sozialen Kontext Kubas steht in Konkurrenz mit dem staatlichen Fernsehangebot. Die Nutzung technischer Geräte wie Fernsehkameras, die eigenständige Entwicklung von Aufnahmestudios sowie die Zunahme von selbstständigen Studios zur Bild- und Videobearbeitung prägen einen Teil der Produktion digitaler Medieninhalte in Kuba – einer Produktion, die nicht mehr abhängig von der Kontrolle einer Institution ist.

Im Jahr 2014 begann die Vermarktung der *Digital Decoder* in der kubanischen Bevölkerung. Das Projekt zur Einführung des digitalen Fernsehens wurde als ein soziales Programm konzipiert, welches einen größeren Einfluss auf die potenziellen Konsumenten haben könnte. Gemäß einer Berichterstattung der kubanischen Zeitung *Juventud Rebelde* stieg bei deren Ersteinführung in die Öffentlichkeit die Anzahl der vermarkteten Decoder auf 13.679.[13] Staatseigene Betriebe wie *TRD Caribe* und *CIMEX* sind zwei der Unternehmen, die die Vermarktung und den Import der technischen Geräte regulieren. Das chinesische Unternehmen *Nantong Xinliji International* übernahm seit 2014 den Transport und

---

[13]   Siehe: Jiménez, Mayte María: Digital vs. analógico: ¿se cierra la brecha? ☞ Link
S. 404

die Lieferung der *Digital Decoder* nach Kuba.[14] Der Vertrieb der *Digital Decoder* im kubanischen Markt hängt von den Leistungen ab, die jeder von ihnen vollbringt. Im Vergleich mit den Decodern mit erweiterten Leistungen werden die Decoder, die nur die Grundleistung für den Empfang des digitalen Signals besitzen, mit einem niedrigeren Preis vermarktet. Für die Fernsehzuschauer wird der Konsum eines breiten Spektrums von Fernsehangeboten bereitgestellt, darunter befinden sich acht Fernsehkanäle, sieben Radiosender und die sogenannte *guía de programación electrónica* (Electronic Program Guide)[15]. Andere Dienstleistungen enthalten verschiedenartige textbasierte Informationsdienste, um den Konsumenten beispielsweise die kubanische Enzyklopädie EcuRed und Tagesnachrichten zur Verfügung zu stellen.

Die Nutzung des digitalen Fernsehstandards DTMB entspricht dem politischen Anspruch, das Fernsehformat zu regulieren. Das kubanische *Ministerio de Comunicaciones* ist die staatliche Entität, die die spezifische kommerzielle Ausgestaltung und lizenzgebundene Festlegung von Fernsehproduktionen kontrolliert. Infolgedessen müssen die in Kuba eingeführten Technologien diese festgelegten Voraussetzungen erfüllen. Die nach Kuba importierten *Digital Decoder* für den Empfang des vom Staat angebotenen digitalen Signals sollen diese Voraussetzungen erfüllen, andernfalls werden sie nicht funktionieren. Dies ist ein wichtiger Aspekt, der den Konsum solcher Geräte bestimmt, und auch wenn die kubanischen Bürger sich privat dem Import neuer Technologien widmen, haben sie darauf zu achten. Die Herstellung und der darauffolgende Vertrieb eines in Kuba zusammengebauten Fernsehers mit chinesischer Technologie entsprechen dem politischen Anliegen Kubas, seinen Markt zu regulieren. Die Telekommunikationsunternehmen legen den Preis für den Erwerb der neuen Technologien fest.

Für die staatliche Fernsehproduktion impliziert dies die Tätigung kurz- und langfristiger Investitionen, um Ersatzteile, Video-

---

14   Siehe: Ulloa, Alejandro: Cuba hacia la Televisión Digital. ☞ Link S. 404
15   Siehe: Perspectivas del proceso de digitalización en Cuba. ☞ Link S. 404

179

und Fernsehkameras etc. zu erwerben. Insofern versichert der Übergang zum digitalen Fernsehen die Herabsetzung der Kosten der Fernsehproduktion und -übertragung. Die 2013 geführten technischen Versuche bestätigten eine potenzielle Kundschaft von 5,5 Millionen Fernsehzuschauern, nachdem neue Transmitter und Antennen installiert wurden. Die Verleihung des geistigen Eigentums für die Nutzung des Fernsehstandards DTMB und die Spende mancher *Digital Decoder* durch die chinesische Regierung setzten die Kosten der Einführung und Erweiterung des digitalen Fernsehens herab. Die Installation der Transmitter und Antennen erlaubte eine vollständige Netzabdeckung in den kubanischen Provinzen. Damit wurden die unterschiedlichen Netzwerke für die digitale Datenübertragung verbessert, um den kubanischen Konsumenten die neuen Informationsdienste anbieten zu können.

Im Jahr 2015 begann der Erwerb neuer technischer Ausstattungen, um einige Sektoren des kubanischen Bildungswesens umzustrukturieren. Ausrüstungen für die Fernsehproduktion (ICRT) und virtuelle Labore, beispielsweise für technische Universitäten (CUJAE und UCI), wurden erworben.[16] Gemäß einer Berichterstattung der kubanischen Zeitung *Granma* richtete im Jahr 2015 das ICRT ein neues Fernsehstudio ein, welches zur Restrukturierung der territorialen Fernsehsender und des kubanischen Informationssystems dienen sollte. Anschließend erwarb das Institut einen Übertragungswagen mit High-Definition-Technologie, um den kubanischen Fernsehzuschauern eine verbesserte Dienstleistungsqualität anzubieten. Im Jahr 2018 erreichte das digitale Fernsehen bereits 7 Millionen Zuschauer und über eine Million *Digital Decoder* wurden vermarktet.[17]

---

[16] Siehe: La informatización de la sociedad, una prioridad para Cuba. ☞ Link S. 404

[17] Siehe: Figueredo Reinaldo, Oscar/Sifonte Díaz, Yunier Javier/Francisco, Ismael: ¿Cómo marcha el proceso de informatización de la sociedad cubana? ☞ Link S. 404

3.4 Organisation und Gestaltung der institutionellen Wissensinfrastruktur

Der Prozess der Digitalisierung von Informationen und Inhalten hängt von den wirtschaftlichen, politischen und sozialen Reformen ab, die zu einer neuen kulturellen Dimension des Übergangs zur technischen Transformation führen. Ausschlaggebend dafür ist die Relation zwischen kulturellen Elementen dieser Transformation und einer zielgerichteten politischen Programmatik in der Schaffung von Rahmenbedingungen, um die durchgeführten Medienpraktiken durch die Organisation situations- und kommunikationsbedingter Prozesse umzusetzen. Die Materialität der technischen Elemente lässt die Identifizierung von Möglichkeiten zur Verortung dieser Prozesse im institutionellen Raum und in der Privatsphäre des Einzelnen zu. Hierbei eröffnet die Digitalisierung von Informationen einen sozialen Raum zur Codierung einer lesegestützten Erlebniskultur, welche bisweilen abhängig von der Funktionalität eines technischen Systems ist. Abgelegte Dokumente auf einem digitalen Träger, die in einem digitalen Netzwerk bereitgestellten Informationsdienste und die Verschlüsselung eines zu übertragenden digitalen Signals sind die Elemente, die diesen Prozess prägen. Im Grunde genommen erfordert dies individuelle Entscheidungen gegenüber der zu behandelnden Information. Der Einsatz technischer Dienstleistungen verändert das Konsumverhalten der Nutzer, indem sie der Information eine Struktur (z. B. die Organisation der Wissensbestände in Katalogen) verleihen.

Bei einer genaueren Betrachtung gibt es verschiedene Auswahlkriterien, um den Digitalisierungsprozess im institutionellen Raum Kubas bestimmen (vgl. Espíndola Rosales/Urra González 2014). Zum einen regelt der Informationswert, ob eine Institution über eine Politik verfügt, die die Selektion der zu digitalisierenden Dokumente bestimmt. Hiermit sollen die Institutionen darüber entscheiden, welche Zugangs- und Nutzungsmöglichkeiten es zu den Dokumenten gibt und wie sie an ihre strategischen Ziele angepasst werden. Zum zweiten sind die Merkmale und die Qualität der für das Digitalisieren von Dokumenten verwendeten Techniken das Element, wodurch die technischen Eigenschaften der eingesetzten Technologie und die Brauchbarkeit eines Fertigprodukts bewertet werden. Zum dritten sind die originalen Container von Information das Kriterium, aus dem überprüft wird, ob eine Institution über die technischen Eigenschaften verfügt, um die selektierten Dokumente zu digitalisieren. Dies erlaubt zu erkennen, welche Dokumentation in einer bestimmten Institution regelmäßig digitalisiert wird. Dementsprechend erfordert der Prozess der Digitalisierung, sich in einem Kontext von Qualität und Effizienz zu strukturieren, um das Management und die Abfrage von Information für die Nutzer zu garantieren. In der Tat ist dies ein Prozess, der scheitert, weil sich die Ausstattungen der Institutionen im schlechten Zustand befinden und die für die Nutzer bereitgestellten Informationsdienste zumeist nicht funktionieren. Die Konstruktion von neuen Wissensbeständen, gespeichert in digitalen Archiven, verlangt die Nutzung geeigneter technischer Ausstattungen, mit denen die Nutzer einen Zugang zu den bereitgestellten Informationen und Inhalten haben.

Bei diesen Kriterien sind besondere Probleme innerhalb der Institutionen zu identifizieren. Mit einigen Ausnahmen gibt es in der Mehrheit der kubanischen Institutionen noch keine effiziente Politik, um den Digitalisierungsprozess langfristig durchzuführen. Die knappe Zuweisung von finanziellen und materiellen Ressourcen sowie die Präsenz veralteter Technologie hemmt die effektive Ausführung einer Qualitätskontrolle, die den Prozess bewertet. Zumeist werden die Bedürfnisse der Nutzer nicht zufriedengestellt, denn sie wissen nicht, wie sie auf die im Netz bereitgestellten Informationen und Inhalte zugreifen können. Ein anderer Aspekt ist das Fehlen zielgerichteter Aktionen, um die digitalen Prozesse zu optimieren, und die Unkenntnis einiger leitender Angestellter über die Funktionsweise der ausgewählten technischen Verfahren sowie über das Lösen von technischen Problemen. Es handelt sich dabei um Angestellte, die die notwendigen Etappen für die Durchführung der verschiedenen digitalen Projekte nicht erkennen oder nicht wissen, welche finanziellen oder materiellen Mittel dafür erforderlich sind.

Generell entwickeln die Institutionen keine interne Politik, welche die Selektion der zu behandelnden Information normiert oder kontrolliert.[18] Informationen, kulturelle Inhalte und Bücherbestände werden digitalisiert, mit dem Ziel, den Nutzern eine neue Dienstleistung anzubieten, aber nicht als Teil eines gesamten Programms oder Projekts zur Digitalisierung. Es besteht eine beschädigte und unzureichende Infrastruktur, die die Bereitstellung der Dienstleistungen auf der Website einer Institution erschwert. Nur wenige Institutionen wie die *Biblioteca Nacional de Cuba*, Infomed, Cubarte oder ETECSA verfügen über eine funktionale technische Infrastruktur, die das Anbieten von digitalen Informationsdiensten zulässt. Die von manchen Institutionen durchgeführten Politiken, Strategien oder Programme zur Digitalisierung beschränken sich größtenteils auf das Decken eines dringenden Bedarfs, etwa die bloße Präsentation von Informationen auf ihren Webseiten, worauf die Mehrheit der Nutzer nicht zugreifen kann oder sich dafür nicht interessiert. Zum einen werden diese Politiken, Strategien oder Programme entwickelt, um die Forderungen der Nutzer an digitale Informationsdienste schnell erfüllen zu können. Zum anderen beabsichtigen sie, eine schnelle Lösung zu finden, um den Bedarf an Speicherung von Informationen auf digitalen Trägern zu decken (vgl. Espíndola Rosales/Urra González 2014).

Der Ausbau bzw. der Betrieb einer notwendigen technischen Infrastruktur lässt es zu, die Information als orientiertes Wirtschaftsziel zu betrachten. In deren Nutzung passt sie sich an einen Bedarf an. Die Institutionen stellen kulturelle Inhalte auf ihren Netzwerken für den Konsum der Nutzer bereit und diese selektie-

---

[18] Ein Beispiel über die Standardisierung von Katalogen in der Umsetzung bibliografischer Methoden für die Organisation der Information an der Biblioteca Nacional de Cuba José Martí ist im folgenden Artikel zu finden: Pérez Sousa, Hilda: El catálogo de Publicaciones Seriadas de la Biblioteca Nacional de Cuba José Martí de los siglos XVIII al XXI. ☞ Link S. 404

ren dann aus einer großen Menge an Informationen, was ihren Interessen entspricht. Die geschaffenen medialen Strukturen für die Gewinnung, Verbreitung und den Austausch von Informationen unterziehen sich dem Zwang einer beschleunigten technischen Transformation. Eine der Voraussetzungen für den Ausbau des digitalen Fernsehens in Kuba ist beispielsweise die Anpassung an einen dringenden Bedarf der technischen Modernisierung, nicht das Erlangen eines breiten Publikums. Die Materialität der technischen Infrastruktur mit deren entsprechenden Eigenschaften eröffnet einen sozialen Raum für den Konsum von Information, während rechtliche Rahmenbedingungen, wie an der *Biblioteca Nacional de Cuba José Martí* oder an der *Universidad de La Habana*, dafür geschaffen werden. Zu beachten ist, wie diese medialen Strukturen zur Klassifikation der aus dem Prozess der Digitalisierung entstandenen Wissensbestände in Netzwerken und Datenbanken eingeordnet werden, um ihre Distribution zu ermöglichen.

Die im Kapitel erörterten Projekte beschreiben politische Strategien für die Organisation der Wissensinfrastruktur im Rahmen der Kommunikation im institutionellen Kontext. Daraus entspringt eine neue Form von Relation zwischen Kultur und Politik in der Umsetzung von institutionalisierten Medienpraktiken für die Produktion und Distribution sowie für den Gebrauch und das Management von Informationen. Das politische Programm zur Erweiterung der Medienkompetenz der Nutzer wird als Instrument genutzt, um das Nutzerverhalten in der Abfrage und Suche von digitalen Medieninhalten zu regulieren und zu kontrollieren. Die Institutionen mit ihrer politischen Programmatik streben danach, sich in eine neu strukturierte Marktdynamik zu integrieren.

Kapitel 4

Kulturkonsum im informellen Sektor Kubas. Zur Produktion und Rezeption einer Form von Kulturpolitik

Der Kulturkonsum im sozialen Kontext Kubas ist zu anderen nicht-institutionellen Bereichen übergegangen. Insbesondere die Nutzung der Medientechnik und der Erwerb technischer Geräte prägen den öffentlichen Raum durch das Agieren der Nutzer. Der Einsatz der Informations- und Kommunikationstechnologien führt neue technische Möglichkeiten für die Produktion, Distribution und für den Konsum von kulturellen Produkten und Dienstleistungen ein. Der Kulturkonsum wird einer komplexen Struktur zugeordnet, von unterschiedlichen Faktoren bedingt wird: auf der einen Seite dem beruflichen Werdegang, Geschlecht, Alter, den Interessen, Gewohnheiten, Erwartungen, Formen der Partizipation sowie den Bedürfnissen der Bürger, und auf der anderen Seite von der Zuweisung von Bedeutungen an soziale und politische Identitätsbildungsprozesse (vgl. Dolata/Schrape 2018). Die Elemente, die den Konsum von kulturellen Inhalten im öffentlichen Raum Kubas prägen, entspringen aus einem sozialen Bedarf, der mit der persönlichen Entfaltung, der Familie und der Arbeit verbunden ist. Die Suche nach Möglichkeiten, diesen sozialen Bedarf zu decken, ist als die Entwicklung von persönlichen Strategien zu betrachten. Sie dienen hauptsächlich zur Sicherung des Lebensunterhalts der am Kulturkonsum teilnehmenden sozialen Akteure und nicht dazu, die Bereiche ihres unmittelbaren existenziellen Alltags überschreiten zu wollen (vgl. Moras Puig/ Rivero Baxter 2016).

Spezifische Formen und Muster des Kulturkonsums sind in der kubanischen Öffentlichkeit entstanden. Dies sind Konsumgewohnheiten, die verschiedenartige Aspekte der Kommunikation und Interaktion zwischen den sozialen Akteuren in Bezug auf die Durchführung von Medienpraktiken und das Teilen von gemeinsamen Interessen beschreiben. Es sind Aspekte, die sich auf die Verknüpfung von kulturellen Elementen der Massenkultur wie Fernsehen, Rundfunk, Presse etc. beziehen und bei dem der Haushalt zu einem der sozialen Räume für den Konsum von digitalen Medieninhalten geworden ist. Die entstandenen Medienpraktiken finden außerhalb institutioneller Räume statt, sind informell und fokussieren sich zumeist auf den Verbrauch von audiovisuellen Produkten und Musik. Die Medienpraktiken der kubanischen Nutzer beschränken sich auf die Verwendung von technischen Geräten im öffentlichen Raum in den verschiedenen kubanischen Städten. Der Haushalt spielt beispielsweise eine wichtige Rolle für den Konsum des sogenannten wöchentlichen Pakets (paquete semanal). Somit bilden sich unterschiedliche Formen des Kulturkonsums mit nationaler Reichweite. Die kubanischen Kulturwissenschaftler Pedro Emilio Moras Puig und Yisel Rivero Baxter erläutern dazu:

[…] Es necesario destacar que en un contexto desfavorecido tecnológicamente, nuestra población juvenil ha adquirido las habilidades necesarias para interactuar con entornos digitales. Ha logrado apropiarse de las competencias para hacer un consumo crítico y creativo de bienes y servicios culturales propios de los mercados informales; pero también para configurar sus propios consumos, que denotan prácticas participativas de mayor implicación.[1]

---

[1] Übersetzung des Zitats durch den Autor: „[…] Es ist hervorzuheben, dass unsere [kubanische] Jugend die notwendigen Fähigkeiten in einem technologisch benachteiligten Umfeld erworben hat, um mit digitalen Milieus zu interagieren. Ihr ist es gelungen, sich die [Medien-]Kompetenzen anzueignen, um kul-

Hierbei soll der Kulturkonsum als Erscheinungsform der kulturellen und politischen Partizipation begriffen werden. Im Folgenden geht es um die These, dass die kubanischen Nutzer über die Nutzung der Medientechnik im öffentlichen Raum ein gewisse Form von Kulturpolitik selbst aktiv mitgestalten, indem sie kritisch und kreativ kulturelle Güter und Dienstleistungen im informellen Sektor konsumieren. Es handelt sich hierbei insbesondere um die sozialen Räume, die von der über die Nutzer bzw. Konsumenten entwickelten Dynamik ausgestaltet werden. Auf einer individuellen Ebene konstituiert der Kulturkonsum die Struktur von kulturpolitischen Prozessen, über die die Nutzer ihre soziale Interaktion etablieren. Der öffentliche Raum ist die Arena, in der die politischen Identitätsbildungsprozesse geschehen. In Kuba positioniert sich diese Arena in unterschiedlichen Reichweiten gemäß ihrer sozialen Organisation und den Mediensphären, in denen diese Prozesse stattfinden. Es wird die These aufgestellt, dass die Entwicklung von persönlichen Strategien ein entscheidender Aspekt für das Teilen von gemeinsamen Interessen und die Verteilung von Gewinnen ist. Sie sollen zur Transformation und Modernisierung einer Gesellschaft dienen. Der Kulturkonsum als eine Form der kulturellen und politischen Partizipation ermöglicht die Eröffnung eines sozialen Raums für die Umverteilung von Möglichkeiten zur Teilhabe in Entscheidungsprozessen. Dies bedeutet, dass die Partizipation in spezifischen Bereichen der Kultur die Möglichkeit voraussetzt, Zugang zu deren symbolischen Gütern und Ressourcen zu haben sowie sich diese Inhalte anzueignen, mit ihnen zu interagieren und eine Kontrolle über diesen Prozess auszuüben. Für die Konsumenten impliziert dies, in den Konsum, die Erschaffung und das Management von Kultur miteinbezogen zu sein. Dem kubanischen Kulturwissen-

---

turelle Güter und Dienstleistungen der informellen Märkte kritisch und kreativ zu konsumieren. Die Nutzer bzw. Konsumenten gestalten ihren eigenen Konsum, indem sie partizipatorische Praktiken stärker einbeziehen." Spanisches Original in: Moras Puig/Rivero Baxter 2016: 13–20.

schaftler Pedro Emilio Moras Puig zufolge handelt es sich um eine Vorstellung der persönlichen Entwicklungsprojekte, um einen Anreiz für Widerstand, Aneignung und Innovation zugunsten der Bereicherung der Innenwelt des Einzelnen zu geben (vgl. Moras Puig/Rivero Baxter 2016).

Bei der Definition von kultureller – Partizipation handelt es sich um einen eigenständigen Bildungsprozess, der die Anerkennung einer Vielfalt von kulturellen Identitäten aus den gemeinsamen Merkmalen, Praktiken und Wertvorstellungen von sozialen Gruppen in unterschiedlichen Kontexten voraussetzt.[2] Die an diesem Prozess Beteiligten positionieren sich gegenüber der Erstellung und Gestaltung sowie dem Management und Konsum von kulturellen Gütern, die die Gesellschaft in ihrer Gesamtheit produziert. In ihrer Umsetzung lässt sich die kulturelle Partizipation im öffentlichen Raum und in der Privatsphäre des Einzelnen konkretisieren. Die Entwicklung von gemeinsamen Projekten, sowohl institutionell als auch privat, prägt die soziale Interaktion in der Öffentlichkeit. Die entstandenen privaten bzw. selbstständigen Initiativen ergänzen oder widersprechen dem staatlichen Angebot, sie beschaffen eine andere Dynamik für das Marketing und den Vertrieb von Gütern, Produkten und Dienstleistungen. Neue Konsumgewohnheiten und -verhalten werden sich dadurch unter den Konsumenten etablieren, denn die Form der kulturellen Partizipation ist ebenso mit einer Vielfalt kultureller Räume verbunden, welche je nach ihren differenzierten Merkmalen miteinander geteilt werden.

Die medientheoretische Analyse der vorliegenden Arbeit stützt sich auf den aktiven Anteil des Konsums, denn ihm liegen konkrete Medienpraktiken zugrunde. Diese variieren je nach Handlungsweise der sozialen Akteure. Statt einer bloßen Repräsentation symbolischer Bedeutungen ist der Konsum einer der entscheidenden Aspekte, der identitätsstiftende Elemente im

---

[2] Siehe: Moras Puig, Pedro Emilio: Consumos culturales, medios de comunicación y nuevas tecnologías en Cuba. ☞ Link S. 404

sozialen Kontext Kubas erzeugt. Die im öffentlichen Raum Kubas etablierten Medienpraktiken erhalten sich im Laufe der Zeit aufrecht und erlauben den Nutzern, eine Kontrolle über die Auswahl, den Moment und den Modus des Konsums der selektierten digitalen Medieninhalte auszuüben. Gegen die institutionellen Medienpraktiken ist zu behaupten, dass diese Möglichkeit eine relative Autonomie und Freiheit für die Nutzer gewährleistet, um Informationen und digitale Medieninhalte zu selektieren und einen Raum für ihren Verbrauch abzugrenzen.

4.1 Sozialer Mediengebrauch in der kubanischen Lebenswelt: Beschaffung, Speicherung und Organisation von Informationen und kulturellen Inhalten

Der staatliche Einsatz und die Einführung der Medientechnik seit den 1990er Jahren haben zwar neue Formen von Gebrauch, Bedienung, Speicherung und Beschaffung von Informationen und Inhalten im öffentlichen Raum hervorgerufen. Jedoch sind andersartige kreative Formen der Mediennutzung, ausgehend von bestimmten sozialen Akteuren, zum Dialog, zur Teilhabe und zu neuen Kultur- und Medienpraktiken entstanden, welche sich außerhalb des vorherrschenden institutionalisierten Rahmens und der steuernden Regierungsleitung strukturieren.

In der Öffentlichkeit ist der Mediengebrauch zunehmend innerhalb der unterschiedlichen Gesellschaftsschichten spürbar. Die durch die Nutzer geführten Medienpraktiken bilden gemeinsame soziale Räume mit identitätsstiftenden Elementen, die die entstandenen Communities oder Arenen prägen. Die Gestaltung dieser gemeinsamen Räume entspringt meistens aus der Initiative von jungen, urbanen und gebildeten sozialen Akteuren, welche mit der Kontrolle über ihre Aktionen eine neue Form der Dialogbereitschaft über die politischen, sozialen und wirtschaftlichen Angelegenheiten Kubas darstellen. An die Einführung, den Transfer und die Adaptation von Technologie werden politische Maßgaben angelegt. Als politische Strategie besteht beim Staat weiterhin das Bestreben, die Mediennutzung in der Öffentlichkeit zu bestimmen, zu regulieren und zu kontrollieren.

In der Tat sind im Gegensatz dazu unter den erschwerten technischen Bedingungen Kubas neue Formen der Mediennutzung entstanden. Diese modifizieren durch individuelle Initiativen, hauptsächlich die durch digitale Medien erlebte ästhetische Erfahrung und das Nutzerverhalten. Daraus ist parallel zum traditionellen homogenen Kommunikationsraum der offiziellen Massenmedien –Presse, Rundfunk, Fernsehen, Filmproduktion usw.– ein heterogener Kommunikationsraum hervorgegangen, der kreativ, individuell und zumeist chaotisch genutzt wird. In der Öffentlichkeit wird er durch die verschiedenen entstandenen Communities charakterisiert. Dem Staatsmonopol bereiten diese Communities bezogen auf die Kontrolle über die zu behandelnde Information immer wieder technische Probleme, insbesondere da, wo die Weblogs, der Schwarzmarkt rund um das Internet, der nicht-offizielle Internetzugang und in der Folge der Zugang zu anderen informativen Räumen wie Datenbanken oder digitale Zeitungen u. Ä. unregierbar werden. Diese regen Entwicklungen an und ringen der Regierung immer wieder neue Zugeständnisse ab. Digitale Speichermedien wie etwa USB-Stick, gebrannte CDs und DVDs, externe Festplatten, Computer und Smartphones werden aufgrund ihrer leichten Handhabbarkeit, ihrer hohen Verfügbarkeit und der Tatsache der vergleichsweise schlecht ausgebauten Kommunikationsinfrastruktur sehr häufig in Kuba im privaten und beruflichen Alltag verwendet. Diesbezüglich besitzen die Mediennutzung und das Nutzerverhalten bei den digitalen Medien im öffentlichen Raum einen Vorbildcharakter und sind ein hohes symbolisches Kapital. Wie und wodurch genau werden die kubanischen User zu Agenten eines kulturellen Wandels?

Trotz aller Entwicklungen scheinen die traditionellen Massenmedien wie Hörfunk, Printmedien und Fernsehen in ihrer Wirkung heutzutage den digitalen Medien noch überlegen. Jedoch führt die hohe Ausnutzung aller Möglichkeiten der Medien- und Informationstechnik zu Rückkoppelungseffekten. Im Rahmen der Modernisierung der kubanischen Wirtschaft fällt auch den devisenbringenden Bereichen Tourismus und Joint Venture eine treibende Schlüsselrolle für den weiteren Ausbau der Informations- und Kommunikationstechnologien zu. Es findet folglich eine Medientransformation durch institutionelle Veränderungen (Top-down) und gleichzeitig eine über die rege Partizipation von individuellen Nutzern und Communities (Bottom-up) statt. Mit Einbeziehung der politisch-ökonomischen Rahmenbedingungen der digitalen Medien ist als wesentliches Merkmal zum jetzigen Zeitpunkt die Entwicklung von parallelen Nutzungsformen zu erkennen. Zudem koexistieren bzw. entstehen bereits neue parallele Teilöffentlichkeiten, in denen der Mediengebrauch sich mit den Fragen zur Medienkompetenz und Hierarchisierung der zu behandelnden Information verbindet. Eine Hierarchisierung wird aufgrund der Verfügbarkeit und des Einsatzes der digitalen Medien im privaten und beruflichen Alltag des Einzelnen, der Selektion durch Kostendruck oder ökonomische Lage, Stadt-Land-Gefälle und Bildungsgefälle (bezogen auf die Medienkompetenz) verursacht (vgl. Triana Cordoví 2012, 2016). Ebenso besteht ein Gefälle, das aus der Zensur und der Determinierung durch traditionelle gesellschaftliche Verhaltensmuster entsteht (vgl. Vidal Valdez 2017, López García 2017, Rivero Baxter/Barthelemy Panizo 2017).

Der Einsatz von Medientechnik im öffentlichen Raum führt ein Narrativ ein, aus dem die Sprache, die Wahrnehmung und eine gewisse Form der Welterschließung Bestandteile einer kulturbedingten Kommunikation werden. Die Nutzung von technischen Geräten und digitalen Medien sind in Kuba eine Alternative zu einem bürokratischen Diskurs mit einer ideologisierten Positionierung. Die Mediennutzung bildet nationale und transnationale Räume, welche sich frei von politischen Zwängen gestalten wollen. Die Nutzer identifizieren sich mit einem neuen Kontext, in dem Medientechnik einen Raum für eine andere Form der sozialen Interaktion gewährt. Die Nutzung von digitalen Medien ist ebenfalls eine Voraussetzung für die Auslösung kultureller Phänomene.

Hierbei tritt die Interaktion Mensch-Technik mit dem Fortschreiten der technischen Transformation und der Digitalisierung in eine neue (evolutionäre) Dimension ein. Die Digitalisierung verwischt die Grenze von Massen- und Individualmedien und erlaubt eine Vielfalt von Partizipationsmöglichkeiten. Digitale Medien treffen mit ihren genuinen Eigenschaften in der kubanischen Gesellschaft auf historisch komplex gestaltete soziale Räume, welche sich aus den identitätsstiftenden Aspekten der *transculturación*[3] heraus als ein Ensemble gegensätzlicher differenter Systeme definieren lassen. Dies sind Systeme, die gleichzeitig ineinander verschränkt sind und eine heterogene Gesamtheit darstellen, indem sie damit von unten (aus der Erfahrung des Einzelnen in der Privatsphäre) einen Einfluss auf die staatliche Medien- und Kulturpolitik und deren homogenen Kommunikationsraum ausüben. Der durch die digitalen Medien gestaltete Kommunikationsraum wird zunehmend unkontrollierbar und unregierbar. Hier liegt die Furcht vor einem öffentlichen Dialog, die sich in der staatlichen Restriktion (Kontrolle, Zensur, Überwachung) bezüglich eines freien Internetzugangs ausdrückt.

Für die kubanischen Nutzer fungieren Computer als größere Datenspeicher für Filme, Musik, Telenovelas, Fotos, Computer- und Videospiele, digitale Bücher und Texte u. a. Weltweit ist dies kein neues Phänomen. Kuba erteilt, und dies ist besonders, den Handel mit audiovisuellen Inhalten in Form von CDs, DVDs und Mp3 von staatlicher Seite eine Erlaubnis und legalisiert somit faktisch Geschäfte mit Raubkopien, welche auch teilweise im staatlichen Fernsehen ausgestrahlt werden. Raubkopien sind für die kubanischen Nutzer bezahlbar, attraktiv und nicht politisch kontrolliert. Sie bieten neben dem staatlich produzierten Fernsehprogramm ein persönliches Unterhaltungsprogramm, die vor allem

---

[3] Vgl. Ortíz Fernández 1983.

die Freizeitgestaltung und -verhalten der jungen Generationen beeinflusst und ihnen auch ausländische Produktionen ungefiltert zugänglich macht. Das staatlich programmierte und kontrollierte Fernsehen in Kuba, mit seinen genuinen audiovisuellen Eigenschaften und den spezifischen, aber überschaubaren Formaten ist mit seiner Weltvermittlung integraler Bestandteil der *wirklichen Welt*, anderer Massenmedien und des erschaffenen öffentlichen Raums. Es ist damit ein unverwechselbares Medium, welches die angestrebte Homogenisierung repräsentiert, widerspiegelt, produziert und reproduziert.

Subventioniert durch den Staat berücksichtigt das kubanische staatliche Fernsehen selten den kubanischen Konsumenten und vertritt vorwiegend die staatlichen Interessen sowohl kulturell und pädagogisch als auch politisch und ideologisch. 70 bis 90 % der Inhalte der kubanischen staatlichen Programmgestaltung werden paradoxerweise mit US-amerikanischen Formaten (Filmen, Serien, Trickfilmen, Musik- und Talkshows) erstellt.[4] Aufgrund der Abwesenheit diplomatischer Beziehungen zwischen den USA und Kuba wurden keine Handelsabkommen in den vergangenen Jahrzehnten getroffen, welche die Rezeption, Speicherung, Verteilung und Vorführung audiovisueller Inhalte regulieren. Für die Nutzung audiovisueller Inhalte zahlen kubanische Fernsehproduzenten keine Urheberrechte an ausländische Unternehmen, deswegen ist die Medienpiraterie ein verbreitetes Phänomen in Kuba. Politisch widmet sich das kubanische staatliche Fernsehen dem Versuch, einen *hombre nuevo* (neuen Menschen) zu bilden. Dieser politische Anspruch wurde seit den 1970er Jahren konzipiert, indem eine asketische und im Übermaß didaktische Programmgestaltung erstellt wurde, um die kubanischen Fernsehzuschauer nachdrücklich mit Verhaltens- und Lebensnormen zu belehren. Nach Gustavo Arcos Fernández-Britto, einem kubanischen Kultur- und Filmkritiker, wurde der Inbegriff des *hombre nuevo* (in

---

[4]   Vgl. Arcos Fernández-Britto, Gustavo (2011): Imágenes en transición. Televisión y consumo en Cuba. In: Revista La Gaceta de Cuba, pp. 12–14.

Anlehnung an Ernesto Ché Guevara) als eine Art tadelloses Individuum verstanden, das sich für kollektive Gerechtigkeit engagiert und mit enthaltsamer Lebensweise und erhobenen moralischen und ethischen Werten mit der Gesellschaft interagiert.[5] Fernández-Britto zufolge war das Fernsehen wie der alte Schamane eines Volksstammes, von dem die Gesamtheit der wichtigen Botschaften der Nation ausgegangen ist und aus dem sich das Vorbild eines *Nueva Cuba* (Neues Kuba) herausbildete. Das Fernsehen war der Raum, in dem die offizielle Rede ausgestrahlt wurde; eine Rede, die die Bevölkerung darin zu belehren versuchte, wie sie mit den Lebensumständen umgehen sollte und welche Sorgen und Träume sie haben sollte. Dies wurde im Fernsehen in Schwarz-Weiß ausgestrahlt.

Vor diesem Hintergrund und im Gegensatz zu diesem politisierten Verständnis sind aktuell besondere Medien- und Kulturpraktiken vorwiegend durch die jungen Generationen entstanden, welche eine neue Bereitschaft im alltäglichen geschäftlichen Gebrauch von Medientechnik andeuten. Diesbezüglich ist zu behaupten, dass der sogenannte *hombre nuevo* weiter als *Typographic man* herausgebildet wird. In der Öffentlichkeit Kubas sind die kulturellen Phänomene unterschiedlich, die die Behauptung illustrieren und die Züge eines informellen Sektors bilden.

Die Entstehung einer Underground-Musikindustrie steht im engen Zusammenhang mit der Weiterentwicklung und der sozialen Nutzung von Medientechnik. Dies ist eine Entwicklung in Folge der Legalisierung des Handels mit günstigen Raubkopien von Produkten der staatlichen Musikindustrie und ausländischer Musik- und Videoproduktionen. Seit den 1980er Jahren entwickelte sich eine alternative neue kubanische Musikszene, deren Kreativität sich aus dem kubanischen Alltag und, trotz der Abschottung nach außen, aus verschiedenen Musikstilen versorgte. Es ging dabei um ein nationales und transnationales Netzwerk der Underground-Musik-Szene und weniger um die Kooperation

---

[5] Vgl. Guevara de la Serna 1988.

von kapitalträchtigen Labels. Die sozialen Medien trugen zur Verbreitung dieser *Urban Music* bei. Die verschiedenen Komponenten dieser Form von sozialer Interaktion sind Mundpropaganda, ein breit gefächertes Musikspektrum in Verbindung mit kubanischen Wurzeln, kreative alltagsnahe und ausdrucksstarke selbstbewusste Texte, auch mit kritischen sozialen, politischen und subversiven Inhalten. Selbst gebrannte CDs und DVDs, die Verteilung über Speichermedien wie USB-Sticks und externen Festplatten, teilweise Videoproduktionen im Ausland und Webauftritte mit ausländischer, meist privater Unterstützung sind die Voraussetzungen für die Verbreitung der audiovisuellen Inhalte. Dies stellt eine Alternative zur staatlichen Musikkultur dar, welche trotz der Schwierigkeiten mit der staatlichen Kontrolle sehr im Umlauf ist. Im sozialen Kontext Kubas führt diese Alternative zu neuen Sub- und Gegenkulturen, mit denen sich der Staat auseinandersetzen muss. Der Essayist und Blogger Enrique Ubieta (2012) spricht in der Auseinandersetzung mit dem Phänomen und im Zusammenhang mit den Auswirkungen der neuen wirtschaftlichen Reformen von einem Kulturkampf, der sich durch die Entstehung von sozialen Unterschieden ergebe, da Devisen nur für einen geringen Teil der Bevölkerung verfügbar seien. Die Subkulturen stellen die Protagonisten eines medienkulturellen Wandels in Kuba teilweise auch bewusst subversiv dar. Die Texte, die diese Protagonisten formulieren, sind als eine Rückeroberung bzw. produktive Aneignung von zwar offiziellen, aber doch subjektiv anerkannten nationalen Normen und Werten in flexibler und eigensinniger Form zu betrachten. Die Verschränkung zwischen den Sphären von Subkultur und dem öffentlichen Raum deutet eher auf eine Opposition hin, die in einem Kulturkampf die institutionalisierte Homogenität trotz der faktisch gegebenen Gewalt der politischen und ökonomischen Strukturen aufbricht. Neben den inzwischen staatseigenen Plattenlabels entstehen auch im Zusammenhang mit der Legalisierung der Speichermedien unabhängige kleinere Plattenlabels.

Die Existenz von einem ungesetzlichen Satellitenfernsehen (im alltäglichen Sprachgebrauch bezeichnet als *El Cable*) ist eine andere medienspezifische Besonderheit: Es handelt sich um eine Medienpraktik, die verboten ist und strafrechtlich verfolgt wird, aber trotzdem eine hohe Verbreitung aufweist. Die Tatsache der Strafverfolgung steht in Zusammenhang mit der geografischen Nähe und den subversiven, die Souveränität Kubas angreifenden Aktionen mit dem erklärten politischen Ziel der US-Regierung, Kuba zu destabilisieren (vgl. u.a. Helms-Burton Act). Die Technik zur Einrichtung des Satellitenfernsehens kann nur illegal von den Nutzern organisiert werden, da offiziell die Ansicht besteht, dass damit ausländische politische Interessen verfolgt würden. Dies schränkt die Zahl der Nutzer ein und erschwert die Forschung zum Charakter der Zuflüsse in die sozialen Räume, zur Praxis der Aneignung wie Sehgewohnheiten und deren Auswirkung auf die Kommunikation und zur Rezeptionsweise der Inhalte ausländischer Medien. Dieser Prozess vollzieht sich unabhängig und ohne jegliche Erfahrung mit der ausländischen Wirklichkeit, weder real noch vermittelt, und trotz des Mangels an Wissen über die spezifische Eigenschaft des Massenmediums Fernsehen in Bezug auf die Rezeption und Darstellbarkeit von Komplexität der Realität. Neben den staatlichen Fernsehkanälen ist der Empfang von ausländischen Fernsehsendungen in Kuba ansonsten nur in Hotels, internationalen Hochschulen für Zugangsberechtigte (ausländische Studenten) und internationalen Krankenhäusern möglich. Wie bereits bezüglich der Subkulturen angedeutet, können im Prozess des medienkulturellen Wandels in Kuba bestimmte Zeitabschnitte abgelesen oder erkannt werden, die mit der Einführung von Medientechnik, deren Nutzung und Aneignung sowie dem Rückfluss und dem daraus erfolgten veränderten staatlichen Umgang zusammenhängen.

In der Öffentlichkeit werden die entstandenen sozialen Räume, die sich ausdrücklich von der Kommunikation im institutionellen Kontext unterscheiden, mit neuen kulturellen Codes angefüllt. Zudem entwickelt sich neben dem staatlichen Fernsehen ein paralleler öffentlicher Kommunikationsraum, der sich ansatzweise mit anderen Formen der Mediennutzung verschränkt

und bei genauerer Analyse auch Einfluss auf die Produktions-
gestaltung von Fernsehprogrammen nimmt und die homogene
institutionelle Kommunikation aufbricht. In den kubanischen
Massenmedien werden zumeist keine Informationen und Nachrichten thematisiert, die im Interesse der Allgemeinheit sind. Daher beschränkt sich die Mediennutzung hier auf die Suche nach
anderen Informationsquellen, welche die Bedürfnisse der Nutzer
zufriedenstellen. Aktuelle Entwicklungen in Kuba werden zuerst
durch ausländische Medien wie Weblogs, Presseportale im Internet oder digitale Zeitungen bekanntgegeben. Ein für kubanische
Fernsehkonsumenten bewegender Moment war die Tatsache, dass
seit Januar 2013 zum ersten Mal der legale Empfang eines ausländischen Programms in Echtzeit möglich war. Es handelte sich
um *Televisión del Sur* (*TeleSur*: Fernsehen des Südens), ein Gemein-
schaftsprojekt von mehreren lateinamerikanischen Staaten mit kubanischer Beteiligung nach einer Idee von Fidel Castro und Hugo
Chávez mit Sitz in Venezuela, das über Satellit ausgestrahlt wurde
und wird. Ob die Programmgestaltung von *TeleSur* für Kuba ausreichend attraktiv und eine echte Bereicherung und Konkurrenz
ist und mit den heutigen oben beschriebenen medialen Formen
der individuellen Fernsehprogammgestaltung (wie über DVD)
konkurrieren kann, wird sich erst herausstellen. Die Mediennutzung in der Freizeitgestaltung ist von den für kubanische Nutzer neuartigen gesellschaftlichen und medienkulturellen Themen
wie Konsum, Unterhaltung und Entpolitisierung im kubanischen
Kontext geprägt.

Die Entstehung des illegalen Satellitenfernsehens wurde bereits in den 1980er Jahren durch den Beschluss des kubanischen
Staates, eine für den Tourismussektor exklusive Fernsehpro-
grammgestaltung zu erstellen, vorbereitet und somit nicht zufäl-
lig. Dieser Beschluss wurde aufgrund des Zusammenbruchs des
sozialistischen Ostblocks getroffen und entsprach den wirtschaftlichen Transformationen, die zu dieser Zeit in Kuba stattfanden.
Eine Satellit-Antenne wurde im Hotel *Habana Libre* in Havanna
aufgestellt, um ein verschlüsseltes Signal an bestimmte Empfänger

um die Stadt herum außerhalb Havannas zu übertragen. Andere Antennen wurden ebenso in den höheren Hotels in Havanna eingerichtet. Nach Meinung des kubanischen Filmkritikers Gustavo Arcos Fernández-Britto war dies das erste Angebot eines internationalen Fernsehpakets, das durch die kubanische staatliche Medienpolitik genehmigt wurde.[6] Die Programmgestaltung des Pakets enthielt Informationen und Inhalte aus US-amerikanischen Fernsehkanälen wie etwa HBO, CNN, VH1, Cinemax, ESPN und Discovery Channel.

Die Installation der Satellit-Antennen erweckte das Interesse der Bewohner von Havanna, die schnell ihre technischen Kenntnisse anwandten, um die neuen Dienstleistungen des Satellitenfernsehens verbotenerweise zu kopieren. Dafür bastelten sie selbst rustikale Parabolantennen, die damals auf dem Schwarzmarkt erhältlich waren. Dies war ein kulturelles Phänomen, das in der Öffentlichkeit eine politische Dimension annahm, als das Thema im Laufe der 1990er Jahren innerhalb der kubanischen *Asamblea Nacional* (Nationalversammlung) diskutiert wurde. Trotz des Versuches mancher Abgeordneter, die Dienstleistung für die Bevölkerung zu regulieren oder zu besteuern, wurde beschlossen, die eingerichtete Satellit-Antenne vom Dach des Hotels *Habana Libre* abzubauen. Die Bevölkerung ließ sich von dem Verbot nicht abhalten und bastelte eine große Menge weiterer Parabolantennen dieser Art. Mit eigenen finanziellen und technischen Mitteln wurden sie aufgebaut und getarnt. Im Vergleich zum reduzierten staatlichen Fernsehen konnten diese Antennen hunderte Fernsehkanäle gleichzeitig empfangen, wodurch die neuen selbstständigen Fernsehnutzer Zugang zu anderen audiovisuellen Inhalten, u. a. auch Pornografie und die Sendungen der kubanischen Diaspora in Miami, erhielten. Der parlamentarische Beschluss gestaltete sich auf diese Weise als eine Art politischer Rückschlag geworden; ein Beschluss, der von Intellektuellen, Politikern und

---

[6]   Vgl. Arcos Fernández-Britto, Gustavo (2011): Imágenes en transición. Televisión y consumo en Cuba. In: Revista La Gaceta de Cuba, pp. 12–14.

Parteimitgliedern unter dem Vorwand der Kontrolle sowohl der Mediennutzung als auch über entsprechende audiovisuelle Inhalte in der Öffentlichkeit, unterstützt worden war, um zu vermeiden, dass die „Ideologie des Kapitalismus" in die kubanische Gesellschaft eindringe. Dieses besondere kulturelle und illegale Ereignis beeinflusste, wie die technische Transformation in Kuba seit den 1990er Jahren weiter vonstatten ging. Seither wurde die Einführung der sogenannten neuen Medien innerhalb der Gesellschaft breit rezipiert und hatte kulturelle Auswirkungen. Politisch trug die beginnende Nutzung von Medientechnik dazu bei, die vom Staat ausgeübte Kontrolle über die Mediennutzung zu dezentralisieren.

Bei den kubanischen Nutzern ermöglichte der Gebrauch von digitalen Trägern bzw. Speichermedien die Entstehung neuer Formen des Medien- und Kulturkonsums. Dieser Konsum wird innerhalb eines differenzierten Publikums strukturiert und segmentiert sich ebenfalls entsprechend der Interessen, den Wünschen und der sozialen Interaktion der Nutzer, die verschiedenartige Ideen, mit der *Welt zu interagieren*, entwickelten. Der Mediengebrauch deutet den Übergang von einem politisch homogenen Diskurs (einseitige Botschaft) zu einer personalisierten Kommunikation mit Hilfe der Nutzung von Individualmedien. Digitale Träger jeglicher Art ermöglichen die Zirkulation von kulturellen Produkten und audiovisuellen Inhalten, die unkontrollierbar im öffentlichen Raum verteilt werden. Die aus dem Satellit-Signal heruntergeladenen Inhalte werden auf digitalen Trägern im Haushalt gespeichert, um die raubkopierten Informationen im Schwarzmarkt weiterzuverkaufen oder dies an Freunde, Verwandte, Arbeitskollegen etc. kostenlos weiterzugeben. Die neue Form von Interaktion erlaubt das Erschaffen sozialer Netzwerke, die sich in Communities und Zielgruppen, die den gleichen ästhetischen Geschmack haben und identitär ähnlich strukturiert sind. Es entstehen Kommunikationsräume mit einer Komponentenmixtur aus kulturellen und sozialen Filtern, denen neue Bedeutungen zugewiesen werden. In den neuen Kommunikationsräumen finden sich inoffizielle Nachrichten beispielsweise über Korruption, Mordfälle, Autounfälle,

Diskussionen zwischen Intellektuellen oder Künstlern, Kriminalität in Kuba, Talkshows etc.

Das Format und die Programmgestaltung des kubanischen staatlichen Fernsehens entsprechen größtenteils dem Konzept, das nach politischen Maßgaben in den 1970er und 1980er Jahren umgesetzt wurde. Kulturell und inhaltlich genügt diese veraltete Fernsehproduktion nicht den Anforderungen eines breiten Sektors der kubanischen Gesellschaft, vor allem denen der jungen Generationen, die andere kulturelle Präferenzen haben. Zudem konkurriert es mit anderen Formen alternativer Fernsehprodukte. Zwischen den Jahren 2012 und 2014 wurden wichtige Veränderungen im kubanischen staatlichen Fernsehen unternommen, um dem Fernsehzuschauer ein abwechslungsreiches und verlockendes Fernsehangebot anbieten zu können. Trotz der Versuche fehlt es an Räumen für eine öffentliche Diskussion über die in Kuba stattfindenden Transformationen. Die sozialen Angelegenheiten des tatsächlichen Lebens der Bürger wie etwa soziale Konflikte, hohe Preise der Lebensmittel, niedrige Gehälter, Verzögerung der Umsetzung von politischen und wirtschaftlichen Reformen, Geheimnistuerei in der Staatspolitik werden in den staatlichen Massenmedien kaum behandelt, abgesehen von wenigen Ausnahmen wie das Programm *Mesa Redonda* oder *Cuba dice*. Die meist konsumierten audiovisuellen Inhalte im staatlichen Fernsehen sind die Telenovelas und US-amerikanischen Serien. Diese audiovisuellen Inhalte sind ebenfalls im Schwarzmarkt erhältlich.

Die Erweiterung dieser Mechanismen in der Öffentlichkeit kreiert ein verdichtetes Netzwerk von institutionalisierten und persönlichen Medienpraktiken, die sich miteinander verknüpfen. Eine Community von Liebhabern der japanischen Anime oder Manga beispielsweise versorgt ein wöchentliches Fernsehprogramm (*X-Distante* aus dem lokalen Fernsehkanal *Canal Habana*) mit Folgen und Staffeln.[7] Bis zum Jahr 2011 setzten sich auch hier

---

[7]   Dies wurde über ein persönliches Gespräch durch den Autor mit einem der Anhänger dieser Community bestätigt.

wie bereits weiter oben beschrieben die selbstständigen Verteiler bzw. Versorger von digitalen Medieninhalten der Gefahr aus, bestraft oder verhaftet zu werden, aber durch eine neue Rechtsvorschrift im Jahr 2011 wurde ihre selbstständige Erwerbstätigkeit unter der Kategorie *Vendedor de CD/DVD* (CD/DVD-Verkäufer) gesetzlich anerkannt (vgl. Arcos Fernández-Britto 2011). Die audiovisuellen Inhalte richten sich dadurch nach den Interessen der Konsumenten und werden günstig angeboten, auch wenn diese Maßnahme von den Intellektuellen und Kulturkritikern kritisiert wurde und behauptete, der kubanische Staat legalisiere die Medienpiraterie (vgl. Arcos Fernández-Britto 2011).

Diese neue Form von sozialer Interaktion kennzeichnet die Rezeption der entstandenen Medienpraktiken im sozialen Kontext Kubas. Der Besitz technischer Geräte ist die materielle Grundlage für den Zugang zu Informationen und Inhalten sowie für die Strukturierung kreativer und neuartiger Wege des Kulturkonsums. Die erhöhte Partizipation zeigt sich im Aufbau von zusammenhängenden Strukturen, die in der Öffentlichkeit zunehmend eine kulturelle und politische Bedeutung gewinnen. Im Rahmen eines medienkulturellen Wandels verweist dies auf Rückkopplungseffekte gegenüber einer im Voraus gegebenen Option. Entscheidend dafür ist die Rolle, die der Einzelne im öffentlichen Raum übernimmt und wie dessen Zugänge zu Kultur, Politik und Gesellschaft miteinander verflochten sind. Dieser kulturelle Prozess begann aus individueller Initiative heraus im Untergrund bzw. ohne Staatsaufsicht in Kuba. Nicht die Technik wirkte sich auf das eigene individuelle Verhalten aus, sondern die Mediennutzung passte sich an das Leben an (vgl. Castells 2001).

Abb. 1, links und oben: CD/DVD-Verkäufer in Havanna,
aufgenommen am 25.03.2013 und 27.03.2013.[8]

---

[8]   Ein Beispiel für eine neue private Geschäftsgründung, die seit dem Jahr 2011
       im Dienstleistungssektor Kubas möglich ist, mit Werbung in eigener Sprache.

4.1.1 Die Nutzung der Medientechnik im informellen Sektor

Der Umgang mit digitalen Medien entwickelt sich zwar individuell, aber in Zusammenhang mit dem *Innen* und *Außen*. Auf diese Weise ist die Nutzung im sozialen Raum breiter und selbstverständlicher als im staatlichen wirtschaftlichen Sektor. Der durch den Staat vermittelte Prozess der *Informatización de la Sociedad Cubana* wird partiell auf bestimmten Wirtschaftszweigen aufgegriffen, vor allem deshalb, weil besondere Bereiche der kubanischen Wirtschaft und der Infrastruktur sich der technischen Transformation nur langsam annähern. Dies hängt von den spezifischen Problemen und Voraussetzungen einer nützlich effizienten Inbetriebnahme der Technik ab. Im Einzelnen betreffen die Probleme folgende Aspekte:

1. die Nutzung von technischen Ressourcen und die Anwendung von Software und Hardware mit einem wirtschaftlichen Potenzial;

2. die Subventionierung und Planung sozialer Programme, die langfristig andere Formen von Marktverhältnissen entwickeln, um den schwachen kubanischen Markt zu unterstützen;

3. die Verbesserung der Anschlussfähigkeit innerhalb staatlicher und privater Einrichtungen;

4. die Wartung und die Ersetzung der veralteten Ausstattungen, um das erforderliche technische Know-how der Nutzer erweitern zu können und schließlich

5. die Geschäftsführung sowie die Konkurrenz und Investition von ausländischen Telekommunikationsunternehmen in den kubanischen Markt.

Bezogen auf die in Kuba stattfindende technische Transformation sind diese Aufgaben noch zu bewältigen. Im Vergleich zu institutionellen Sektoren nimmt die soziale Nutzung von Medientechnik in der Privatsphäre des Einzelnen in Informationsbeschaffung und -austausch zu. Das Fehlen an Medienkompetenzen ist ein Aspekt, der die Arbeit in mehreren staatlichen Institutionen hemmt.

Diese Konjunktur beschreibt ein auffälliges Merkmal in der Gesamtbetrachtung Kubas. Die kubanische Regierung ist sich der Entwicklung und des Einsatzes anderer Formen des Mediengebrauchs im Untergrund bewusst. Einzelnutzer profitieren von den entstehenden Strukturen, indem sie einen informellen Sektor bzw. einen Schwarzmarkt für die private Nutzung von Medientechnik beschaffen. Diejenigen Nutzer, die im Haushalt das Signal des illegalen Satellitenfernsehens empfangen, kreieren weitere soziale informelle Netzwerke für die Verbreitung und den Konsum von digitalen Medieninhalten. Somit steht die Erschaffung dieser informellen Netzwerke im engen Zusammenhang mit einer besonderen sozialen Kompetenz: den Bedarf an Informationen zu decken, um dadurch den Alltag gemeinsam besser meistern zu können. Daraus sind Communities und Zielgruppen entsprungen, welche sich mit spezifischen Nutzungen von Medientechnik beschäftigen.

In ihrer Privatsphäre verfügen die Nutzer zumeist über moderne Technologien im Vergleich mit den vom Staat unterbreiteten Angeboten. Die Entwicklung eines Schwarzmarktes rund um die Medientechnik dient hauptsächlich zur Versorgung technischer Geräte wie etwa Smartphones, Laptops und iPads. Obwohl deren Nutzung ohne einen Internetzugang eingeschränkt ist, ist es von Vorteil, ein Gerät zu besitzen, um die teuren staatlichen Angebote zum Internetzugang in den Internetcafés, Wi-Fi-Hotspots oder über die mobilen Daten begleichen zu können. Zudem ist interessant zu beobachten, wie die soziale Nutzung von digitalen Medien in den Aufbau eines Dienstleistungsmarktes verwickelt ist, welcher sich auch unabhängig von staatlicher Steuerung gestaltet. Im öffentlichen Raum schreitet der beginnende Dienstleistungsmarkt hauptsächlich über die Entwicklung von selbstständigen Kleinanzeigenportalen, die Inbetriebnahme der sogenannten *clínica de celulares* (Handykliniken), die Einrichtung privater 3D-Kinosäle und die Verteilung des sogenannten *paquete semanal* (wöchentliches Paket) voran.

Nach Erlass der seit 2011 eingesetzten rechtlichen Anordnungen zur Ausübung neuer nicht-staatlicher Arbeitsverhältnisse in Kuba wurden die *clínicas de celulares* gegründet. Im Grunde handelt es sich um Kleinbetriebe, die von Privatpersonen gemanaged werden. Die Handykliniken beschäftigen sich mit der Reparatur und Lösung technischer Probleme von digitalen Geräten jeglicher Art. Im öffentlichen Raum spielen sie eine Rolle bei der Besorgung von Anwendungen (Software). Ein interessanter Aspekt ist, dass einige der Handykliniken zumeist keinen Internetzugang für den Download oder die Aktualisierung von Dateien verwenden. Dies verändert die Geschäftstätigkeit, die sie betreiben, indem deren Verortung innerhalb einer Stadt die Konkurrenz mit anderen fördert. Diejenigen, die sich am Stadtrand befinden, haben wenige Möglichkeiten, einen illegalen Internetzugang zu besorgen, im Vergleich mit denjenigen, die sich in der Nähe vom Stadtzentrum befinden. Dies ist eine Situation, die die Gewinne und den Erfolg dieser Form von selbstständiger Erwerbstätigkeit bestimmt. Das Hauptanliegen für die Gründung der Handykliniken war die unzureichende Entwicklung der Informations- und Kommunikationstechnologien in der kubanischen Gesellschaft und die Suche nach einer Lösung für die Probleme, welche die Nutzer mit ihren technischen Geräten haben. Im Gegensatz zu den Angeboten des staatseigenen Telekommunikationsunternehmens ETECSA bieten die Handykliniken den Kunden günstigere Preise an. Im Schwarzmarkt sind sie grundsätzlich der Versorgungs- und Vermarktungsort von Smartphones. Jeder Besitzer, der sich eine Reise ins Ausland leisten kann, versucht als Einzelhändler mobile Geräte nach Kuba zu importieren, um diese im Schwarzmarkt entweder als neue Geräte oder als Ersatzteile weiterzuverkaufen.

Dass einige der Kliniken über keinen Internetzugang verfügen, hemmt nicht die Nutzung von Apps. Neue Software und

Abb. 2: Ein Beispiel einer der vielen Handykliniken in Havanna, aufgenommen am 01.02.2014 im Vorort Mantilla (Havanna).

Dateien eines Kunden können auf den Computer des Technikers überspielt werden, um die technischen Probleme eines weiteren Kunden zu lösen. Nachdem die kubanischen Behörden die CD/ DVD-Verkäufer legalisiert hatten, schlossen sich die beiden selbstständigen Erwerbstätigkeiten zusammen, was in hohem Maße die angebotenen Dienstleistungen dieser Anlagen erweiterte.

Die Gewinne fächern sich nach Angebot und Nachfrage auf. Dies ermöglicht, dass die etablierten Marktverhältnisse die Beziehung zwischen Kunde und Verkäufer flexibilisiert. In staatlichen Geschäften ist es unmöglich, dass die Kunden den Preis eines Produktes verhandeln. Im persönlichen Gespräch mit einem dieser Handytechniker wurde bestätigt, dass sich die Einrichtungen regelmäßig einer polizeilichen Kontrolle unterziehen sollen, obwohl sie gesetzlich anerkannt sind. Die kubanischen Behörden betrachten die illegale Nutzung des Internets mit Besorgnis.

Ein anderes kulturelles Phänomen im Rahmen der sozialen Nutzung von Medientechnik ist die Entwicklung von digitalen Plattformen, die als Kleinanzeigenportale im öffentlichen Raum zur Besorgung und Organisation von digitalen Medieninhalten verwendet werden.[9] Die Relevanz der Entwicklung der Klein-anzeigenportale besteht darin, dass sie in ihrer Funktionsweise neue Formen des Marketings jeglicher Art von Waren und Pro-dukten erschaffen. Unter den kubanischen Nutzern werden die digitalen Plattformen auch als eine Form von erfolgreichen und selbstständigen Geschäftsmodellen wahrgenommen. Ein Beispiel dafür ist die Plattform *Revolico.com*. Die Entwicklung der Klein-anzeigenportale in Kuba ist nur möglich mit der Unterstützung von im Ausland ansässigen Einzelpersonen, die sie finanzieren. Aufgrund der polizeilichen Verfolgung, der Zensur von weiterge-reichten digitalen Medieninhalten und der Sperrung der angebo-tenen Dienstleistung in Kuba werden sie aus Sicherheitsgründen auf einem Server im Ausland abgespeichert. Für die Nutzer sind die Kleinanzeigenportale von Vorteil, wenn sie selbstständig ihre eigenen Waren, Produkte oder Dienstleistungen mit im Vergleich zum staatlichen Markt niedrigen Preisen vermarkten können. Aufgrund der Möglichkeit der Verteilung von pornografischen Inhalten und der Entwicklung freier sozialer Netzwerke werden diese Plattformen zumeist straffällig verfolgt. Für die Abfrage der Informationen und der digitalen Medieninhalte des Kleinanzei-genportals *Revolico.com* benötigen die Nutzer einen Internetzugang. Eine andere Form von digitalen Plattformen sind diejenigen, die offline über eine E-Mail-Adresse funktionieren. Ein Beispiel dafür ist das Kleinanzeigenportal *Cubangos*.

Die Erstellung der digitalen Plattformen steht aber auch im engen Zusammenhang mit der Zugehörigkeit zu einer bestimm-ten Community von Informatikern und Einzelnutzern, die sich der Inbetriebnahme der angebotenen Informationsdienste und der Wartung der technischen Funktionen dieser Netzwerke wid-men. Im öffentlichen Raum entwickeln die Kleinanzeigenpor-tale mit deren heterogenen Struktur einen informellen Sektor, in

---

[9] Siehe: Montes, Pilar: ¿Busca dónde anunciarse o comprar algo en Cuba? ☞ Link S. 404

dem jegliche Art von Produkten kommerzialisiert werden. Unterschiedliche Waren wie etwa Kleidung, Schuhe, Häuser, Autos, Computer, Schmuckstücke oder Dienstleistungen wie SMS, Informatik, Elektronik, Telefonanrufe über das Internet, Putzen, Gastronomie, Friseur, Design u. a. werden in den Kleinanzeigenportalen angeboten. Für kubanische Verhältnisse ist die Vermarktung technischer Geräte wie etwa Smartphones, Laptops, Tablets, USB-Sticks, externe Festplatten und digitale Fotoapparate ein lukratives Geschäft. Dennoch gewinnt diese technische Entwicklung eine politische Dimension. Nach der Wiederaufnahme der diplomatischen Beziehungen zwischen den USA und Kuba erlaubte die US-Regierung des ehemaligen Präsidenten Barack Obama, dass private Mietwohnungen sich auf dem Kleinanzeigenportal *Airbnb* anmelden. Die Maßnahme wurde getroffen, um die entstehenden selbstständigen Unternehmer in Kuba zu unterstützen und den US-amerikanischen Tourismus in Kuba zu fördern.[10]

In Konkurrenz mit der freien Entwicklung der digitalen Plattformen wurden zwei Projekte von der kubanischen Presseagentur ACN (*Agencia Cubana de Noticias*) durchgeführt. Im April 2015 wurde das institutionelle Portal *Ofertas* in Betrieb genommen.[11] Als neue digitale Plattform auf der Domain *.cu* strebt die staatliche Institution danach, einen Raum für die Markteinführung von Produkten und Waren zu schaffen. Das Portal hat dieselben Charakteristiken wie die bereits erwähnten Kleinanzeigenportale und bezieht den entstandenen nicht-staatlichen Dienstleistungssektor mit ein. Die institutionelle digitale Plattform *Ofertas* ist im Internet außerhalb Kubas abrufbar. Für die Nutzer, die sich einen Internetzugang nicht leisten können, ist *Ofertas* offline über die E-Mail-Adresse publicar@ofertas.cu verfügbar und für den Empfang der gesuchten Produkte über buscar@ofertas.cu. Im Vergleich mit

---

[10]   Siehe: Airbnb ofrecerá por primera vez casas de alquiler en Cuba. ☞ Link
       S. 404
[11]   Siehe: Legañoa Alonso, Jorge: Nueva página de anuncios clasificados. ☞ Link
       S. 405

208

den selbstständigen Kleinanzeigenportalen ist *Ofertas* eine gebührenpflichtige Dienstleistung. Die Preise hängen von den Druckkosten der Kleinanzeigen ab, die in Papierformat auch in der neuen Zeitschrift *Ofertas* wöchentlich publiziert werden. Für die Mehrheit der kubanischen Bürger ist dies keine günstige Dienstleistung, da die Gebühren in Devisen (in CUC) bezahlt werden müssen. Die Neuheit des Angebotes von *Ofertas* ist die Förderung neuer Formen des Marketings von Produkten und Dienstleistungen aus dem staatlichen und nicht-staatlichen bzw. informellen Wirtschaftssektor. Um ein verlockendes Angebot für die potenziellen Kunden unterbreiten zu können, wird die Zeitschrift im Farbformat gedruckt, anstatt in den traditionellen Formaten der kubanischen Presse. In der Zeitschrift wird ebenso ein Hilfs- und Beratungsdienst für die Unternehmer angeboten, die neue Geschäftsgründungen in Kuba betreiben oder beginnen möchten.

Im öffentlichen Raum spielt *Ofertas* keine Rolle. Die kubanischen Nutzer bevorzugen, sich in einen unkontrollierten Informationsraum zu bewegen, in dem eine große Auswahl an Produkten (legal oder illegal) und Dienstleistungen zu finden ist. Einige der angebotenen Produkte und Dienstleistungen sind nur im Schwarzmarkt erhältlich. Die freien digitalen Plattformen erschaffen scheinbar eine relative Autonomie ohne staatliche Kontrolle. Jeder Nutzer ist dazu befähigt, ein Inserat kostenlos auf den Kleinanzeigenportalen aufzugeben. Um dies zu tun, fordert *Ofertas* jedoch eine staatlich vergebene Arbeitserlaubnis ein, welche den Inserenten zu einem selbstständigen Erwerbstätigen erklärt. Diejenigen selbstständigen Erwerbstätigen, die ein Inserat aufgeben wollen, müssen einen höheren Preis bezahlen, vorwiegend weil sie für ihre Geschäftstätigkeit hohe Steuern entrichten sollen. Im Grunde dient *Ofertas* nur zum Marketing der Produkte von staatlichen Institutionen und staatseigenen Unternehmen.

Zum Zweck der Förderung und Kontrolle der Mediennutzung in der Öffentlichkeit wurde im Juli 2015 die kubanische Suchmaschine *Contenidos Unificados para Búsquedas Avanzadas* (Unified Content for Advanced Search) erstellt.[12] Die digitale Plattform wurde 2012 an der *Universidad de la Ciencias Informáticas UCI* und anhand der Open-Source-Software *Orión* in Kuba entwickelt. Als Suchmaschine sollte die Plattform zum Einkauf, zur Organisation und Verteilung von Informationen und Inhalten dienen, die in Kuba produziert werden. Das Projekt integriert sich in das *Red Cuba* und bietet eine direkte Verbindung mit institutionellen kubanischen Websites wie das Kulturportal *La Papeleta*, die Blog-Plattform *Reflejos*, das Nachrichtenportal *Cubadebate* und das Navigationsprogramm *Andariego*. Eines der Ziele für die Erstellung der Plattform ist der Aufbau eines Wissensbestandes und die Sammlung der die in Kuba produzierten digitalen und kulturellen Inhalte.

Im öffentlichen Raum hat die Entwicklung der institutionellen digitalen Plattformen weniger Einfluss auf die kubanischen Nutzer, hauptsächlich weil die Informationen unbekannt sind oder die Nutzer solche Inhalte nicht verwenden. Durch die zunehmende Nutzung eines Internetzuganges (legal oder illegal) seit 2009 verdoppelt sich allmählich die Anzahl an Online-Geschäften.[13] Die Inbetriebnahme der Wi-Fi-Hotspots im öffentlichen Raum und die entsprechende Herabsetzung der Zugangsgebühren für das Internet ermöglichen, dass manche der selbstständigen Erwerbstätigen und Unternehmer die Produkte oder Waren online bestellen, die sie für ihre Geschäftstätigkeit benötigen. Dies erfordert mindestens eine geringe Kapitalrücklage, um die notwendigen Investitionen zu tätigen. Im Durchschnitt beziehen die selbstständigen Erwerbstätigen höhere Einkommen als die staatlichen Berufstätigen. Die im Ausland zu erwerbenden Produkte und Waren wie etwa Bau- und Ersatzteile, Mobil- und Elektrogeräte, technische Geräte werden über den Kontakt mit Verwandten, Freunden oder Bekannten besorgt und mittels Kleinhändlern

---

[12]   Siehe: Hernández Tapia, Lidia: Ciencia al día: El Google cubano. ☞ Link S. 405

[13]   Siehe: Reyes, Adriel: Emprendedores cubanos compran „online" con Wi-Fi. ☞ Link S. 405

nach Kuba gebracht. Diese Produkte und Waren werden im Schwarzmarkt kommerzialisiert. Dies generiert die Strukturierung eines bestimmten sozialen Netzwerkes von Anbietern und Konsumenten mit einer festen Kundschaft. Über das Internet werden die Preise der zu erwerbenden Produkte miteinander verglichen, um Missverständnisse oder Betrügereien zu vermeiden. Ein großer Teil der im Ausland erworbenen Waren wird in den Kleinanzeigenportalen inseriert, vor allem die Produkte, die im kubanischen staatlichen Markt nicht erhältlich sind. Diesbezüglich traf das kubanische Zollamt im Jahr 2014 neue Maßnahmen für den Import von Produkten und Waren nach Kuba.[14] Die Maßnahmen regulieren die zulässige Höchstmenge der importierten Produkte für diesen Markt. Diese Regulierung verfolgte eine politische Strategie, sie wollte den schwachen staatlichen Markt durch die neuen selbstständigen Erwerbstätigen dynamisieren, die wiederum jedoch manchmal Rohstoffe (beispielsweise Textilien) für eine Geschäftstätigkeit im Ausland und nicht im Inland kaufen. Die Herstellung und Entfaltung dieser freien sozialen Netzwerke ist als ein Raum für die Vermarktung von Produkten und einfachen Dienstleistungen auf lokalen Märkten zu betrachten. In der Öffentlichkeit ermöglicht diese Form sozialer Interaktion das allmähliche Auftauchen eines informellen Sektors, der ebenfalls zur Stabilisierung einer zumeist regellosen und chaotischen informellen Ökonomie dient.

4.2 Sozialstruktur einer medial vermittelten Architektur: Die 3D-Kinosäle

Im Zuge eines medienkulturellen Wandels ist Kultur abhängig von der medialen und sozialen Praxis ihrer Produktion. Die Einführung einer technischen Transformation ruft neuartige Nutzungsformen von Medientechnik im öffentlichen Raum hervor,

---

[14] Siehe: Gaceta Oficial No. 30 Ordinaria de 11 de julio de 2014. ☞ Link S. 405

dadurch werden Nutzungsroutinen mit anderen kulturellen Codes erzeugt. Die eigenständige technische Transformation durch die Nutzer beeinflusst die Entwicklung von politischen Strategien. Im Jahr 2013 wurde eine innovative Medienpraxis durch die kubanischen Nutzer im öffentlichen Raum eingeführt, indem zahlreiche selbstständige 3D-Kinosäle ohne staatliche Steuerung gegründet wurden. Diese 3D-Kinosäle basierten auf einem neuen Geschäftsmodell und wurden mit eigenen finanziellen Mitteln innerhalb der Privathaushalte einiger Nutzer aufgebaut. Zwar übte diese Form des Kulturkonsums einen großen Einfluss auf die staatliche Kultur- und Medienpolitik Kubas aus, aber es wurde für diese selbstständige und illegale Erwerbstätigkeit keine Arbeitserlaubnis erteilt.

Für die 3D-Kinosäle gab es eine feste Kundschaft, die für die Erweiterung des Geschäfts sorgte. Über Mundpropaganda oder Werbespots (kleine selbstgedruckte Plakate) wurden die Säle den potenziellen Kunden bekanntgegeben. In den Privathaushalten der Besitzer wurden Innen- und Außeneinrichtungen wie Wohnzimmer, Garagen oder Terrassen zu einem Kinosaal umstrukturiert. Einige der eingerichteten Kinosäle wurden mit Klimaanlagen, HD-Projektoren, Flachbildschirmen, Stühlen und Sofas ausgestattet.[15] Zudem wurden die Kinosäle entsprechend der Kaufkraft der Besitzer und der der Kunden eingerichtet. Bezogen auf den Konsum wurden zumeist US-amerikanische Filme und Serien zur Unterhaltung (Trick-, Horror-, Abenteuerfilme etc.) vorgeführt. Obwohl die Preise für die Filmvorführung im Vergleich mit dem staatlichen Angebot (zwischen 1,00 und 4,00 Euro) höher waren, bevorzugten manche Kunden die privaten Kinosäle wegen der gastronomischen Zusatzleistungen (Popcorn, Sandwich oder Erfrischungsgetränke. Der Standort, an dem sich die 3D-Kinosäle innerhalb einer Stadt befanden, förderte die Konkurrenz mit an-

---

[15] Siehe: Estrada, José L./Gomes, Susana/Peraza, Iramsy/Silva, Yuneimys/Labacena, Yuniel/Masó, Yodeni/Ferrer, Rosalí/Pham, Dat: ¿La vida en 3D? ☞ Link S. 405

deren privaten Kinosälen. Je besser der Komfort der Inneneinrichtungen, desto höher stiegen die Eintrittspreise. Die Eröffnung des selbstständigen und illegalen Geschäftsmodells ergab beträchtliche Einkommen für die Kinobesitzer. Kinder und Jugendliche fanden hier neue Möglichkeiten zur Unterhaltung innerhalb ihrer Wohnviertel und machten die höchste Zahl der Kunden aus.

Die in den 3D-Kinosälen vorgeführten Filme wurden generell über die CD/DVD-Verkäufer erworben. Ein Internetzugang oder die Verfügbarkeit eines E-Mail-Accounts diente zur Verteilung der Programmgestaltung. Ein von staatlichen Institutionen genehmigte Arbeitserlaubnis wurde erteilt, wenn als Vorwand für die Inbetriebnahme der 3D-Kinosäle ein *Equipment Operator for Children's Entertainment* angegeben wurde.[16] Im Vergleich zu den staatlichen Kinosälen boten die privaten andere Zusatzleistungen für die Kunden an, wie beispielsweise eine Herabsetzung der Preise entsprechend der angebotenen Dienstleistungen. Die technischen Ausstattungen wurden zumeist über den familiären, freundschaftlichen oder kollegialen Kreis im Ausland erworben. Dies erforderte eine Investition von ca. 2500 und 3000 Dollar für die Gesamtheit der zu erwerbenden Technologie (HD-Projektoren, Fernseher oder Flachbildschirme und 3D-Brille). Die Räume wurden mit modernen Stereoanlagen und 5.1-Surround-Technologie ausgestattet, um dem Publikum eine neue akustische Erfahrung zu vermitteln. Der Zusammenschluss mit anderen Formen der selbstständigen Erwerbstätigkeit wie etwa eine Bar, Cafeteria oder ein Restaurant war auch gegeben. In der Öffentlichkeit wurden staatliche Institutionen wie etwa eine Bibliothek benutzt, um kulturelle Veranstaltungen rund um die Vorführung von 3D-Filmen zu organisieren. Die Programmgestaltung sollte im Voraus mit der Behörde der Gemeinden bestimmt werden, um die vorgeführten kulturellen Inhalte zu kontrollieren. Dies betraf vor allem die Regulierung der Informationen und Inhalte, welche gegen die staatliche Kulturpolitik verstoßen könnten.

---

[16] Ebd.

Für Kinder und Jugendliche waren die Computer- und Video-spiele die Hauptattraktion, die Tarife wurden auf etwa 3 Euro pro Stunde festgelegt. Sie trafen neben der 3D-Filmvorführung auch bei der restlichen Bevölkerung auf große Zustimmung. Die Einrichtung von für Kuba neuartigen, aber kleinen Spielhallen war ein Element, das die Überwachung dieser selbstständigen Erwerbstätigkeit und die Zensur der Mediennutzung seitens der staatlichen Behörde im öffentlichen Raum verursachte.[17] Einige der entstandenen Spielhallen wurden mit modernen Spielekon-solen (Xbox 360 mit Kinect) ausgestattet, was den Preis erhöhte. Die Besucher hatten die Möglichkeit, Computer- und Videospiele wie etwa Call of Duty, Word of Warcraft oder FIFA zu spielen. Die Verfügbarkeit eines illegalen Internetzugangs ermöglichte den Download der Videospiele.

Die Inbetriebnahme der selbstständigen 3D- oder stereosko-pischen Kinosäle und die damit zusammenhängende Struktur des Kulturkonsums übten einen bedeutenden Einfluss auf die staat-liche Kulturpolitik Kubas aus. Neben der illegalen Geschäftslei-tung der selbstständigen Kinosäle begann im Jahr 2013 das ICAIC (*Instituto Cubano del Arte e Industria Cinematográficos*) mit der stereo-skopischen Filmvorführung in manchen der staatlichen Kinosäle entlang der Grenzen Kubas. Kulturelle Veranstaltungen wurden organisiert, um die stereoskopische Filmvorführung innerhalb kubanischer Institutionen regulieren zu können. Kulturelle Ver-anstaltungen wie der *XIX Taller de la crítica cinematográfica* und die *XII Muestra Joven del ICAIC*[18] wurden als Anlass genommen, um

---

[17] Álvarez, Julio César: Cines 3D y salas de video-juegos, a la clandestinidad. ☞ Link S. 405

[18] Die Muestra de Cine Joven del ICAIC ist ein jährliches Filmfestival für ku-banische Absolventen oder Studenten aus den unterschiedlichen Kunsthoch-schulen Kubas. Dort können junge Film- und Dokumentarfilmproduzenten ihre Produktionen präsentieren. Dabei muss berücksichtigt werden, dass diese innovativen Arbeiten keinen Platz im staatlichen Fernsehen finden, deshalb

die 3D-Filmvorführung im öffentlichen Raum einzuleiten.[19] Die staatlichen Kinosäle wurden ebenfalls mit der gleichen modernen Technologie ausgestattet bzw. umstrukturiert, wie sie die Privathaushalte verwendeten. Das Vorhaben verfolgte in dem Jahr 2013 unterhaltungsorientierte Ziele, um die Veranstaltungen finanziell unterstützen zu können. Diesbezüglich war die Genehmigung einer behördlichen Erlaubnis aus dem *Ministerio de Cultura* eine der Voraussetzungen, um die Filmvorführung innerhalb der kubanischen Institutionen zu regulieren. Die Erlaubnis sollte die Vorführung der stereoskopischen Filme im öffentlichen Raum zulassen und die Eintrittsgebühren in den Kinosälen festsetzen.

Seit 2013 befindet sich das ICAIC in einem Prozess der Strukturierung der kubanischen Filmproduktion. Dieser Prozess unterzieht sich nicht der öffentlichen Kontrolle dieser Institution. Im Gespräch mit der kubanischen Zeitung *Juventud Rebelde* beklagte Roberto Smith de Castro, Präsident des ICAIC, dass auch wenn im Jahr 2011 die neue selbstständige Geschäftstätigkeit für die Vermarktung von CDs und DVDs gesetzlich anerkannt wurde, doch illegal gehandelt würde, weil Raubkopien die Urheberrechte der Musik- oder Filmproduzenten verletzten.[20] Nach den Prinzipien der staatlichen Kulturpolitik Kubas sind die Institutionen im Rahmen der Filmproduktion verpflichtet, die Produktion, die Verteilung und die Vorführung von audiovisuellen Inhalten zu regulieren. Im Jahr 2013 widmete sich das ICAIC der Kontrolle und Zensur der in den privaten Kinosälen vorgeführten audiovisuellen Inhalte. Das Ziel war zu bewerten, welche Form des Geschäftes mit audiovisuellen Inhalten gesetzlich anerkannt werden sollte oder nicht. Ein Grund für die Kontrolle ist die Furcht der

---

zirkulieren sie meistens über USB-Stick oder CDs im öffentlichen Raum, wobei ein guter Empfang Bedingung ist.

[19] Siehe: Estrada, José L./Gomes, Susana/Peraza, Iramsy/Silva, Yuneimys/ Labacena, Yuniel/Masó, Yodeni/Ferrer, Rosalí/Pham, Dat: ¿La vida en 3D? ☞ Link S. 405

[20] Ebd.

staatlichen Behörde vor der Vorführung von Filmen mit pornografischen Inhalten.

Bezüglich des Kulturkonsums hob der Präsident des ICAIC Roberto Smith de Castro hervor, dass

[…] con la fundación del Instituto se creó una cartelera que enriquecía el intelecto del espectador buscando una transformación espiritual en el gusto y la sensibilidad hacia varias culturas. Existía entonces una variedad, heterogeneidad y equilibrio en la programación, que hacía del cine un elemento enriquecedor, además del entretenimiento. […] La política cultural enfrenta al mercado que exhibe películas que solo reportan intereses económicos. Este fenómeno mundial lo reproducen las salas 3D, donde mayormente se proyecta cine norteamericano, que no es malo pero aporta muy poco culturalmente. No significa censura a esa cinematografía, porque los cubanos tienen acceso a ella a través de la televisión y los cines. Lo que incluye es el rechazo al cine racista, discriminador o pornográfico. […] El ICAIC defiende al cine como valor y expresión cultural que no puede arruinarse con la política de mercado, modus operandi de estas salas por cuenta propia. Sin ser categórico, diría que no creo que pueda existir un reconocimiento legal a una actividad que viole la política cultural de la Revolución, lo que no quiere decir que no pueda haber formas de producción no estatal relacionadas con la exhibición de cine. […] Si en un futuro existieran salas de proyección operadas por mecanismos no estatales que ayudaran a lograr más eficiencia, la programación aun seguiría siendo cuestión del ICAIC, por la importancia de cumplir con la política cultural trazada […].[21]

---

[21] Übersetzung des Zitats durch Autor: „[…] mit der Gründung des ICAIC (1959) als kubanische Kulturinstitution […] die Grundlagen für eine bestimmte Programmgestaltung geschaffen […], um die Urteilskraft bzw. den ästhetischen

2013 wurden einige staatliche Kinosäle, vor allem in Havanna, mit der finanziellen und technischen Unterstützung ausländischer Unternehmen darin unterstützt, Filme in 3D vorzuführen. Dies war ein Strukturierungsprozess, der kostspielige Investitionen erforderte. Auf diese Weise wurde 2013 auch der erste kubanische

---

Geschmack der kubanischen Zuschauer heranzubilden. Das Vorhaben wollte die Zuschauer gegenüber unterschiedlichen Aspekten anderer Kulturen sensibilisieren und eine Wandlung seiner ästhetischen Wahrnehmung herbeiführen. Die Programmgestaltung des ICAIC nährte sich damals aus der Vielfalt und der Heterogenität der verfügbaren audiovisuellen Inhalte. Unser Konzept war die Unterbreitung eines verlockenden Angebots, welches Unterhaltung und bereichernde sowie positive Erfahrungen miteinander verband. Die staatliche Kulturpolitik steht einem von finanziellen geleiteten Interessen Filmvorführungsmarkt gegenüber. Die selbstständigen 3D-Kinosäle spiegeln dieses breitgefächerte Phänomen im sozialen Kontext Kubas wider, denn sie reproduzieren größtenteils nur Inhalte mit US-amerikanischen Formaten. Die US-amerikanische Filmindustrie ist nicht von geringer Qualität, aber trägt kulturell zu wenig bei. Dies bedeutet nicht, diese Inhalte zu zensieren, vor allem da die kubanische Bevölkerung über das staatliche Fernsehen und die staatlichen Kinosäle Zugang zu ihnen hat. Es handelt sich eher um eine Ablehnung einer Form der Filmproduktion mit rassistischen, diskriminierenden und pornografischen Elementen. Das ICAIC fördert eine Form der Filmproduktion, welche als ein sozialer Wert oder kultureller Ausdruck einer Epoche betrachtet werden kann. Dieses Streben soll durch die Marktverhältnisse der selbstständigen 3D-Kinosäle nicht zerfallen. Eine selbstständige Erwerbs- bzw. Geschäftstätigkeit, die gegen die Prinzipien der Kulturpolitik verstößt, kann nicht gesetzlich anerkennt werden. Dies bedeutet nicht, dass es andere nicht-staatliche Formen für die Filmvorführung geben könnte. Wenn es in näherer Zukunft andere Formen für die Filmvorführung gäbe, welche durch eine nicht-staatliche Geschäftsleitung betrieben würde, dann müsste sich die Programmgestaltung nach den Anordnungen des ICAIC richten. Das ICAIC ist dazu verpflichtet, sich nach der seit Jahrzehnten in Kuba entworfenen Kulturpolitik zu richten […]“, in: Estrada, José L./Gomes, Susana/Peraza, Iramsy/Silva, Yuneimys/Labacena, Yuniel/Masó, Yodeni/Ferrer, Rosalí/Pham, Dat: ¿La vida en 3D ☞ Link S. 405

3D-Film *Meñique*[22] in Kooperation mit spanischen Filmproduzenten produziert.

In der Öffentlichkeit beeinflusste die Inbetriebnahme der selbstständigen 3D-Kinosäle jedoch so markant die Freizeitgestaltung und das Freizeitverhalten der Konsumenten, dass sie diese den staatlichen Fernsehangeboten vorzogen. Im öffentlichen Raum deutet dies auf die Herausbildung eines neuen Zuschauertypus mit neuen kulturellen Präferenzen und Referenzen hin. Die persönliche Wirtschaftslage sowie die Probleme mit den öffentlichen Verkehrsmitteln und die ungeeigneten Bedingungen der staatlichen Kinosäle sind materielle Faktoren, die die Vorliebe für die illegalen 3D-Kinosäle bis zu einem gewissen Grade bestimmten. Aber auch die Unterhaltungsorientierung, der Aufbau von häuslichem Komfort und ein besonderer Service während der 3D-Filmvorführung konkurrierten mit den institutionellen Angeboten auf diesem informellen Markt.

Die neue Form des Kulturkonsums dieser Art beeinflusste den Umgang mit den empfangenen Informationen und digitalen Medieninhalten. Hierbei besteht der Unterschied zu den didaktischen und pädagogischen Zielen von Bildung im institutionellen Kontext in der Rezeption anderer kultureller Referenzen. Die Erstellung einer differenzierten Programmgestaltung mit unterhaltungsorientierten Inhalten und in neuen Formaten stand der Didaktik des staatlichen Fernsehangebotes provokativ gegenüber, da sie kein Urteilsvermögen abverlangte, sondern puren Genuss. Die kubanischen Konsumenten sahen sich eher Actionfilme als Dramen an und bestimmten so ihr eigenes Freizeitverhalten. Diese Art des Mediengebrauchs übte einen kulturellen Einfluss auf das Publikum aus, indem er zur alltäglichen Erfahrung wurde. Die technische Innovation, die mit der Inbetriebnahme der selbstständigen 3D-Kinosäle vorangetrieben wurde, diente vor allem

---

[22] *Meñique* ist die Verfilmung einer Kindergeschichte des kubanischen Schriftstellers, Dichters und Politikers José Julián Martí Pérez. Die Erzählung erschien im Juli 1889 in der ersten Ausgabe der Zeitschrift *La Edad de Oro* (*The Golden Age*).

zur Erstellung von verschiedenen ästhetischen Formaten und erzeugte die Produktion und Reproduktion neuer kultureller Codes.

Die nunmehr als eher leichtfertig, mittelmäßig, pseudokul-
turell, oberflächlich und banal einzustufenden neuen kulturellen
Produkte bezeichnen einen Übersetzungsprozess, über den sich
die jungen Generationen anhand differenzierter Merkmale die
Welt erschließen. Die Nutzung der Medientechnik in der Privatsphäre ermöglicht ebenso einen Prozess zum Kulturtransfer, der
unabhängig von politischen Strukturen ist. So wie die Nutzer ihre
eigenen Erfahrungen und Initiativen durch den Mediengebrauch
erweitern, so generieren sie andere kulturelle Aspekte mit deren
entsprechenden Bestimmungen und Werten. Infolgedessen richtet sich die technische Transformation nach keiner im Voraus festgelegten Kulturpolitik, sondern sie findet hauptsächlich in einem
sozialen Raum statt, in dem die Nutzer neue Formen der kulturellen und politischen Partizipation erschaffen. Die staatliche Regulierung und Kontrolle der Mediennutzung in der Öffentlichkeit
führt zu Underground-Medienpraktiken, auch wenn die Nutzer
damit keine politischen Ziele anstreben.

Bei genauerer Betrachtung bilden diese geteilten sozialen
Räume die Arena für die nunmehr wegfallenden politischen
Identitätsbildungsprozesse. Ein medienkultureller Wandel, so die
These, impliziert auf der einen Seite einen Kulturverlust, während
die jungen Generationen auf der anderen Seite die Wirklichkeit
mit anderen Wertvorstellungen füllen und ihr eine differenzierte
Funktion zuweisen. Der Aufbau eines Raumes für den Kulturkonsum ist als eine Zusatzleistung der Nutzung von digitalen Medien
in Kuba zu begreifen. In Abwesenheit einer –im westlichen Sinne
ausgeprägten– Kulturindustrie, gestalten die kubanischen Nutzer
eine Mediensphäre für die Umsetzung einer kulturellen Praxis mit
eigenen technischen Eigenschaften (vgl. Debray 1994, Hartmann
2018).

Im November 2013 erließ eine staatliche Verordnung ein Verbot der Inbetriebnahme der selbstständigen 3D-Kinosäle und
des Geschäfts mit Computer- und Videospielen im öffentlichen

Raum.[23] In der kubanischen Blogosphäre war die Verordnung des *Comité Ejecutivo del Consejo de Ministros* den Kritiken heftig umstritten.[24] Die Kritikpunkte bezogen sich vor allem auf die Nichtanerkennung einer selbstständigen Erwerbstätigkeit, die andere Formen von Einkommensquellen und Arbeitsstellen generieren könnte, auch wenn sie illegal sei und von der staatlichen Behörde nicht reguliert werden könne.

Das Verbot der 3D-Kinosäle und der Computerspiele als Privatgeschäft rief heftige Diskussionen im sozialen Kontext Kubas hervor.[25] Dabei wurde die öffentliche Debatte über die rechtlichen Rahmenbedingungen der Einführung neuer und selbstständiger Erwerbstätigkeiten hauptsächlich über die Social Media ausgetragen. Die Forderung lautete Legalisierung. In der Tat entzogen sich die Besitzer der 3D-Kinosäle sowieso der Kontrolle der zuständigen Behörde wie etwa des ICAIC, und so wurden die 3D-Filmvorführungen außerhalb der Staatsaufsicht übergangslos fortgesetzt. Zudem bildete die staatliche Kulturpolitik eine neben der stattfindenden Medientransformation unabhängig agierende, autonome Entität.

4.3 Parallelisierung einer spezifischen Medienpraxis in institutioneller und privater Sphäre: *El paquete semanal*

Bei der Analyse des Kulturkonsums ist hervorzuheben, dass die durch die kubanischen Nutzer geschaffene relative Autonomie ein Anreiz für die Freizeit- und Konsumgestaltung ist. Der Kon-

---

[23] Siehe: Nota informativa sobre el trabajo por cuenta propia, in Zeitung Granma (2013), No. 262. ☞ Link S. 405

[24] Siehe: Ravsberg, Fernando: Cosecharás lo que siembres. Reacciones ante la prohibición a los cines 3D. ☞ Link S. 405

[25] Siehe: Sánchez Serra, Oscar: Preservar la legalidad y el orden: un interés de todos. ☞ Link S. 405

sum diversifiziert sich über das Auftauchen anderer Formen von kulturellen Identitäten, die einen Einfluss auf die staatliche Medien- und Kulturpolitik ausüben. Der öffentliche Raum ist durch eine schwache und veraltete Infrastruktur konstruiert. Diese Infrastruktur befindet sich noch im Bau und erschwert teilweise den Zugang und die Rezeption von Technologie (vgl. Rivero Baxter/ Barthelemy Panizo 2017). Dennoch sind konkrete und kreative Medienpraktiken in der Öffentlichkeit entstanden, welche die Partizipation der Nutzer in der gemeinsamen Gestaltung, Verteilung und dem Genuss von kulturellen Inhalten und audiovisuellen Materialien beschreiben. Der Kulturkonsum der kubanischen Konsumenten beschränkt sich zumeist auf spezifische Bereiche der Kultur wie Fernsehen, audiovisuelle Medien, Musik und Technologie bzw. den Erwerb von technischen Geräten.

Ein kulturelles Phänomen, das im sozialen Kontext Kubas den Konsum kultureller Inhalte prägt, ist das sogenannte *paquete semanal*. Das Paket ist eine Zusammenstellung von Informationen und audiovisuellen Inhalten (Filme, Telenovelas, Serien, Sport, Partizipationsprogramme usw.), die auf digitalen Trägern (USB-Sticks, externe Festplatten etc.) wöchentlich unter den kubanischen Konsumenten verteilt wird. Im Grunde bietet es eine Streaming-Dienstleistung offline und ist unter den Bürgern als *el internet del pueblo* (das Internet des Volkes) bekannt. Das Paket enthält ca. 1TB jeglicher Art von Informationen und kultureller Inhalte mit einem Preis von ca. 1 Euro. Die Mehrheit der kulturellen Inhalte, die im Paket zusammengestellt werden, stammt aus dem Ausland, obwohl es auch eine Selektion der in Kuba produzierten Fernsehangebote enthält. Durch spezielle Zusteller, ausgerüstet mit einem Rucksack, wird das Paket innerhalb der kubanischen Wohnviertel und Städte verteilt. Darüber hinaus gibt es eine Wohnung in jedem Viertel oder jeder Stadt, wo das Paket zu besorgen ist. Bei den kleinen Dienststellen der CD/DVD-Verkäufer erwerben die kubanischen Nutzer auch dieses Produkt. In diesen Anlagen werden die angebotenen digitalen Medieninhalte entsprechend der Präferenzen, den Interessen und dem Geschmack der Konsumenten organisiert und konfiguriert. Bei den kubanischen Nutzern findet diese neue Form von *Streaming offline* eine breite Rezeption.

Der Konsum durch das *paquete semanal* enthält eine vielfältige Auswahl von digitalen Medieninhalten. Die Präferenzen der Nutzer artikulieren sich zumeist durch den Konsum von Fernsehserien aus den USA, Kolumbien und Spanien. Die Fernsehangebote aus dem Genre Kriminal-, Mafia- oder Drogenfilme werden durch die Mehrheit der Nutzer genutzt; an zweiter Stelle stehen die Abenteuerfilme und Komödien. Die Serien werden aus dem Genre, dem Thema und der Beliebtheit bei den Zuschauern ausgewählt. Nach den Filmen sind die Talkshows, Teilnahme- und Schönheitswettbewerbe sowie die Telenovelas die am häufigsten konsumierten Fernsehprodukte. Diese kulturellen Inhalte werden durch das kubanische Publikum mehrmals in der Woche in einem Zeitraum von ein oder zwei Stunden pro Tag angeschaut. Der Konsum wechselt sich mit den Angeboten des staatlichen Fernsehens ab, denn die Sendezeiten für die Nachrichten, die kubanischen und internationalen Telenovelas sowie die Komödien haben noch ein festes Publikum. Die Konsumenten sehen in dem Fernsehangebot sowie den Informationen und digitalen Medieninhalten des *paquete semanal* durch dessen unterhaltungsorientierter Programmgestaltung anhand differenzierte Produkte, die auch der Allgemeinbildung diene, viele Vorteile (vgl. Rivero Baxter/Barthelemy Panizo 2017).

Zu erwähnen ist, dass die Auswahl an Filmen nicht nur auf einer in Hollywood erstellten Programmgestaltung basiert, das Paket enthält stattdessen andere *fremde* Film-Angebote wie aus den Philippinen, Indonesien, Australien, Südkorea, Hong Kong, Thailand, Israel, Russland, Norwegen und Finnland. Den kubanischen Soziologinnen Yisel Rivero Baxter und Liliam Barthelemy Panizo (2017) zufolge legitimiert dies die Inklusion von staatlichen Fernsehangeboten und audiovisuellen Materialien, die in Kuba hergestellt wurden. Interessanterweise besteht eine Inklusion bei den digitalen Versionen im PDF-Format der kubanischen Zeitungen *Juventud Rebelde*, *Granma* und *Trabajadores* sowie der Websites *Cu-*

badebate und *Cubahora*. Kubanische Serien und Filme, welche eine
breite Rezeption bei den kubanischen Zuschauern finden, werden
mit eingeschlossen. Ein anderer Aspekt des Konsums ist die Instrumentalisierung bestimmter Ansichten, politischer Meinungen,
der Nostalgie von vergangenen Epochen und einiger Wünsche
der Konsumenten. Bei einer genaueren Betrachtung fokusiert sich
das Interesse der Konsumenten auf die kubanischen und internationalen Telenovelas aus den 1980er und 1990er Jahren. Audiovisuelle Produktionen von kubanischen Serien sowie Fernsehprogramme aus den 1970er und 1980er Jahren, die die Jugendzeit und
Kindheit einer Generation prägten, werden als Sonderangebote
vermarktet. Die Inklusion eines Ordners mit Videos, Fotos, Chroniken und Reportagen über das Havanna der 1940er und 1950er
Jahre ist bedeutsam, vorwiegend weil dadurch versucht wird, den
damaligen Glamour und die Pracht des Nachtlebens hervorzuheben. Der zu diesem Thema bereitgestellte Inhalt zieht einen Vergleich zwischen der relativen Stabilisierung der wirtschaftlichen
Erfolge der sogenannten kubanischen *Segunda República* (1942–
1958) und dem revolutionären Kuba nach 1959.

Als eigenständige Initiative ist das Paket durch die Institutionen und deren entsprechende Behörde geduldet, denn die Nutzer
streben damit keine politischen Ziele, sondern so wie ursprünglich
die Umwandlung von Informationen in verschiedene Formate
für deren Verarbeitung und Rezeption. Die Inbetriebnahme von
Satellit-Antennen zwecks des Empfangs internationaler Fernsehkanäle, infolgedessen der kostenlose Download audiovisueller Inhalte und deren Verteilung in U-matic, Betamax, VHS, CD- und
DVD-Formaten, prägen seit den 1970er Jahren den Konsum von
Fernsehinhalten in der kubanischen Bevölkerung.[26] Seitdem erlauben die Videoformate den Nutzern das illegale Kopieren, Übersetzen, die Klassifikation und den Vertrieb US-amerikanischer
Filme in Kuba. Anfang der 1990er Jahre waren die sogenannten

---

[26] Siehe: San Martín, Augusto César/Cabrera, Rudy: The real parents of the
Weekly Packet. ☞ Link S. 405

bancos de películas (illegale Videotheken) populär. Das VHS-Format bot eine breite Palette von Filmen, Telenovelas, Dokumentarfilmen und Talkshows, dies wurde im Paket von Videoformaten und die digitalen Medieninhalten ersetzt. Die Verfügbarkeit einer illegalen Internetverbindung im Haushalt oder die legale in einer Institution ermöglicht den Download audiovisueller Inhalte und deren Verteilung unter den Konsumenten.

Das *paquete semanal* spiegelt die Verfahrensweise wider, mit der die junge Generation ihre Unterhaltung, Freizeit- und Konsumgestaltung, im Vergleich zu anderen internationalen Kontexten, artikuliert. Dies ist ein kultureller Prozess, der seit 2006 zunehmend einen kulturellen Einfluss auf die kubanische Gesellschaft ausübte und auch hier in neue rechtliche Rahmenbedingungen für die Ausübung einer selbstständigen Erwerbstätigkeit mündete. Im informellen Sektor strukturierten kulturelle Phänomene wie das Paket das Freizeitangebot je nach sozialem Bedarf. Dass die Versorgung von Informationen und kulturellen Inhalten keine formale Genehmigung erhielt, führte zu einer Adaptation an die physischen Räume, in denen die Fernsehangebote produziert wurden, wie etwa Haushalte, öffentliche Plätze, die Entwicklung von freien Netzwerken. Dies wiederum wirkt sich über die Nutzung von digitalen Plattformen, in denen die Nutzer digitale Produkte und Dienstleistungen erzeugen, auf die verschiedenen Mediensphären aus.

Die Form des Konsums ermöglicht die Gestaltung gemeinsamer sozialer Räume und die Entwicklung informationsbedingter Strukturen für die Interaktion und Sozialität zwischen den Nutzern und Konsumenten. Die audiovisuellen Materialien sind in der Begleitung von Freunden, Bekannten oder der Familie zu genießen. Darüber hinaus konstituiert dies eine Form für die Sozialisation jenseits des Freundeskreises. Die audiovisuellen Materialien sind größtenteils kostenlos zu bekommen, denn diejenigen Nutzer, die die Informationen und Inhalte kostenpflichtig erwerben, verteilen sie kostenlos innerhalb ihres Freundeskreises. Die Mehrheit der Konsumenten erhält das Paket gratis und als Teil eines verdichteten Netzwerks, das sich nicht nur auf den Freundeskreis beschränkt.

Demzufolge ist der Konsum des Pakets als Sozialkritik gegenüber dem kubanischen staatlichen Fernsehen zu betrachten. Alternativ bevorzugen die Konsumenten die Gestaltung eines unterhaltungsorientierten Fernsehangebots, das sich an ihre Interessen und Präferenzen anpasst, anstatt ein politisches oder pädagogisches Ziel zu verfolgen. Die Struktur und das Format der im Paket verteilten audiovisuellen Materialien beeinflussen ebenso die kubanische Fernsehproduktion. Die Fernsehangebote des staatlichen Fernsehkanals *Multivisión* enthalten beispielsweise dieselbe Struktur und einige der Fernsehprogramme anderer Sender werden mit demselben Format von US-amerikanischen Talkshows, Teilnahme- und Schönheitswettbewerben etc. erstellt.[27] Im Grunde rekurriert das staatliche Fernsehen auf dieselben erzählerischen Formen und gemeinsamen Räume des Pakets, da die Fernsehproduzenten die diskursiven Mechanismen und Strategien internationaler Fernsehsender (National Geographic, Discovery Channel, Youtube usw.) imitieren wollen. Zudem stellt das Paket eine Herausforderung für die allmähliche Erweiterung des digitalen Fernsehens dar. Die Zunahme der verfügbaren Fernsehkanäle mit deren entsprechenden zusätzlichen Dienstleistungen verlangt die Bereitstellung weiterer Optionen für die Zuschauer im Haushalt. Diese sollen sich von dem traditionellen staatlichen Fernsehangebot unterscheiden, um eine differenzierte bzw. unterhaltungsorientierte Programmgestaltung anzubieten.

Im Jahr 2014 führte die *Fundación Ludwig de Cuba* eine Recherche über die Auswirkungen des Pakets im öffentlichen Raum durch.[28] Der kubanische Essayist und Forscher Helmo Hernández bezeichnete diesen Prozess als *Estética de la provisionalidad* (Ästhetik

---

[27]   Siehe: Fernández Salazar, José Armando: El paquete de la discordia. ☞ Link S. 405

[28]   Siehe: Hernández, Helmo: Se acabó el "broadcast" y llegó el tiempo del "streaming". ☞ Link S. 405

der Vorläufigkeit), wodurch sich bestätige, dass das Paket eins der prägenden Merkmale der zeitgenössischen kubanischen Kultur sei. Das *paquete semanal* ist als kultureller Ausdruck des Konsums zu betrachten. Der neue Fernsehzuschauer und seine Konsumhaltung stehen zudem für das Recht, sich zu amüsieren, da er so seine Freizeit entsprechend der eigenen Interessen und Wünsche selbst organisieren kann. Überspitzt ist zu behaupten, dass das Paket einen permanenten kulturellen Dialog mit der staatlichen Infrastruktur und den Machtverhältnissen anstößt. Die Folge war, so ergab eine Recherche der *Fundación Ludwig de Cuba*, dass im Gegenzug dazu ein *institutionelles* Paket mit kulturellen Inhalten erstellt wurde, mit dem Ziel, die Interessen und den Konsum der Nutzer zu lenken.

Im öffentlichen Raum hat das Paket eine definierte Verteilungslogistik. Sie besteht aus einem verdichteten Netzwerk von Versorgern, Hauptsitzen (Privathaushalte), Zustellern, ersten und zweiten Verteilern bis hin zu den Konsumenten.[29] Die Erstellung und Organisation der digitalen Medieninhalte wird in unterschiedliche Gruppen von Mitarbeitern gegliedert. Ein Geschäftsleiter kontrolliert, organisiert und managt die Funktion jedes Mitarbeiters. Die Tätigkeit der unterschiedlichen Gruppen besteht darin, sich auf die jeweilige Suche von bestimmten audiovisuellen Materialien (Filme und Dokumentationen, Musik, Telenovelas, Talkshows etc.) zu spezialisieren, um diese für den Konsum bereitzustellen. Auf diese Weise wird das Paket zu Wochenbeginn an die Nutzer verteilt.

Die Funktion der Versorger besteht darin, die Inhalte aus dem Internet zu downloaden. Die Fernsehangebote werden zumeist bearbeitet, um die Werbung zu entfernen. Die Versorger verwenden ebenfalls eine Software für die Zusammenstellung der Dateien in thematischen Ordnern. Der Zusteller ist damit beauftragt, das Paket in die kubanischen Provinzen zu transportieren und es an die Hauptsitze innerhalb der Klein- und Großstädte zu ver-

---

[29] Siehe: Concepción, José Raúl: Escaneando el Paquete Semanal (I) (+ Infografía). ☞Link S. 405

kaufen. Auf diese Weise wird das Paket außerhalb von Havanna rezipiert und verteilt. Die ersten und zweiten Verteiler vermarkten das Paket in den Wohnvierteln, in denen sich vermehrt Konsumenten finden.

Der Erwerb des Pakets erfolgt in unterschiedlichen Modalitäten. Die Konsumenten können es sich über einen Verteiler zu ihren Wohnungen bringen lassen oder im Büro eines CD/DVD-Verkäufers erwerben. Die digitalen Medieninhalte werden immer auf einem digitalen Träger überspielt und gespeichert. Die Preise schwanken entsprechend des Standorts einer Wohnung oder eines Privathaushaltes in einer bestimmten Stadt oder der Provinz in Bezug auf die Entfernung einer Wohnung vom Stadtzentrum usw. Die Speicherkapazität der verwendeten digitalen Träger bestimmt auch den Preis. Den Konsumenten wird die Möglichkeit angeboten, eine spezifische Folge einer Telenovela oder die Staffel einer Serie auszuwählen, wenn sie sie verpasst haben. Digitale Träger wie USB-Sticks oder externe Festplatten können auch an im Falle eines Mangels vermietet werden. Eine Recherche des *Centro de Investigaciones Sociales*, gehörig zum ICRT (*Instituto Cubano de Radio y Televisión*), bestätigte, dass mehr als 70 % der Konsumenten in Havanna das Paket kostenlos erhalten.[30] Dies ist einer der Vorteile des *paquete semanal*. Seine Rezeption hängt von der Form der Interaktion zwischen den Konsumenten ab; eine geschäftliche Handlung ist nicht unbedingt impliziert. Dessen Verteilung dehnt sich über ein breitgefächertes Netzwerk von Freunden, Bekannten, Nachbarn oder Arbeitskollegen aus, die in manchen Fällen die kulturellen Inhalte und audiovisuellen Materialien unbewusst erhalten und konsumieren.

Die freie Zirkulation von kulturellen Produkten im informellen Sektor bildet einen chaotischen Raum, in dem der Informationsfluss und -austausch unkontrollierbar und unregierbar wird. Die abwechselnde Nutzung verschiedener Formate hemmt die institutionelle Regulierung von Inhalten und die institutionelle

---

[30] Ebd.

Kontrolle der Mediennutzung. Die staatliche Kulturpolitik Kubas steht somit vor einer Herausforderung, denn mit der Herstellung kultureller Produkte und dem Anbieten neuer Dienstleistungen lässt sich die Unterhaltungsindustrie im sozialen Kontext Kubas ausbauen (vgl. Postman 1985). Wirtschaftlich dient das Paket zur Förderung der Geschäfte, Projekte und Initiativen der selbstständigen Erwerbstätigen im Privatsektor, hauptsächlich durch die Nutzung von Werbespots. Spezifische kulturelle Inhalte wie autonome Fernsehkanäle oder die Kleinanzeigenportale werden extra für das Paket produziert. In der kubanischen Öffentlichkeit gewinnen diese Elemente wirtschaftlich und politisch eine Tiefendimension, indem sie die Produktion von kulturellen Prozessen modifizieren. Die Herstellung von Produktions- und Konsumgütern dient zur Bedürfnisbefriedigung des Endverbrauchers, daran nehmen die Nutzer und Konsumenten mit ihren eigenen Aktionen ohne die Steuerung einer Institution teil. Die Produktion von kulturellen und audiovisuellen Inhalten im informellen Sektor versichert teilweise ihr Wirtschaftswachstum und repräsentiert über 50 % des Konsums der kubanischen Nutzer in der Privatsphäre (vgl. Rivero Baxter/Barthelemy Panizo 2017).

4.3.1 Die kubanische Fernsehproduktion und el paquete semanal

Mit der Erstellung eines Fernsehpakets stehen derzeit das kubanische staatliche Fernsehen, die Institutionen sowie die Fernseh- und Filmproduktion in Konkurrenz. Dementsprechend hemmt die Verteilung des Pakets die Regulierung und die Kontrolle der Mediennutzung (z.B. des ICAIC) im öffentlichen Raum. Zudem ermöglicht der Besitz von technischen Geräten andere technische Möglichkeiten zur Verarbeitung von Informationen. Diese hängen von der Kaufkraft der potenziellen Konsumenten ab. Die zunehmende Nutzung von Computern, Smartphones, Internet usw. prägt den Konsum von digitalen Medieninhalten nach den Interessen der Nutzer in ihrer Privatsphäre.

Der in Kuba und im Rahmen der Nutzung von Medientechnik aufstrebende informelle Sektor strukturiert den Mediengebrauch nach seiner eigenen Logik. Die angebotenen audiovisuellen Materialien werden gegenüber der staatlichen Fernsehproduktion konkurrenzfähiger. Dies ist ein informeller Sektor, der sich selbst mit finanziellen und materiellen Ressourcen regulieren lässt, was in der Folge die staatliche Fernsehproduktion vor einer komplexen Herausforderung stellt. Der Erwerb von Arbeitsmaterialien (Kameras, Laptops, Softwares etc.) zur Entwicklung neuer Formen der Fernsehproduktion ist ein Aspekt, der eine kreative Nutzung der Medientechnik fördert. Dieser Prozess der Selbstdarstellung anderer kultureller Eigenschaften ist innerhalb der sogenannten kubanischen *Urban Culture* mit Reggaeton, Salsa-Musik und der Erstellung von nicht-staatlichen Fernsehangeboten zu finden.[31]

Die Verteilung des wöchentlichen Pakets beeinflusst die Einschaltquote und den Fernsehkonsum im öffentlichen und privaten Raum. Obwohl es mehrere Faktoren sind, die die Einschaltquote verändern, ist festzustellen, dass das kubanische staatliche Fernsehen noch eine wichtige Rolle für das kubanische Publikum in besonderen Sendezeiten spielt. Staatliche Fernsehangebote wie Nachrichten, Telenovelas, Sitcoms, die Übertragung von Filmen u. a. behalten noch in ihren Sendezeiten ein festes Publikum bei.[32] Zudem unterbreitet der Einsatz des digitalen Fernsehens in den kubanischen Haushalten ein erweitertes Fernsehangebot. Neben der traditionellen Programmgestaltung des staatlichen Fernsehens mit seinem pädagogischen Ziel werden neue Angebote zur Unterhaltung wie etwa Musik, Sport, Telenovelas, Trickfilme, Talkshows über die nationalen Fernsehkanäle präsentiert.

In dem Zusammenhang besteht die Neuheit des wöchentlichen Pakets darin, dass die Nutzer aus einer großen Menge an nicht regulierten Informationen und Inhalten auswählen. Hierbei konstituiert sich die Mediennutzung als eine Option, aus der die

---

[31] Siehe: Surgen en Cuba canales alternativos de televisión privada. ☞ Link S. 405

[32] Siehe: Televisión Cubana: el reto del Paquete Semanal. ☞ Link S. 406

Nutzer den entstandenen Informationsfluss sowohl in ihrer Privatsphäre als auch in der Öffentlichkeit managen. Die Informationen, die durch die kulturellen Inhalte und ästhetischen Formate des Pakets vermittelt werden, beeinflussen den Geschmackssinn und das Urteilsvermögen der Konsumenten. Dies hängt nicht nur von dem Bildungsniveau der Konsumenten ab, sondern von dem Kontext, in dem die Nutzer die Informationen verbrauchen. Die Nutzung von Facebook ist beispielsweise bei den kubanischen Nutzern sehr einheitlich verbreitet, aber der Konsum von Telenovelas, Serien oder Sitcoms unterscheidet sich entsprechend des Ortes, in dem ein Konsument wohnt, oder des Freundeskreises, zu dem er gehört. Nur in geringem Umfang behält das Aussuchen von ethischen Werten und moralischen Prinzipien innerhalb der Inhalte des Pakets eine Relevanz, während die Nutzer sich anderen kulturellen Präferenzen zuwenden. Solche kulturellen Präferenzen konkurrieren auch mit dem staatlichen Fernsehangebot.

Mit dem Besitz der Massenmedien als Staatseigentum regeln die kubanischen Institutionen die Informationen und Inhalte, die im staatlichen Fernsehen übertragen werden. Das Paket ist eine Alternative nur in dem Maße, wie die Nutzer sich entscheiden, die audiovisuellen Inhalte zu selektieren, welche in ihrem Interesse sind. Einige audiovisuellen Produktionen aus dem staatlichen Fernsehen werden im Paket als einzelne audiovisuelle Materialien verteilt und einige der aus dem Internet oder aus dem illegalen Satellit-Fernsehen heruntergeladenen Inhalte wie Filme werden ebenfalls im staatlichen Fernsehen ausgestrahlt. Die Form, in der die kubanischen Nutzer jegliche Art kultureller Inhalte erwerben, ist hauptsächlich gesetzwidrig, denn sie verletzen die Urheberrechte der Produzenten.

Im Grunde ist das Paket ein kultureller Ausdruck, der der kubanischen Wirklichkeit ähnelt und vor allem den Wunsch und die Interessen der jungen Generationen widerspiegelt. Das staatliche Fernsehen stellt sich den Kritiken des kubanischen Publikums, denn es behandelt als Anbieter eines öffentlichen Dienstes nicht die Problematik des kubanischen Alltags. Sein Diskurs ist überwiegend selbstbezogen auf die *Erfolge der Revolution* und inwiefern das Paket eine besondere Form der Ideologie wahrt. Dennoch enthalten nicht alle Inhalte, die im staatlichen Fernsehen übertragen oder im Paket verteilt werden, eine minderwertige Qualität. Bei genauerer Betrachtung ist zu behaupten, dass diese Inhalte eine Aufgabe in der Öffentlichkeit erfüllen: etwa den darauffolgenden Kulturkonsum nach den neuen sozialen Werten und neuen kulturellen Codes umzugestalten und unter Umständen umzunutzen. Die bereits erwähnte Ausbildung anderer kultureller Präferenzen und Referenzen unter den jungen Generationen unterliegt aber auch einem ethischen Problem. Die User sollen lernen, das Nützliche vom Nutzlosen zu unterscheiden, um zu identifizieren, welche Elemente kulturell eine Bereicherung für ihr Urteilsvermögen sein können.

In vielerlei Hinsicht ist die soziale Interaktion der entscheidende Aspekt, der die Form von Unterhaltung und Konsum über die Nutzung von Medientechnik kennzeichnet. Die Entwicklung von persönlichen und politischen Kommunikationsstrategien (entwickelt entweder in der Privatsphäre oder in den Institutionen) verleiht der zu behandelnden Information in der Öffentlichkeit eine Struktur, über die die Nutzer die empfangenen kulturellen Inhalte hierarchisieren. Somit unterliegt die technische Transformation dem Zwang eines öffentlichen Dialogs. Er bildet sich als derjenige, der wirtschaftlich den kulturellen Prozess eines Medienwandels in der Durchdringung von informationellen Einheiten, Produktionsverhältnissen und Zahlungssystemen umgestaltet. Kulturell ist die Heterogenität der daran teilnehmenden Akteure hervorzuheben, während Konsumgewohnheiten und -verhalten sich entsprechend der Allgemeinbildung und den Interessen der unterschiedlichen Altersgruppen etablieren. Rahmenbedingungen sind bei diesem Sachverhalt zu schaffen, mit denen die Nutzer ihre ästhetische Erfahrung und in der Folge den ästhetischen Geschmack erweitern können. Hiermit ist dem Begriff der Partizipation eine politische Relevanz beizumessen. Es handelt sich nicht um die Erfüllung der Erwartungen der Nutzer über die bloße Bereitstellung von Informationen oder Inhalten auf einem Trägermedium, sondern um die Entfaltung von persönlichen Projekten (privat oder institutionell) für die Teilhabe an der autonom erschaffenen Medienorganisation und an deren Strukturen. Relevant dafür ist die Entstehung von neuen sozialen Akteuren, den selbstständigen Erwerbstätigen, und die Kontrolle über ihre Aktionen im öffentlichen Raum.

4.3.2 Die soziale Auswirkung des Pakets auf die Ausübung der selbstständigen Erwerbstätigkeit

Die Verteilung von kulturellen Inhalten innerhalb des Pakets erschafft einen Weg für die Vermarktung kultureller Produkte, die selbstständig und ohne die Steuerung einer Institution hergestellt werden. Die Distribution von selbstständigen Zeitschriften wie *Vistar*, *Venus*, *La Nave*, *Garbos*, *Pretexto*, *Esprint* oder *Play Off* im Paket findet große Zustimmung bei der kubanischen Jugend.[33] Im Gegensatz zu den staatlichen Pressemedien berichten die Zeitschriften ausschließlich über das kubanische Showbusiness und den entstehenden Dienstleistungssektor. Um die Zeitschriften für die kubanische Jugend verlockend zu machen, wurden Strategien für ein neues Design entwickelt, die sich vom Format der staatlichen Pressemedien unterscheiden. Dafür werden Elemente der sogenannten kubanischen *Urban Culture* wie etwa Mode, Pop-Musik, Reggaeton verwendet, um sich mit den kulturellen Inhalten an die jungen Konsumenten zu richten. Die Erstellung und die Verteilung der selbstständigen Zeitschriften werden wegen ihrer Unkontrollierbarkeit durch die kubanischen Behörden geduldet.

Die digitalen Zeitschriften entstehen meist als persönliches Projekt ohne institutionelle Unterstützung. Der Fokus dieser Form von Journalismus liegt auf einer bloßen Darstellung der

---

[33] Siehe: Nieves Cárdenas, José Jasán: La prensa digital cubana. ☞ Link S. 406

derzeitigen kubanischen Unterhaltungsindustrie, ohne ihre politischen Aspekte und sozialen Auswirkungen auszuloten sowie auf die Wirtschaft einzugehen. Anlass für die Gründung der Zeitschriften war der erhöhte öffentliche Bedarf an Informationen über kulturelle Veranstaltungen innerhalb des entstehenden Privatsektors. Für die Markteinführung der selbstständigen Initiativen benötigen die Gründer die Förderung einer Institution, um die rechtlichen Rahmenbedingungen zu erfüllen. Ungeachtet dessen werden die Zeitschriften auch ohne die Genehmigung einer Institution herausgebracht. Auch hier würde eine Institution insbesondere diejenigen kulturellen Produkte regulieren, die die Zeitschriften an die kubanische Jugend verkaufen. Diese sollen sich einer Qualitätskontrolle unterziehen. Individuelle Initiativen werden zumeist mit der Unterstützung von Privatpersonen im Ausland vorangetrieben. Die Möglichkeit einer privaten Finanzierung erlaubt, dass die Projekte auch als kleinbetriebliche Unternehmen geführt werden können.

Ein interessanter Aspekt dabei ist, wie marktschreierisch sich die unterhaltungsorientierten Inhalte im Kontrast zur kargen Werbung der kubanischen Institutionen im öffentlichen Raum ausnimmt. Diese Art der Bekanntmachung der Magazine sichert bis zu einem gewissen Grad den Verkaufserfolg, während der Privatsektor sich allmählich als eine differenzierte, aber in geringem Maße konkurrierende Form positioniert. Auf der anderen Seite bedeutet die technische Transformation mit all ihrer Kreativität der daran teilnehmenden sozialen Akteure eine Neuorientierung, die politischen Charakter hat. Bislang wurden noch keine Gesetze bezüglich der Ausübung von nicht-staatlichen Formen des Journalismus von der Regierung erlassen.

Ein anderes Element, das die Verbreitung des Pakets sichert, ist eine Förderung der neuen selbstständigen Erwerbstätigen – auch in Form von Werbespots. Ihnen war zu Beginn vom Staat nicht genehmigt worden, in der Öffentlichkeit oder in den staatlichen Massenmedien zu werben. Die audiovisuellen Projekte, die eigenständig betrieben wurden, mussten andere nicht-traditionelle Kommunikationskanäle wie Social Media, SMS, Flyers oder Plakate benutzen, um sich bekannt zu machen (vgl. Rivero Baxter/Barthelemy Panizo 2017). Im Zeitraum zwischen 2006 und 2017 hat sich diese Situation geändert. Selbstständige kulturelle Projekte im Bereich der kubanischen Musikindustrie wie etwa *Diablo Dj*, *HavanaShow*, *PMM* erhalten von den staatlichen Massenmedien Unterstützung, um kulturelle Veranstaltungen durchzuführen, die auf große Zustimmung bei den jungen Generationen stoßen. Darunter befinden sich die Agentur AC-TUAR (unterstützt durch *PMM* und *HavanaShow*), die Gruppe *RTV Comercial* (gefördert duch *Fiesta Havana*, *Havaneando*, *Havana Max*, *Urbano*, *Diablo Show* etc.) und die Agentur *Musicalia* (*Sarao*) und *Clave Cubana* (*PMM*). Um diese privilegierte Stellung zu erlangen, müssen die Projekte Strategien entwickeln und zum Beispiel eine Allianz mit den staatlichen Institutionen eingehen oder politische Inhalte vermeiden. Aufgrund dieser Allianz erreichen einige der bereits erwähnten Projekte mit ihrer Produktion von informellen, kulturellen Dienstleistungen einen quasi legalen Status.

Im Bereich der Kultur ist dieser Umstand für die Produktion, die Organisation und die Verteilung von digitalen Medieninhalten im öffentlichen Raum entscheidend. Die kulturellen Inhalte, die nicht regelkonform sind, werden durch die zuständige Behörde zensiert und von den Institutionen abgelehnt. Daher achten die Nutzer bei der Auswahl und Zusammenstellung der Inhalte des *paquete semanal* darauf, keinerlei Informationen oder Meinungsäußerungen zur kubanischen Politik einzukaufen. Die Erstellung des Pakets passt sich vorwiegend an die Nachfrage an. Die Vielfalt an Informationen, Themen und audiovisuellen Materialien strukturieren sich nach den Interessen der Konsumenten. Die Intention dabei ist, einen breiten und unspezifischen Informationsbedarf zu decken. Die Interaktion zwischen Anbieter und Kunde reguliert die Bereitstellung der audiovisuellen Produkte, denn die Konsumenten bestellen die Inhalte nach ihren Präferenzen. Jeder Nutzer bzw. Konsument wird dazu befähigt, seine eigenen audiovisuellen Inhalte zu managen und diese auch in einer anderen reduzierten Version des Pakets mit anderen zu teilen. Dies gewährleistet die Deckung der informationellen Bedürfnisse der Nutzer. Hierbei versuchen die selbstständigen Projekte einen stabilen Markt zu entwickeln, um einen Kontext von ökonomischer Effizienz zu erschaffen. Sie identifizieren sich nicht nur mit einer Manifestation von Kultur wie etwa Musik, Theater und Tanz, sondern sie passen sich an den Markt an, auf den ihre Aktionen im öffentlichen Raum ausgerichtet sind (vgl. Rivero Baxter/Barthelemy Panizo 2017).

Im Jahr 2014 initiierten die kubanischen Institutionen ein Paket namens *Mi Mochila* (mein Rucksack)[34], ein neues *institutionelles* Paket, das mit dem *illegalen paquete semanal* konkurrieren sollte. *Mi Mochila* wurde in den Jugend-Computer-Clubs erstellt und enthielt jeweils dieselben kulturellen Inhalte: Filme, Musik, Video- und Computerspiele, Telenovelas, Softwares, Sport, Literatur etc. Es wurde ebenfalls in Havanna produziert und in den Jugend-Computer-Clubs der kubanischen Provinzen verteilt. Der Unterschied zum illegalen Paket streben die Institutionen an, die Medienkompetenz der Nutzer zu erweitern. Zudem beabsichtigen sie, den Interessen und dem ästhetischen Geschmack der jungen Generationen durch hochwertige Produkte eine neue Ausrichtung zu geben. Die Herstellung der kulturellen Produkte innerhalb der Institutionen konstituiert einen politischen Anspruch, der sich in den angebotenen Informationen widerspiegelt. Obwohl die Inhalte im institutionellen Paket auch unterhaltungsorientiert sind, verzichten sie nicht auf ein striktes pädagogisches Ziel. *Mi Mochila* entstand in Kooperation mit dem *Ministerio de Cultura*, dem ICRT, dem ICAIC und anderen Institutionen und wurde in den Jugend-Computer-Clubs getestet. Dessen Rezeption bei den kubanischen Nutzern war (und ist) gering und hängt von der Menge (ca. 400 GB an Informationen) und der Vielfalt der angebotenen kulturellen Inhalte ab. Einer der Vorteile des institutionellen Pakets

---

ist, dass es kostenlos in diesen Einrichtungen verteilt wird und dass audiovisuelle Videoclips und Filme den Nutzern online im Intranet zur Verfügung stehen. Filme, Serien, Musik, Talkshows, Video- und Computerspiele, Telenovelas, Trickfilme etc. sind Inhalte von *Mi Mochila*, die die kubanischen Nutzer konsumieren. Pädagogisch aufbereitete digitale Enzyklopädien, kubanische Literatur und Weltliteratur sowie Dokumentarfilme hingegen werden nur in geringem Maße aufgerufen.

In Multimedia-Form wurde im Jahr 2015 ein weiteres institutionelles Paket, *Pa' que te eduques* genannt, durch das Ministerio de Educación und für das kubanische Bildungswesen erstellt.[35] Das neue digitale Produkt wurde innerhalb der gesamten Bildungsstätten Kubas verteilt und sollte eine Ergänzung zu *Mi Mochila* sein. Das neue Angebot für Schüler und Studierende enthielt die Informationen und Inhalte, die mit der Didaktik und Pädagogik des kubanischen Schulsystems korrelieren; beispielsweise Dokumentarfilme, die die Geschichte Kubas mit didaktischen Elementen erklären. Das Paket *Pa' que te eduques* wurde in Zusammenarbeit mit dem staatseigenen Unternehmen CINESOFT hergestellt. Es enthält ca. 1 TB an Informationen, die über eine Suchmaschine abgefragt werden können. Für die Schüler und Studierenden werden Lehrmaterialien wie Lernprogramme und Kurse (Informatik, Fremdsprachen, Landwirtschaft etc.) zum Selbststudium angeboten. Die Inhalte sind von interaktiven grafischen Elementen begleitet, um die Visualisierung von Fotos, Texten und Videos zu erleichtern. Virtuelle Labore für die Lehre in den Naturwissenschaften wie Chemie, Physik oder Biologie werden auch angeboten, um den Studierenden die Handhabung von spezifischen Geräten zu lehren. Für die Lehrenden der Bildungsstätten wird ein Ordner vorbereitet, in dem sie neue Bücher sowie wissenschaftliche Artikel und Arbeiten (Master- oder Doktorarbeiten) finden und Recherchen anstellen können.

---

[35] Siehe: "Pa' que te eduques" multimedia para el aprendizaje y la educación.
☞ Link S. 406

Eine andere institutionelle Strategie, die mit dem Paket zu konkurrieren versucht, ist die Förderung von Video- und Computerspielen, entwickelt durch kubanische selbstständige Unternehmer. Im Jahr 2015 wurde das Computerspiel Yeli aus dem familiären Projekt *Isla Gráfica* in die Öffentlichkeit gebracht.[36] Die kubanischen Nutzer können die Software für die Erstellung und Konfiguration von Video- und Computerspielen kostenlos durch das Paket erwerben. Für die Markteinführung von *Yeli* wurde das Projekt *Isla Gráfica* über den kubanischen *Fondo Cubano de Bienes Culturales* (Kubanischer Fonds für Kulturgüter) unterstützt, mit dem Ziel, konkurrenzfähige Produkte über die Kooperation zwischen den Institutionen und dem Privatsektor zu präsentieren. Institutionen wie das ICAIC, das ICRT, die UCI (Universität für Computerwissenschaft) und die EGREM arbeiteten auch an der Produktion dieser Inhalte mit. Die Markteinführung dieser Computerspiele erfüllte die Erwartungen der Institutionen nicht, weil sich seitens der kubanischen Konsumenten wenig Interesse manifestierte und dadurch zu wenig Gewinne bzw. nur Kostendeckung erzielt werden kann.

Im Vergleich dazu spielt die Erweiterung der freien Netzwerke eine wichtige Rolle für die Entfaltung der verschiedenen Gaming-Communities in Kuba. Ein Phänomen, das entlang des Landes sehr verbreitet ist.[37] Im Jahr 2007 wurde die *Agrupación de Deportes Electrónicos de Cuba* gegründet, mit dem Ziel, die Fangemeinde der Video- und Computerspiele in einem Verband zu organisieren und kulturelle Veranstaltungen für das gemeinsame Spielen online zu fördern.[38] Diese wurden in Kooperation mit den Jugend Computer-Clubs organisiert. Dennoch gilt weiterhin, dass die Entwicklung von freien Netzwerken in den Großstädten (wie das sogenannte *StreetNetwork*, vgl. Kapitel 2) entscheidend für das

---

[36] Siehe: Fernández, Gabriela M.: Loading Yeli: hacia el comercio de videojuegos en Cuba. ☞ Link S. 406

[37] Siehe: Sosa, Sayli: Jugar en red y salir del underground. ☞ Link S. 406

[38] Der Verein ist unter dem folgenden Link http://adec.cubava.cu/ abrufbar.

Zusammenspiel der Mehrheit der kubanischen Nutzer im On-linebereich ist. Die Rolle des Pakets beschränkt sich somit auf die Versorgung der Video- und Computerspiele und auf den Erwerb der technischen Bestandteile (Switch, Netzkabel, Modem, finanzielle Mittel etc.) für den Aufbau der Netzwerke. Problematisch dafür ist die Nutzung des Frequenzbereichs, den die Nutzer für den Ausbau der selbstständigen drahtlosen Netzwerke verwenden. Die Einrichtung von freien Netzwerken im kubanischen öffentlichen Raum konstituiert kein Verbrechen, vorausgesetzt, dass die verwendeten Frequenzen über die 2,4 GHz übertragen werden. Die Verordnung No. 127/2011[39] des *Ministerio de Informática y las Comunicaciones* reguliert die Nutzung des Frequenzbandes zwischen den 2400 Mhz bis zu 2483,5 Mhz ausschließlich für die Einrichtung von High Speed Wireless Access Systems. Solche Systeme sollen zum Ausbau privater Netzwerke für die internen Dienste eines Unternehmens sowie die Netzwerke der öffentlichen Institutionen dienen, die der öffentliche Serviceleistungen anbieten. Außerdem erweitern sie spezifische Bereiche des Dienstleistungssektors, die dieses Frequenzband kommerziell verwendet. Die Nutzung des Frequenzbereichs durch natürliche und juristische Personen ist nicht gestattet.

4.3.3 Im Zuge der Unterhaltungsindustrie: Das Angebot von Netflix

Nach der Wiederaufnahme der diplomatischen Beziehungen zwischen den USA und Kuba und nach dem Besuch des ehemaligen Präsidenten Barack Obama verkündete das US-amerikanische Unternehmen Netflix im Jahr 2015 die Bereitstellung seiner Dienstleistungen für den kubanischen Markt.[40] Die kubanischen Nutzer mit einer Internetverbindung und Zugang zu internatio-

---

[39] Siehe Resolución No. 127-2011 Reglamento para el uso de la banda 2,4 Ghz. ☞ Link S. 406

[40] Siehe: ¿Por qué Netflix ha llegado a Cuba? ☞ Link S. 406

nalen Zahlungssystemen würden die Dienstleistungen von Netflix abonnieren können. In Ergänzung zum paquete semanal wäre dadurch ein breiterer Konsum von digitalen Medieninhalten in US-amerikanischen Formaten wie Serien, Filme, Dokumentationen, Komödien, Talkshows etc. möglich, der Zugang würde über eine Kreditkarte und einem Preis von 7,99 Dollar im Monat erfolgen. Im Jahr 2015 genehmigte Barack Obama die Investition von US-amerikanischen Telekommunikationsunternehmen, um kulturelle Produkte und digitale Medieninhalte mit Elementen der kubanischen Kultur zu produzieren. Für die kubanischen Konsumenten ist der Zugriff auf die Inhalte von Netflix eine Herausforderung, weil er eine breitbandige Internetverbindung erfordert. Dementsprechend ist der monatliche Preis sehr hoch im Vergleich mit dem durchschnittlichen Gehalt eines Kubaners.

Durch das Angebot von Netflix und die Verteilung des Pakets im öffentlichen Raum wurde das Interesse einiger kubanischer Intellektueller geweckt, die nun den Kulturkonsum und seine Implikationen für die kubanische audiovisuelle Produktion analysieren wollten. Dabei drohe die Vermarktung der kubanischen Kultur über Netflix eine verstärkt konsumorientierte Dynamik des informellen Sektors zu bewirken. Der kubanische Film- und Kulturkritiker Gustavo Arcos Fernández-Britto setzte sich für die Schaffung neuer rechtlicher Rahmenbedingungen ein, um die audiovisuelle Produktion, sowohl institutionell als auch privat, vor der Medienpiraterie zu schützen.[41] In Kuba ist die audiovisuelle Produktion gesetzlich durch das ICAIC gesteuert. Das Treffen eines Kulturabkommens zwischen den USA und Kuba könnte die Nutzung von Kunstwerken, die Aufbewahrung des Kulturerbes und die Vermarktung audiovisueller Produkte beider Nationen regulieren. Erwähnenswert ist, dass die Medienpiraterie kein neues Phänomen in Kuba ist. Sie wurde durch den kubanischen Staat seit den 1960er und 1970er Jahren aufgrund des US-amerikani-

---

[41] Arcos Fernández-Britto, Gustavo: Cuba audiovisual: Netflix, flexix y Paquet-flix. ☞ Link S. 406

schen Embargos legitimiert. Damals wurde eine große Anzahl von kulturellen Produkten (Weltliteratur, Musik, Filme etc.) ohne die Erlaubnis internationaler Institutionen oder Unternehmen den kubanischen Konsumenten zur Verfügung gestellt. Einige kubanische Wissenschaftler, Akademiker, Künstler etc. verzichteten auf ihre eigenen Urheberrechte aufgrund ihres Engagements bei dem Sozialprojekt der kubanischen Revolution. Die vorgetragene Absicht der Homogenisierung von Kultur zum Wohle aller Bürger legitimierte in gewisser Weise auch das Kopieren, das Speichern und die Reproduktion von Informationen und Inhalten. Spezifische Themen bezüglich des Geldes, des gewerblichen oder geistigen Eigentums sowie der Kategorien wie Kunde, Gewinn, Markt und Geschäfte wurden stigmatisiert und in der Folge mit Antiquiertheit und kapitalistischer Ideologie gleichgesetzt. Im Verlauf der Jahrzehnte verursachte diese Situation ein bizarres Gewebe aus Praktiken in der Öffentlichkeit, durch die die Grenzen zwischen Legalität und Illegalität, Genehmigung und Verbot verwischt wurden (vgl. Arcos Fernández-Britto 2015).

Mehr als 70 % der im kubanischen staatlichen Fernsehen vorgeführten Filme stammen aus den USA. Die kubanischen Institutionen beachten die internationalen oder nationalen Urheberrechte der Filmproduzenten nicht, auch nicht, wenn deren Werke dem staatlichen Fernsehen oder staatlichen Kinosälen gezeigt werden. Die gesetzlich anerkannten CD/DVD-Verkäufer vermarkten tausende von audiovisuellen Materialien im öffentlichen Raum. Einige der kubanischen Institutionen wie etwa Kulturzentren, Universitäten, Hochschulen laden in ihre Netzwerke audiovisuelle Inhalte hoch, ohne die Genehmigung der Produzenten einzuholen. Diese audiovisuellen Inhalte werden zudem frei zum Download bereitgestellt. Selbstständige Produktionsfirmen und Plattenlabels vermehren sich somit ohne kubanischen Rechtsschutz und zumeist nur mit internationaler Unterstützung.

Für den Konsum von audiovisuellen Inhalten spielt diese zunehmende Tendenz eine wichtige Rolle im sozialen Kontext Kubas. Dies betrifft die staatliche Medien- und Kulturpolitik, denn die Nutzer erschaffen neue soziale Räume für Meinungs-, Entscheidungs- und Versammlungsfreiheit. Die selbstständige Produktion von Kunst, Musik, Filmen und Kurzfilmen dient zur kritischen Äußerung einer neuen Generation von Produzenten, die sich nicht an die Regeln der Institutionen halten. Insofern ist der Kulturkonsum als ein Ausdruck einer Form von kulturellem Widerstand und politischem Protest anzusehen. Ein Beispiel dafür ist die seit 2013 öffentliche Debatte von kubanischen Filmproduzenten über ein neues Gesetz (*Ley de Cine*), das die Filmproduktion und ihr Management durch das ICAIC in Kuba umstrukturiert.[42]

Das Angebot von Netflix könnte das gesamte Panorama des Fernsehkonsums in Kuba verändern. Die Investitionen von US-amerikanischen Unternehmen aus der Unterhaltungsindustrie in den kubanischen Markt sind seit 2017 durch die neuen Verordnungen der Regierung des Präsidenten Donald Trump wieder verboten, wodurch auch die Möglichkeit eines Kulturabkommens nun nicht mehr besteht. Dennoch verweist das Beispiel von Netflix auf die nicht vorhandene Infrastruktur, was die vom kubanischen Staat angestrebte Organisation und Kontrolle der audiovisuellen Produktion in seinem Land erschwert. Zusammengefasst handelt es sich um folgende Missstände:

---

[42] Ein ausführlicher Bericht zu diesem Thema ist unter den folgenden Artikeln zu finden: 1) Crespo, Cecilia: Concluida propuesta del G-20 para una Ley de Cine en Cuba. ☞ Link S. 406 2) Arcos Fernández-Brito, Gustavo/Giroud, Pavel: ¿Por qué crees que hemos gritado por una Ley de Cine? 3) Juan Antonio García Borrero: "Quiero una ley de Cine para Cuba, pero con el ICAIC como ente rector". 4) Procedimientos nuevos para tiempos nuevos: hacia una Ley de Cina para Cuba. ☞ Link S. 406 5) Cubas Hernández, Pedro Alexander/Cuba Posible: Filosofía y cine: "La Última Cena" y la dignidad humana del sujeto caribeño. ☞ Link S. 406 Medina, Cecilia/Cuba Posible: "No vamos a cansarnos": notas desde las Asambleas de Cineastas para asomarnos al campo periodístico en Cuba. ☞ Link S. 406 7) Diéguez, Danae C./Lechuga, Carlos/ Calviño, Claudia: Los desafíos de hacer cine en Cuba, hoy: diálogos con Carlos Lechuga y Claudia Calviño. ☞ Link S. 406

- den nicht modernisierten Zustand der staatlichen Kinosäle;

- die Erstellung der staatlichen Programmgestaltung ohne
  die Zahlung von Urheberrechten;

- die Nutzung von technischen Geräten wie Computer mit
  raubkopierten Betriebssystemen und Softwares;

- die mangelnde technische Ausstattung der kubanischen
  Kunstschulen (z. B. die Escuela Internacional de Cine y
  Televisión und die Universidad de las Artes ISA).

Es bleibt offen, wie sich die Regulierung von Urheberrechten und
geistigem Eigentum in Kuba in Zukunft gestalten wird.

Materielle Aspekte wie die Rezeption, die Innovation und die
Adaptation der technischen Beschaffenheiten der digitalen Medien charakterisieren den Kulturkonsum in Kuba, der über soziale und kulturelle Phänomene wie das wöchentiche Paket, die
3D-Kinosäle, die freien Netzwerke oder die Medienpiraterie umgesetzt wird. Auf die eine oder andere Weise nimmt die Mehrheit der kubanischen Bürger (Angestellte, Schüler und Studenten,
Hausfrauen, Wissenschaftler, Funktionäre, Professoren etc.) an
diesen Initiativen im öffentlichen und privaten Raum teil, indem
sie die verteilten Informationen und Inhalte durch unterschiedliche Kanäle aktiv erwerben und verbrauchen. Mit ihrer aktiven
Partizipation tragen sie dazu bei, die geschaffenen Strukturen in
der Öffentlichkeit weiterzuentwickeln.

4.4 Systematik einer medienkulturellen Praxis und deren kulturpolitischen Aspekte

Der Kulturkonsum ermöglicht die Gestaltung von sozialen Räumen, in denen Aneignung und Rezeption kultureller Codes und Prozesse, die jeweils außerhalb institutioneller Interessen und ohne Staatsaufsicht entschlüsselt bzw. ausgelöst werden, stattfindet. Mit einem neuen Verhältnis zu den Medien ändert sich auch die Produktion. Der zunehmende Kulturkonsum in Kuba verweist auf einen medienkulturellen Wandel, der die Recodierung und Kontextualisierung einer neuartigen Medienpraxis in der Öffentlichkeit erzeugt. Privat aufgebaute technische Infrastrukturen (Bottom-up) ergänzen in Koexistenz die staatlich bestehende Medieninfrastruktur (Top-down).

Einerseits generiert die sich etablierende Nutzung von Medientechnik Produkte, Waren und Dienstleistungen. Andererseits sind die daraus resultierenden Produktionsverhältnisse als eine Form von sozialen Beziehungen zu betrachten, indem die Nutzer mit diesen Produkten und Waren im öffentlichen Raum interagieren, an der Produktion, dem Austausch, der Verteilung und dem Verbrauch teilnehmen. Die Aneignung und Rezeption kultureller Codes geht mit der erfolgenden Umsetzung andersartiger Medienpraktiken und -anwendungen im öffentlichen Raum einher. Dadurch setzt sich schrittweise eine digitale Medienrevolution in Gang, gestützt auf die technischen Möglichkeiten einer beginnenden Sharing Economy (vgl. Lawrence 2008), die sich an einen Bedarf anpasst, anstatt am *Anliegen etwas verändern zu wollen*. Dies entspricht einem kulturellen Prozess der bewussten und unbewussten Verarbeitung von kulturellen Symbolen auf einer sozialen Ebene.

Die etablierten Medien- und Produktionsverhältnisse mit deren Produktivkraft zur Gewinnung und Erhaltung eines anzuerkennenden Stellenwertes (Know-how: was wird mit Medientechnik erzeugt?) legen eine zu schaffende Legitimität (Aneignung und Rezeption kultureller Inhalte und Codes) fest. Das Auftauchen der selbstständigen Erwerbstätigen ist der entscheidende Aspekt, der die kulturelle und technische Transformation in Kuba prägt. Sie sind es, die die Mittel zur Produktion von digitalen Medieninhalten bereitstellen. Dass der informelle Sektor sich auf eine Sharing Economy mit Hilfe der Medientechnik zubewegt, könnte zu einem neuen Unternehmertum führen, das Arbeitsplätze, andere Formen von Marketing und Markteinführungsstrategien für neue Produkte mit einer zukunftsorientierten Perspektive erschafft. Zudem fördert dies das Entstehen von konkurrenzfähigen Akteuren in der Öffentlichkeit. Aneignung wird als die Entfaltung von persönlichen Fähigkeiten des Einzelnen verstanden, um sich an den zweckmäßigen Gebrauch von Medientechnik und deren Potenzial anzupassen. Es handelt sich nicht nur darum, technische Geräte zu besitzen, sondern sich das Selbstmanagement, die Geschäftsführung, das Erstellen, die Organisation kommunikativer Prozesse und die Verteilung von Informationen und Inhalten anzueignen.

Die selbstständigen Erwerbstätigen werden desgleichen dazu befähigt, den informellen Markt mit neuartigen Angeboten, audiovisuellen Materialien, Dienstleistungen etc. zu überschwemmen, denn sie erzeugen verschiedene Plattformen für die Vermarktung der hergestellten Medieninhalte. Obwohl die hergestellten kulturellen Inhalte eine minder- oder hochwertige Qualität enthalten können, dienen sie hauptsächlich zur Förderung des Kulturkonsums in der Gesamtheit seiner Formen und innerhalb der unterschiedlichen Gesellschaftsschichten. Die Erschaffung digitaler Plattformen für den Kulturkonsum lässt die Etablierung einer differenzierten Form der Aneignung, Rezeption und Interaktion zwischen den Nutzern und Konsumenten zu. Dies beschreibt eine soziale Interaktion im öffentlichen Raum, aus der die Nutzer Dienstleistungen und kulturelle Güter verbrauchen. Sie misst ebenfalls den Interessen, dem Geschmackssinn, den Forderungen und Erwartungen der Konsumenten hinsichtlich des Konsums von gewissen kulturellen Produkten eine Relevanz bei (vgl. Armenteros/Calviño 2016). Dem kubanischen Wirtschaftstheoretiker Juan Triana Cordoví zufolge sind es die selbstständigen

Erwerbstätigen, die die Transformationen beschleunigen können und somit relevante unmittelbare Ergebnisse erlangen. Sie erlauben, Beschäftigungsmöglichkeiten für den informellen Sektor anzubieten und den Lebensstandard der Familien zu verbessern, die sich diesem Sektor zuwenden. Zudem ermöglichen sie die Steigerung und Dezentralisierung der Produktion von Gütern und Dienstleistungen (vgl. Triana Cordoví 2012).

Obwohl die in der Öffentlichkeit und durch die Nutzer geführte Medienpraxis implizit nicht ein politisches Ziel verfolgt, ist festzustellen, dass sie einen Einfluss auf die staatliche Medien- und Kulturpolitik ausübt. Der Aufschwung des aufstrebenden informellen Sektors wirkt auf die politischen, wirtschaftlichen und kulturellen Grundstrukturen der staatlichen Machtverhältnisse ein. Die technische Transformation ändert zum Teil die Machtstrukturen, indem der entstandene heterogene Kommunikationsraum auch Teilöffentlichkeiten gestaltet. Dass dieser Kommunikationsraum unkontrollier- und unregierbar gestaltet wird, zwingt die kubanische Politik, Zugeständnisse zu machen. Die digitale Medienrevolution löst eine Transformation der bestehenden Medienstrukturen über die Partizipation der Nutzer aus. Daher ist Partizipation als ein aktiver und komplexer Prozess zu verstehen, der sich nach dem Umbruch der Machtverhältnisse richtet. Sie impliziert die Entwicklung von Strategien, um den Nutzern die Möglichkeit zu geben, an den Entscheidungsprozessen teilzunehmen. Die Partizipation entspringt einem individuellen und kollektiven Bedarf. Als Produktivkraft ist sie in den Medienstrukturen und deren entsprechender Umsetzung zu finden. Bei einer genaueren Betrachtung ist dies fortschrittlich, aber nicht generell revolutionär für Kuba, denn die technische Transformation betrifft nicht alle Bereiche des Lebens des Einzelnen. Der Zugang zum Internet, der Besitz und die Handhabung von technischen Geräten sowie die technischen Möglichkeiten, die sie anbieten, sind als Zusatzleistungen der Lebenserfahrung der Nutzer zu konzipieren. Die Prekarität des Alltags lässt sich durch die Verfügbarkeit technischer Geräte nicht minimieren.

Bei der Auseinandersetzung mit der Kulturpolitik spielen die Nutzer bei der Umsetzung neuer Formen des Mediengebrauchs und die Konsumenten bei der Gestaltung von sozialen Räumen für den Kulturkonsum eine große bedeutsame Rolle. Der kubanische Kulturwissenschaftler Hamlet López García behauptet, dass die zunehmende Komplexität in der Verantwortung der Kulturpolitik zusammen mit einem vermeintlichen Rückzug des Staates aus dem Kulturbereich auf die steigende Relevanz verweist, die die Kultur in der ökonomischen Aktivität des zeitgenössischen sozialen Lebens gewinnt. Der politische Charakter des Managements von Kultur akzentuiert generell die Abhängigkeit der Kulturpolitik von der Interaktion zwischen ökonomischen, politischen und ideologischen Elementen, welche sich aus der Dynamik des zeitgenössischen Kapitalismus herauskristallisieren (vgl. López García 2017).

Im Falle Kubas zeichnet sich der öffentliche Raum durch die zunehmende Heterogenität der sozialen Akteure aus, die am politischen und kulturellen Leben der Nation partizipieren. Mit ihren Aktionen beeinflussen sie das kulturelle Leben. Die selbstständigen Erwerbstätigen vertreten eine neue Form des Eigentums, eine neue Konzeption des unternehmerischen Handelns und eine neue Beziehung zwischen Staat, Bürgerschaft und Nation (vgl. Armenteros/Calviño 2016). Angesichts der Auswirkungen der Wirtschaftskrise und der Unfähigkeit des Staates, den Bedarf an verschiedenenartigen Produkten und Dienstleistungen (soziale Forderungen) zu decken, entstehen alternative Geschäftsmodelle. Darunter sind einige nicht gesetzlich anerkannt. Diese Unternehmen greifen die Forderungen und Unzufriedenheit eines Sektors der Bevölkerung auf und erzeugen meist Alternativen, um die sozialen Bedürfnisse der Bürger zu tilgen. Der stattfindende kulturelle Prozess hat aktiven und inklusiven Charakter. Die kubanischen Kulturwissenschaftler Yisel Linares und Pedro Emilio Moras Puig behaupten, dass die Vielfalt und Eigenart jeder Gesellschaftsschicht stabile Systeme bezüglich Bereitschaft, Denk- und Handlungsweisen ausbildet, die in der Zeit transzendieren, obwohl die unterschiedlichen Umstände ihrer (politischen, ökonomischen, kulturellen) Umsetzung Veränderungen mit sich bringen können. Jede dieser Gesellschaftsschichten mit deren Lebensstilen, Bedürfnissen und kulturellen Codes eignet sich einen Teil der Wirklichkeit an, um auf diese Weise mit ihr zu interagieren.[43]

Die im Kapitel beschriebene Nutzung von Medientechnik und der Einsatz digitaler Medien in der Öffentlichkeit üben einen positiven Einfluss auf die Hauswirtschaft, das Leben des Einzelnen und den kubanischen Binnenmarkt aus. Zu behaupten ist, dass die selbstständige und illegale Produktion von kulturellen Gütern und Dienstleistungen Defizite innerhalb der Haushalte, der Institutionen und des Lebensraums des Einzelnen entscheidend dazu beträgt, diese zu beheben. Die durch die Nutzer ausgeführten Medienpraktiken legitimieren sich selbst in den Konsumgewohnheiten und -verhalten der Konsumenten. Die neuen Geschäftsmodelle im Bereich der Medientechnik generieren identitätsstiftende Elemente, da diese Initiativen ihre Erfolge über die Bürgerpartizipation der verzeichnen. An diesem Prozess hat die Technik einen Anteil. Die politische Öffnung der kubanischen Regierung kontextualisiert das Land zunehmend innerhalb internationaler Marktstrukturen. Die Aneignung und Rezeption der technischen Transformation durch die Nutzer prägen die kubanische Gesellschaft. Es entstehen neuartige Formen der Herstellung und Verarbeitung von Informationen und Inhalten. Dem italienischen Philosoph Luciano Floridi zufolge

[…] ist die Informationsgesellschaft eine Produktionsgesellschaft neuer Prägung, in der Information sowohl das Rohmaterial bildet, das wir produzieren und bearbeiten, als auch die fertige Ware, die wir konsumieren. In einer

---

[43] Vgl. Moras Puig, Pedro Emilio/Linares Fleites, Cecilia/Rivero Baxter, Yisel/ Mendoza López, Yosleidy María (2010): El Consumo cultural y sus prácticas en Cuba. La Habana, Centro de Investigación de la Cultura Cubana (ICIC) Juan Marinello.

solchen Gesellschaft müssen wir, was die Fähigkeit betrifft, unbedingt mehr Gewicht auf das sogenannte ‚Herstellungswissen' legen – in dessen Genuss diejenigen kommen, die sich mit dem Design und der Produktion der Artefakten auskennen, das heißt diejenigen, die wissen, wie sich Information hervorbringen, gestalten und umgestalten lässt.[44]

In diesem Sinne kann von einer Kulturrevolution im sozialen Kontext Kubas gesprochen werden. Die erweiterte Bedeutung des Wahrgenommenen in der sozialen Vorstellungswelt wird sich anhand neuartiger Medienpraktiken in anderen aufgebauten Reproduktionen von instrumentalisierten Verfahren umsetzen lassen. Die kulturelle und technische Transformation wird über innovative Vorgehensweisen vorangetrieben, während neue Rahmenbedingungen für deren Umsetzung zu schaffen sind. Medienpraktische und -ästhetische Lebenserfahrungen bedingen die Umgestaltung und die Funktionsweise der Medienstrukturen. Sie revolutionieren die bestehenden Macht- und Medienverhältnisse durch die Produktion neuer kultureller Codes, die wirtschaftlich und politisch eine wichtige Relevanz haben. Bei der Analyse der ökonomischen Aspekte der technischen Transformation ist der informelle Sektor als

[…] die Folge des Beschäftigungsproblems der Entwicklungsländer [zu verstehen]. Er umfasst die ökonomischen Aktivitäten der Menschen außerhalb formell geregelter Sektoren und ist gekennzeichnet durch arbeitsintensive Produktion, geringe Eintrittsschranken (wie z. B. Ausbildungsnachweis), Verwendung einheimischer Ressourcen, angepasste und einfache Technologien, kleine Betriebsgrößen (meist Einzel- oder Familienunternehmen), schlechte Bezahlung und geringem gewerkschaftlichen Organisati-

---

[44] Floridi 2015: 118.

onsgrad, niedrige Qualifikationsanforderungen, die außerhalb des formalen Schulsystems erworben werden sowie unregulierte, dem freien Wettbewerb unterworfene Märkte […]. [Zudem bezeichnet er den Raum, auf dem] die Menschen als Selbstständige ihren Lebensunterhalt verdienen.[45]

In Kuba konstituiert der informelle Sektor einen Markt, der sich durch emergierende Strategien auszeichnet, denen eine beträchtliche Menge an Geld zufließt. Die Psychologen und Universitätsprofessoren Amado Alejandro Armenteros und Manuel Calviño schätzen diesen Zufluss Devisen in Millionenhöhe. In zweierlei Hinsicht ermöglicht der informelle Sektor in Kuba die finanziellen Transaktionen zwischen institutionellen Entitäten und der Bürgerschaft sowie zwischen den selbstständigen Erwerbstätigen (gesetzlich anerkannt oder nicht) und der Bürgerschaft. Hierbei handelt es sich um einen Sektor mit einer relativen Effizienz, auf dem die Beteiligten, zumeist eine Elite aus dem künstlerischen, sportlichen, musischen Milieu oder Bürgern mit Verwandten im Ausland, auch beträchtliche Gewinne erwerben können. Dennoch ist die Teilhabe frei von Voraussetzungen, denn die wirtschaftlichen Vorteile werden sich nur ein Teil der Gesellschaft verschaffen können. Diejenigen, die über die Kaufkraft für den Erwerb der Produkte und Dienstleistungen nicht verfügen, werden ausgeschlossen oder nehmen in geringem Maße daran teil. „Der informelle Sektor schafft zwar temporär Beschäftigungsmöglichkeiten"[46], aber in Kuba öffnet sich diese informelle Ökonomie nur den Nutzern, die Zugang zu den unterschiedlichen Angeboten haben. Ihre Funktionsweise deckt vor allem die sozialen Bedürfnisse der Bevölkerung ab. Im Gegensatz zu den Institutionen eröffnet sie einen differenzierten Kontext für die Vermarktung, Produktion, Rezeption und Austausch ihrer Dienstleistungen.

---

[45] Klein 2013: 195.

[46] Ebd.

Angesichts entwicklungspolitischer Interessen „[…] ist der informelle Sektor das Ergebnis staatlicher Interventionen in die Wirtschaft. Entwicklungsmöglichkeiten entstehen häufig erst durch Deregulierung und Privatisierung"[47]. Die Deregulierung und Dezentralisierung der selbstständigen Erwerbstätigkeit vergibt den kubanischen Produzenten und Konsumenten den Anschein einer relativen Autonomie zur Produktion und zum Konsum von kulturellen Gütern. Hierbei handelt es sich um Prozesse zur Selektion von Möglichkeiten. Dies generiert verschiedenartige kulturelle Angebote, die auf den Bedarf eines breiten Publikums zugeschnitten sind. Der Einfluss internationaler Kontexte kennzeichnet auch den informellen Sektor in Kuba. Die in der Öffentlichkeit entstandenen selbstständigen Geschäfte versuchen internationalen Unternehmen zu ähneln. Die jungen Generationen bilden hier ihre eigenen kulturellen Präferenzen aus. Über den Konsum legitimieren sie ihre Teilhabe an diesem Prozess, sodass verschiedene Identitäten aus der Rezeption und Adaptation des Fremdens herausgebildet werden. Wirtschaftlich generiert dies besondere soziale Effekte, denn

> […] der informelle Sektor erreicht bei geringem Kapitaleinsatz einen hohen Beschäftigungseffekt (arbeitsintensive Produktion). […] Er hat eine heterogene Struktur, in ihm können sich dynamische Unternehmer schnell entwickeln. Informelle Kleinbetriebe bilden de facto mehr Lehrlinge und Arbeitskräfte aus als das formale Bildungssystem. Er produziert Güter und Dienstleistungen für die Bedürfnisse von Niedrigeinkommen-Haushalten […].[48]

Somit ist die Rolle des Erbringens der Wertschöpfung für die kulturellen Güter und Dienstleistungen durch persönliche Strategien und Projekte hervorzuheben. Die selbstständigen Initiativen sol-

---

[47] Ebd.
[48] Ebd.

len eine Konkurrenz mit dem aufstrebenden informellen Markt im öffentlichen Raum etablieren. Die digitalen Medieninhalte wie etwa digitale Zeitschriften, Kleinanzeigenportale und Werbung, die beispielsweise für deren Verteilung im Paket erstellt werden, sind zuallerletzt spezifisch für eine Generation hergestellt, die solche Produkte verbraucht. Dazu äußern die kubanischen Psychologen Amado Alejandro Armenteros und Manuel Calviño (2016), dass die Vielfalt der Kulturen, der Muster und der Referenzen in der Bildung sowie die Vielfalt der Geschmäcker und der Vorliebe der Konsumenten weder mit elitären Prinzipien einer egalitären kulturellen Bildung noch mit Konsumpolitik verändert werden können. Die Medienpraktiken finden zumeist innerhalb eines Schwarzmarktes statt, auf dem der nicht regulierte Konsum sich selbst durch den Erwerb seiner Angebote und den damit zusammenhängenden Bedarf legitimiert. Diese Praktiken beschreiben Prozesse zur Sozialisation, zum Lehren und Erlernen und zuallerletzt zur Konstruktion von sozialen Beziehungen und Repräsentationen. In besonderen Fällen übernehmen die Medienpraktiken aber auch eine ähnliche Funktionsweise wie die staatlichen Massenmedien und deren entsprechenden audiovisuellen Produkte (vgl. Armenteros/Calviño 2016).

Schließlich ist der Einsatz von individuellen Kompetenzen und den mit der Mediennutzung zusammenhängenden Subjektivitäten zu beachten, die die kubanischen Nutzer im öffentlichen Raum entfalten. Eine Recherche des kubanischen *Instituto Cubano de Investigación Cultural Juan Marinello* ergab, dass keine direkte und einseitige Beziehung zwischen den institutionellen Anstrengungen zur Steuerung des Kulturkonsums und dem Verhalten der Individuen im öffentlichen Raum besteht.[49] Die im Kapitel beschriebenen Phänomene und erläuterten Argumente begründen

---

[49] Vgl. Moras Puig, Pedro Emilio/Linares Fleites, Cecilia/Rivero Baxter, Yisel/Mendoza López, Yosleidy María (2010): El Consumo cultural y sus prácticas en Cuba. La Habana, Centro de Investigación de la Cultura Cubana (ICIC) Juan Marinello.

die These, dass der Kulturkampf auf zwei Ebenen stattfindet und der die Kluft zwischen der Staatspolitik mit ihrer traditionell politischen Rede zur Homogenisierung und den tatsächlichen Forderungen der Bevölkerung überwinden will. Der Staat strebt weiter danach, sich als Förderer von sozialen Politiken zum Wohlergehen aller aufzuführen. Somit setzt er voraus, eine Form der Hegemonie ohne politische Opposition auszuüben. Im Gegensatz dazu versucht die Bürgerschaft vor allem eine Verbesserung der unterschiedlichen Bereiche des unmittelbaren existenziellen Alltags zu erlangen, zumeist ohne eine konzise Vorstellung von zukunftsorientierten Perspektiven. Die in der Öffentlichkeit entstandenen sozialen Akteure revolutionieren zwar die Machtverhältnisse, aber ihre Aktionen beschränken sich generell auf die unmittelbare Versorgung von materiellen Ressourcen, um ihren Lebensunterhalt zu sichern. Die in Kuba stattfindenden kulturellen Prozesse werden durch unterschiedliche Faktoren (den Einfluss internationaler Kontexte, die Wirtschaftskrise, die politische Öffnung etc.) ausgelöst und modifiziert. Dies rührt daher, dass die Institutionen und die Bürgerschaft jeweils ihre Programme und Strategien zur kulturellen Entwicklung durchführen müssen, um diejenigen Elemente zu fördern, die einen Beitrag zur Entfaltung der Individualität leisten. Trotz alledem ist der Mediengebrauch aber auch als die Anwendung materieller Ressourcen zu betrachten, mit denen die Nutzer und Konsumenten sich einem Teil der Wirklichkeit aneignen, um die Interaktion untereinander in der Öffentlichkeit zu bestimmen.

4.4.1 Kultureller Kolonialismus: Politische und soziale Implikationen eines Generationswechsels

Die technische Transformation sowie die in der Öffentlichkeit stattfindenden kulturellen Prozesse geschehen durch die Prozeduren eines kulturellen Kolonialismus. Dies ist eine allmähliche Veränderung, die sich seit etwa dem Jahr 2008 mit den wirtschaftlichen und sozialen Reformen und der politischen Öffnung der kubanischen Regierung ereignet. Die Wiederaufnahme der diplomatischen Beziehungen zwischen den USA und Kuba erweckte das Interesse einiger internationaler Unternehmen im Bereich der Unterhaltungsindustrie, hauptsächlich aus den USA. Die Bewirtschaftung der öffentlichen Räume als eine neue „Kulisse Hollywoods mit niedrigen Produktionskosten"[50] wurde seit dem Jahr 2015 verwirklicht. Die Nähe von Kuba zu Florida, die Sehenswürdigkeiten des Landes, die eindringliche Präsenz der Architektur und des Glamours früherer Jahrzehnte in Havanna (aus den 1940er und 1950er Jahren) sowie die Verfügbarkeit eines hochqualifizierten Personals für die Filmproduktion sind einige der Gründe für das Interesse US-amerikanischer Investoren. Zudem bietet der kubanische schwache Markt billige Arbeitskräfte und es gibt überdurchschnittlich wenige Probleme bezüglich der Sicherheit im öffentlichen Raum.

Der Einsatz von kulturellem Kapital in Kuba erfolgte im Jahr 2016 mit den Dreharbeiten der fünften Staffel einer Fernsehserie (House of Lies). Die darauffolgenden Dreharbeiten einiger Sequenzen aus Filmen (Fast & Furious 8, Transformer 5 etc.) nutzten die Vorteile aus, die der öffentliche Raum anbietet. Die *kulturellen Interessen* US-amerikanischer Celebrities (unter anderem Jay-Z und Beyoncé, Dave Matthews, The Kardashians, Katy Perry, Paris Hilton, Naomi Campbell, Natalie Portman, Sigourney Weaver etc.) wurden durch ihren Besuch bei kubanischen Institutionen, Kunsthochschulen oder an Orten mit einer historischen Relevanz verwirklicht. Karl Lagerfeld präsentierte seine Modenschau Chanel Cruise Collection 2016/17 in Havannas *Paseo del Prado*. Ein anderer Aspekt zur Exotisierung und Banalisierung der kubanischen Kultur ist die Entwicklung audiovisueller Projekte für das Drehen von Fernsehserien wie *Santería*, eine Fernsehserie, die Elemente des kubanischen religiösen Synkretismus behandelt. Im Jahr 2016 wurde ein Fernsehkanal (CubaNetwork) in Betrieb

---

gesetzt.[51] Der Fernsehkanal wurde für ein englischsprachiges Publikum gestaltet, um kulturelle Inhalte aus Kuba (Musik, Sport, kubanische Kultur, Lebensstile und Politik) zu verbreiten.

Die neuen Verordnungen der US-Regierung des Präsidenten Donald Trump aus dem Jahr 2017 hemmen die Möglichkeit eines Kulturabkommens zwischen den USA und Kuba. Die Aussetzung der getroffenen politischen Maßnahmen erschwert zudem den Abschluss eines solchen Abkommens zwischen beiden Ländern. Trotz der Aussetzung der politischen Maßnahmen hatte der Aufschwung der beginnenden Investition US-amerikanischer Unternehmen in den kubanischen Markt wirtschaftliche und kulturelle Auswirkungen auf die kubanische Gesellschaft. Dass Kuba sich allmählich in die Mechanismen der Produktion im Bereich der Unterhaltungsindustrie integriert, verspricht eine schnellere Inklusion des Landes in die internationalen Märkte. Dass diese Inklusion im Rahmen des Audiovisuellen stattfindet, steht im engen Zusammenhang mit der Form, in der die jungen Generationen den Mediengebrauch in Kuba betreiben. Der Übergang von einem massenhaften Diskurs (Politik) zu einer personalisierten Kommunikation durch die Nutzung technischer Geräte lässt den Prozess der Rezeption, Adaptation und Übersetzung von fremden kulturellen Codes zu.

Dieser Übersetzungsprozess dient vor allem zur Selbstdarstellung von einheimischen kulturellen Aspekten, welche den kubanischen Kontext für ein internationales Publikum zugänglicher machen. Die durch die Internettechnologie geschaffenen regelsetzenden Medienstrukturen erlauben den Aufbau einer Medieninfrastruktur für die Sichtbarmachung einer räumlichen Anordnung (vgl. Dolata/Schrape 2018). Dies führt schließlich zur Zuordnung symbolischer Aspekte von Kultur innerhalb eines Referenz-Systems, das kulturelle Einflüsse konstruiert. Der bereits erwähnte Einsatz von individuellen Kompetenzen und die mit der Medien-

---

[51] Siehe: Preparan en EEUU el lanzamiento de un canal que emitirá contenidos de la televisión cubana. ☞ Link S. 407

nutzung zusammenhängenden und entfaltenden Subjektivitäten sind nicht frei von einer ideologischen Last, die die technische Transformation in Kuba bedingt. Unter den jungen Generationen ist die Rezeption und Adaptation US-amerikanischer Formate für den Genuss von Fernsehangeboten und der audiovisuellen Produktion entscheidend. Dadurch prägen die selbstständigen Erwerbstätigen den aufstrebenden informellen Sektor mit ähnlichen Merkmalen. Die Grundlagen dieses kulturellen Phänomens sind bei der andauernden Wirtschaftskrise der kubanischen Gesellschaft zu finden. Die Unfähigkeit des Staates, die materiellen Bedürfnisse (Lebens- und Arbeitsbedingungen, höhere Gehälter, Zunahme der Kaufkraft etc.) der Bürgerschaft zufriedenzustellen, verursacht eine Ablehnung seitens der Nutzer, Kultur als staatlich gesteuerte Veranstaltung zu erwerben. Die kubanischen Konsumenten wenden sich meistens unkritisch den Angeboten fremder kultureller Räume zu, um ihre eigenen Präferenzen, ihre Freizeit und Art der Unterhaltung zu gestalten.

Bemerkenswert ist, dass die kubanische audiovisuelle Produktion im Zuge der Investition internationaler Unternehmen an ästhetischer Qualität gewinnen könnte; etwa in der Darstellung von Medieninhalten, in der Entwicklung eines Filmdrehbuchs, in der Umsetzung eines Marketingkonzepts, in der Realisation von Werbespots und neuen Fernsehformaten etc. Darüber hinaus können die Unternehmen aus der Unterhaltungsindustrie die Möglichkeit anbieten, gut bezahlte Arbeitsplätze für den kubanischen Markt zu schaffen. Einer der Nachteile dieses Eindringens ist die Verfremdung der kubanischen Wirklichkeit zugunsten deren Verfilmung und entsprechend kommerzieller Standards.[52] Bei der Analyse plädiert der kubanische Schriftsteller Arturo Arango für einen Widerstand gegen den kulturellen Kolonialismus. Seiner Meinung nach sollen der kubanische Staat und die Institutionen das Treffen eines Kulturabkommens verlangen, um die rechtlichen Rahmenbedingungen für die Aufbewahrung des kulturellen

---

[52]   Vgl. Arango, Arturo: Un gigantesco plató de bajo costo. ☞ Link S. 407

Erbes zu sichern. „Auf die Ankunft internationaler Unternehmen aus der Unterhaltungsindustrie ist das Land nicht vorbereitet".[53] Die veraltete und schwache Medieninfrastruktur der staatlichen Massenmedien ist ein anderer Aspekt, der die kubanische audiovisuelle Produktion hemmt, hauptsächlich weil die Institutionen die rechtlichen Rahmen dafür nicht gewährleisten. Die Indoktrinierung und die Verfolgung eines pädagogischen Zieles im staatlichen Fernsehen ermöglichen, dass die kubanischen Zuschauer sich anderen kulturellen Kontexten zuwenden. Dem Schriftsteller Arturo Arango zufolge ist die Umstrukturierung dieser Elemente eine Form, eine angemessene Kulturpolitik zu entwickeln, die als rechtliches Instrument für eine direkte Beziehung zwischen dem Staat, den Institutionen und der Bürgerschaft dient. Die Inklusion von Kuba in die Mechanismen der Produktion im Bereich der Unterhaltungsindustrie ist auch eine Frage der Politik.

Eine Kurzfassung der ideologischen Entwicklung der kubanischen Kultur, welche zur viel diskutierten *Krise* der Werte führt, ist im politischen Überbau zu finden. Die politischen, sozialen und kulturellen Prozesse, die sich nach 1959 mit der kubanischen Revolution ereigneten, waren ein Aufschwung für die kulturelle Transformation des Landes. Der Staat war zuständig für die Schaffung neuer sozialer Bedingungen für die Bürgerschaft. Die Politik, die Kultur und die Wirtschaft übten großen Einfluss auf den Lebensstandard der kubanischen Bevölkerung aus und die Unterhaltungsangebote im Fernsehen veränderten sich ebenfalls radikal. Die Grundlage der *Política Cultura de la Revolución Cubana*[54] ist in der 1961 gehaltenen Rede von Fidel Castro Ruz *Palabra a los intelectuales*[55] zu finden. Ein Prozess der Politisierung und Ideologisierung von Kultur begann in den 1970er Jahren, spezifisch im Zeitraum von 1971 bis 1975, mit dem sogenannten *Quinquenio*

---

[53] Ebd.
[54] Vgl. Saruski/Mosquera 1979.
[55] Siehe: Fidel Castro Ruz, Palabra a los intelectuales. ☞ Link S. 407

Gris[56]. In dieser Periode unterzogen sich Kulturschaffende aus den journalistischen, künstlerischen und vor allem schriftstellerischen Berufen einer starken Zensur ihrer Werke durch die kubanische Behörde. Im Bereich der Massenmedien wurden nur die audiovisuellen Produktionen von kubanischen Produzenten übertragen, internationale Musik wie die der The Beatles oder in englischer Sprache wurde zensiert. Die Rezeption von fremden kulturellen Referenzen (Literatur, Musik, Filmen etc.) beschränkte sich auf die Privatsphäre des Einzelnen. Durch die Beschränkung auf die nationalen Angebote sollte das Eindringen der kapitalistischen Kulturindustrie (US-amerikanisches *Way of life*) in Kuba vermieden werden, um Subversion, kulturellen Widerstand oder politische Destabilisierung zu vermeiden.

Ausgehend von den 1970er bis Anfang der 1980er Jahre wurde ein Prozess der *Sowjetisierung der kubanischen Kultur* eingeführt. Nach dem Scheitern der *Zafra de los 10 millones* (Zuckerrohrernte der 10 Millionen Tonnen) im Jahr 1970 und aufgrund des US-amerikanischen Embargos gegen Kuba wendete sich die kubanische Wirtschaft an die ehemalige Sowjetunion, um ihre finanzielle Situation zu retten. Die Abhängigkeit der kubanischen Wirtschaft von der sowjetischen ging mit politischen, ideologischen und sozialen Aspekten einher. Elemente der russischen Popkultur (Musik, Fernsehproduktionen, Filme etc.) sowie Aspekte der Architektur des Sozialistischen Realismus wurden in der kubanischen Bevölkerung verwurzelt und durch die Regierung bis zu einem gewissen Grade aufgezwungen. Der Lebensstandard der kubanischen Bevölkerung wurde zwar in diesen Jahren verbessert und die nationale Produktion befand sich im wirtschaftlichen Aufschwung, aber dies blendete kritische Fragen, die die ideologische Last der bloßen Annahme des Marxismus als politische Doktrin analysieren, aus.

---

[56] Berichte über die sozialen Auswirkungen des Quinquenio Gris, in: Arango 2013; Navarro 2006. Siehe auch: Fernández Diéguez, Eliécer. La cultura cubana en la década del 70. El quinquenio gris. Un estigma para la creación artística y literaria.☞ Link S. 407

Mit dem Zusammenbruch des Ostblocks stürzte Kuba in den 1990er Jahren in eine tiefe Wirtschaftskrise, was einen Umbruch der sozialen und kulturellen Verhältnisse mit sich führte. Die relative Öffnung des Landes zur Investition von internationalen Unternehmen, die Ankunft von Touristen sowie die Rückkehr einiger kubanischer Emigranten und die seit den 1980er Jahren zunehmende Nutzung analogischer Technologien im Videoformat (Betamax, VHS etc.) setzten die kubanische Bevölkerung in Kontakt mit anderen kulturellen Referenzen. Allmählich wurde die Abwesenheit fremder kultureller Symbole durch ein neues Bezugssystems ersetzt, mit dem die Nutzer ihre Lebenserwartungen, Perspektiven und Wünsche verbanden. Die Verachtung von einheimischen Elementen der eigenen Kultur privilegierte die Bewunderung für das Fremde.

Vor diesem Hintergrund entsteht die Generation der 1990er Jahre, die weder ein historisches Gedächtnis noch einen direkten Bezug zu den traditionellen politischen Weisungen besitzt. Sie ordnet sich einem differenzierten kulturellen Rahmen zu. Der Offenheit, der Neuheit und der Rezeption fremder kultureller Referenzen wird eine Relevanz zugeschrieben. In einem Prozess der Adaptation werden solche Elemente in ihr eigenes Leben miteinbezogen. Die Jugendlichen imitieren fremde Gewohnheiten und Verhaltensweisen (wie Thanksgiving Day, Christmas, Halloween, Ostern etc.), auf Partys wird die traditionelle *Rueda de Casino* durch Technomusik, Reggaeton etc. ersetzt. Hierbei spielt der Erwerb von Technologie eine wichtige Rolle. Die technischen Geräte der Internetzugang und infolgedessen die technischen Möglichkeiten, die sie bieten, bedeuten Öffnung und Offenheit für das Neue außerhalb Kubas. Dies bedeutet grundsätzlich, sich in einem Raum zu bewegen, in dem es keine institutionelle Kontrolle und Regulierung der zu konsumierenden Medieninhalte gibt.

Die in 2000er Jahren unternommenen wirtschaftlichen Reformen modifizieren die kubanische Gesellschaft entscheidend. Die Ausübung der selbstständigen Erwerbstätigkeit impliziert schließlich die Konzeption einer nicht-staatlichen Form von Privateigentum. Ein Aspekt, der besonders problematisch für die herrschende politische Ideologie ist. Der kulturelle Einfluss von westlichen Werten auf die jungen Generationen ist in ihrem Konsumverhalten, ihren Lebensstilen, ihren Wertvorstellungen und ihrer Welterschließung sichtbar. Die Präsenz von politischen Weisungen sowie die Nutzung der Propaganda auf jeder kulturellen Veranstaltung (vorwiegend in den Massenmedien) wird von den Jugendlichen verachtet. Der Konsum fremder kultureller Codes dient der besseren Bewältigung des kubanischen Alltags und den tatsächlichen Problemen des Einzelnen.

Die Rezeption und Adaptation neuer kultureller Werte erfolgt auf gewalttätige Weise, während einheimische Elementen der eigenen Kultur verteidigt werden. Der kulturelle Widerstand löst sich in der Umsetzung der Medienpraxis innerhalb der Pragmatik des Alltäglichen aus. Die Nutzung von Medientechnik dient zur Individualisierung kommunikativer Prozesse, die kulturell bedingt sind. Es sind Prozesse, die das Erlernen einer spezifischen Form von Medienkompetenzen zulassen. Zudem impliziert der vermeintliche Kulturverlust (etwa Geschmacklosigkeit, ein mangelhaftes Kunstverständnis gegenüber audiovisuellen Produktionen oder eine geringe ästhetische Bildung) teilweise das Verlernen etablierter sozialer Verhaltensweisen, um andere erworbene Wertvorstellungen zu reproduzieren. Eine verbesserte Programmgestaltung im kubanischen staatlichen Fernsehen, wie eine Förderung und Präsentation der Fernsehproduktion, führt nicht automatisch zu einem Interesse bei der Bevölkerung. Die Nutzung digitaler Anwendungen ist hauptsächlich informativ, kommunikativ und geschäftlich statt ästhetisch oder künstlerisch.

Jedoch ist der ästhetische Geschmack in Zusammenhang mit den etablierten Medienpraktiken zu bilden, in dem Maße, wie er als soziale Praxis mit seinen entsprechenden kulturellen Werten wahrgenommen wird. Der Kulturkampf ist nicht gegen das Eindringen der Kulturindustrie mit ihren audiovisuellen Produkten zu führen. Kulturpessimistisch wird die Behauptung aufgestellt, dass dies ein Übergangsprozess ist, der für Kuba unvermeidbar ist. Ist es möglich, durch die Förderung einer kreativen Nutzung von digitalen Medien persönliche Strategien, befreit von dessen ideologischer Last, gegen die Anziehungskraft des Technokapitalismus (vgl. Hartmann 2015) zu entwickeln ist, lautet die politische Frage, die sich stellt.

… all media exist to invest our lives with artificial
perception and arbitrary values
Marshall McLuhan

Zweites Fazit

Medienkultureller Wandel, Digitalisierung und Konsum digitaler Medieninhalte

Im Übergang zu einer Medienkultur werden besondere kulturelle Aspekte des menschlichen Handels modifiziert, durch welche ein *Typographic man* herausgebildet wird. Innerhalb eines medienkulturellen Wandels definiert er jene Elemente, die die Öffentlichkeit mit neuartigen politischen, wirtschaftlichen, sozialen und kulturellen Praktiken prägen. Wenngleich die Nutzung von Medientechnik kommerzielles Interesse durch den Ausbau technischer Infrastrukturen verfolgt, ist der Entstehung eines informellen Sektors mit Hilfe der Mediennutzung eine Relevanz beizumessen.

Bei der Auseinandersetzung mit Medienkulturen betont der Medienphilosoph Frank Hartmann, dass sie „[…] sich an Artefakten und Zuständen oder Formaten [orientieren], ohne eine konzise Vorstellung für die damit im Zusammenhang stehende Traditionen und Praktiken zu haben"[1]. Indem die technische Transformation in einer Gesellschaft auf politischen, wirtschaftlichen und sozialen Reformen basiert, kann von einem Kultur-

---

[1] Hartmann 2018: 147.

kampf gesprochen werden, durch welchen eine gegebene Kultur sich bis zu einem gewissen Grad als kultureller Widerstand über technische Adaptation und symbolische Rekonstruktion von in diesem Falle Mediensphären herausbildet. Dass die Information im Zusammenhang mit dem Agieren der Nutzer in der Infosphäre Unterschiede ausmacht, bedeutet eine Rückeroberung bzw. produktive Aneignung von zwar offiziellen, aber doch subjektiv anerkannten nationalen Normen und Werten in flexibler und eigensinniger Form. Somit ergibt sich ein medienkultureller Wandel in der Entstehung von neuen sozialen Akteuren (Subkulturen und Gegenkulturen), die subversiv den öffentlichen Raum mit symbolischen Prozeduren und technischen Eigenschaften durchzeichnen. Obwohl ein medienkultureller Wandel eine Institutionalisierungsdynamik mit sich bringt, ist festzustellen, dass die Nutzer durch den Mediengebrauch die institutionalisierte Homogenität trotz der gegebenen Gewalt der politischen und ökonomischen Strukturen aufbrechen.

Eine Medienkultur beruht immer auf einer Kultur des Gebrauches (vgl. Flusser 1992), vorausgesetzt dass sie ebenso die Materialitäten einer kommunikativen Praxis und die Relationen mit materiellen Objekten innerhalb einer Dingkultur (vgl. Miller 2010) definiert. Als Entwickler, Gestalter und Koproduzent von kommunikativen Prozessen kommt den Nutzern dabei eine zentrale Rolle in der Entfaltung einer kulturellen Praxis zu. Durch den Einsatz der Medientechnik in der Öffentlichkeit wird keine Dualität zwischen Kultur und Technik herausgestellt, sondern die Nutzer etablieren neue Relationen in der Infosphäre mit Dingen bzw. Artefakten, Prozessen, Dienstleistungen, Informationen und Daten. Somit streben sie danach, diese Elemente „[…] als (Roh)Material für eigene kulturelle Arbeit (referentiell) nutzen [zu] können".[2] Bei der Auseinandersetzung mit der damit verbundenen Überlegung zu technischen Innovationen hebt Daniel Buhr hervor, dass

---

[2]   Vgl. Stalder 2018.

[…] es [daher gilt], neben den technischen Innovationen eben auch die sozialen Innovationen stärker in den Blick zu nehmen. Soziale Innovationen sind einerseits neue Praktiken zur Bewältigung gesellschaftlicher Herausforderungen, die von betroffenen Personen, Gruppen und Organisationen angenommen und genutzt werden. Andererseits helfen sie aber auch vielen technischen Entwicklungen bei der Diffusion und Verbreitung.[3]

Mit dem Mediengebrauch, den die kubanischen Nutzer in der Öffentlichkeit tätigen, gestalten sie zwar einen freien, unkontrollierten und zunehmend unregierbaren Kommunikationsraum, aber dieser ist zu einem gewissen Grad nicht durch technische oder soziale Innovationen zu bezeichnen. Im kubanischen öffentlichen Raum wird vor allem eine Kultur des Selbstbastelns und Selbstreparierens eingeführt, die sich in einem Kontext kultureller Unordnung und Chaos entwickelt. Dennoch erzeugt der Konsum von Information und digitalen Medieninhalten einen Sinn für die Nutzer bzw. Konsumenten. Sie treffen eine Entscheidung in der Auswahl jener Elemente, die die Unmittelbarkeit ihrer Existenz modifizieren. Die Relationen, die die Nutzer daraus etablieren, beschreiben kulturelle Prozesse zur Rezeption, Adaptation und Aneignung von symbolischen Aspekten der Kultur und zuallerletzt zum Besitz oder Erwerb materieller und immaterieller Güter. Diese Relationen mit materiellen Objekten stabilisieren maßgeblich die zwischenmenschlichen Beziehungen, denn Medientechnik vermittelt ebenso das Gefühl eines Fundaments in der Modifikation des Konsumverhaltens (vgl. Miller 2010). Der Mediengebrauch ist die Legitimation einer sozialen und kulturellen Praxis, aus der die alltägliche Nutzung von Medientechnik auf die Etablierung neuartiger Kulturtechniken einwirkt. Während die Nutzer sich an eine Art der sekundären Oralität orientieren (vgl. Ong 2006; Rainie/Wellman 2012; Serres 2013), generiert der

---

[3]   Buhr 2015: 3.

Typographic man soziale Bindungen zu einer technischen Welt mit deren entsprechenden materiellen Zusammenhängen (vgl. Miller 2010). Dies gestaltet die kulturellen Aspekte der Lebensverhältnisse des Einzelnen aus. Dem Medienphilosophen Frank Hartmann zufolge entwickeln sich

> […] die entsprechenden Kulturtechniken entlang des Behandelns, des Beobachtens, des Beschreibens und letztlich des Berechnens. So entstanden je unterschiedlich kodifizierte Welten oder Mediensphären. Mit jedem Entwicklungsschritt wird der Welt eine Dimension weggenommen (als Erfahrungsdimension). Reduziert wird nämlich die jeweils medial sinnliche Erfahrungsmöglichkeit der Weltaneignung, über das anthropologische Viereck von Raum, Fläche, Linie und Punkt, der Medienrevolution entspricht offenbar eine fortgesetzte Körperabstraktion.[4]

In der Öffentlichkeit Kubas fließen zuallerletzt zwei wirtschaftliche Instanzen zusammen, die den in der vorliegenden Arbeit erörterten Kulturkampf durchzeichnen: einerseits ein Informationsmarkt, der durch staatliche Institutionen mit einer internationalen Reichweite entwickelt werden muss, und andererseits ein informeller Sektor (vgl. Klein 2013), der die Binnen- und Hauswirtschaft der kubanischen Konsumenten prägt. Bei der Unterscheidung dieser beiden Instanzen ist zu erläutern, dass ein Markt mit Fachinformationen wie bei den Webprojekten (siehe dazu im Kapitel 1. Infomed, Cubarte und Ecured) entwickelt wird, während ein anderer sich für den bloßen Konsum von Informationsgütern (Musik, Literatur, Filme, Dokumentationen, Telenovelas u. a.) erweitert. In der Analyse betont Rainer Kuhlen, dass die Märkte, die mit Fachinformationen handeln, Leistungen in Form von Informationsgütern bereitstellen, welche der informationellen Absicherung eines professionellen Handelns in Wirtschaft, Politik, Wissenschaft

---

[4] Hartmann 2018: 144.

u. a. dienen sollten. In jenem Markt, in dem der bloße Konsum von Informationsgütern vorausgesehen wird, ist deren Nutzung als Zweck in sich selbst gesehen (vgl. Kuhlen 1995). Diese Definition stellt dennoch eine Problematik dar, denn „Informationen im Sinne einzelner Beobachtungen können nicht gehandelt werden"[5], sondern dies nur innerhalb eines Kontextes, der den Umgang der Nutzer mit der Produktion dieser Fachinformationen und Informationsgüter kennzeichnet. Somit wird die Regulierung, Kontrolle und Zensur der Informationen und digitaler Medieninhalte aus einer technischen Perspektive anspruchsvoller.

Demzufolge bildet der Digitalisierungsprozess von Medieninhalten eine der Mediensphären, in der die Informationen und die Daten dichter, breiter und tiefer gestaltet werden und in der die Nutzer mehr Möglichkeiten für ihren Medienkonsum erhalten. Die Mediensoziologen Lee Rainie und Barry Wellman heben hervor, dass

The digitalization of news [or rather information] thus offers the potential for richer coverage and therefore deeper understanding. Moreover, decisions about the structure and hierarchy of content found online, on how to allocate attention, and on how to respond are now likely to rest in the hands of both the traditional […] professionals and ordinary networked individuals. But while all this applies especially to the news, it is also more broadly true of the creation and consumption of all kinds of informations in its digital form.[6]

Zudem

[…] Information has a special nature now that it has become computerized. Because it is composed of bits, in-

---

[5] Vgl. Szczutkowski 2018.
[6] Rainie/Wellman 2012: 226.

formation can be easily produced, reproduced, remixed, and disseminated. In ways that were never possible when a person's encounters with text on a page were linear experiences, digital material can be directly and effortlessly connected to related material. It can be added to and amended by anyone with access to it. In short, information is unleashed when it takes digital form.[7]

Im Übergang zu einer Medienkultur durchzeichnet der Digitalisierungsprozess der Medieninhalte die Umwandlung informationeller Einheiten bzw. Daten in brauchbare Informationen für die Nutzer. Dies führt zur Übersetzung unterschiedlicher digitaler Formate und technischer Zustände in die Verarbeitung und das Management der digitalisierten Medieninhalten. Dass durch die Nutzung der Medientechnik kodifizierte Welten entstehen, bestätigt, dass die durch Technik eingesetzten Kulturpraktiken einen prägenden Charakter für die kulturelle Produktion haben. Mit ihrem Eigensinn gestaltet Medientechnik gewisse Aspekte der Kultur der Digitalität um (vgl. Stalder 2016), generiert eine technisch erweiterte Sozialität (vgl. Dolata/Schrape 2018) und bricht die Machtverhältnisse zwischen dem Staat, den Institutionen und den Nutzern auf.

Die in dieser Analyse erörterten medienkulturellen Ansätze begründen die These, dass sich die postmodernen Individuen dem Staat nicht verpflichtet fühlen, sondern sozialen Institutionen wie etwa Familien, Ehepaaren und sozialen Gruppen (vgl. Miller 2010). Bestimmte Lebensbereiche und soziale Identitäten werden zur Integration und zur Stabilität in der Etablierung menschlicher Beziehungen mitstrukturiert und gestiftet. Hierbei handelt es sich nicht um eine Trennung zwischen Individualismus und Gesellschaft, sondern um eine Ergänzung unterschiedlicher symbolischer Welten in der Umsetzung einer gewissen kulturellen Praxis. Dass die Institutionen im Falle Ku-

---

[7] Ebd.: 224.

bas die Bürgerschaft nicht mit genügend materiellen Ressourcen versorgen, zwingt die Individuen, existenzielle und persönliche Strategien zum Überleben zu entwickeln. In Hinblick auf die technische Transformation ist die soziale Ordnung des Wandels in der Öffentlichkeit der entscheidende Aspekt, aus dem sich die Sozialisation bzw. die sog. technisch erweiterte Sozialität herauskristallisiert. Eine soziale Ordnung, die in der Vergangenheit vorwiegend durch kulturelle Homogenisierung und politische Identität erschlossen wurde, ist aktuell eines der Merkmale der politischen Identitätsbildungsprozesse geworden. Dadurch ist zu behaupten, dass die Nutzer bzw. Konsumenten sich aber auch als Gestalter einer Kulturpolitik herausbilden. Die Institutionen bereiten zwar technische Kapazitäten für die Nutzung medialer Strukturen durch die Bestimmung von Mustern, Verhaltensweisen und vom Zugang zur Information vor, aber die User schaffen andere Formen der Mediennutzung und ergänzen teilweise die vom Staat bereitgestellten Medienstrukturen. Die Anwender suchen eine Lösung für technisch-bedingte Probleme und treffen eine Entscheidung gegenüber einer im Voraus gegebenen Option. Bei der Nutzung von Medientechnik fragen die Nutzer zumeist nicht wegen der sozialen, politischen oder wirtschaftlichen Implikationen ihrer Aktionen in der Infosphäre nach, sondern passen einfach die technischen Beschaffenheiten der Technologie an ihr Leben an.

Als Erscheinungsform der kulturellen und politischen Partizipation beeinflusst der Medienkonsum den Entwurf einer Kulturpolitik. Mit seiner aktiven Partizipation verbrauchen und produzieren die Nutzer kulturelle Güter und Dienstleistungen in einer kritischen Weise. Der in Kuba aufstrebende informelle Sektor umfasst die sozialen Räume, in denen die Nutzer den Kulturkonsum mitstrukturieren und eine differenzierte Marktdynamik einführen. Hierbei gestalten die Nutzer hauptsächlich einen sozialen Raum für Konkurrenz, die Entwicklung von persönlichen Strategien, das Teilen von gemeinsamen Interessen und die Verteilung von Gewinnen hinsichtlich der kulturellen Produktion. Politisch dient dieser soziale Raum zur Meinungs-, Entscheidungs- und Versammlungsfreiheit, denn die Nutzer gestalten ihn als eine Arena für kritische Äußerungen sowie als Ausdruck eines kulturellen Widerstandes und politischen Protest einer neuen Generation. Dies orientiert sich an der Herausbildung des ästhetischen Geschmacks durch die Rezeption, Adaptation und Aneignung andersartiger symbolischer Ordnungen. Für die in Kuba stattfindende technische Transformation spielt der staatliche Sektor in dessen Zusammenhang mit dem informellen noch eine wichtige Rolle. Technisch ist die Entwicklung von Medienanwendungen für den Medienkonsum das Element, das die zunehmend spürbaren Marktverhältnisse im informellen Sektor auszeichnen. Dies hängt von der Konnektivität, der Kaufkraft der Nutzer, dem Ausbau des Internetzuganges, der Kommerzialisierung von Produkten und Waren und schließlich der Inbetriebnahme technischer Dienstleistungen ab.

Anhand eines medienkulturellen Wandels, der mit der Entwicklung neuer Kulturtechniken einhergeht, kann festgestellt werden, dass der *Typographic man* aber auch eine neue Form der Literalität entfaltet. Denn er besitzt eine

[…] *graphic literacy* that recognizes that more and more of life is experienced as communications and media on screens. They [die Nutzer] can interpret this material and feel some need to contribute to it. They know how to participate in digital conversation and creation. This literacy requires networking behavior that is often conducted graphically […]. [Daher, dass die] Networked individuals also have *navigation literacy*, a sense of internet geography that allows them to maneuver through multiple information channels and formats. They understand the change that has occurred as linear information formats such as print and broadcast media have given way to the nonlinear realities of hyperlinks, networked information. Not only do they know how to navigate, they also use their communications and contributions to help others navigate, often by recommending links in their digital communications or by creating their own posts to show others what they have learned.[8]

Für das Agieren der Nutzer in der Infosphäre ist diese Form der Literalität von Bedeutung, denn durch sie wird die Mediennutzung strukturiert. Die Mediennutzung artikuliert sich dadurch mit lokalen und situativen kulturellen Bedeutungen mit deren entsprechenden sozialen Praktiken (vgl. Horst/Miller 2006). Die Nutzer verwenden die digitalen Medien zumeist, um ökonomische Defizite der Hauswirtschaft zu überwinden. Der Mediengebrauch durch technische Geräte wie etwa Smartphones, Laptops, iPads etc., den die jungen Generationen in der Öffentlichkeit tätigen, konstituiert ein zentrales Element für die Gestaltung und Erweiterung von sozialen Netzwerken, welche in Zeiten einer Krise wirtschaftliche Unterstützung bieten (vgl. Horst/Miller 2006). Obwohl der Erwerb von technischen Geräten eine kostspielige Investition ist, bevorzugen die kubanischen Nutzer diese zu kaufen, anstatt viele der dringenden Probleme des alltäglichen Lebens zu lösen. Medien, welche für die tatsächliche Kommunikation benutzt werden, dienen zur Etablierung und Pflege von sozialen Kontakten mit der Familie, Freunden oder Bekannten. Die Mediennutzung führt damit zur Übersetzung von persönlichen Angelegenheiten oder persönlicher Kommunikation in einen globalen Kontext. Der Einfluss der Technologie auf den Alltag des Einzelnen lässt sich aber auch in den Aufbau medialer Strukturen übersetzen, die Nutzer bringen ihre persönlichen Interessen in einen engen Zusammenhang mit globalen Problemen der Marktwirtschaft (vgl. Horst/Miller 2006) und der transnationalen Familie (vgl. Miller 2012).

Eine letzte Überlegung in dieser Analyse bezieht sich auf den Ausdruck *Digitalität* bzw. *Kultur der Digitalität*. Aus einer techni-

---

[8] Rainie/Wellman 2012: 272–273.

schen Perspektive und im engen Sinne wird er als die Vernetzung von analogen und digitalen Wirklichkeiten oder als digital-analoger Vernetzungsprozess definiert (vgl. Schier 2018). Insofern stammt dieser Ausdruck ebenfalls aus dem Englischen *Digital Humanities*. Der Universitätsprofessor David M. Berry beschreibt die Digital Humanities wie im Folgenden:

> The digital humanities also try to take account of the plasticity of digital forms and the way in which they point towards a new way of working with representation and mediation, what might be called the digital 'folding' of memory and archives, whereby one is able to approach culture in a radically new way. To mediate a cultural object, a digital or computational device requires that this object be translated into the digital code that it can understand. This minimal transformation is effected through the input mechanism of a socio-technical device within which a model or image is stabilised and attended to. It is then internally transformed, depending on a number of interventions, processes or filters, and eventually displayed as a final calculation, usually in a visual form. This results in real-world situations where computation is event-driven and divided into discrete processes to undertake a particular user task cultural object. The key point is that without the possibility of discrete encoding there is no cultural object for the computational device to process. However, in cutting up the archive in this manner, information about the archive necessarily has to be discarded in order to store a representation within the computer. In other words, a computer requires that everything is transformed from the continuous flow of everyday life into a grid of numbers that can be stored as a representation which can then be manipulated using algorithms. These subtractive methods of understanding culture (episteme) produce new knowledges and methods for the control of memory and archives (techne). They do

so through a digital mediation, which the digital humanities are starting to take seriously as their problematic [...].[9]

Aus einer kulturwissenschaftlichen Perspektive definiert Felix Stalder den Ausdruck erstens als Referentialität: öffentlich zugängliches Material wird für die Produktion von Kulturgütern verwendet; zweitens als Gemeinschaftlichkeit: Ressourcen werden allgemein zugänglich gemacht und Bedeutungen werden durch einen kollektiven Rahmen stabilisiert und drittens als Algorithmizität: Entscheidungsfindungen werden automatisiert und die Informationsüberlastung so reduziert (vgl. Koller 2016). Somit wird Kultur der Digitalität als

> [...] jenes Set von Relationen, das heute Basis der Infrastruktur digitaler Netzwerke in Produktion, Nutzung und Transformation materieller und immaterieller Güter sowie in der Konstitution und Koordination persönlichen und kollektiven Handelns realisiert wird. Damit soll weniger die Dominanz einer bestimmten Klasse technologischer Artefakte, etwa Computer, ins Zentrum gerückt werden, und noch viel weniger das »Digitale« vom »Analogen«, das »Immaterielle« vom »Materiellen« abgegrenzt werden.[10]

Das Agieren der Nutzer in der Infosphäre stellt die technischen Bedingungen heraus, unter denen die Nutzer auch eine kodifizierte Welt oder eine für sich selbst digitale Realität beschaffen. Als neue Umgebung für das Agieren der Nutzer mit Technik und Informationen stellt desgleichen die Infosphäre einen Aktionsraum dar, in dem die technischen und kulturellen Prozesse auf neue Weise realisiert werden. Die Materialität der technischen Verfahrensweisen, die die Infosphäre impliziert, definiert die Kommunikation nicht als Repräsentation, sondern als kulturelle

---

[9]   Berry 2012: 2.
[10]   Stalder 2016: 18.

Praxis. Somit kennzeichnet diese respektive Materialität nicht die Lebenswelt von *interconnected individuals* in einer digitalen Kultur durch den bloßen Besitz technischer Geräte, sondern durch sie wird ein Spielraum für neue Relationen und Referenzen mit Artefakten geschaffen. Dazu kritisiert der Medienwissenschaftler Jens Schröter, dass „[die] Unterscheidung zwischen analog und digital dann der Unterscheidung zwischen Bild und Text [entspräche]"[11]. Hingegen betont der Medienphilosoph Frank Hartmann im kulturübergreifenden Sinne, dass

> […] Neben der grundlegenden Form des Verhältnisses von Mensch und Technik geht es dabei um die Entwicklung eines produktiven Umgangs mit dem digitalen Schein. Mit Digitaltechnik wurde eine Industriekultur verabschiedet, die dem Körper angepasst war (Werkzeuge) oder die den menschlichen Körper verstärkt und erweitert hat (Maschinen). Die Medienmoderne delegiert Wahrnehmungen an die Apparate, Logik wird in Technik implementiert (Kybernetik, Algorithmizität), und die Medienmoderne manifestiert sich definitiv *posttypographisch* in den visuellen Displays der interaktiven Medien.[12]

In der vorliegenden Arbeit soll im Wesentlichen die Frage gestellt werden, ob die begriffliche Bestimmung von Digitalität sich auf das komplexe Gefüge zwischen dem Agieren der Internetkonzerne (vgl. Dolata/Schrape 2018), den Nutzungsroutinen zu einem produktiven Umgang mit digitalen Medien (vgl. Horst/Miller 2006; Miller et al. 2016; Miller/Sinanan 2014; Miller 2011) und der zunehmenden Rolle des Smartphones im Alltag (vgl. Hartmann 2018; Ruf 2018; Kaerlein 2018) bezieht. Auf der Ebene einer begrifflichen Bestimmung erfordert die digitale Technologie neue Methoden und Prozeduren, durch welche eine Bandbreite von Aus-

---

[11] Schröter 2016.

[12] Hartmann 2018: 119.

drücken definiert werden könnte (vgl. Schröter 2016). Vielmehr könnte eine Definition der Digitalität nicht nur auf kulturelle und gesellschaftliche Realitäten, sondern auch auf eine neue Ebene der menschlichen Erfahrungsmöglichkeit einer kaum wahrnehmbaren Sinnlichkeit reflektieren. Insofern ist das Interface die technische Bedingung (vgl. Hartmann 2018), durch welche die Interaktionen zwischen dem *Typographic man* und einer informatischen Wirklichkeit, die aus einer bestimmten Datenmenge konstruiert wird, stattfinden. Die Verwendung einer materiell-technischen Basis (technische Geräte, Netzwerke u. a.) für die durch die Nutzer entwickelten Nutzungsroutinen homogenisiert zuallerletzt die computergestützten Verfahren, die heutzutage über algorithmische Zeichen hergestellt werden. In vielerlei Hinsicht verändert dies jene Lehr- und Lernprozesse, die der Typographic man zur Entfaltung neuer Kulturtechniken ausführt (vgl. Ochs et al. 2016; Ochs 2017).

Dies spielt für den in Kuba stattfindenden medienkulturellen Wandel eine wichtige Rolle. Die technische Transformation geschieht über einen Prozess des Technologietransfers. Zu behaupten ist, dass die Weiterführung hochpolitischer Programme bzw. eine politische Programmatik eine Parallelisierung zweier kodifizierter Welten (die der Institutionen und der Nutzer) bestimmen wird. Dazu werden die internationalen Medienkonzerne einen Beitrag mit dem Ausbau der Internetinfrastruktur leisten. Somit definiert eine distinktive, selektive und personalisierte Interaktion jene sozialen Wirklichkeiten, die der Kommunikation in der Praxis der Nutzer zukunftsorientierte Perspektiven zuschreiben. Der Einsatz der Medientechnik in der Öffentlichkeit erfüllt dabei keine Funktion, sondern er erlaubt die Etablierung neuartiger Machtverhältnisse zur Dissidenz, Subversion sowie zum kulturellen Widerstand. Die dadurch eingesetzte kulturelle Praxis bringt ein komplexes Gefüge von politischen, wirtschaftlichen und sozialen Transformationen mit sich, die sich in der Zeit aufrechterhalten. Auf der Grundlage von sozialen Kriterien vermittelt die Nutzung von Technik psychologische Zustände für das Design differenzierter sozialer Ordnungen mit einer kulturellen Determination.

Kapitel 5

Social Media – soziopolitische Implikationen einer medientheoretischen Analyse

Neben den traditionellen Massenmedien bilden die sozialen Medien, Computer, die digitalen Netzwerke, E-Mail-Dienste u. a., einen parallelen Kommunikationsraum, der sich bei genauerer Betrachtung noch stärker ausdifferenzieren lässt. Die Dynamisierung eines freien Informationsflusses hat neue Räume für kommunikative Prozesse als soziale Informationsverarbeitung hervorgerufen, die unterschiedliche soziale Gruppen nutzen und für Kuba neue, darunter auch spannungsgeladene Dialoge in allen sozialen Sphären einleiten. Vor allem erzeugt die Einführung von Medientechnik neue Kanäle zur Informationsbeschaffung, denn „[…] die technischen Infrastrukturen des Netzes [ermöglichen] neue Formen kollektiven Verhaltens und Handels, strukturieren es aber auch auf zum Teil rigide Weise mit"[1].

Aktuell kontrovers diskutiert werden in diesem Zusammenhang hauptsächlich die international viel beachteten und zunehmend in Kuba lebenden Blogger. Blogs und Mikroblogs (Twitter) dienen dem Informationsaustausch, der Selbstdarstellung, Artikulation, Repräsentation und ermöglichen die Artikulation von Unzufriedenheit und Kritik gegenüber der staatlich öffentlichen Kommunikation. Diese Kritik kontrastiert die Bewältigungsstrategien im Umgang mit den Erfahrungen, die die Bevölkerung Kubas mit dem staatlichen Dogmatismus in der Zeit des sogenannten

---

[1]   Dolata/Schrape 2018: 8.

Quinquenio gris (grauen Jahrfünfts) von 1971 bis 1976 entwickelt haben. Während des *Quinquenio gris* unterlagen die kubanischen Intellektuellen insbesondere Schriftsteller und Journalisten einer strengen Überwachung und Zensur. Auch nach 1976 bis heute findet bei den öffentlichen Debatten zu unterschiedlichen Themen in allen sozialen, akademischen, politischen und kulturellen Bereichen noch immer kreative und produktive Selbstzensur statt. In Kuba stehen alle Medien verfassungsgemäß legitimiert unter staatlicher Kontrolle. Es besteht ein komplexes System aus Kontrollmechanismen und Sanktionsmittel, dazu zählt die staatliche Zensur und Überwachung. Zudem hat das Neue der Social Media wie E-Mail, Blogs und Mobiltelefone und die Art der Nutzung in diesem Kontext eine relevante Bedeutung, weil sie einen direkten Kommunikationsraum zwischen den Menschen schafft, der teilweise frei von den Konditionierungen durch die politischen Doktrinen im öffentlichen Raum ist und diesen umgeht. Sie erlauben trotz der Kontrollmechanismen eine direkte Rezeption und Vernetzung.

Die kubanische Blogosphäre stellt eine andere Form von Organisation und Interaktion dar, aus denen die Kompetenzerweiterung der kubanischen Nutzer aus individueller Initiative entwickelt wird. Die sich durch die Blogosphäre vollziehende technische Transformation entspringt einer Generation, welche sich bevorzugt online über die wichtigen Angelegenheiten der Nation informiert und die kulturellen und digitalen Medieninhalte über die sozialen Medien verarbeitet.

Seit 2005 spielen die Blogs in Kuba allmählich eine wahrnehmbare Rolle. Sie genießen im öffentlichen Raum und bei der Mehrheit der Bevölkerung aus unterschiedlichen schon aufgeführten Gründen, wie beispielsweise dem Internetzugang, große Aufmerksamkeit. Die kubanischen Weblogs haben hauptsächlich neue kommunikative Räume erschlossen und gestaltet, vor allem für junge Intellektuelle. Aufgrund der geringen Anschlussfähigkeit haben die meistens Weblogs, die sich mit dem Thema Kuba beschäftigen, auf ausländische Server verlegt. Die Mehrheit der

Weblogs von kubanischen Bloggern haben demzufolge ihren Wohnsitz im Ausland. Bedingt durch die Beschränkungen kreieren die Weblogs im eingegrenzten Kommunikationsraum zwar neue kommunikative Muster, deren Fluss sich aber durch staatlich gelenkte Kontrollmaßnahmen eher von innen nach außen als von außen nach innen beschreiben lässt. Auch wenn Texte aus den Weblogs, die selbst per Telefon oder E-Mail an Vertrauenspersonen im Ausland weitergegeben werden, als Teile wieder über andere Kanäle wie über E-Mail oder die Zirkulation über USB-Sticks zurückfließen, ist eine interaktive vollständige Teilnahme an der grenzüberschreitenden Bloggerkultur von Kuba aus zunehmend möglich. Die tatsächliche Aktivität der Blogger erfordert zur Überwindung der zahlreichen Hürden eine kreative Phantasie und zur Realisierung u. a. stützende Netzwerke im In- und/oder Ausland, die finanzielle Mittel und das Know-how bereitstellen. Im Zeitraum von 2005 bis 2007 kann von einer *emergent Blogosphere* (vgl. Henken 2011) gesprochen werden, in der vier wichtige Blogger-Gemeinden mit heterogenen Charakteristiken zu erwähnen sind: *Voces Cubanas*, *Havana Times*, *Bloggers Cuba* und *La Joven Cuba*, die sich von 2007 bis etwa 2011 entwickelt haben. Trotz ihrer Ausdifferenzierungsmerkmale teilen diese Gemeinden einen Charakterzug: die Gründung eines *Virtual Space* für die Entstehung eines bürgerlichen Journalismus (bürgerlich im Sinne von „mit und für die Bürger"). Hier werden besondere Standpunkte über Kuba sichtbar formuliert, präsentiert und vertreten, die sich als unabhängig von der Doktrin und der staatlichen Bevormundung verstanden wissen wollen.

In diesem Kapitel wird herausgearbeitet, wie die kubanische Blogosphäre den Journalismus verändert, indem sie durch das Selbstmanagement von Information, etwa durch einen Internetzugang, eine partizipative Gegen- und Teilöffentlichkeit hervorbringt. Hierbei wird der These nachgegangen, dass das Versprechen von Interaktivität der sozialen Medien und deren Einsatz in der Öffentlichkeit eine politische Dimension annimmt, aus der sich eine neue Form der öffentlichen Meinung außerhalb staatlicher Verordnungen und institutioneller Rahmenbedingungen herauskristallisiert. Diesen Aspekten kommen neue Nuancen bei der aktiven Herstellung von selbstständigen Recherchen und Presseberichten, Nachrichtenübermittlung und dem Schreiben von Artikeln zu. Die Vorgehensweise bei der Informationsverarbeitung in der Blogosphäre wird genauso wie die Entstehung von Medienpraktiken und -verhältnissen sowie neue Formen von Gemeinschaftlichkeit und einer technisch erweiterten Sozialität (vgl. Stalder 2016; Dolata/Schrape 2018) mit Hilfe digitaler Arbeitsverfahren herausgearbeitet. Hierbei wird die Politisierung des öffentlichen Dialogs über Kuba in seiner alltäglichen Bedingtheit hervorgehoben. Zudem wird die Dichotomie zwischen „revolutionär und konterrevolutionär" als Charakterzug für ein bürgerorientiertes Journalismusverständnis analysiert.

5.1 Journalisten, Weblogs und deren institutionalisierte Sachzwänge

Seit 2005 wurde die Nutzung von Weblogs bei den Berufstätigen der kubanischen Presse populär gemacht. Der plötzliche Ausbruch mehrerer virtueller Räume zur persönlichen Veröffentlichung von kubanischen Journalisten konstituiert einen der Charakterzüge des Phänomens „Blogs" in Kuba. Diese Räume wurden und werden noch größtenteils von *der Unión de Periodistas de Cuba* (UPEC–Verband der kubanischen Journalisten) und dem *Departamento Ideológico del Comité Central del Partido Comunista de Cuba* (Ideologische Abteilung des Zentralkomitees der Kommunistischen Partei Kubas) gesteuert. Die Erstellung von Weblogs kubanischer Journalisten zielte auf eine Zunahme der Anzahl von Publikationen, die sich mit dem Thema „Kuba im Internet" beschäftigten. Andere individuelle Projekte von anderen sozialen Akteuren der kubanischen Zivilgesellschaft, wie die vier bereits erwähnten Blogger–Gemeinden sowie einige professionelle Gremien, werden ebenfalls in die kubanische Blogosphäre einbezogen.

Trotz eines fehlenden nationalen Dateiverzeichnisses, das die Gesamtheit der in Kuba erstellten Weblogs zuverlässigt zusammenstellte, enthielt die Website des UPEC im Jahr 2005 eine vollständige Auflistung der Mehrheit der persönlichen Weblogs, die von kubanischen Journalisten und anderen Berufstätigen dieses Verbands (wie Fotografen und Herausgeber) erstellt wurden. Dieser Bestandsaufnahme zufolge gab es damals ungefähr 200 Weblogs von kubanischen Journalisten. Die Anzahl entsprach nur einer Auflistung der Weblogs, von dem ein einzelner Autor der alleinige Publizist war. Diese Autoren beschäftigten sich grundsätzlich mit der Berichterstattung digitalisierter Inhalte für die kubanisch traditionellen Massenmedien: etwa die digitale Version von kubanischen Zeitungen sowie für Radio- und Fernsehsender. Damals war es genauso wichtig, die Leitfäden dieses Konstruktionsprozesses festzulegen, um die neuen kommunikativen Praktiken der Journalisten als Sinnerzeuger innerhalb eines virtuellen Kontexts nachzuvollziehen. Der Hauptzweck war es, eine direkte Interaktion mit dem Publikum bzw. den Nutzern zu schaffen.

Dennoch entsprach die Erstellung dieser persönlichen Weblogs dem Interesse des UPEC und dem *Departamento Ideológico del Comité Central del Partido Comunista de Cuba*. Beide Institutionen haben die zu behandelnden Thematiken bestimmt und die Themen entsprechend der Konkurrenz durch die neuen selbstständigen Blogger reguliert. Das Anliegen der Institutionen beabsichtigte damit hauptsächlich eine internationale Reichweite, indem diese Berichte gezielt für ein internationales Publikum angefertigt wurden. Den kubanischen Journalisten dieser Gremien ist es zu verdanken, dass durch das Erstellen eines Weblogs ein dynamisches und leicht zu handhabendes Interaktionssystem geschaffen wurde, um einen direkten Dialog mit den Nutzern führen zu können. Da die Behörde und Institutionen mit Kritik, Zensur und Verruf auf die Aktivitäten der selbstständigen Blogger reagierten, wurden sie zu einer Art Gegenöffentlichkeit.

Im Jahr 2005 richtete der UPEC einen Internetzugang in einigen der Privathaushalten seiner Angestellten ein. Der Verband zählte damals über 1.300 Journalisten, welche als Redakteure und Berichterstatter tätig waren. Ungefähr 872 von ihnen wurden laut eines ISP-Abkommens mit dem staatlichen Telekommunikationsunternehmen ETECSA mit Internetzugang ausgestattet. Das Ziel war es, den Journalisten eine ausreichende Konnektivität, das heißt eine monatliche Internetverbindung von ca. 80 oder 100 Stunden, im Haushalt anzubieten, um ihre Weblogs aktualisiert zu halten (vgl. Díaz Rodríguez 2009). Gleichzeitig fand ein Fortbildungslehrgang *¿Cómo incrementar la presencia de Cuba en Internet?* (Wie wird die Präsenz Kubas im Internet erhöht?) an der *Escuela Superior del Partido Comunista de Cuba Ñico López* (Hochschule der Kommunistischen Partei Kubas Ñico López) statt. Ein Schwerpunkt des Lehrganges war insbesondere die Nutzung von Weblogs, Wikipedia und anderen alternativen Medien wie Indymedia zum Erstellen von journalistisch-redaktionellen Inhalten.

Die Beschäftigung mit solchen digitalen Werkzeugen sollte auch zur *Verbreitung der Wahrheit über Kuba im Internet* dienen, um den internationalen Medienkonzernen und ihren propagandischen Diskursen etwas entgegenzusetzen. Daher wurden persönliche Initiativen seitens der Journalisten und Presseagenturen im Interesse der kubanischen Institutionen gefördert. Der zunehmende Gebrauch der Social Media verschaffte immerhin einen erneuerten Informationsfluss von innen (Kuba) nach außen (Ausland). Nicht nur die selbstständigen Blogger, die außerhalb Kubas ihre Weblogs erstellen, sondern auch die von kubanischen Journalisten innerhalb Kubas, widmeten sich diesem Anspruch. In der Tat sollte die Tätigkeit zur Ausdifferenzierung des kubanischen Cyberspace dienen, indem sich die daran teilnehmenden sozialen Akteure in der Ausübung ihrer sozialen Aufgabe voneinander unterscheiden. Das erlaubte den Journalisten teilweise Nutzen aus dem Medium an sich, den technischen Rahmenbedingungen sowie dem Schreibstil auf einer Website zu ziehen. Einige kubanische Pressemedien wie die Tageszeitungen *Granma*, *Juventud Rebelde*, *Trabajadores* und *Ahora* unterstützten solche Initiativen zur Publikation digitaler Presseberichte.

Das Element, das die Weblogs der Journalisten vom Rest der digitalen Produktion in der kubanischen Blogosphäre unterscheidet, ist der Zwang zur Befriedigung eines vermeintlich informationellen Bedürfnisses, das von den kubanischen staatlichen Massenmedien selbst verursacht ist. Diesen Bedarf können die Journalisten auch nicht tilgen. In der Blogosphäre arbeitet die Mehrheit der journalistischen Berufstätigen unter den Voraussetzungen eines strengen Berufsethos, das institutionell festgelegt wird. Diese soziale Aufgabe wird hauptsächlich über die Ausübung bestimmter Funktionen vermittelt:

- die Sozialisierung von verschiedenen Ereignissen im Kulturbereich;

- die Ausbildung sozialer Werte innerhalb der Bevölkerung;

- die Vermittlung eigenen Sichtweise bzw. Interpretationen in Bezug auf das Kubabild;

- die Mobilisierung der Journalisten als soziale Akteure;

- die Förderung von Bürgerpartizipation;

- die kommunikative Wechselwirkung mit einem neuen Publikum bzw. den Internetnutzern (vgl. Díaz Rodríguez 2009).

Die Nutzung der Social Media von den kubanischen Journalisten wurde stark durch die Arbeitsweise der traditionellen Massenmedien in Kuba bestimmt. Im Jahr 2009 wurde eine Umfrage von Universitätsprofessoren durchgeführt, die bestätigte, dass sich die Mehrheit der Post, Nachrichten, Informationen und in Weblogs erstellten Inhalte tatsächlich auf die Aktualität Kubas und die Welt bezogen (vgl. Díaz Rodríguez 2009). Die Ergebnisse hoben nicht nur etwa eine aktuelle kulturelle Veranstaltung hervor, sondern widmeten sich auch den an ihr beteiligten relevanten Gruppen. Außerdem beschäftigte sich diese Umfrage mit den Auswirkungen, dem allgemeinen Interesse und der Rolle der sozialen Akteure in diesen Ereignissen und deren Rezeption. Das Interesse der Allgemeinheit fokussierte sich auf Begebenheiten, die die Nutzer in ihrem Alltag für bedeutsam hielten. Personalisierte Botschaften an bestimmte Nutzer änderten die Art und Weise der Adressierung und des Empfangs. Dadurch wurden Nachrichten verbreitet, die vorher keine Berücksichtigung gefunden hatten, wodurch die Blogosphäre zum Motor eines Erzählstils wurde, der das Interesse der Leser ab nun einfing (vgl. Díaz Rodríguez 2009). Dies bestätigten einige Journalisten bei der Umfrage. In der Blogosphäre wird das Interesse über ein erneuertes Narrativ kanalisiert, wobei die Mehrheit der Erzählungen auch über Chroniken erstellt wird. Anderen Formen diskursiver Konstruktionen wie Berichte von dritten Personen, der Fokus auf gewöhnliche Protagonisten oder indirekte Zeugen liefern den Stoff, aus dem die erzählten Geschichten und Ereignisse gewebt werden. Trotzdem enthüllt diese direkte Adressierung von Botschaften in gewisser Weise „eine Politisierung der Beziehung zwischen Sender und Empfänger"[2], vor allem wegen der Funktion, die die Gestalter der Weblogs in der Öffentlichkeit ausüben sollen.

Die Umfrage zeigte auch die Unterschiedlichkeit der Informationsquellen, die für das Schreiben der Weblogs verwendet werden. Neben die eigenen Artikel der Blogger werden kollektive Augenzeugen- und individuelle Erfahrungsberichte beliebiger Ereignisse gestellt. Die meist zitierten offiziellen Informationsquellen waren die eigenen kubanischen Massenmedien und Presseagenturen sowie jene Institutionen, die ihre Themen aus der Blogosphäre ziehen. In diesen Presseagenturen hatte die Mehrheit der befragten Journalisten eine Festanstellung. Als Informationsquellen galten ausländische Journale und Tageszeitungen sowie NGOs (*Non-governmental organizations*). Die Nutzung des Internets

---

[2] Recio Silva, Milena: "Blogs Cuba: una identidad atrincherada". ☞ Link S. 407

motivierte den Gebrauch anderer digitaler Werkzeuge hinsichtlich der Informationsbeschaffung. Nationale und internationale Websites, Suchmaschinen, biografische Weblogs, digitale Enzyklopädien und Bulletins wurden verwendet, um über andere Ressourcen für das Zusammenstellen gestreuter Informationen zu verfügen.

Ein anderer Aspekt, der gegen eine effektive Übermittlung journalistischer Botschaften verstößt, ist die Medienkompetenz der Journalisten. Medienkompetenz wird als die Erkenntnis verstanden, die die Journalisten über die Handhabung des Mediums besitzen. Das bedeutet, dass die journalistische Tätigkeit sich nicht nur auf die Nutzung eines neuen digitalen Werkzeugs und auf Ressourcen beschränken sollte, sondern dass sie als Voraussetzung von erneuerten journalistischen Darstellungsformen für die Gestaltung von Botschaften angesehen werden muss. Die Produktionsweise, in der die Mehrheit der kubanischen Journalisten ihre Inhalte ins Netz stellen, achtet mehr auf das äußere Erscheinungsbild, z. B. das Design oder die Qualität der verwendeten Arbeitsmaterialien und weniger auf den Gehalt ihrer Botschaften, was zu einer niedrigen Akzeptanz solcher Botschaften innerhalb der kubanischen Bevölkerung führt. Meistens streben die Journalisten danach, eine Hierarchisierung der zu behandelnden Themen im Netz darzustellen, um dadurch vermutlich den Mehrwert einer bestimmten Botschaft zu steigern. Ihnen zufolge bietet eine Nachricht bzw. Botschaft für die Nutzer dann einen Mehrwert, wenn die Journalisten alle technischen Anwendungen eines Weblogs meistern. Im Zeitraum von 2005 bis 2009 haben einige Journalisten erkannt, dass in dieser Periode sich die Weblogs und deren Nutzung in einem Anfangsstadium befand, wodurch nur Grundkenntnisse bestimmter Computerprogramme vorausgesetzt werden konnten (vgl. Recio Silva 2006).

Diese Situation basierte einerseits auf der Unkenntnis der technischen Vorteile, die die Server mancher Institutionen anbieten konnten, und andererseits auf der niedrigen Anschlussfähigkeit der kubanischen Institutionen, um die Weblogs aktualisiert

zu halten. Dies erschwerte den Erwerb von Medienkompetenzen hinsichtlich des Managements von Information und digitalen
Anwendungen. Die Weblogs wurden mit technischen Mängeln
erstellt: die sparsame Nutzung von grafischen und interaktiven
Elementen; der fast völlige Verzicht auf Hyperlinks, Audio- und
Videodateien; statt Besucherzähler oder Umfragen einzubauen,
dominierten traditionelle Widgets wie Dateien, Ordner und Links.
Journalisten und selbstständige Blogger hingegen beherrschten
diese Werkzeuge besser und wendeten unter anderem zeitgemä-
ßere Videoblogs an. Neue Chatrooms und personalisierte Weblogs wurden mit einem neuartigen Design erstellt, welche ebenfalls auf Suchmaschinen und Ranking-Websites verlinkten. Auf
diese Weise überstiegen diese Weblogs den ursprünglichen Zweck
ihres Einsatzes (vgl. Recio Silva 2006). Blogger und Leser bildeten
eine Affinität über das Teilen von digitalen Medieninhalten, die sie
interessierten, und nicht aus dem Anspruch heraus, das kritische
Denken zu fördern oder das Gesagte bzw. Geschriebene zu beur-
teilen. Diese neue Dynamik lässt sich zwischen den Bloggern aus
deren Verknüpfungen rekonstruieren. Das sich hervorhebende
Element, das die Entstehung von sozialen Netzwerken oder Blogger-Communities auszeichnet, ist ein Übersetzungsprozess, welcher auf das Überschreiten geografisch-physischer, psychischer,
kultureller und sprachlicher Grenzen hinweist.

Die mangelhafte Nutzung des Produktionspotenzials der Weblogs und deren technischer Elemente hat multiple Ursachen: die
noch nicht ausgebildete Kenntnis des Mediums seitens der Journalisten; die unzureichende Anschlussfähigkeit der kubanischen
Institutionen, die beispielsweise das Hochladen ins Netz von
hochwertigen Fotos, Audio- und Videodateien verlangsamte oder
verhinderte; die Geringschätzung der Grundwerkzeuge, die die
kostenlosen Blogs anboten; die Unkenntnis über die Leistungsfähigkeit dieser Ressourcen in Bezug auf das Erstellen und Management von Informationen und Inhalten; die knappe Nutzung
von neuen Informationsquellen für die Organisation und Abfrage
von digitalen Medieninhalten und schließlich das Kontextualisie-

ren von Information entsprechend der technischen Eigenschaften eines neuen Trägers. Aufgrund dessen verwendeten einige Journalisten größtenteils Fotos und Dateien mit einer minderwertigen Qualität. Diese Begleiterscheinung führte nach Meinung einiger kubanischer Intellektueller dazu, dass die traditionelle Presse ins Netz ging. Kubanische Journalisten verlinken ihre Weblogs oft aus Prestigegründen mit Websites, die eine positive und nicht kritische Meinung über Kuba oder die kubanische Revolution äußern, und wollen damit ihr Ansehen bei den Nutzern steigern. Daher kommt es oft zu Wiederholungen derselben Botschaften in Form politischer Bedeutungszuweisungen; diese Art der Propaganda verfehlt sowohl im In- als auch im Ausland ihren Nutzen.

Besonders hervorzuheben ist, dass die in der kubanischen Blogosphäre stattfindenden Diskussionen implizit eine politische Dimension haben. Auch wenn sie als freier Raum gedacht ist, besteht ein Zwang, sich für oder gegen die kubanische Revolution auszusprechen. Dies kontituiert eine Situation, die sich moralisierend auf jegliches Agieren der kubanischen Blogger auswirkt und sich schon im Ansatz zeigt, insbesondere bei m Schreiben politische Beiträge. So seien in der Blogosphäre innerhalb und außerhalb Kubas Anti-Establishment-Mechanismen der reaktionären Rechten zu finden, äußerte die Journalistin und Bloggerin Elaine Díaz Rodríguez. Kritische Kommentare, Beiträge über die Wirtschaftslage, Gesellschaft, soziale Probleme, die kubanische Politik und Regierung zwingen die Journalisten häufig zu einer politischen Stellungnahme, sogar wenn sie diese nicht absichtlich absenden. Die Nachfrage nach einem dynamischen Kommunikationsraum wird nicht nur durch die Dialogbereitschaft der Journalisten erfüllt, sondern auch durch jene Personen, die die Weblogs für freien Protest oder die Veröffentlichung ihrer individuellen Erfahrungen nutzen.

Die Weblogs von kubanischen Journalisten sind zumeist in ausländischen Servern wie Blogger, Blogia, Ya.com und Wordpress verankert. Die kostenlosen Bloganbieter ermöglichen den Redakteuren, Inhalte der traditionellen Pressemedien in ihren

Weblogs zu posten. Informationsquellen wie Statistiken, Umfragen, Fallstudien etc. erhöhen die Qualität der Informationen
über Kuba. Jedoch hatte die kubanische Bevölkerung im Zeitraum
2005 bis 2009 aufgrund der niedrigen Internet-Anschlussfähigkeit
auf die in ihrem Land erstellten Weblogs nur sehr beschränkten
Zugriff. Demzufolge versuchten einige Institutionen neue Anwendungen zu entwickeln oder neue Softwares zu benutzen, um
den Nutzern die Weblogs im Internet zugänglich zu machen, vor
allem über die Verbesserung der Konnektivität im öffentlichen
Raum. Im Jahr 2007 diente das Hauptamt des UPEC in der Provinz *Cienfuegos* (im Südwesten von Kuba) als Testlabor für dieses
Vorhaben. Eine Anwendung für die Installation und Einrichtung
eines Weblogs wurde auf der Homepage des UPEC in *Cienfuegos*
hochgeladen, mit der die Journalisten ihre Weblogs an einen kubanischen Server anschließen konnten. Im Verlauf des Jahres 2007
wurden beispielsweise nur sechs Weblogs zur Probe erstellt und
bis 2009 gab es nur wenige Autoren bzw. Journalisten (vgl. Díaz
Rodríguez 2009).

Den kommunikativen Praktiken der kubanischen Journalisten
liegt eine politische Konnotation zugrunde, weil sie die kulturpolitischen Prinzipien in der Ausübung ihres Berufes modifizieren und mitbestimmen.[3] Es entbrennen aus diesem Grund heiße
Diskussionen darum, wie die Selbstdarstellung Kuba im Netz
aussehen sollte. Eine glaubwürdige Berichterstattung über das alltägliche Leben muss die Widersprüche, Diskrepanzen, kulturellen
Unterschiede und identitätsstiftenden Elemente mit aufnehmen.
Diese Erzählungen über das eigene Land erfährt eine Selbstzensur, da befürchtet wird, dass das Geschriebene politisch falsch
oder als Angriff gegen die Prinzipien der kubanischen Revolution
bzw. des politischen Systems verstanden werden könnte. Solch ein
Konflikt ist spürbar sowohl in der Behandlung der verschiedenen
Themen als auch im Sprachgebrauch sowie in der Verwendung

---

[3]   Vgl. Ravsberg, Fernando: Propuestas para una refundación de la prensa cubana
☞ Link S. 407

von Informationsquellen und in der Anfertigung eines Textes. Die formale und strukturelle Reproduktion des offiziellen Diskurses der traditionellen Massenmedien durch die Journalisten in den Weblogs legitimiert diesen und adaptiert ihn. Es gelten auch hier die ihm inhärenten und im Voraus festgelegten Prinzipien, die somit als Botschaft in die Blogosphäre ausgesendet wird. Auf diese Weise trägt der digitale Journalismus das Arbeitsschema der kubanischen Presse als Sozialinstitution, welche diese Tätigkeit steuert und reguliert, in sich.

Dieser Umstand pflanzt sich bei den Informationen und Inhalten, die in den Blogs erstellt, behandelt, diskutiert und zensiert werden, fort. Die Bloggerin, Journalistin und ehemalige Universitätsprofessorin Elaine Díaz Rodríguez fordert, sich aus einer individuellen Perspektive in den Weblogs mit dem Thema „Kuba" auseinanderzusetzen zu dürfen. Dadurch würden die digitalen Journalisten dazu befähigt werden, sich selbst als aktive Teilnehmer in der Umsetzung ihrer Tätigkeit zum Gemeinwohl auszubilden; vorausgesetzt, dass sie die Anforderungen ihrer Institutionen genügen. Sie sollten im Grunde eine kritische Stellungnahme hinsichtlich der Förderung anderer Formen des politischen Diskurses einnehmen, um die vielfältigen Aspekte und Realitäten Kubas darzustellen. Sie sollten in authentischen erzählten, glaubwürdigen Chroniken oder Reportagen die Erlebnisse, Erfahrungen und alltäglichen Probleme der kubanischen Bevölkerung behandeln. Dazu wäre es nötig, sich der Selbstzensur oder der exzessiven Selbstregelung zu entziehen. Obwohl es angeblich in den kubanischen Presseagenturen keine zu beachtenden Codes oder eine Verlagspolitik gäbe, bestünden doch Zwangsmechanismen, die die journalistische Arbeitsweise kontrollierten.

Die Konstruktion eines idealen Kubas in der Mehrheit dieser Weblogs spiegelt das Schema und die Grundprinzipien des offiziellen Staatsdiskurses wider. Die gewünschte Wahrheit, welche verfochten oder ins Ausland gesendet werden soll, ist eine geschönte Realität, frei von Widersprüchen, meist eher umgangssprachlich beschrieben. Dass die aktuellen Veränderungen im Schneckentempo dargestellt werden, korreliert mit der Langsamkeit, mit der die kubanische Regierung aktuell die wirtschaftlichen, politischen und sozialen Reformen umsetzt. Dabei herrscht ein übertriebener Optimismus vor, während sich Kuba in den Weblogs wenig attraktiv wie ein Land ohne Vielfalt in den Farben Schwarz-Weiß präsentiert.

Was seit 2006 die Mehrheit der Weblogs von Journalisten des UPEC kennzeichnet, ist ein hieratischer Diskurs (vgl. Díaz Rodríguez 2009), der keinen offenen Dialog anregt, sondern sich propagandistisch überredend artikuliert. Unter diesen Aspekten wird es unmöglich, einen reflektierenden Dialog sowie eine vertiefende Analyse einzuführen. Die Mehrheit der Autoren dieser Weblogs beschäftigt sich eher allgemein mit dem Thema Kuba. Diese Autoren blenden spezifische Aspekte des Alltags aus. Somit generiert die Blogosphäre eine verkaufsfördernde, touristische Wirkung. Die Darstellung und Verbreitung einer nicht der offiziellen Stellungsnahme genügenden Darstellung des eigenen Landes muss sowohl mit den veralteten, unveränderlichen Narrativen brechen, als auch subjektive Sichtweisen zulassen, das heißt dem Kult der Objektivität der zu sendenden Botschaft abschwören. Insbesondere bei zukünftigen Produktionen kann die Personalisierung eines einzelnen Nutzers legitimiert und die individuelle Erfahrung im Rahmen der journalistischen Praxis als kultureller Diskurs artikuliert werden. Somit stellen sich die Journalisten einer großen Herausforderung. Um das kubanische Sozialprojekt in die digitale Welt übersetzen zu können, müssen verkrustete Sprachgewohnheiten, traditionelle Arbeitsweisen und Selbstzensur endgültig überwunden werden.

5.2 Die soziale Struktur der kubanischen Blogkultur

Die Herausforderungen für die Umsetzung und Gestaltung der Blogkultur für die hauptsächlich eher jungen Blogger sind im kulturellen Kontext Kubas hoch. Insbesondere durch den

Konflikt zwischen Überwachung und Zensur und dem daraus resultierenden Selbstschutz und der -zensur ergeben sich viele Probleme. Hinzu kommt die geringe Rezeptionsmöglichkeit innerhalb Kubas und die mögliche Instrumentalisierung im Ausland und der kubanischen Gemeinde in der Diaspora. Es braucht einen öffentlichen Dialog und eine offene Diskussion zur Liberalisierung und Legalisierung von medienkulturellen Entwicklungen wie die Blogosphäre. Für den Fortschritt der technischen Transformation wird es auf die Dialogbereitschaft und einen zivileren Umgang des Staates mit den Menschen, Gruppen und Bewegungen ankommen, die sich außerhalb der staatlichen Doktrin artikulieren. Dazu gehört vor allem die Förderung der Praktiken von kubanischen Jugendlichen im Umgang mit Medientechnik, die das Bedürfnis nach neuen Räumen zur Artikulation ihrer Wünsche, Befindlichkeiten und Zukunftsvorstellungen repräsentieren.

Die Blogkultur in Kuba bildet sich aus einem komplexen System von symbolischen Codes ab, welche die Interaktion der Blogger über verschiedene Verfahrensweisen bestimmt; hauptsächlich bezogen auf die Art von Aufmerksamkeit, die auf die kubanischen Blogger im Ausland gerichtet wird. Gemeint ist damit die Ausübung einer kritischen Meinung seitens junger Intellektueller gegenüber der kubanischen Politik. In der Dichotomie zwischen den Pro- und Kontra-Regierungsblogs ist ein deutlicher Gebrauch der Social Media zur Repräsentation verschiedener konfliktgeladener perspektivabhängiger Ströme zu erkennen. Sie bieten auch die Grundlage für einen Dialog rund um die Entwicklungen von Medientechnik, um diese fördern zu können. Den Medienwissenschaftlern Ulrich Dolata und Jan-Felix Schrape zufolge ist

> […] typisch für diese Bewegungen eher das, was hier als *technisch erweiterte Sozialität* bezeichnet wird, als das enge Zusammenspiel von sozialen Anlässen, Beziehungen, Kommunikationsprozessen und Aktivitäten mit neuarti-

gen Formen ihrer nun auch technischen Ermöglichung, Vermittlung und Strukturierung […].[4]

Im Kontrast zum bereits beschriebenen institutionellen Anliegen ist die kubanische Blogosphäre durch individuelle Initiativen jüngerer Intellektueller, Akademiker und Forscher geprägt. Diese für Kuba differenzierenden Initiativen, die von staatlicher Steuerung Abstand nehmen, schaffen neue Formen vom Bürgerjournalismus im Netz und verbreiten sich insbesondere dank der Vorteile eines Internetzugangs. Hierbei ist eine starke innenpolitische Polarisierung unter den verschiedenartigen und zumeist kritischen Stellungnahmen von nicht regierungsnahen (Kubakritikern) und regierungsfreundlichen (Kuba verteidigenden) Bloggern zu finden. Solch eine willkürliche Bezeichnung weitet sich genauso auf Weblogs und Blogger-Gemeinden aus. Das Ergebnis ist, dass die Zugehörigkeit zu einer besonderen Blogger-Gemeinde mit politischen Strömungen und Bezeichnungen wie Rechte, Linke, Anarchisten, Revolutionäre, Konterrevolutionäre, Feinde bzw. Erzfeinde u. a. einhergeht. Aus diesem Grund erfordert der Aufbau eines Virtual Space für die Ausübung von digitalem Bürgerjournalismus (nicht nur in den Weblogs, sondern auch in der digitalen Version kubanischer Zeitungen) einen Perspektivenwechsel bzw. Mentalitätswechsel. Dies impliziert einen Prozess kultureller Übersetzung, der nach verschiedenen Kriterien und Aufgaben gekennzeichnet wird,

- etwa in der Projizierung von Kubas politischer Neuorientierung nach außen;

- in der Förderung von neuen Formen des Know-hows mit dessen entsprechendem Online-Diskurs, der sich vom Diskurs der traditionellen Massenmedien unterscheiden sollte;

---

[4] Dolata/Schrape 2018: 59.

- in dem Management von Information beim kooperativen Multitasking und schließlich

- in der Nutzung der Webtechnologie mit deren dynamischen Werkzeugen für die Erstellung digitaler Medieninhalte.

Solche Kriterien konstituieren den Kernpunkt der Netzarbeit für die Mehrheit der kubanischen Blogger jeglicher politischer Tendenz. Damit streben sie nach der Übermittlung einer besonderen und spezifischen Botschaft über Kuba in die Welt, was von Anfang an kontraproduktiv war, vorwiegend weil ein großer Teil der kubanischen Bevölkerung keinen Zugang zu diesen neuen Inhalten und Diskursen hatte. Zu untersuchen ist, ob derzeit mit den Möglichkeiten des öffentlichen Internetzuganges wie in den Internetcafés, Wi-Fi-Hotspots und in den mobilen Geräten das Interesse für die Blogosphäre in der Bevölkerung steigt. Dies ist ein Prozess, welcher von der Entpolitisierung der Arbeit der Blogger abhängig ist. Die Verfügbarkeit über einen Internetzugang ist das Element, das die Entstehung einer Gegenöffentlichkeit durch die Blogosphäre kennzeichnet.

Zudem

[…] finden sich im Internet *elitär strukturierte und klar fokussierte Gruppierungen* im Zwischenfeld von Bewegung und Gemeinschaft, die sich durch subversive oder illegale Aktivitäten auszeichnen, dazu eigene technologische Plattformen aufgebaut haben und über kleine, zum Teil hermetisch abgeschottete Kernstrukturen und -akteure mit umliegenden Unterstützernetzwerken verfügen.[5]

Maßgeblich ergaben sich zwei Versuche, das heißt *revolutionäre* bzw. *solidarische* Initiativen einerseits von Yoani Sánchez und an-

---

dererseits von Iroel Sánchez, um die Inhalte ihrer Weblogs zu sozialisieren. Im Zeitraum von 2007 bis 2012 publizierten beide Blogger wichtige Artikel in ihren Weblogs, welche in Form eines Buches später in der Öffentlichkeit erschienen. Das Buch von Yoani Sánchez, eine der reaktionärsten Bloggerinnen Kubas, wurde illegal herausgegeben und landete einen großen Erfolg bei der kubanischen Jugend. Seitdem der Weblog *Generación Y* von Sánchez im Jahr 2007 erstellt wurde, war er ebenso für alle Institutionen im Netz unzugänglich und für die kubanischen Bürger durch staatliche Bestimmungen gesperrt. Sánchez wurde als Konterrevolutionär oder *Agent des Kapitals*, der kapitalistischen Interessen im Ausland dient, bezeichnet. Mehrmals ließ und lässt die kubanische Behörde über eine staatliche Kampagne Sánchez und seinen Diskurs in Verruf bringen. Allerdings fand ihre subversive Botschaft über ihr Buch innerhalb der kubanischen Jugend eine große Zustimmung. Im Gegenteil dazu rechtfertigte Iroel Sánchez in *Sospechas y disidencias. Una mirada cubana en la red*, das Kuba sich gegen den aggressiven Diskurs der internationalen Medienkonzerne zu verteidigen habe.[6] Nach Meinung von Sánchez führten die internationalen Medienkonzerne seit Jahrzehnten eine politische Kampagne, um das politische System Kubas in Verruf zu bringen. Mit einer etymologischen Bestimmung in der Benutzung der Wörter *Verdacht* und *Dissidenz* im Buchtitel verweist der Autor auf das Recht das Kuba besitze, diesen internationalen Medienkonzernen die Stirn zu bieten und sich gegen deren Angriffe zu wehren.[7]

Neben der Initiative, die digitalen Medieninhalte der Weblogs über Bücher zu sozialisieren, spielte die E-Mail-Nutzung gleichzeitig eine wichtige Rolle in der Verbreitung von den im Netz stattfindenden Diskussionen der Intellektuellen. Vor der Entstehung der Internetcafés und der Wi-Fi-Hotspots (ungefähr bis zum Jahr 2013) hatte die Verfügbarkeit eines E-Mail-Accounts ein komplexes und verdichtetes Informationsnetz angeregt. Auf-

---

[6]   Vgl. Sánchez Espinosa 2012.
[7]   Ebd. Übersetzung des Autors.

grund der Überwachung und Zensur fertigten einige kubanische Intellektuellen, die innerhalb oder außerhalb Kubas über einen Internetzugang verfügten, als Gegenbewegung aus Weblogs, Websites sowie digitalen Zeitschriften und Zeitungen digitale Bulletins an, um den Bedarf an Information zu stillen (vgl. Arango 2013). Solche eigenständig erarbeiteten Bulletins finden über E-Mail und mittels Verteilerliste weite Verbreitung. Die Thematiken, welche in diesen Bulletins verkündet werden, sind meistens dieselben, mit denen sich die Blogger innerhalb oder außerhalb Kubas beschäftigen und zur Debatte stellen. Eine kurze Fassung dieser Themen, welche in der Blogosphäre thematisiert werden, enthält die Fortsetzung des kubanischen politischen Systems (Sozialismus) über die Einführung neuer wirtschaftlicher und sozialer Reformen, Demokratie bzw. Demokratisierung des politischen Systems, die Förderung eines sozialen Systems mit mehr Meinungs-, Versammlungs- und Bewegungsfreiheiten, die Einführung anderer nichtstaatlicher Formen von Geschäftsmodellen in die kubanische Wirtschaft ohne staatliche Kontrolle (Privatisierung), die Befriedigung der Grundbedürfnisse der kubanischen Bevölkerung und die Entwicklung einer neuen öffentlichen Politik in allen sozialen Bereichen, um neue Formen bürgerlicher Partizipation im öffentlichen Raum zu fördern.

Einer der Erfolge der Weiterentwicklung des kubanischen Cyberspace seit dem Gebrauch von Social Media besteht in der Öffnung neuer Diskussionsräume, welche bis zu einem gewissen Grad auf die Ineffektivität der bestehenden öffentlichen Räume zur Meinungsäußerung und zu Debatten hinweisen. Diese Räume werden über die kubanischen Institutionen bereitgestellt. Der Raum, der aus durch individuelle Bürgerinitiative entsteht, wird unter Verdacht gestellt und durch polizeiliche Gewalt unterdrückt. Aus diesem Grund publizierten die Blogger zumeist kryptische Presseberichte, in denen sie einer kodifizierte Sprache benutzten, aus der nicht klar hervorging, worüber sie schrieben, insbesondere wenn die Botschaft individuelle Erfahrungen übermitteln sollte. Diese Situation änderte sich im Verlauf der Jahre durch die Verwendung einer expliziten Sprache. Zudem sind die Weblogs eine wertvolle und zum Teil zuverlässige Informationsquelle im sozialen Kontext Kubas geworden. Die Nutzer, die Zugriff auf die kubanische Blogosphäre haben, suchen nach neuartigen Formen des Erzählens, welche eine andere Meinung über Kuba vertreten und sich auf die alltäglichen Problematiken der Bürger beziehen. Die regelmäßigen Presseberichte der Blogger sind hochgeschätzt, da sie eine ausdifferenzierte, kritische Meinung zu dem stattfindenden Veränderungsprozess darstellen. Es sind Meinungen, die generell in den traditionellen Massenmedien Kubas nicht zu finden sind. Im Interesse der Öffentlichkeit wird aufgewertet, was in der Blogosphäre über ein bestimmtes Thema im Zusammenhang mit Kuba geäußert wird. In der Ausübung dieser Tätigkeit werden nicht nur die Verhältnisse der kubanischen Jugend revolutioniert, sondern es werden Räume für neue Kulturpraktiken geschaffen. Die Zugehörigkeit zu einer bestimmten Blogger-Gemeinde erfordert ebenso die Vertretung einer besonderen Meinung, die politisch geäußert werden muss.

Bis zum Jahr 2012 gab es viele journalistische Weblogs. Diese vollständig aufzulisten, wäre ein großes Unterfangen, da sich ihre Anzahl bis zum Jahr 2018 verdreifacht hat. Derzeit gibt es über dreitausend Weblogs, die sich mit dem Thema Kuba im Internet beschäftigen und sie werden sowohl innerhalb als auch außerhalb Kubas erstellt.[8] Darunter befinden sich Weblogs, die seit dem Jahr 2014 die Debatten zum aktuellen politischen Prozess in Kuba

---

[8] Siehe eine ausführliche Beschreibung der Entstehung der kubanischen Blogosphäre unter: https://jovencuba.com/2011/09/04/%C2%BFcuando-nace-la-blogosfera-cubana-primeras-notas/ (letzter Zugriff am 05.12.2018); https://jovencuba.com/2011/10/20/la-blogosfera-cubana-1era-parte/, (letzter Zugriff am 05.12.2018); https://jovencuba.com/2014/03/03/temas-y-anatemas-en-la-blogosfera-cubana-2/, (letzter Zugriff am 05.12.2018); https://jovencuba.com/2014/11/29/blogs-y-colectivos-destacados-en-la-blogosfera-cubana/ (letzter Zugriff am 05.12.2018); https://jovencuba.com/2016/01/13/la-blogosfera-cubana-en-2015/, (letzter Zugriff am 05.12.2018).

kanalisierten. Es sind: *La pupila insomne* (Die schlaflos Pupille) von Iroel Sánchez, *Segunda Cita* (Zweites Treffen) von Silvio Rodríguez, *La Isla Desconocida* (Die unbekannte Insel) von Enrique Ubieta, *La Joven Cuba* (Das jüngere Kuba) von Harold Cárdenas, *La Polémica Digital* (Die digitale Polemik) von Elaine Díaz Rodríguez, Espacio Laical (Laienraum) ist die Digitale Zeitschrift des kubanischen Erzbistum-Rates der Laien, *OnCuba* von Hugo Cancio, *Observatorio Crítico* (Das kritische Observatorium), *Havana Times* von Circles Robinson, *Generación Y* (Generation Y) von Yoani Sánchez, *Estado de SATS* von Antonio G. Rodiles, *Cartas Desde Cuba* von Fernando Ravsberg, *Diario de Cuba* von kubanischen Emigranten in Spanien und noch viele mehr. Aus unterschiedlichen Perspektiven thematisieren diese Weblogs die kubanische Wirklichkeit.

Die soziale Nutzung der Weblogs erweckt in politischen und institutionellen Sphären erregte Diskussionen und Besorgnis, aufgrund der Art und Weise, wie sich die jüngeren selbstständigen Blogger dem Thema „Kuba" ohne staatliche Steuerung widmen. Der digitale Journalismus der ehemaligen Universitätsprofessorin und Bloggerin Elaine Díaz Rodríguez (Blog *La Polémica Digital*, gegründet im Jahr 2008) wurde beispielsweise über ihre Tätigkeit an der Fakultät für Kommunikation an der Universität Havanna avaliert. Das rechtfertigte und legitimierte teilweise ihre Kritik und ihren Diskurs gegenüber dem Blog *Generation Y* von Yoani Sánchez. Solch ein Diskurs, als eine revolutinäre Erwiderung auf die Angriffe der gegnerischen Seite, wird bei der kubanischen Behörde hochgeschätzt. Elaine Díaz Rodríguez' Engagement mündete in ein größeres Webprojekt mit dem Titel *Periodismo de Barrio* (Journalismus aus dem Stadtviertel). Im Jahr 2012 traf sich der ehemalige erste Vizepräsident Kubas Miguel Mario Díaz-Canel Bermúdez mit den Redakteuren des Weblogs *La Joven Cuba*. Diese Blogger-Gemeinde wurde von einer Gruppe jüngerer Intellektueller und Hochschullehrer an der Universität Matanzas (im Westen Kubas) gegründet. Der Weblog publiziert seit seiner Gründung relevante Presseberichte über den aktuell politischen und sozialen Veränderungsprozess Kubas. Das Treffen mit den oberen Rängen der kubanischen Politik ist als soziale, politische und ideologische Legitimation der Tätigkeit von *La Joven Cuba* zu betrachten und rehabilitierte auch die Blogger, die im gewissen Sinne auf diese Weise die Genehmigung der Regierung Kubas erhielten, die sogenannten revolutionären Werte zu verteidigen.

Im digitalen Milieu gibt es laut Enrique Ubieta viel Geld für die Subversion gegen Kuba.[9] Als aktiver Blogger (*La Isla Descono-cida* – Die unbekannte Insel) strebt Ubieta danach, den Nutzern einen anderen Überblick über Kuba im Internet zu verschaffen. Dazu gehört seiner Meinung nach, dass Kuba ein „anormales Land" ist, das die „Wellenschläge des Kapitalismus" über 50 Jahre fest ausgehalten hat. „Kuba bedeutet vor allem Sozialismus!"[10]. Als Mitglied des Zentralkomitees hielt er drei Weblogs für gefährlich, die die Kontinuität der kubanischen Revolution gefährden könnten, weil sie von jüngeren Menschen wie etwa Studenten, jungen Intellektuellen, Hochschullehrern gelesen werden. Diese Weblogs bestehen aus von Yoani Sánchez' *Generación Y*, aus *Estado de SATS*, einer Blogger-Gemeinde bzw. einer Gruppe von Journalisten aus der kubanischen Rechten, die in privaten Haushalten Interviews mit kubanischen Persönlichkeiten, Intellektuellen und Akademikern machen, um diese als Videos im Internet zu posten, und der seit 2011 zusammenarbeitenden beiden Blogs *Observatorio Crítico* und *Havana Times*, deren Redakteure sich selbst der Linken angehörig fühlen; Ubieta bezeichnet sie jedoch als Anarchisten. Der Hauptgrund für die Gefährdung Kubas sei, dass solche Weblogs ausreichende Gründe lieferten, um Kuba politisch und ideologisch von außen angreifbar zu machen. Ebenso würden sie die Erfolge der kubanischen Revolution in Verruf bringen. In Ubietas Auflistung wird auch die seit 2012 entstehende kubanische Twitter-Gemeinde als staatsgefährdend eingestuft. Im Mai 2013 fand

---

[9] Vgl. Ubieta Gómez, Enrique: Conferencia: La subversión ideológica en tiempos de Web 2.0, Cátedra Emilio Roig de Leuchsenring, Colegio Universitario San Gerónimo de La Habana (09.01.2014).

[10] Ebd.

das zweite Treffen kubanischer Twitter (#TwittHab) im Wohnviertel *Vedado* in Havanna statt, fast zwei Jahre nach dem ersten im Sommer 2011. Als aktiver Twitter-Nutzer und Mitglied der kubanischen Twitter-Gemeinde veranstaltete Ubieta das Treffen, bei dem gleichzeitig der Stellvertreter des damaligen *U.S. Interest Section in Havana* Conrad Tribble anwesend war.

In der Weiterentwicklung der kubanischen Blogosphäre hat die Nutzung der E-Mail eine besondere Rolle gespielt. In Kuba fungiert die E-Mail wie Social Media, hauptsächlich deshalb, weil ihr Gebrauch im Gegensatz zum Internet fast für jeden Kubaner zugänglich ist, im privaten Raum möglich, sofern ein Telefonanschluss und ein Computer vorhanden sind, im öffentlichen Raum über Computerclubs, Internetcafés und Wi-Fi-Hotspots. Ihre Funktion als Kommunikationsmittel hat sich schrittweise zuerst durch die Aneignung der Jugendlichen und schließlich durch die der restlichen Bevölkerung verändert.

Seitdem die Nutzung der E-Mail erweitert wurde, zirkulierten über sie kritische Artikel (ungefähr bis zum Jahr 2013 zumeist ohne Angabe der Autorenschaft bzw. selbstzensiert) bezüglich des aktuellen Veränderungsprozesses und vor allem der Wechselfälle des alltäglichen kubanischen Lebens. Themen wie etwa die Versorgung mit Lebensmitteln, die Probleme mit den öffentlichen Verkehrsmitteln, der Internetzugang, die Inbetriebnahme des Glasfaserkabels aus Venezuela, die Möglichkeit ins Ausland zu reisen, die diplomatischen Beziehungen zwischen Kuba und den USA wurden stark diskutiert, was an sich für kubanische Verhältnisse schon einen revolutionären Akt darstellt. Mangels offizieller Kommunikationsräume in Zusammenhang mit kritischen Stellungnahmen zur offiziellen Linie, die durch Instrumente der Massenkommunikation transportiert wurden, bildete sich mit der E-Mail ein neuer Artikulationskanal, der den Raum für neue kommunikative Prozesse außerhalb der offiziell angebotenen partizipativen Dialogräume (Betriebe, Universitäten, Verbände etc.) bereitstellte. Diese Kommunikationsprozesse waren zwar textbasiert und teilweise anonym, führten aber zu neuen persönlichen Erfahrungen und den damit intrapersonellen oder interpersonellen Auseinandersetzungen und Auslegungsprozessen. Es bleibt neben der Erforschung des Phänomens die Frage zu beantworten, ob die E-Mail auch diesen Raum füllen würde, wenn die Internetzugänge und mit ihnen andere Arten der Social Media flächendeckend in Kuba eingeführt werden würden.

Eine alltägliche Erfahrung ist, dass verschiedene soziale Gruppen wie Professoren, Intellektuelle und Studenten aus beruflichem Interesse fachspezifische Texte aus wissenschaftlichen oder andersartigen Publikationen wie digitalen Zeitschriften, Zeitungen, Weblogs oder Webseiten per E-Mail versenden oder empfangen, sodass die E-Mail neben dem alltäglichen Austausch von Informationen auch als Ort zum Wissenstransfer dient. Es geht erst um die Entwicklung von deutlich längeren Verteilerlisten, die zwischen fünfzig oder mehr als hundert Adressaten enthalten können. Eine Person meldet sich zu artverschiedenen kubanischen oder internationalen Portalen wie etwa *Cubarte*, *Cubaencuentro*, *Observatorio Crítico*, *Por Cuba*, *Entorno*, *Havana Times* an und kopiert die Inhalte als Text innerhalb der E-Mail, um diese Nachrichten an alle Empfänger zu versenden. Der Absender wählt zwischen allen Artikeln die Nachrichten aus, die für ihn selbst wichtig sind und stellt diese den Adressaten zur Verfügung. Diese Tätigkeit erschöpft sich in der Beschaffung, Ordnung und Weiterleitung der ausgewählten Inhalte, während die übermittelte Information als zuverlässige Informationsquelle wahrgenommen wird und ihre Versorgung zu einem Teil des alltäglichen Lebens des Einzelnen geworden ist. Die Informationen und Inhalte werden meistens dekontextualisiert, um politische oder ideologische Probleme bzw. Missverständnisse mit der kubanischen Behörde zu vermeiden. Das bedeutet, dass kritische Nachrichten zu dem aktuellen Veränderungsprozess in Kuba, welche aus verdächtigen Informationsquellen herausgezogen werden, auch ohne Angaben von Autor oder Medien verteilt werden. Anschließend werden alle Anzeigen, Werbespots oder Schlagzeilen entfernt, die die Informationsquellen zeigen. Sobald die Nachrichten beim Downloaden in Texte verwandelt werden, werden sie ohne Angaben der Quelle oder weiteren Referenzen weitergeleitet. Solch ein Verfahren enthält Informationen aus verschiedenen Portalen, Websites, Weblogs sowie internationalen Zeitschriften und Zeitungen weltweit. Portale von Zeitschriften der politischen Rechten sind auch darin eingeschlossen. Aus Wikipedia werden beispielsweise bestimmte Artikel zur Geschichte, Medizin, Kultur, Technologie usw. verbreitet.

Die E-Mail als zugängliches, bezahlbares und unmittelbares (Echtzeit-)Kommunikationsmittel dient in hohem Maße der Kommunikation innerhalb transnationaler Familiennetzwerke mit den ins Ausland emigrierten Verwandten oder Freunden. Eine hohe Prozentzahl der kubanischen Bevölkerung hat Verwandte, Freunde oder Bekannte im Ausland. Insofern ermöglicht die E-Mail den Austausch über den relativ starren, nationalen, geschlossenen Raum Kubas hinweg. Die kubanischen Migranten bewegen sich im Gegensatz zur Mehrheit der kubanischen Bevölkerung in unterschiedlichen kulturellen Räumen. Es kommt daher mit der E-Mail zu einem Austausch und einer Übersetzung von lokalen kulturellen Erfahrungen und Werten (Kulturtransfer). Diese Austausch- und Vernetzungsprozesse wirken auf die lokalen Gegebenheiten zurück und formen persönliche Erfahrungen mit dem Anderen, dem Fremden und der Fremde außerhalb Kubas und umgekehrt, so dass Entwicklungen, Strukturen und Prozesse der Translokalität (vgl. Hepp 2004) zum Ausdruck kommen.

Oft diktierten entsprechende Interessenten die Nachricht an die Familie im Ausland direkt am Computer des Bekannten, der ihnen freiwillig und kostenlos Zugang gewährt, oder sie kamen mit dem vorgeschriebenen Text auf einem USB-Stick vorbei, der fertig war zum Versenden. Personen ohne Computerkenntnisse schrieben auf Papier und teilten die Mail-Adresse des Empfängers mit, sodass es dem E-Mail-Besitzer möglich war, die Nachricht zu verschicken. Eine andere Form der Kanalisierung dieser Tätigkeit ging über ein Telefonat, bei dem beide Personen sich über die Inhalte der Nachrichten unterhielten, um sie später zu verschicken. Mögliche Antworten konnten direkt am Computer gelesen werden oder auch über ein Telefonat weitergeleitet werden. Diese sozialen Verhältnisse strukturierten sich kostenlos und bezogen im Allgemeinen eine dritte Person ein, die eine E-Mail oder einen Internetzugang besaß und als Vermittler diente, wenn kein Familienmitglied im Ausland wohnte. Manchmal ist sogar eine vierte oder fünfte Person mit einbezogen, wenn beispielsweise eine Nachbarin einen Freund bittet, der eine E-Mail besitzt, die Nachricht eines weiteren Freundes an ein Familienmitglied im Ausland zu versenden.

Das Internet und das Intranet repräsentieren und potenzieren in Kuba unabhängig von einer wertenden Perspektive eine grundsätzliche Öffnung nach innen und nach außen. Dabei stellt besonders das Internet durch seine neue Virtualität eine bestimmte Weltrepräsentation dar, sodass sich hier das Innen und Außen langsam und still annähern. Entsprechend des kulturellen Kontextes und der Art der Aneignung durch die Mediennutzer entwickelt sich eine spezifische räumlich-zeitliche Weltvorstellung in der kommunikativen Wechselwirkung, also im Überschreiten der geografischen Grenzen. In dem Zusammenhang funktioniert der kommunikative Code zur Grenzüberwindung und zur Gestaltung möglicher Welten, die einen Aufbruch des Raumes durch die Teilhabe von privat zu öffentlich, von national zu transnational bis hin zu multidirektional bewirken. Das Intranet und das Internet unter lokalen Gegebenheiten stellen auch in Kuba neue Räume zur Informationsbeschaffung und zum Informationsaustausch dar, die einen öffentlichen Dialog in der Alltagskommunikation zu neuen Medien innerhalb Kubas arrangieren und formen. Für Jugendliche, hauptsächlich junge Intellektuelle und Akademiker, konstituiert sich das Internet auch als eine Alternative zur beruflichen Zukunftsgestaltung. In Kuba findet in der Folge eine öffentliche Diskussion mit reger Teilnahme am Braindrain statt. Die Internationalisierung der Produktionsprozesse wie Teleworking führt gleichzeitig zu neuen philosophischen Fragestellungen zur Kultur und zum Wissen, wie zum Beispiel Realität und Virtualität, und zu Prozessen der Neubildung von Identitäten (wie Hybridi-

sierung, vgl. Canclini 2001). Es bilden sich durch vernetzte Inter-
aktionsprozesse transkulturelle Prozesse der Identitätsbildung, die
philosophisch aus unterschiedlichen Perspektiven zu erfassen und
zu beschreiben sind. Nicht zuletzt beleuchten diese Prozesse auch
Konfliktfelder einer Gesellschaft, sozusagen in Rückspiegelung
von Anderen, denen sich eine Gesellschaft stellen muss. Zudem
ist die Wirklichkeit der tatsächlichen Medienkultur eben auch eine
Folge der Konzepte, die in deren vollzogenen Realität ausdrücken.
Es entwickelt sich daher die Beziehung zwischen Kultur und sozialen Medien aus neuen Mustern, welche verschiedene Wirkungs-
möglichkeiten auf das soziale Konstrukt und deren tatsächliche
Entfaltung in sich tragen. Bezogen auf die Medienkompetenz
kann die Nutzung der E-Mail und die Tätigkeit der Blogger als zur
Medienavantgarde im kubanischen Kontext gehörend bezeichnet
werden.

5.3 Was bietet die kubanische Blogosphäre an?

Die kubanische Blogosphäre bildet vor allem einen Raum zur
Konkurrenz für verschiedene soziale Akteure. Sie sammelt eine
große Fülle alternativer Medien und bietet eine bessere Vergütung
hinsichtlich der Ausübung journalistischer Praxis an. Außerdem
untersteht sie keiner Verlagspolitik wie die traditionellen Massenmedien. Überspitzt formuliert zeigt die Blogosphäre die Inkohä-
renz der kubanischen staatlichen Informationspolitik auf, indem
sie mithilfe von Printmedien und Individualmedien Wege zu einem ausdifferenzierten Bürgerjournalismus findet.[11]

In vielerlei Hinsicht gewährt die kubanische Blogosphäre
ebenfalls der Intoleranz Raum bzw. beherbert einige solcher
Blogger-Gemeinden sowohl innerhalb als auch außerhalb Kubas
und deren autoritäre Einstellung spiegelt sich in den Weblogs als
Dialogunfähigkeit zwischen den Bloggern wider. Für die Mehr-

---

[11] Siehe: Ravsberg, Fernando: Granma y los medios alternativos. ☞ Link S. 407

heit der kubanischen Blogger reagieren Weblogs auf bestimmte
Strukturen und Konjunkturen, die ihnen erlauben, mindestens
ihre Konflikte, Probleme, Unzufriedenheit und Wünsche im Netz
auszudrücken. Zwar haben die Weblogs einen Raum zur freien
Meinungsäußerung geschaffen, aber es wird in allen politischen
Lagern versucht, die journalistische Praxis der Blogger zu homo-
genisieren, regulieren und zu kontrollieren. Zum einen gibt es
aus den Institutionen offizielle und teilweise auch nicht-offizielle
Sachzwänge – viele Blogger sind Mitarbeiter einer kubanischen
Institution. Auf der anderen Seite erfordert die Zugehörigkeit zu
einer selbstständigen Blogger-Gemeinde eine politisch entgegen-
gesetzte Stellungnahme gegenüber denjenigen, die außerhalb Kubas entstanden sind.[12]

Die Kriterien und Vorwände für die Ausübung der Zensur,
Selbstzensur und Intoleranz in der Blogosphäre sind unterschiedlich. Oberflächlichkeit und Geschmacklosigkeit in der Auswahl
und Behandlung eines Themas, Mangel an Objektivität in der
Vertiefung einer Analyse, persönliche Streitereien, Exzesse und
Ungenauigkeiten von politischen Meinungen sowie das Begehen
von Fehlern u. a. sind im Allgemeinen die Charakteristiken, die die
kubanische Blogosphäre prägen. Diese Situation wird erschwert,
wenn die Blogger oder die Behörden nicht anerkennen, dass
die Blogosphäre kein so geordneter, zuverlässiger und sicherer
Raum ist, wie der der Redaktionsabteilung einer offiziellen Presseagentur. Laut dem Journalisten, Blogger und LGBT-Aktivisten
Francisco Cruz Rodríguez bietet die Blogosphäre Bereicherung,
Spontaneität, Kühnheit, Belastbarkeit, Unabhängigkeit und Au-
thentizität an, sogar bei Irrtümern.[13] In einer demokratischen, sozialistischen Gesellschaft, in der die Gesamtheit der Bürgerschaft
ein Ideal aus einer konstanten und enormen Unvollkommenheit

---

[12] Für eine ausführliche Analyse der Weblogs der sogenannten kubanischen Dissidenten, vgl.: Calvo Peña 2010; Ponte 2010.

[13] Siehe: Rodríguez Cruz, Francisco: La batalla perdida contra la blogosfera.
☞ Link S. 407

heraus aufbauen soll, sollte nicht erwartet oder danach gestrebt werden, dass die Blogger diszipliniert, uniform, fügsam, vorbildlich, unbescholten, lobend und unfehlbar seien. Eine Behauptung, die sich mit der Meinung der Theoretikerin Cristina Venegas ergänzen könnte:

> […] Blogs exist as new spaces alongside those sanctioned by the Cuban state, facilitating the formation of territories of individual exchange within personal, commercial, artistic, recreational, political, and intellectual networks worldwide. No matter what controls exist, inside these areas of interaction individuals are preoccupied with mobility, identity, intimacy, and self-expression. The resulting exchanges respond to local and external desires that reveal the complexity of historical relations and boundaries.[14]

Solch eine Dynamik konnte sich dank eines Internetzuganges entwickeln, der eine regelmäßige Aktualisierung der Weblogs ermöglicht. Die kubanische Blogosphäre muss verstanden werden als der Raum, in dem sich Weblogs mit dem Thema „Kuba" im Internet beschäftigen. Eins der gemeinsamen Ziele der Blogger in der Konstruktion einer Blogosphäre ist eine kubanische Gemeinde insbesondere aus der Vielfalt von Aspekten und Elementen aufzubauen, die die kubanische Wirklichkeit durchzeichnen. Im Grunde wird nach der Herausbildung eines ausdifferenzierten Diskurses gestrebt, der sich von dem der traditionellen Massenmedien unterscheidet. Abgesehen von der Zensur und staatlicher Kontrolle hat die Blogosphäre teilweise neue Räume für die Partizipation kubanischer Bürger geschaffen, sie erlaubt die Möglichkeit einer freien Meinungsäußerung. Die digitalen Filter, die staatlich in anderen offiziellen Räumen im Intranet und Internet angewandt werden, funktionieren nicht auf dieselbe Weise für die Blogosphäre. Wenn ein Weblog auf einem ausländischen

---

[14] Venegas 2010: 173.

Server verankert ist, bleibt nur die Möglichkeit, ihn für das kubanische Publikum zu sperren und zu erkennen, wer der Gegner bzw. Konterrevolutionär ist, aber ein Löschen des Weblogs ist nicht möglich. Diese staatlichen Verfahren begünstigen die Entstehung der Blogosphäre als Gegenöffentlichkeit. Wie sich der Internetzugang in Kuba erweitert und die Konnektivität sich verbessert, werden viele anderen Weblogs erstellt, die aus eigener Initiative und individueller Erfahrung abwechslungsreiche Ansichten über Kuba darstellen. Dass es derzeit selbstständige Blogger gibt, die für ausländische Medien über Kuba berichten, weist auf das Scheitern der Monopolisierung des Internets als Erweiterung der traditionellen Massenmedien hin. Die Weiterentwicklung der Blogosphäre innerhalb eines Jahrzehnts (2005–2015) zeigt auf, dass die informationelle Alphabetisierung nicht nur durch staatliche Bestimmungen entfaltet wird, sondern auch durch eine individuelle Bereitschaft. Es ist sinnvoll zu behaupten, dass die Netzarbeit der Blogger unter erschwerten technischen Bedingungen den Weg für eine bessere Arbeit mit einer verbesserten Konnektivität bahnt. Unter den neuen Umständen wird es andere Herausforderungen geben, wenn die Konkurrenz und Medienkompetenz zwischen den Bloggern steigt und die Leser nach Presseberichten mit hohen Qualitätsstandards und regelmäßigen Aktualisierungen des Weblogs verlangen. Das ist ein Faktor, der die Blogger unter Druck setzt.

Die ökonomischen und strukturellen Veränderungen im Rahmen der Telekommunikation, die in Kuba stattfinden, werden in näherer Zukunft eine Neuorientierung in der Blogosphäre verursachen. Einzelpersonen mit Business-Management-Fähigkeiten werden die Gestaltung, Organisation sowie die Erstellung und Verteilung von digitalen Informationen und Medieninhalten steuern, so wie die private Initiative gefördert wird. Dieser neue Umgang wird derzeit sichtbar in Form der Datenbanken, der digitalisierten Literatur, der reparierten IT-Hardware und der Versorgung mit Software etc., was die Nutzer ohne betriebliche Kontrolle im sozialen Kontext Kubas zustande bringen. Zudem werden die unterschriebenen Verträge mit ausländischen Telekommunikationsunternehmen die Mediensituation verändern, während sie die kubanische Telekommunikationsinfrastruktur aufbauen und gleichzeitig den Informationsmarkt regulieren. Dies ist ein Vorhaben, das ebenfalls den Kulturkonsum im Netz fördert. Eine verbesserte Anschlussfähigkeit erlaubt den Zugriff auf digitale Werkzeuge, Datenbanken, Quellcodes, Webseiten usw. Die Konkurrenz zwischen den Telekommunikationsanbietern wird die Versorgung von hochwertigen IT-Geräten mit einer verbesserten Leistung ermöglichen. Die Kultur des Selbstbastelns und -reparierens der kubanischen Konsumenten wird von den Telekommunikationsbetrieben kontrolliert. Der Zusammenschluss von Einzelpersonen in Form einer Genossenschaft bzw. als IT-Freelancer wird immer mehr das Angebot und die Nachfrage der Konsumenten bestimmen. Die staatseigenen Betriebe müssen neue Marktstrategien entwickeln, um in diesem strukturellen Gefüge konkurrieren zu können. Die technische Transformation bewirkt die Entstehung neuer Webprojekte. Diese Webprojekte müssen sich unbedingt auf die Erstellung eines Weblogs beschränken.

Im September 2015 ging eine neue kubanische Blog-Plattform online. Die Plattform umfasst die Gesamtheit der Weblogs aus der Domain *.cu* und ist im Ausland abrufbar. Bezeichnet als *Reflejos* versucht diese offizielle digitale Plattform den kubanischen Nutzern einen Raum anzubieten, um ihre persönlichen Interessen und Meinungen über einen Weblog zu äußern. Kirenia Facundo, Expertin für Informatik auf der Website *Cubava*, äußerte, dass die Plattform *Reflejos* als Spiegelung der kubanischen Wirklichkeit fungiert, wenn sie einen Beitrag zur Technologiehoheit im Prozess der *Informatización de la Sociedad Cubana* leistet.[15] Trotzdem sind die Anforderungen für eine richtige Anmeldung auf der Plattform sehr hoch, zuerst muss der Personalausweis eingescannt werden. Darüber hinaus wird es den Bloggern verboten, Informationen

---

[15]   Siehe: El régimen avanza en el 'modelo chino' de internet y crea plataforma de blogs propia. ☞ Link S. 407

oder Inhalte, die illegal, konterrevolutionär, beleidigend oder unanständig seien, weder zu teilen noch selbst welche zu posten. Raúl Vantroi Navarro Martínez, Leiter der kubanischen Jugend Computer-Clubs, erklärte, dass sich die Politik für eine angemessene Nutzung der Plattform an die Verbreitung der *Wahrheit über Kuba* und *seine Revolution* aus Engagement und Respekt anpassen müsste. In ihrer Markteinführung ging *Reflejos* mit zwei anderen offiziellen Webprojekten, *La Tendedera* und *El Pitazo*, einer Alternative bzw. eines Ersatzes für Facebook und Twitter in Kuba. Beide Plattformen sind im Ausland nicht abrufbar. Entsprechend der Website von *Reflejos*[16] bildet sich durch die Plattform ein Raum für das Teilen von Meinungen, Interessen, Informationen und Inhalten im Text-, Bild- und Videoformat. Betrieblich wird sie auf kubanischen Servern verankert, wodurch der Informationsverlust oder die Zensur der Inhalte vermieden werden kann. Die Nutzer, die im kubanischen nationalen Intranet surfen, haben die Möglichkeit, alle digitalen Medieninhalte auf dieser Plattform abzufragen. Die Förderer und Verwalter von *Reflejos* sind eine interdisziplinäre Gruppe, die den Jugend-Computer-Clubs angehört, welche an der Gestaltung und Programmierung von unterschiedlichen digitalen Werkzeugen arbeiten, um die Inhalte zu erstellen. Die Gruppe stellt den kubanischen Nutzern diese Inhalte im Netz zur Verfügung.

Obwohl die Plattform eine positive Zustimmung unter den Nutzern der Jugend Computer-Clubs gefunden hat, wird sie von einigen Bloggern kritisiert.[17] Die Kritiken beziehen sich vor allem auf die Zensur von bestimmten Inhalten und der Orientierung einiger Weblogs. Unter dem Vorwand, dass die zensierten Weblogs die Nutzungsbedingungen der Plattform nicht erfüllen, wird beispielsweise nicht erlaubt, dass die sogenannten Subkulturen

---

[16] Die Plattform ist unter dem folgenden Link abzufragen: http://cubava.cu/quienes-somos/

[17] Siehe: Valladares Quevedo, Sheyla: Buena acogida entre los cubanos a naciente plataforma de blogs Reflejos. ☞ Link S. 407

ihre Inhalte im Netz veröffentlichen. LGBT-Aktivisten, Berichte oder Chroniken, die einen Dialog mit den kubanischen Machtstrukturen zu führen versuchen, Inhalte bezüglich der Religion und der sexuellen Vielfalt usw. werden meistens zensiert.[18] Ein anderer Aspekt ist das Löschen des Blogs, wenn ein Blogger in einem Zeitraum von drei Monaten diesen nicht aktualisiert hat. Der Weblog, der sich mit kritischen politischen Meinungen gegen die kubanische Regierung richtet, wird aus der Plattform herausgezogen.[19] *Reflejos* hat technische Mängel wie eine langsame Betriebsfähigkeit und niedrige Speicherkapazität (etwa 250 Megabytes für jeden Blog) sowie Probleme mit den digitalen Werkzeugen, um Bilder ins Netz hochzuladen. Die Informatiker und Anwendungsentwickler der Jugend-Computer-Clubs arbeiten jedoch seit 2015 an einer neuen Version der Plattform für Mobilgeräte. Die Plattform soll ohne einen Internetzugang funktionieren.

Gesellschaftlich und entsprechend der tatsächlichen Veränderungen, die die Blogosphäre in der Ausübung des Journalismus verursacht hatte, zeigt diese neue Form von Interaktion ihre Wirkung auf die kubanische Presse, obwohl beide Instanzen sich ausdifferenzierte Tätigkeiten zum Ziel gesetzt haben. In intellektuellen und akademischen Kreisen gab es erneut kritische Stellungnahmen hinsichtlich der stattfindenden Umstrukturierung der kubanischen Presse durch die Blogosphäre.

Hierbei wird die kubanische Presse auch international begriffen, die Diaspora wird mit einbezogen. Für einige kubanische Journalisten stellen die *alternativen Medien* eine Bedrohung dar, auch wenn diese eine größere Vielfalt von Themen anbieten. Nach offiziellen Bestimmungen bedeutet „etwas als Bedrohung zu bezeichnen", zugleich „feindlich und nicht vertrauenswürdig"[20].

---

[18] Siehe: ¡LA BRUTAL CENSURA! Guerra contra los blogs en la plataforma 'Reflejos' ☞ Link S. 407

[19] Siehe: La plataforma Reflejos cierra el blog de '14ymedio'. ☞ Link S. 407

[20] Vgl. Ravsberg, Fernando: Medios "alternativos", ¿crisis u oportunidad? ☞ Link S. 407

Außerhalb institutionalisierter Praktiken werden die alternativen Medien und insbesondere die Blogosphäre nicht als innovative Gelegenheit, um *etwas Neues zu schaffen*, angesehen. Der Journalist Fernando Ravsberg beschreibt das Eindringen der Weblogs in die journalistische Praxis in verschiedenen Szenarien: als Zerfall der Monopolisierung von Information, Öffnung eines neuen Konkurrenzfeldes und Ausbildung von neuartigen *Kommunikatoren*. Zudem zeigt die Blogosphäre, dass die Nutzer, die einen Pressebericht anfertigen, die angestrebten Voraussetzungen so gut wie die offiziellen Journalisten erfüllen können, während freiheitlicher mit ihren Themen verfahren können. Die alternativen Medien bilden auch langsam einen alternativen Wirtschaftssektor, in dem Journalisten, die wegen ihrer kritischen Stellungnahme in offiziellen kubanischen Presseagenturen oder Institutionen keine Chance haben, eine Festanstellung finden können. Die Blogosphäre strukturiert sich selbst aus mannigfaltigen Ansichten und Visionen, es sind verschiedene Perspektiven in der Blogosphäre vertreten. Je mehr Kubaner einen Raum zur Meinungsäußerung finden, desto besser werden sie mit der *Wahrheit über Kuba* umgehen, schreibt Journalist Fernando Ravsberg.[21] Diese Behauptung hält am andauernden Krisenzustand fest, in dem sich die kubanische Presse befindet. Ihre Glaubwürdigkeit sinkt bei der Bevölkerung immer mehr, während andere Informationsträger wie etwa das Internet, das sog. *paquete semanal*, die Weblogs und Websites neue und nichtregierungstreue und in diesem Sinne ideologisierte Informationen und digitale Medieninhalte anbieten.

Nach Meinung des kubanischen Intellektuellen Esteban Morales Domínguez spiegelt die kubanische Presse insbesondere den Aspekt weder die Probleme noch die Ängste der kubanischen Gesellschaft wider.[22] Ihre Ansätze sind generell apologetisch, akritisch oder unzureichend kritisch. Wenn die Presse eine Kritik übt, dann macht sie es selektiv, ohne sich in die Ursachen eines

---

[21]   Ebd.
[22]   Siehe: Propuestas para una refundación de la prensa cubana. ☞ Link S. 407

Problems zu vertiefen. Außerdem beziehen sich die Kritiken nicht auf die tatsächlichen Verantwortlichen, sondern beschränken sich auf nachrangige Beamte und Funktionäre. Die Wirklichkeit wird mit ihren Widersprüchen nicht dargestellt, was zur Äußerung von Halbwahrheiten und zur Missachtung von Themen führt, die im Interesse der Allgemeinheit sind. Infolgedessen suchen die Leser, vor allem die Jugend, nach anderen Informationsquellen. Die Presse drückt nicht die Meinung der Bevölkerung aus, die sich inzwischen mit Informationen aus anderen Medien versorgen. Die kubanische Presse verbirgt, weicht aus und verachtet wichtige Informationen und schließt die Unmittelbarkeit einer Pressemeldung aus. Sie ermöglicht kaum einen direkten Austausch mit der Gesellschaft, weil sie kein Feedback erlaubt, insbesondere wenn diese Rückmeldung kritisch ausfällt. Unter diesen Umständen fühlen sich die Journalisten gezwungen, den Meinungen ihrer leitenden Angestellten zuzustimmen, diese zu wiederholen, was zu beschönigenden Presseberichten führt. Solche Berichte enthalten nur das Positive des zu behandelnden Themas und meiden sensible Facetten, um ihre leitenden Angestellten nicht zu verletzen. Anstatt zu informieren, die positiven Aspekte Kuba und seiner Gesellschaft hervorgehoben.

Nach Meinung des Journalisten Jorge Gómez Barata ist die kubanische Presse nicht plural, weil sie nicht innerhalb einer pluralen Gesellschaft produziert wird.[23] In Kuba werden identische Kanons für die Mehrheit der Institutionen festgelegt und strukturgemäß vorangetrieben. Insbesondere in der Presse werden solche Verfahrensweisen mit weniger Flexibilität und Toleranz ausgeführt, weil sie ständig noch veraltete, anachronistische, ineffektive und von der Sowjetunion geerbte Muster verwenden. Bei der Analyse hob Barata hervor, dass die kubanische revolutionäre Presse in den ersten Jahren der Revolution eine entscheidende Rolle gespielt hat. Zeitungen wie *Revolución*, *Noticias de Hoy*, *El Mundo*, die Zeitschrift *Bohemia* sowie die Nachrichtensendungen

---

[23] Ebd.

im Fernsehen und Rundfunk, sogar die Zeitung *Granma* spiegelten verantwortungsvoll alle Veränderungen wider, die in der kubanischen Gesellschaft stattfanden. Die revolutionäre Presse war zwar nicht perfekt, aber trotzdem stellte sie die Gesamtheit der revolutionären Veränderungen über Berichte oder illustrierte Chroniken dar, sogar wenn diese politisch unbehaglich waren. Wäre die politische Führung transparenter, wäre die Wirkung der Presse als Instrument für Ideologieausbildung und Sozialmobilisierung unvergleichlich größer, erklärt Barata.[24]

Für den Journalisten Justo Planas beschränkt sich der Mangel an Pluralität in der Presse nicht nur auf das Politische, sondern auch auf das Kulturelle. Nach seiner Meinung glaubt die kubanische Presse nicht, dass es mehrere, sondern dass es nur eine Wahrheit gibt.

> Es sagt alles aus, wenn ich behaupte, dass der kubanische Journalismus den zweiten Lebensabend oder gar schon sein Greisenalter erreicht hat. Die Art und Weise, wie er sich der Öffentlichkeit nähert, die Themenwahl sowie der Sprachgebrauch entsprechen nicht unseren Zeiten und noch weniger unserer Bürgerschaft. Als Beweis reicht braucht man nur zu beobachten, wer morgens in der Warteschlange *estanquillos* [Kiosk für den Verkauf von Zeitungen] steht oder wer die treuen Konsumenten von Nachrichten im Fernsehen und Rundfunk sind. Die Presse ist auf dieses Publikum zugeschnitten [...].[25]

Nach Meinung des kubanischen Soziologen Aurelio Alonso sind die Aspekte unterschiedlich, die die kubanische Presse beeinflussen: Dazu gehören Desinformation, bestimmte unveröffentlichte Nachrichten oder Informationen. Die Zeitungen werden einer vertikal externen Kontrolle unterzogen, entweder jene der Kom-

---

[24] Ebd.
[25] Deutsche Übersetzung durch Autor, spanisches Original, in: Ebd.

munistischen Partei oder der Institutionen und Ministerien, der Mangel an Konfrontation, das Ablehnen von Dissens in den offiziellen Presseberichten sowie die Zensur und Selbstzensur herrschen vor.

Vor diesem Hintergrund wird die kubanische Informationspolitik infrage gestellt. Einige kubanische Intellektuelle, Akademiker und Kommunikationstheoretiker behaupten, dass es in Kuba keine Informationspolitik gibt, die die Prinzipien und Vorgehensweisen des Journalismus organisiert, reguliert oder bestimmt. Stattdessen bestehen homogene Arbeitsweisen und Rahmenbedingungen, die dieselben Nachrichten, Informationen und Inhalte in ihren entsprechenden Medienträgern gleichsetzen. Das bedeutet, dass dieselben Nachrichten in den verschiedenen nationalen Zeitungen fast identisch publiziert werden und die Nachrichtensendungen ahmen diese in ihren Sendezeiten später nach. Das Informationsschema zeigt, dass es eine inflexible Informationspolitik gibt, welche sich den Anordnungen eines politischen Verwaltungsapparates unterzieht. Diese Inflexibilität lässt keine Variationen der zu übermittelnden Nachrichten zu. Die daraus resultierende politisch-ideologische Struktur setzt eine Programmatik vor, durch welche bestimmt wird, was erlaubt, publiziert oder zensiert wird. Mit dieser programmatischen und strukturellen Linie wird die Information verarbeitet, gesteuert und freigegeben.

Die Ergebnisse für die kubanische Presse sind katastrophal. Die Wahrhaftigkeit ihrer Presseberichte wird in der Bevölkerung zunehmend auch infrage gestellt. Die Leser behaupten, dass den nationalen und internationalen veröffentlichten Informationen nicht zu trauen sei. Das Misstrauen richtet sich gegen die Leitung der kubanischen Einzelpartei und Regierung, weil sie die offizielle Presse strukturieren und leiten. Somit verlieren die Institutionen ebenfalls ihre Glaubwürdigkeit, weil sie als Spiegel der Regierung fungieren. Das Misstrauen kanalisiert sich in der Suche und Auswahl von anderen Informationsquellen, worüber der Staat keine umfassende Kontrolle ausüben kann. Der Internetzugang ist ein ausschlaggebender Faktor. Die in den Zeitungen publizierten Informationen haben eine mangelhafte Qualität, was beim Leser in Mangel an Motivation und Desorientierung umschlägt. Dem kubanischen Intellektuellen Esteban Morales Domínguez zufolge verliert die Presse ihre Macht wegen der unzeitgemäßen, dogmatischen, ineffektiven und falschen Weise, in der sie geleitet wird.[26] Innerhalb des in Kuba stattfindenden Veränderungsprozesses wirkt sich diese Situation kontraproduktiv auf den Tourismus oder die Ausländer mit kubanischem Wohnsitz aus. Wenn sie keine wahrheitsgemäße und angemessene Schilderung der kubanischen Wirklichkeit in der Presse finden, wenden sie sich an die alternativen Medien. Das besagt, dass die kubanische Presse ihren Raum und ihr Prestige in deren internationalen Projizierung verliert, wenn die Informationspolitik auf verkaufsfördernden Maßnahmen basiert. Das Land, das dargestellt wird, existiert nicht: nicht für die Touristen, die Kuba besuchen, und auch nicht für die Kubaner, die ihr Land anders empfinden.

Seit ihrem Ursprung gedeiht die Blogosphäre mithilfe verschiedener Webprojekte, die sich nicht als Kommunikationsmedium bezeichnen lassen, da ihre Reichweite gering ist und sich auf eine kleine Nische beschränkt. Laut dem Journalisten Jorge Gómez Barata erbringt sie dennoch unbewusst eine soziale Leistung, indem sie zur Erweiterung der kubanischen Kulturpolitik und der Bildung einer öffentlichen Meinung beiträgt. Im Grunde genommen garantiert die Vielfalt der Blogosphäre nicht eine Umstrukturierung der kubanischen Presse als Institution. Diese Dynamik erfolgt aus einem Widerspruch zwischen der Verfügbarkeit über technische Geräte, um sich einen Internetzugang zu leisten, und der Zirkulation und Verteilung, die die Inhalte der Weblogs haben können. Die Erweiterung dieses freien Informationsraums setzt die kubanischen politischen Akteure (die Institutionen und die kommunistische Partei) unter Druck, weil sie die Weblogs lesen müssen. Unkontrollier- und unregierbar werden die geäußerten Meinungen in der Vielfalt ihrer Webformate, indem sie einen un-

---

[26] Siehe: Propuestas para una refundación de la prensa cubana. ☞ Link S. 408

geheuren Informationsfluss erschaffen. Dem Soziologen Aurelio Alonso zufolge wird es schwieriger, die Inhalte zu kontrollieren, je freier die Blogosphäre wird. Die Blogosphäre konstruiert ihre Chimären und Fälschungen. Es ist eine mediale Welt, in der dem Offizialismus ein Platz unter tausenden zugewiesen wird. Obwohl der Internetzugang in Kuba noch eingeschränkt ist, werden die Medien der Diaspora auf der Insel zugänglicher, und damit dynamisieren sie die Debatte zur kubanischen Presse. Die erste Bilanz dieser Strömung ist die Konkurrenzfähigkeit, die die daran teilnehmenden sozialen Akteure erwerben.

Um die kubanische Presse als Institution umstrukturieren zu können, werden hauptsächlich neue Rechtsmaßnahmen und Arbeitsmaterialien benötigt, die die Tätigkeit der Journalisten und die journalistische Praxis in sich schützen. Der Akademiker Esteban Morales plädiert für ein Presserecht, das die rechtlichen Rahmenbedingungen für eine kritische, revolutionäre und fortschrittliche Presse umgestaltet. Ein Gesetz, das gewährleisten sollte, dass die Journalisten Zugang zur Information in jeder staatlichen Institution haben. Die Funktionäre, Beamten und leitende Angestellten müssen sich gezwungen fühlen, ständig aktualisierte Information freizugeben. Die Journalisten sollen wahrheitsgemäße Presseberichte und Nachrichten anfertigen, in denen es kein Raum für Diskriminierung, Gewalt, Rassismus oder Ausgrenzung gäbe. Im sozialen Kontext Kubas breitet sich die sogenannte alternative Presse immer weiter aus. Ihre Inhalte werden durch E-Mails, externe Festplatten und USB-Sticks verteilt. Laut Esteban Morales Domínguez neigt die aktuelle Situation dazu, eine zunehmende Rückständigkeit hinsichtlich der informationellen Selbstbestimmung sowie des Kulturellen und des Intellektuellen zu produzieren. Es sei nicht so schwer, Parteikader zu finden, die das Internet und die E-Mail dämonisieren, unter dem Verdacht, dass sie Agenten des Kapitals seien. Zum einen benutzten sie keine neuen Technologien, zum anderen weigerten sie sich, diese zu akzeptieren; dadurch würden sie sich bei den Bürgern durch die versuchte Umsetzung eines Verbots nur lächerlich machen. Jede Sozialentwicklung Kubas würde von solchen Einstellungen behindert, aber Ende setzten sich diese Positionen durch den unerbitterlichen Lauf der Geschichte doch durch.[27]

Was die Blogosphäre hauptsächlich anbietet, ist eine neue Form von Dialog mit der kubanischen Gesellschaft, was sich als ein Vorteil gegenüber der offiziellen Presse herausstellt. Dies bedeutet nicht, dass die Blogosphäre Zugeständnisse an die kubanische Politik macht. Eine Umstrukturierung der Presse erfolgt nicht über Zugeständnisse an staatliche oder private Initiativen, sondern vielmehr darüber, wie diejenigen, die die Presse leiten, nachvollziehen, was in der öffentlichen Meinung geschieht oder erörtert wird. Daher sollte die Presse keine Thematik ausschließen bzw. sich nicht mehr auf die bürokratische, autoritäre Meinung der Politiker beschränken. Ein Versuch, aus den Machtstrukturen auszubrechen, ist die Konzeption des Fernsehprogramms *Cuba Dice*, das durch die kubanische Hauptnachrichtensendung übertragen wird. Dieses Programm stellt eine neue Art von visuellem Journalismus dar, in dem alle Problematiken behandelt werden, welche den Alltag der kubanischen Bevölkerung betreffen. Die Neuheit des Vorhabens besteht darin, dass es sich mit den aktuellen wirtschaftlichen, sozialen und politischen Reformen und ihrer Wirkung auf die Gesellschaft beschäftigt. Die Ergebnisse dieser journalistischen Recherche werden vor allem über Chroniken und direkte Interviews mit kubanischen Bürgern im Fernsehen vorgestellt und entsprechend redigiert.

Ein anderes Beispiel ist das Projekt *Cuba Posible*[28]. Als intellektuelle Bewegung bildet Cuba Posible eine objektive und kritische Positionierung gegenüber Kuba aus. Das Projekt ist weder ein Blog noch eine Zeitung, sondern ein öffentlicher Raum für die Debatte von gegenwärtigen Problematiken, der diese Sozialaufgabe hinsichtlich der kubanischen Kulturpolitik übernimmt. Seine Herausgeber erklären sich als ein *Laboratorio de Ideas* (Think Tank) für das

---

[27] Ebd.

[28] Abrufbar im Internet unter https://cubaposible.com/

Management einer dynamischen Relation zwischen kubanischen und ausländischen Einzelpersonen und Institutionen mit andersartigen Weltanschauungen und Erfahrungen. *Cuba Posible* befasst sich nicht nur mit theoretischen und abstrakten Auslotungen der kubanischen Wirklichkeit, sondern es fördert eine direkte Partization an der sozialen und politischen Entwicklung der Gesellschaft. Das Projekt strebt bewusst danach, einen Einfluss auf ein Denken neuer Prägungen ohne parteiische Positionierung zu gewinnen. Somit strebt *Cuba Posible* an, die essenziellen und universellen Aspekte der kubanischen Kultur sowie die zusammenhängende Struktur der in Kuba stattfindenden Veränderungen darzustellen. Es ist eine immense Aufgabe, einen Beitrag zur sozialen Gewährleistung des bürgerlichen Rechts und der Erhöhung des sozialen Bewusstseins leisten zu wollen und diese in der Politik zu bewirken.

5.4 Soziale Medien: Ein kodifiziertes System?

Die Blogosphäre wird in ihrer Struktur betrachtet, es gelingt eine Analyse ihrer politischen Implikationen für die Nutzung von sozialen Medien in der Herausbildung einer anderen öffentlichen Meinung. Im Grunde modifiziert sie besondere Aspekte der kubanischen Informations- und Medienpolitik. Das Auftauchen von identitätsstiftenden Elementen in der Öffentlichkeit durch den Mediengebrauch der Nutzer gewinnt zunehmend eine politische Dimension in der Herausbildung einer Gegenöffentlichkeit. Dass die Nutzung von sozialen Medien unter deren Normen und Regeln in Kuba vorangetrieben wird, bedeutet, dass dadurch ein System von Verfahrensweisen und Methoden für die Verarbeitung bestimmter kultureller Codes entwickelt wird, die wiederum zu andersartigen Interpretationen der zu bearbeitenden Wirklichkeit führen. Die durch die Nutzer eingesetzten digitalen Verfahren prägen die Form, in der der Prozess der Informationsverarbeitung durchgeführt wird, sowie die Art und Weise, in der die digitalen Medieninhalte Bedeutungen zuweisen.

Das Bloggen und die Erstellung eines Weblogs werden bewusst mit einem bestimmten Ziel konzipiert. Zudem vermitteln und übersetzen die Nutzer in ihren sozialen und kulturellen Vorgängen eine Aufwertung des Mediums als neuen Träger. Dadurch bedingen die daraus resultierenden Interpretationen eine raum-zeit-gebundene Darstellung der journalistischen Praxis. Dieser Prozess konstituiert sich als eine neuartige Dynamik für Kuba, aus der ebenso eine kodifizierte Welt –durch Aussagen und Behauptungen, Abbildungen und Visualisierungen, gegenseitige Wechselwirkung und Feedback– entspringt. Politisch erreicht die entstandene Gegenöffentlichkeit schrittweise eine kulturelle Tiefendimension in Bezug auf die Legitimation und Regierbarkeit jener digitalen Verfahrensweisen. Sie restrukturieren den Cyberspace aus freier Kooperation über organisierte Netzwerke und bewirken einen andauernden Effekt in der Verteilung von Arbeitsweisen in der Öffentlichkeit. Legitimation bezieht sich auf die Form sowie darauf, dass das Phänomen *Bloggen* eine Möglichkeit zum Dissens geriert. Die Konzeption der Regierbarkeit in der Blogosphäre problematisiert hingegen das Infragestellen der besonderen Aspekte der kubanischen Kulturpolitik, wenn diese in einem nationalen und auch grenzüberschreitenden Kontext umgesetzt wird.

Hierbei ist hervorzuheben, dass das Internet den Zustand des Journalismus als kulturelle Praxis verändert, wenn zum einen neue Tiefenstrukturen sowohl die Transparenz als auch die Qualität journalistischer Recherchen erhöhen. Zum zweiten ermöglicht das Dialog-Prinzip im Netz die Bearbeitung dynamischer, sich fortschreibender Thematiken. Zum dritten können journalistische Angebote individuell aufbereitet und zielgruppenspezifisch vermittelt werden und schließlich begünstigt die Einbindung des Nutzers über Social Communities die Entstehung redaktioneller Informations- und Wissensdatenbanken (vgl. Weichert 2011). Die Informationsmenge, die die Blogosphäre bereitstellt, gliedert sich in Informationssysteme, über die die Nutzer die in ihrem Interesse liegenden digitalen Medieninhalte einer Struktur zuordnen.

Relevant ist dies für die Organisation der kommunikativen Prozesse in der Öffentlichkeit, während dieser virtuelle Raum durch die Verarbeitung von neuen Bedeutungen geprägt ist.

Die Erstellung, Ordnung, Auswahl und Verteilung von Informationen, Inhalten und Daten stellt einen qualitativen Unterschied heraus, der zugleich neue Vorgehensweisen bewirkt: die tatsächliche Arbeit eines Bloggers im Netz. Der medienkulturelle Wandel geschieht hierbei auf zwei Ebenen, zum einen durch den im Netz stattfindenden Diskurs mit seinen entsprechenden interaktiven Eigenschaften und zum anderen durch das Erfüllen einer sozialen Aufgabe (außerhalb des Netzes), indem sozialen und kulturellen Ereignissen ideologiestiftende Wertvorstellungen zugeschrieben werden. Zudem spielen die technischen Infrastrukturen des Internets für die Entfaltung und Stabilisierung von Protesten eine Rolle, indem die daran teilnehmenden sozialen Akteure als soziale Bewegungen betrachtet werden. Bei der Auseinandersetzung mit der durch das Internet technisch erweiterten Sozialität argumentieren die Medienwissenschaftler Ulrich Dolata und Jan-Felix Schrape, dass

> […] Internet und Social Media klassische Äußerungsformen von Protest wie etwa Straßendemonstrationen oder Platzbesetzungen [nicht ersetzen], sondern […] in ein erheblich breiteres Spektrum an Bewegungsaktivitäten eingebettet [sind]. Sie sind allerdings nicht bloß ein zusätzliches Repertoireelement: Internet und Social Media ermöglichen als weit über den Handlungsrahmen sozialer Bewegungen hinausgreifende technische und mediale Infrastrukturen multiple Vernetzungs- und Rückkoppelungsprozesse in Echtzeit und Permanenz. Sie bieten neue Möglichkeiten der Vernetzung innerhalb und zwischen Bewegungen und tragen sowohl zur Verdichtung als auch zu permanentem Feedback nicht nur zwischen Aktivisten und Teilnehmern sowie zwischen Online- und Offlineaktivitäten, sondern auch zwischen verschiedenen medialen Kanälen bei, durch die jedes soziale Ereignis

und jede soziale Aktivität unmittelbar geteilt, ausgetauscht und wieder in die Bewegung oder die Öffentlichkeit zurückgespielt werden kann.[29]

Dies ist ein Prozess, der dysfunktional erfolgen kann, da er sich aus der Wiederholung bestimmter Arbeits-, Schreib- und Denkweisen strukturiert und die Inhalte der Weblogs dadurch weniger Leser anziehen. Die Vielfalt von Themen, die in der Blogosphäre angeboten und behandelt wird, garantiert nicht, dass die Weblogs zunehmend ein Publikum gewinnen, sondern dies ermöglicht vor allem eine soziale Organisation entsprechend der Interessen, Wünsche, Affinitäten und Zugehörigkeit der Nutzer. In der Tat werden mehr Blogs geschrieben als gelesen (vgl. Lovink 2008). Somit verarbeiten die Nutzer eine Sinnbildung durch das Erzählen von Berichten. Der im Netz stattfindende Diskurs bildet sich rekursiv und leicht argumentativ, wenn er die ästhetischen Erfahrungen der Nutzer auf einem neuen Träger mittels Wahrnehmung, Empfindung und Gestaltung von Kommunikationsstrukturen des Einzelnen ausdrückt und übersetzt. Diese Selbstreferentialität (in der kubanischen Blogosphäre werden dieselben Themen mehrmals aus verschiedenen Blickwinkeln behandelt) bildet die Weblogs als Sinnerzeuger ab, wenn sie gesellschaftlich als partizipative und inklusive Medien wahrgenommen werden. Dies geschieht sogar, wenn die Weblogs keine tatsächliche Wirkung oder Verbreitung bei den Lesern bzw. Nutzern haben.

Indessen entlarvt diese Art von Interaktion ein neues Sozialbewusstsein mit einer sozio-politischen Orientierung. Die Struktur des Prozesses zur Meinungsbildung in der Blogosphäre gestaltet sich durch die kulturelle Verbindung von individualistischen und kollektiven Erfahrungen, die die Nutzer in der Handhabung eines neuartigen Mediums machen. Die Blogger eignen sich einen Teil der Wirklichkeit an und versuchen so, eine spezifische Bedeutung in einen anderen Kontext zu stellen. In der Nutzung der

---

[29] Dolata/Schrape 2018: 3.

Social Media geschieht diese Übersetzung im Fall Kubas anhand verschiedener Mechanismen zur Manipulation, Propaganda, Zensur und Selbstzensur, Politisierung und Ideologisierung. Die entstandene Gegenöffentlichkeit setzt sich für einen direkten Dialog mit den kubanischen Machtstrukturen ein. Zudem sind politische Entscheidungen zu treffen, während konfliktorientierte Ansätze zweier Generationen aufeinanderstoßen. Andere Elemente der Kultur mit deren entsprechenden zusammenhängenden Strukturen sind in die Öffentlichkeit eingeführt worden, um sich als kultureller Widerstand zu konstituieren; vorausgesetzt, dass Kultur ein soziales Konstrukt ist. Das Bloggen, die Weblogs und die Blogger stehen teilweise aufgrund polizeilicher Verfolgung und staatlicher Überwachung. Der Verdacht richtet sich gegen eine „unehrerbietige Haltung gegenüber der Macht". Dies bezieht sich hauptsächlich auf die Art und Weise, durch welche die kommunikativen Prozesse über die Nutzung von sozialen Medien und digitalen Plattformen im digitalen Milieu strukturiert ist. Dolata und Schrape behaupten:

> [...] Social Media Plattformen sind nicht einfach offene technische Infrastrukturen, die beliebig verwendet, mit Inhalten ausgestaltet und umdefiniert werden können. Sie ermöglichen zwar neue Formen individuellen und kollektiven Handelns, prägen es über ihre technische Spezifikationen, Funktionalitäten und Algorithmen zugleich aber auch und wirken [...] sowohl strukturierend als auch verhaltensregelnd auf deren Nutzer. Im Grunde sind aber nicht die technischen Arrangements selbst, sondern [...] die sie entwickelnden und anbietenden Internetunternehmen die eigentlichen *organizing agents* der Online-Kommunikation.[30]

Medientechnik hat einen Anteil in der Codierung einer „unehrerbietigen" Haltung in der Entfaltung partizipativer und pro-

---

30   Dolata/Schrape 2018: 52.

testorientierter Ausdrucksformen sowie in der Gestaltung der ästhetischen Erfahrungen der Nutzer. Die Informations- und Datenverarbeitung auf der Basis bereitgestellter technischer Dienstleistungen und Medienoperationen versorgt ein physisches und virtuelles System von Netzwerken, das soziale Implikationen mit sich bringt: die Gestaltung einer Gegenöffentlichkeit als einem Raum für Meinungs-, Bewegungs- und Versammlungsfreiheit sowie für neue Erlebnisse und Erfahrungsaustausch. Die Nutzer weisen den digitalen Medieninhalten einen hohen Stellenwert zu, wenn Medientechnik die Umsetzung von innovativen Methoden zulässt. Die Entwicklung und Nutzung von Anwendungen trägt zur Realisation dieser Webprojekte bei und damit zur Einordnung übergeordneter Informationssysteme für die Mediennutzung und den Konsum von Information und digitalen Medieninhalten.

Kapitel 6

Medienkulturelle Betrachtung zur technischen Modernisierung

Eine Analyse der Struktur des kubanischen Mediensystems verlangt, die Auf- und Umbrüche auszuloten, welche über medienkulturelle Einflüsse auf die Organisation der in Kuba entstandenen Informationssysteme bewirkt werden. Skizziert werden die unterschiedlichen theoretischen Ansätze zur Erklärung der Verhältnisse zwischen Politik, Kommunikation und Kultur im Rahmen eines medienkulturellen Wandels. Der aus einer historiografischen Sichtweise resultierende Ansatz dieses Vorhabens analysiert die Entstehung eines heterogenen Kommunikationsraumes. Insbesondere werden Aspekte der Kultur wie der Übergang in das kulturelle Gedächtnis, die soziale Wissensproduktion und die Gestaltung neuer kommunikativer Codes erläutert. Was sind die Faktoren, wie werden diese aufrechterhalten, wie sehen die Verbindungen im Raum aus und welche Elemente charakterisieren die kommunikative Wechselwirkung?

Die Arbeit setzt sich mit der Frage auseinander, in welcher Art und Weise Medien in der Gestaltung eines medienkulturellen Wandels impliziert sind und wie sich die soziale Interaktion über Mediengebrauch in Kuba artikuliert. Außerdem thematisiert das Vorhaben, inwieweit Medien die Logik von sozialen Institutionen im Bereich der Kultur, Politik und Technik beeinflussen, indem die Medienoperationen in alltägliche Erfahrungen umgewandelt werden (vgl. Hepp 2009, 2015). Dazu werden verschiedene kulturelle Kontexte systematisiert, in denen der Prozess eines medienkulturellen Wandels stattfindet. In gewisser Hinsicht bezieht sich der Ausdruck *medienkultureller Wandel* auf

[...] the change of [...] technological systems, which has gained a dynamic impulse by means of digitalization [...] in recent decades. Thus, we can say that the qualitative aspect of mediatization focuses also on the 'material' [...] character of media technological change in the sense that media technologies have a 'materialized specificity' that is based on communicative action/practices, and at the same time it structures communicative action/practices.[1]

Im Zuge einer vernetzten Kommunikation ist hierbei die Relevanz einer medienkulturellen Analyse mit ihren Implikationen hervorzuheben. Dazu dient die Untersuchung von politischen, kulturellen und technischen Aspekten in der Konstruktion einer medientheoretischen Analyse bezogen auf technische Fortschritte.

6.1 Kultur der Medien im kubanischen Kontext: Soziale Akteure, Öffentlichkeit und Mediengebrauch

Die Entstehung von neuen sozialen Akteuren ist einer der entscheidenden Aspekte, der die in Kuba stattfindende technische Transformation prägt. Als soziale Akteure sind diejenigen zu verstehen, die einen Unterschied in einem kulturellen Kontext ausmachen (vgl. Latour 2014). Dieser Unterschied erschließt sich in der Entwicklung von Informationssystemen mit ihrer entsprechenden Kontextualisierung. Die Umwandlung von digitalen Formaten besteht aus dem Modus, durch den die Akteure mit neu geschaffenen informationellen Einheiten anders interagieren. Die Nutzung und Adaption von digitalen Formaten sowie die Visualisierung und Verarbeitung von Information und Medieninhalten kontextualisieren ebenfalls die soziale Organisation dieser Informationssysteme, etwa über Erstellung, Gebrauch, Speicherung und Verteilung von Daten. Die kubanische Öffentlichkeit

---

[1]   Hepp 2009: 135–154.

wird wie ein Raum, in dem der Prozess eines medienkulturellen Wandels über den Mediengebrauch der Nutzer ausgelöst wird, behandelt.

Der Einsatz von sozialen Medien in der Öffentlichkeit Kubas kennzeichnet die Entstehung und den Aufbau einer *Sharing Economy* (vgl. Lawrence 2008). Diese beschreibt ein Marktmodell, das Konsumgüter und Dienstleistungen über eine berufsbegleitende und onlinebasierte Community anbietet und erzeugt. Die daran teilnehmenden sozialen Akteure streben explizit keine politischen Veränderungen an. Daraus entspringen andere Medien- und Produktionsverhältnisse, die den kubanischen Kommunikationsraum nach entsprechendem Bedarf modifizieren. Einerseits konstituieren die Medienverhältnisse die Vorgehensweisen, unter denen kulturelle Prozesse mit Hilfe der Nutzung von Technik und Technologie generiert werden und andererseits implizieren die Produktionsverhältnisse eine neue Form sozialer Beziehungen. Die daraus resultierende kulturelle Produktion wird ohne staatliche Steuerung vorangetrieben. Hierbei werden die Medienstrukturen sowohl über die Herstellung von Produkten als auch über die Interaktion zwischen den sozialen Akteuren geschaffen.

Im sozialen Kontext Kubas verweist die beginnende Sharing Economy auf die Gestaltung eines kontextualisierten Informationsraums, in dem die Produktion und Verteilung sowie der Austausch und Verbrauch von Waren nicht reguliert werden. Medienstrukturen beziehen sich auf die soziale Organisation des kubanischen Mediensystems zwischen öffentlichen Medien (Massenmedien als Staatseigentum) und der Nutzung von technischen Geräten in Privatsphären. Dadurch ist eine kulturelle Revolution in Gang gesetzt worden, insbesondere eine im Rahmen des Ästhetischen. Die Neubedeutung der Wahrnehmung und der Rezeption lässt sich anhand neuartiger Medienpraktiken in der Reproduktion von instrumentalisierten Verfahren umsetzen. Das bedeutet eine neue Form der Perzeption der Wirklichkeit (Technoimaginär, vgl. Flusser 2008, 2009), durch die die Kultur eine Tiefendimension annimmt. Als Ausdruck einer entstehenden Identität werden andere kulturelle Codes über den Gebrauch von verschiedenen Medienanwendungen (Formaten) und den Aufbau von nicht staatlichen Medienstrukturen vermittelt. Die Medienoperationen sind zu alltäglichen bzw. ästhetischen Erfahrungen geworden, während die kubanischen Nutzer an der Weiterentwicklung dieser nicht staatlichen Medienstrukturen teilnehmen.

Die kubanische Öffentlichkeit ist als homogener Kommunikationsraum zu betrachten. Sie strukturiert sich in einem ideologisch organisierten Raum als Ausdruck einer bestimmten Form von Identität, die die Organisation des öffentlichen Raums durchzeichnet. Der Begriff der kubanischen Öffentlichkeit unterliegt dem Zwang der kubanischen Kulturpolitik, verankert in einer Rede von Fidel Castro mit dem Titel *Palabra a los intelectuales* (Worte an die Intellektuellen) aus dem Jahr 1961. Die aktuellen politischen Veränderungen in der kubanischen Gesellschaft treiben einen Medienwandel hinsichtlich der Transformation der kommunikativen Praktiken voran. Die bereits genannte kulturelle Revolution ist desgleichen eine digitale, in dem Maße wie sich die kubanische Medienlandschaft über die Nutzung von technischen Geräten wie etwa Computer, Smartphone, Social Media oder digitalen Anwendungen ändert. Sie ist eine digitale Revolution, die auf der Transformation des kubanischen Kommunikationsraums und dessen entsprechendem Bedarf basiert, aber nicht alle Aspekte des Lebens des Einzelnen modifiziert. In diesem Sinne wird eine nationale Öffentlichkeit verstanden als

> […] die Konnotation einer sozialen Sphäre oder eines sozialen Raumes (public sphere, public space), der aufgespannt und erhalten wird durch Kommunikationen mit spezifischen Qualitäten.[2]

Zudem lässt sich der Begriff der Öffentlichkeit

---

2 Peters 1994: 42–76.

[…] am ehesten als Netzwerk für die Kommunikation von Inhalten und Stellungnahmen, also von Meinungen beschreiben; dabei werden die Kommunikationsflüsse so gefiltert und synthetisiert, dass sie sich zu themenspezifisch gebündelten öffentlichen Meinungen verdichten.[3]

Demzufolge lässt sich die Öffentlichkeit Kubas über die kulturellen Prozesse zum Zwecke ihrer Legitimation als soziale Sphäre charakterisieren.[4] Diese Sphäre ist der Raum, in dem die technische Transformation in Kuba stattfindet und wo die Steuerung der öffentlichen Meinung in einem öffentlichen Raum verortet wird. Somit sind die Öffentlichkeit und das kubanische Kommunikationsmodell politisch, rechtlich und kulturell den Prinzipien der Kubanischen Revolution untergeordnet. Aus dem Fakt, dass das Kommunikationsrecht durch politische Entscheidungen reguliert wird, kann geschlussfolgert werden, dass der Staat sich weiterhin als Förderer oder Vermittler von kulturellen Prozessen und Bedürfnissen sieht. Dies ist ein Prozess, der in den 1960er Jahren begann und der die kubanische Redaktionspolitik der Konfrontation zwischen Revolutionär und Konterrevolutionär unterwarf. Seitdem wird die Mehrheit der Debatten innerhalb intellektueller Kreise durch die betreffenden Maßnahmen gekennzeichnet, wenn diese seitens der kubanischen Regierung und in vielerlei Hinsicht mit dem Konflikt zwischen Kuba und den USA gleichgesetzt werden. Bei diesem Sachverhalt ist die Nutzung der Propaganda einer der Merkmale des kubanischen staatlichen Mediensystems. Die politische Propaganda übernimmt als erste Funktion die Verteidigung der Revolution und dazu wird die Verschleierung von bestimmten Botschaften oder Themen wie ein Abwehrmechanismus gegen Ausnahmesituationen ausgenutzt. Als Staatseigentum wird das Mediensystem über Parteiinstanzen und Institutionen

---

[3] Habermas 1992: 436.

[4] Vgl. Vidal Valdez, José Ramón: Cuba: Comunicación, derechos y desarrollo sostenible. ☞ Link S. 408

(wie beispielsweise die Presse) geleitet und gesteuert. Die Leitung und Steuerung der Massenmedien über Kontrollmechanismen ist zu einem alltäglichen Phänomen geworden. Den Massenmedien wird institutionell eine informative Funktion, die weder kritisch ist, noch eine demokratische Partizipation des Publikums erlaubt, zugewiesen. Infolgedessen scheitert die Informationsvermittlung aufgrund der kritischen Einstellung der Bevölkerung zur Propaganda, denn was die Propaganda generell vorstellt, ist nach Meinung des Kommunikationstheoretikers José Ramón Vidal Valdez eine Apologie der Erfolge der Revolution. Daher entwickelt sich eine Dynamik zwischen Kontrolle und Autonomie, wodurch sich die einseitige Übertragung einer Botschaft der Partizipation und dem Dialog entgegenstellt.

In der Öffentlichkeit verursacht die staatliche Kontrolle explizit Probleme. Die Massenmedien, Fernsehen, Rundfunk und Presse werden in ihrer Funktion des Agenda-Settings in ihrer Autonomie eingeschränkt. Die öffentliche Meinung setzt sich über die des Publikums hinweg. Zensur, Einschränkung und Verschleierung von spezifischen, insbesondere sozialen und politischen Themen, das heißt gesellschaftlichen Angelegenheiten, werden als Anlass instrumentalisiert, um den Zugriff auf Informationen in den Institutionen zu erschweren. Es handelt sich bei den politischen Entscheidungen um aktuelle Veränderungen und politische Reformen, die im Interesse der Allgemeinheit liegen. Die Regulierung und Kontrolle generieren finanzielle und materielle Schwierigkeiten in der Organisation und Verteilung von Informationen und Inhalten. Das qualifizierte Personal, das in den staatlichen Massenmedien tätig ist, erhält niedrige Löhne, so dass dieses Personal nach weiteren Einnahmequellen, beispielsweise in der Blogosphäre, sucht. So sind einige der Blogger in der kubanischen Blogosphäre, die bei internationalen Medien mitarbeiten, sind Journalisten aus dem kubanischen staatlichen Mediensystem.

Eine schnelle Integration von Kuba in den globalen Informationsfluss und die Bereitstellung von Kommunikationssystemen über digitale Netzwerke in verschiedenen digitalen Formaten wird dadurch erschwert bzw. verlangsamt. Der Zugang zu Social Media und den digitalen Medien ist nach politischen Maßstäben durch die Institutionen definiert. Die Demokratisierung der Information und der Zugriff auf eine andere kulturelle Produktion werden unterdrückt. Die Organisation des staatlichen Mediensystems wirkt in der kubanischen Öffentlichkeit auf die Entstehung eines nicht-staatlichen Wirtschaftssektors bzw. einer informellen Ökonomie in Form von Genossenschaften ein. Dieser Sektor besteht aus neuen sozialen Akteuren und schafft andere Beschäftigungsmöglichkeiten. Diese Akteure haben Zugang zu anderen Informationsräumen. Die Neuheit des Prozesses besteht darin, dass diese Akteure Kontrolle über ihre Aktionen in der Öffentlichkeit haben. Als kulturelle Praxis „wird sich die Partizipation über Kommunikation umsetzen lassen"[5], während neue Formen von nicht-staatlichen wirtschaftlichen Strukturen und Machtverhältnissen entstehen.

Der Begriff einer nationalen Öffentlichkeit besteht aus „kulturellen Differenzen, die mit sozialen Praktiken und institutionellen Strukturen verknüpft sind"[6]. Solche Praktiken und Strukturen beeinflussen die Form, in der die kulturelle Produktion in einem gegebenen Kontext stattfindet. Die technische Transformation in Kuba ist über die Entstehung von intellektuellen und politischen Gegenbewegungen zu betrachten. Dabei stellt die Nutzung von Medientechnik andere Strukturen bereit,

[…] die auf intellektuelle Produktion und Rezeption, auf kollektive Interessen- und Problemdefinitionen einwirken, [etwa] von Bildungs- und Forschungseinrichtungen über journalistische und andere Professionen zu Netzwerken

---

5   Elizalde Zorrilla, Rosa Miriam (2013): Principios para una política de comunicación social desde la perspectiva de los periodistas cubanos. Tesis doctoral, p.44. In: Videl Valdez, José Ramón: Comunicación, derechos y desarrollo sostenible. ☞ Link S. 408

6   Peters 2007: 295.

(und Cliquen) von kulturellen oder intellektuellen Produzenten und schließlich zu Strukturen der Interessenartikulation und -aggregation wie Parteien, Interessenverbänden oder sozialen Bewegungsorganisationen und -milieus.[7]

Wenn „Öffentlichkeiten einen sozialen und kulturellen Unterbau haben, der nicht allein aus Medienmärkten und Medienorganisationen besteht"[8], dann ist dies von Bedeutung. Ausschlaggebend ist dabei, dass das Publikum bei der Konstruktion von Gemeinschaften – sowohl offline als auch online – partizipativ miteinbezogen wird, dies über eine besonderen Identität, die die Artikulation von spezifischen Themen, Kontroversen, Konflikten, Wünschen und zukunftsorientierten Perspektiven erlaubt.

Indem die Mediennutzung die politischen Strukturen in Kuba revolutioniert, ist der neu geschaffene öffentliche Raum, etwa der öffentliche Platz, als neue Öffentlichkeit zu betrachten. Dies beschreibt den Übergang von einem massenhaften politischen Diskurs zu einer personalisierten bzw. individualisierten Kommunikation durch die Nutzung von technischen Geräten. Der Internetzugang bietet dabei Neuerung und Offenheit, im Gegensatz zur Kontrolle, Regulierung und Beschränkung der Informationen und Inhalte in den Institutionen. Die Nutzung der Social Media als Gegenöffentlichkeit ist eins der Charakteristika, das diesen Prozess im Kontext der Medien prägt. In Kuba gibt es keine öffentliche Meinung, während die Massenmedien als Staatseigentum den Diskurs in der Öffentlichkeit beherrschen. Im Gegensatz dazu sind das Bloggen und spezielle Weblogs ein Raum für Dissens, Subversion. Sie bilden einen politischen Gegenentwurf aus. Insofern vertreten sie eine abweichende Meinung. Dies löst durch

[…] eine Abweichung von den mit ihr [öffentlich geäußerten Meinung] ausgedrückten Feststellungen, Begründungen,

---

Bewertungen und Folgerungen bei einer Mehrzahl anderer Sprecher (und bei den Medien) einen Widerstand [aus], der eine Marginalisierung der Abweichung zur Folge hat und für die abweichenden Sprecher Prestigeverlust mit sich bringt.[9]

Die in diesem Vorhaben zu erläuternde digitale Revolution bezieht sich auf:

1. die Vergabe von Ressourcen (Finanzmittel und Humankapital) an kubanische Institutionen, um Lernprogramme im Web 2.0 in Einklang mit der institutionellen Informationspolitik zu reproduzieren, etwa die Übersetzung eines homogenen Kommunikationsraumes ins Web 2.0;

2. die Weiterentwicklung des kubanischen Mediensystems vom Intranet zum Internet nach einer normativen Ordnung, die die Dynamik zwischen der staatlichen Bereitstellung und Steuerung von medienbasierten Strukturen und der privaten Anwendung von Medientechnik beschreibt;

3. die Implikationen des Digitalisierungsprozesses in der Organisation des Wissensbestandes für die Förderung neuer Formen der Wissensproduktion und -ordnung innerhalb der Institutionen;

4. die Relevanz der Rezeption, Aneignung, Adaption und Übersetzung von medialen Formaten über Mediengebrauch in der Öffentlichkeit für die Einführung einer Kulturpraxis, aus der die kubanischen Nutzer auch neue Formen des Kulturkonsums entwickeln;

5. die politische Auswirkung, die die Nutzung der Social Media in der Herausbildung einer öffentlichen Meinung

---

[9] Neidhardt 1994: 26.

jenseits staatlicher Verordnungen und institutioneller Rahmenbedingungen ausübt.

Diese Analyse erörtert, wie sich das Verhalten und die Entscheidungsfindung der Bürgerschaft über die Nutzung von Medientechnik ändert, wenn sie sich einem Bedarf entsprechend gezwungen fühlt, eine Entscheidung zu treffen, anstatt eine im Voraus gegebene Option anzunehmen, welche vorher bestehende soziale Werte und Präferenzen anbietet (vgl. Simonson/Nowlis 2000).

Zudem stellt Medientechnik einen Kontext für die *mediation* oder *mediatisation* (vgl. Miller 2012) von sozialen Transformationen und die Art und Weise bereit, wie Medien im Prozess eines Medienwandels miteinander verknüpft werden könnten. Mediatisierung bezieht sich auf eine soziale Ebene, in der verschiedene Kontexte zunehmend durch Mediengebrauch geprägt sind (vgl. Hepp 2009). Im Gegensatz zur Allgemeinheit verfolgt die in Kuba stattfindende digitale Revolution in vielerlei Hinsicht die Förderung eines freien, unkontrollierbaren, unregierbaren und unabhängigen Kommunikationsraums. Die Adaption von Formaten (etwa amerikanische Formate von Microsoft bis Facebook), in denen die Informationen und Inhalte verarbeitet werden, bestimmt die Zentralität der kommunikativen Praktiken im Alltag. Die freie Zirkulation von Medieninhalten auf portablen Trägern verweist auf eine zunehmende Hierarchisierung der empfangenen Informationen.

Ein intensiver Mediengebrauch im sozialen Kontext Kubas impliziert, auf politischer Ebene, eine Transformation der Öffentlichkeit über ein neues Kommunikations- und Interaktionsverhalten (vgl. Charlton/Neumann 1990). Die technischen Bedingungen wie die im öffentlichen Raum bereitgestellten Wi-Fi-Hotspots für den Internetzugang verändern den Ort und den Inhalt der kommunikativen Praktiken sowie die Art des entsprechenden Kulturkonsums. Der öffentliche Raum, in dem Informationen rezipiert und verarbeitet werden, wird durch die Nutzer umgestaltet. Kulturell stellt dies eine Antwort auf die sozialen Forderungen der kubanischen Gesellschaft hinsichtlich eines schnellen Einsatzes von Informationsdiensten dar. Dabei spielt die Medienkompetenz der Nutzer eine Rolle in der Selektion, Organisation, Erstellung, Verarbeitung und Nutzung von digitalen Medieninhalten. Der weitere Kompetenzerwerb seitens der kubanischen Nutzer ist ein Faktor, durch den sie sich in der Regel für einen selbstständigen Umgang mit Medien qualifizieren. Die dadurch entwickelten Fähigkeiten ermöglichen die Schaffung von unabhängigen sozialen und wirtschaftlichen Strukturen. Die Form, in der diese Medienverhältnisse generiert werden, besagt

> […] daß Medienwirkungen stets von Kontextbedingungen abhängig sind, weil die Art des Mediengebrauchs, der Rezeption und der Verarbeitung von Medieninhalten integrale Momente übergreifender Kommunikations- und Interaktionsprozesse in sozialen Zusammenhängen sind […].[10]

Die Nutzung der Social Media ist somit als *scalable sociality* (vgl. Miller et al. 2016) zu verstehen. Als Kommunikations- und Interaktionsprozess bezeichnet der Gebrauch der Social Media einen Raum zwischen privaten Medien und Public Broadcasting (vgl. Miller et al. 2016). Die Nutzer sind hierbei befähigt, auf einer Skala zwischen kleinen oder großen Gruppen zu selektieren, bei denen sie zwischen mehr oder weniger Privatsphäre auswählen können. Die Social Media stellen eine besondere Form von Sozialität zwecks der Entfaltung neuer Beziehungen dar. Während die Nutzer die Plattform als ein Problem (bezogen auf die Medienkompetenz) auffassen, entwickelt sich ein Raum für die Mediatisierung von kulturellen Prozessen. Die kulturelle Produktion von Werten wird über die Variabilität von Ikonen (vgl. Miller et al. 2016) modifi-

---

[10] Deutsche Forschungsgemeinschaft (Hrsg. 1986): Medienwirkungsforschung in der Bundesrepublik Deutschland. Teil I: Berichte und Empfehlungen. In: Charlton, Michael/Neumann, Klaus (1990): Spracherwerb und Mediengebrauch. Tübingen, Narr, S. 8.

ziert: die Nutzung der Technik kann persönliche Entwicklungsmöglichkeiten beim Menschen initiieren, wie etwa Partizipation
an kulturellen Prozessen, und somit eine Wandlung bewirken. Die
private Nutzung der Social Media ermöglicht die Entstehung von
normativen Strukturen als soziale Ordnung. Die kubanische Blogosphäre beispielsweise funktioniert unter den durch sie geschaffenen Normen und Regeln, welche sich nicht nach der staatlichen
Informationspolitik richten. In Kuba erlaubt diese Form von sozialem Engagement die Dezentralisierung der vom Staat ausgeübten
Autorität und fördert die Verbreitung anderer Machtverhältnisse.

Der Cyberspace böte Anlass, den Medien Interaktions- und
Darstellungsformate bereitzustellen, durch die die Nutzer innerhalb
dieser Räume miteinander in Kontakt treten können, als ob sie real
wären. Virtualität weist auf eine gewisse Repräsentation im Modus
des *als ob* hin, welche von der Wirklichkeit getrennt ist (vgl. Miller/
Slater 2000). Somit bewegen sich die digitalen Formate über den
Gebrauch von unterschiedlichen internetbasierten Medien auf eine
weitere Stufe zu. Die Nutzer nehmen den Cyberspace als einen
Raum wahr, in dem die Dynamik offline-online die Möglichkeit einer Partizipation an politischen Prozessen anzubieten im Stande ist.
Die Entwicklung von freien Netzwerken, die Blogosphäre sowie
die Verteilung des Pakets dienen in Kuba zu diesem Zweck. Nach
Meinung des Anthropologen Daniel Miller und Don Slater bezieht
sich die Repräsentation des Cyberspace als öffentlicher Raum auf
eine weite Skala von Kontexten, aus denen neue Mediationen und
keine neuen Wirklichkeiten generiert werden. Der Einfluss der
Technologie auf das Leben des Einzelnen ist ein Instrument für
die Etablierung neuer Formen von sozialen Beziehungen, während
die Nutzer die Medientechnik für ihre eigenen Zwecke gebrauchen
(vgl. Miller/Slater 2000; Hepp 2015). Durch den Mediengebrauch
ist Virtualität, „as the capacity of communicative technologies to
constitute rather than mediate realities and to constitute relatively
bounded spheres of interaction […]"[11] zu begreifen.

---

[11] Miller/Slater 2000: 6.

6.2 Die kulturelle Praxis über Aneignung, Partizipation und Subjektivität

Ausgehend von der Problemstellung erstellt die Arbeit eine Analyse der kulturellen, politischen und technischen Aspekte eines medienkulturellen Wandels in Kuba. Analysiert wird, wie die Nutzung von Medientechnik den kubanischen Kommunikationsraum als heterogene Struktur und neue Form zur sozialen und kulturellen Partizipation bestimmt. Anschließend wird aufgezeigt, welche medientheoretischen Implikationen der Mediengebrauch für die Kultur mit sich bringt, wenn die technische Transformation in einem sozialen Kontext über Aneignung, Partizipation und eine neue Form von Subjektivität umgesetzt ist. Die Forschungsbefunde dienen der Hervorhebung der Relationen zwischen der Nutzung von Technik und der Entwicklung von Strukturen und Produktionsverhältnissen. Der technischen Perspektive liegt eine materielle Basis zugrunde, von wo aus besondere Aspekte von Kultur im Kontext ihrer Produktion erörtert werden. Mediengebrauch als soziale Tätigkeit bedeutet die Initiierung kultureller Prozesse zur Ästhetisierung des Alltags der Nutzer. Es handelt sich dabei um die kulturellen Prozesse, die in der Nutzung von Medientechnik der Sichtbarmachung neuer symbolischer Ordnungen über eine kulturelle Praxis dienen.

Die Relevanz dieser Analyse entspringt aus dem Ergründen der in Kuba getätigten kommunikativen Praktiken. Zudem steht die Medienkultur im engen Zusammenhang mit den Praktiken, die besondere Aspekte von Kultur und deren Transmission modifizieren (vgl. Debray 2000). Die Infosphäre als der Raum, in dem die Gesamtheit der informationellen Relationen, Prozesse und Interaktionen abläuft, ist aber auch politisch zu verstehen. Insbesondere in Bezug darauf, wie Kultur auf der Basis einer materiellen Grundlage eine Tiefendimension gewinnt, während ihre Erscheinungsformen auf einem portablen Träger reproduziert werden. Mediengebrauch stellt diesbezüglich eine neue Form *mit der Welt zu interagieren* dar.

Nach Jesús Martín Barbero ist es die junge Generation, die dieses Sensorium für audiovisuelle Inhalte verkörpert.[12] In einem kulturellen Kontext ist sie diejenige Gesellschaftsschicht, die offen für den Umgang mit Medien und die Anwendung von technischen Formaten ist und sich schnell an verschiedene neue Kontexte anpasst. Außerdem versteht sie „die Sprachen des Videos und des Computers"[13] besser. Nach Martín Barbero weist dieses Sensorium auf den Raum hin, in dem diese Transformation in der Perzeption und über die soziale Erfahrung ausgelöst wird, weshalb eine „sekundäre Alphabetisierung"[14] vonnöten sei, um sich den vielfältigen Formen des Schreibens und Lesens im Rahmen der audiovisuellen Medien und der Informatik annähern zu können. „[…] Dem stellen wir eine Veränderung der Protokolle und Leseprozesse gegenüber, die nicht das Ersetzen von einer Form des Lesens durch eine andere bedeutet […], sondern die komplexe Artikulation des einem durch das andere herausstellt; etwa beim Lesen von Texten und Hypertexten […]".[15] Die Behauptung ist zieht für die Entwicklung der Informationssysteme in Kuba einen Strukturwandel heran.

Die zu erörternde kulturelle Praxis bezieht sich auf die Form, in der der Typographic man durch die Nutzung der Medientechnik bestimmte Operationen ausführt oder wie er mit besonderen technischen Aufgaben betraut werden könnte. Das Internet entspricht zwar der Kultur seiner Entwickler (vgl. Castells 2001), aber die kommunikativen Praktiken konstituieren diesbezüglich einen Vorsprung im Einsatz von Technik. Dass jeder Nutzer mithilfe der Anwendung von Technologie dazu befähigt sei, ein eigenes Informationssystem zu erstellen, bedeutet gleichzeitig jedoch

---

[12] Vgl. Martín Barbero, Jesús (1999): Los descentramientos del arte y la comunicación. In: Ossa, Carlos: La Pantalla Delirante : los nuevos escenarios de la comunicación en Chile. Chile: Lom Ediciones, Universidad Arcis.

[13] Martín Barbero 1999: 35.

[14] Martín Barbero 1999: 46.

[15] Ebd.

nicht, dass jeder über die dafür notwendigen technischen Werkzeuge verfügt, sondern lediglich, dass das Internet sich in seiner Anwendung beispielsweise auf bestimmte Informationsdienste beschränkt. Die Nutzung von Apps und Informationsdiensten birgt in sich eine Minimalisierung von Individuationsprozessen (vgl. Turkle 2012), während ihr Gebrauch in der Infosphäre kulturelle Prozesse aus Gemeinschaftlichkeit gestaltet (vgl. Stalder 2016). Die daraus resultierenden sozialen Beziehungen etablieren eine Sozialität durch die Förderung neuer und gemeinsam genutzter identitätsstiftender Elemente. Im Gegensatz zu traditionellen Medien generieren digitale Medien differenzierte Normen und Regeln, welche das soziale Verhalten über ihre technischen Werkzeuge modellieren.

Für diese Analyse sind die Schlüsselbegriffe *Aneignung*, *Partizipation* und *Subjektivität* zu erläutern. Aneignung bedeutet nicht die bloße Repräsentation symbolischer Prozeduren, sondern meint vielmehr die Entfaltung von bestimmten Fähigkeiten der Nutzer in der Anwendung technischer Geräte, um sich kommunikativen und kulturellen Prozessen anzupassen. Dazu stellt Materialität und Besitz von technischen Geräten einen Vorsprung hinsichtlich der Erschaffung und der Organisation von kommunikativen Prozessen dar. Aneignung verweist auf die Einführung artverschiedener Prozeduren zur Selektion, Organisation und Präsentation von Informationen (Informationsdesign). Diese Prozesse sind in ihrer Umsetzung als Kulturtechniken zu betrachten.

Partizipation wird als ein aktiver, komplexer und technisch-vermittelter Prozess verstanden, der sich auf die Transformation der Machtverhältnisse bezieht. Außerdem ist Partizipation als eine Strategie zu konzipieren, wodurch die sozialen Akteure bei Entscheidungsfindungsprozessen in einem politischen Kontext eingebunden sind. Somit entspringt die Partizipation einem individuellen und kollektiven Bedarf. Durch soziale, politische, kulturelle und psychische Aspekte wird dieser Bedarf in der Entwicklung von Medienverhältnissen konditioniert. Mittels des Mediengebrauchs schaffen die Nutzer neue Strukturen innerhalb eines differenzierten Systems. Eine solche Dynamik stellt ein Narrativ vor, das die Vorgehensweise beschreibt, in der die technischen Veränderungen bereits eingeführt sind. Im sozialen Kontext Kubas enthält dieses Narrativ eine Mannigfaltigkeit von Entwürfen und Konstruktionen, die weitere Formen und Mechanismen der kommunikativen Interaktion erzeugen. Insbesondere andere Diskurse und Dialoge, die zur Orientierung und Mobilisierung von sozialen Gruppen dienen, denn sie erschaffen eine neue Form von Interaktivität. Desgleichen dient die Medientechnik zur medialen Konstruktion von Erzählformen. Die Perzeption und Rezeption einer vernetzten Kommunikation unter den Nutzern stellen erzählerische Mittel und Formeln bereit, um kulturelle Prozesse sowohl online als auch offline zu vermitteln.

Demzufolge ist die Konzeption von Subjektivität als Tatbestand zu begreifen. Bezogen auf Mediatisierung wird sie wie das Einüben unterschiedlicher Fragmente der Weltanschauung eines Subjekts verstanden. Ein Subjekt, das nach Sinnlichkeit, Wahrnehmung und Rezeption verlangt, sich in einem kulturellen und strukturellen Kontext zu verorten. Die Eigenart von Wahrnehmung und Argumenten bezüglich der Realisierung einer bestimmten kulturellen Praxis gründet darauf, einer sich verändernden Welt gegenüber zu verhalten. Demnach bezieht sich Subjektivität auf eine Auffassung von Sinnlichkeit, durch welche bestimmte Interpretationen verschiedener Aspekte der Lebenserfahrung und deren Rezeption in einem Lebensraum unterscheiden. Subjektivität zeichnet sich ab, wie ein potenzielles Vermögen zur Interaktion, Absichtlichkeit, Verhandlung und eine subtile Bereitschaft, um eine kreative und einsetzbare Subjektivierung von Perspektiven auszuführen. In dem Zusammenhang dient Kreativität zur Entfaltung einzelner Fähigkeiten wie etwa hinsichtlich der Erfindungsgabe und der Förderung innovativer Initiativen:

> Gemeint ist also die Mitbestimmung des Individuums bei der Aufrichtung der Instanz, die ihm befehlen darf. Diese Organisation der Enthemmung macht sich als solche in der

Regel unsichtbar, indem sie den Akteuren im Moment des Übergangs zur Handlung statt mitreißender Leidenschaften und unausweichlichen Zwängen den Gehorsam gegenüber selbstbegriffenen guten Gründen und sinnvollen Interessen unterstellt.[16]

Die Interaktion in der Infosphäre ist auf der Basis einer äußerlichen Instanz zu konzipieren. Technische Prozesse werden nicht nur für eine computer- und netzbasierte Kommunikation, sondern auch für andere symbolische Ordnungen (Sichtbarmachung, Visualisierung, Materialisierung von Daten usw.) generiert, durch die die Nutzer annähernd real interagieren. Die Nutzung von Technik konstituiert sich als äußerliche Instanz, denn sie bezeichnet einen Willen gegenüber den medialen Beziehungen und informationellen Operationen, die die Nutzer mit ihrer Interaktion etablieren.

Ästhetisch lässt sich urteilen, dass die Errichtung der Instanz die Inbesitznahme unbewusster, bewusster und erlernter Prozesse zum Einsatz von Medientechniken und -praktiken aufrechterhält. Solche Verfahrensweisen in der Infosphäre dienen jedoch der Kartierung von Informationsprozessen, in dem Maße wie sie weitere symbolische Prozeduren zur Informationsverarbeitung, der Transformation von ästhetischen Formaten, Kulturkonsum und -verlust artikulieren. In der Innenwelt des Einzelnen wird eine besondere Haltung gegenüber der zu behandelnden Information als ästhetische Erfahrung empfunden. Diese Erfahrung wird durch eine kulturelle Praxis erschlossen. Der Cyberspace ist als Fundsache zu erobern. Die Medienträger sind hierbei Container für die Übersetzung technischer Prozesse. Die identitätsstiftenden Elemente, die sich dabei herauskristallisieren, etablieren neue Relationen (psychisch, technisch, kulturell und politisch) innerhalb eines Raumes. Diese Relationen werden zumeist durch Mediengebrauch in der Form von Kooperation, Partnerschaft

---

[16]   Sloterdijk 2016: 93.

oder Gemeinschaft eingeführt. Kulturell werden sie in der Reproduktion von bestimmten Routinen, Arbeitsmethoden, Lernprozessen und Schreibweisen codiert. Die in Kuba entstandenen
Medienverhältnisse und -praktiken ermöglichen die Zuordnung
bestimmter technischer Prozesse zu anderen Formen des menschlichen Handelns über das Interface, bei dem die Nutzer besondere
Operationen ausführen.

Bei dem Delegieren von Aufgaben an technische Geräte handelt es sich deshalb innerhalb einer digitalen Kultur um den Übergang zu einer weiteren Stufe, in der eine sekundäre Oralität als
Kulturtechnik zu betrachten ist (vgl. Ong 1987). Dies betrifft

> [...] die Formen des schriftvermittelten Gesprächs, die
> durch Computer und Internet möglich geworden sind. Ei-
> nerseits unterscheiden sie sich von der primären Oralität
> vorliterater Gesellschaften durch ihre Schriftbasiertheit,
> andererseits bestehen Gemeinsamkeiten sowohl was die
> Mystik der Partizipation als auch was ihre Förderung des
> Gemeinschaftssinnes, ihre Konzentration auf die Gegen-
> wart und auf den Gebrauch von Formeln anbelangt [...].[17]

Dem Medienphilosophen Marshall McLuhan zufolge „[...] all media exist to invest our lives with artificial perception and arbitrary
valves"[18]. Medientechnik ermöglicht die mediale Konstruktion
von Sprache als eine kollektive Tätigkeit, deren Konventionen in
der Gesamtheit der sozialen Gruppen geteilt werden, bevor ihre
Bedeutungen innerhalb einer Gesellschaft zur Verfügung stehen
(in Anlehnung an Havelock 1963, 1986). Relevant ist, dass bei
der jungen Generation die Textnachricht zumeist das Wort als
Gesprochenes enthält. Es wird geschrieben, wie gesprochen wird,
wobei die kodifizierte Botschaft die Simplizität des Wortes beibe-
hält. Diese Form eines diskursiven Denkens ist von einer visuel-

---

[17]   Ong 1987: 136.
[18]   McLuhan 1994: 199.

len Wahrnehmung und einem Kontext abhängig, innerhalb dessen der spezifische Ausdruck des Wortes und dessen äquivalentes visuelles Zeichen einen Bestandteil der Erfahrung konstituiert. Die Transmission von gewissen kulturellen Symbolen erfolgt in der Nutzung von verschiedenen Formaten des Wortes.

In vielerlei Hinsicht betreiben die Nutzer eine Transformation des Sinnes in der Verortung des Gesprochenen durch einen Medienträger, der diese Medienoperation verstärkt. Das schnelle Erhalten einer Botschaft über ein Smartphone verlangt angeblich nach einer unmittelbaren Antwort. Überspitzt könnte behauptet werden, dass die visuelle Transmission des Gesprochenen als Text eine neue Form von zwischenmenschlichen Beziehungen erfordert. In der Privatsphäre wirkt sich die Nutzung einer computerbasierten Kommunikation zunehmend auf die Vorstellung aus, einzelne Kompetenzerweiterungen zu erlangen. Indem die Nutzer dieser Formen gemeinschaftlichen Interagierens entwickeln, erwarten sie mehr von der Technik und weniger voneinander (vgl. Turkle 2012). Das Verbinden über digitale Medien spiegelt den konstanten Antrieb wider, mit anderen Formen der Existenz verbunden zu sein, wie beispielsweise die kubanischen Nutzer, die sich darüber freuen, einfach Nutzer zu sein. Ausschlaggebend dafür ist dennoch, wie die junge Generation die Smartphones, die digitalen Formate und Medienanwendungen (wie Twitter, Whats-App, Facebook, Instagram usw.) verwendet, um weitere Nuancen in der Artikulation des Sprachgebrauchs mit einer andauernden Bedeutung zu erzeugen. Die Kommunikation generiert hierbei ein bestimmtes Produkt, welches die Organisation von kulturellen Prozessen über Oralität, nicht im Sinne der Repräsentation, sondern einer kulturellen Praxis verstärkt. Die Form der Schriftlichkeit gliedert den Denkprozess in eine symbolische Ordnung, deren Bedeutungsträger jeweils als wahrnehmbar und vorstellbar zu begreifen ist. Die Verschiebung von Arbeitsroutinen eines Büros auf die Benutzeroberfläche eines Computers produziert besondere Effekte mit dem Blick auf das menschliche Bewusstsein und die Art und Weise, in der sich die Relationen zwischen

Technik, Arbeit, digitaler Codierung und menschlicher Handlung weiterentwickeln.

Hiermit gelingt es, die ästhetische Erfahrung wie *culture's educational procedures* nachzuvollziehen (vgl. Ong 2002: 41). Digitale Prozeduren wirken auf die Konzeption der Medien als Umwelt ein (vgl. McLuhan 1962; Flusser 2008, 2009), denn die Erfahrung der Nutzer erfolgt unmittelbar und materiell. Die Prozesse zur Sichtbarmachung, Visualisierung und Materialisierung einer anderen Form des Bezugs auf die Wirklichkeit geschieht über technische Verfahren. Die einzelnen Kompetenzen und die Kenntnisse, die in der Infosphäre zu erwerben sind, lassen die ästhetische Erfahrung der Nutzer referentiell innerhalb spezifischer sozialer Gruppen realisieren. Das in diesem Prozess der Aneignung erlernte und inkorporierte Wissen wird kumulativ wahrgenommen. Dies bedeutet, dass die Nutzer besondere Aspekte des sozialen Verhaltens als partizipativ, wiederholbar und nachahmenswert betrachten, während sie dieselben Verfahren zur kommunikativen Interaktion umsetzen. Die technische Beschaffenheit des Informationsmanagements und -flusses ermöglicht somit in gewisser Hinsicht eine Kontinuität im Kontext der Realisation von Medienpraktiken. Die Informationen und Inhalte, gespeichert auf digitalen Trägern, stehen aufgrund ihrer leichten Abspeicherung, Übertragbarkeit und Abrufbarkeit stets zur Verfügung und das Wissen wird zunehmend zugänglich.

Einer der mentalen Effekte dieses Phänomens ist die äußere Darstellung von individuellen Eigenschaften in der Form einer ernstzunehmenden Perspektive, die das Leben des Einzelnen betrifft. Ein Beispiel wäre die Suche nach persönlicher Akzeptanz in der zugehörigen Gruppe. Die ästhetische Einstellung, die die Nutzer im Netz reproduzieren, ist mit technischen Prozessen dann identifizierbar, sobald sich die technische Transformation eines Medienwandels über einen Zeitraum etabliert. Die darauffolgende medienkulturelle Perspektive findet in einem Referenzrahmen statt, der die Umsetzung von kommunikativen Praktiken in einem Kontext mit anderen kategorialen Merkmalen verortet. Die

Interaktion der kubanischen Nutzer in der Infosphäre erfordert die Verarbeitung anderer Kategorien, welche die Kommunikation und die Transmission von kulturellen Codes bestimmen. Dieser Prozess beschränkt sich nicht nur auf die Nutzung der sozialen Medien, sondern umfasst andere Bereiche der Gesellschaft. Ein Beispiel hierfür wäre, dass sich der Konflikt zwischen Revolutionär und Konterrevolutionär in der kubanischen Öffentlichkeit allmählich auflöst, sobald die kommenden Generationen andere Vorstellungen haben.

Die Rezeption der technischen Transformation formt zeitgemäß wesentliche Aspekte des Lebens des Einzelnen um, wodurch Kultur in ihrem Zusammenhang mit den Medienpraktiken als Gebrauchskultur bestimmt wird. Was der Mediengebrauch andeutet, sind die Möglichkeiten, weitere Formen der Handhabung von technischen Geräten zu entwickeln, wenn die Bedeutung der durch die sozialen Akteure angewandten kulturellen Praxis stabil und fortwährend in diesem Sachverhalt eingeführt wird. Auf individueller Ebene schaffen die Medien Persönlichkeitsstrukturen (vgl. Turkle 2012), die über den Erwerb und die Entfaltung von einzelnen Fähigkeiten zu konstruieren sind. Die Organisation und Orientierung der ästhetischen Einstellung der Nutzer macht die Erfahrung übertragbar in andere Mediensphären mit eigenen informationellen Einheiten. Im weitesten Sinne nach McLuhan: „[…] all media are active metaphors in their power to translate experience into new forms".[19]

Die Nutzung der Medientechnik gewinnt eine Qualität und eine Tiefendimension in einem sozialen Kontext. Die Nutzer lösen somit Prozesse zur Adaption, Konvergenz und zum Kulturtransfer aus. Sie strukturieren desgleichen Mechanismen zur Koexistenz von verschiedenen kulturellen Codes mit eigenen Regeln und Normen. Auf die kulturellen Prozesse wirken die Medien als mediales Konstrukt ein, die Wahrnehmung dessen ist innerhalb des Bildes, des Sinnes und des Trägers zu finden (vgl. Giesecke

---

[19] McLuhan 1994: 57.

2007). Die Materialität der Umsetzung von medialen Erscheinungsformen erschließt sich in der Praxis entweder als Erfindung
oder technischer Kunstgriff. Diese Sinnerzeugung verweist auf
eine gegebene Intention, die die ästhetische Erfahrung der Nutzer
neu andeutet.

6.3 Kulturelle Aspekte der sozialen Interaktion

Die technische Transformation repräsentiert nur einen Teil des
Modernisierungsprozesses in Kuba. Auch wenn sie für das Herauskristallisieren von bestimmten kulturellen Praktiken in der Öffentlichkeit entscheidend ist, reicht die Analyse der technischen
Perspektive nicht aus, um den Übergang in eine symbolische
Ordnung zu untersuchen, hauptsächlich wenn die Nutzung der
Medientechnik nicht nur der Kommunikation dient. Die in Kuba
entstandenen Informationssysteme enthalten auf verschiedenen
Ebenen technische Schwierigkeiten im Management, der Organisation und Inbetriebnahme von informationellen Einheiten in
einem kontextualisierten Informationsraum. Zwar sind institutionell neue Medienstrukturen in der kubanischen Gesellschaft aufgebaut worden, aber deren Funktionsweise wird durch politische
Entscheidungen definiert. Gesellschaftlich sind selbstständige
und nicht vom Staat gesteuerte Initiativen entwickelt worden, die
eine andere Form von Relationen, Strukturen und Interaktion generieren.

Nach Meinung des Kommunikationstheoretikers José Ramón
Vidal Valdez (2017) wirkt sich die Zentralisierung der Kommunikation in Bezug auf Kubas geplante wirtschaftliche und soziale Entwicklung in Form von Hierarchisierung von Information
und die Generierung von Wissen entscheidend auf die digitale
Mediennutzung aus. Die intensive Nutzung von Daten und der
zunehmende Mehrwert des Wissens konstituieren sich aktuell
als differenzierende und bedingende Faktoren eines Modernisierungsprozesses. In der Konjunktur werden die Direktinvestitio-

nen internationaler Unternehmen einen Beitrag zum wirtschaftlichen Aufschwung Kubas leisten. Jedoch erläutert Vidal Valdez, dass die Kapitalanlage wichtig ist, aber nicht genügt. Es muss gelernt werden, wie Informationen unter einer großen Menge an Daten effektiv selektiert, verarbeitet und benutzt werden können, um das Wissen zu generieren, das die Produktion von Gütern und Dienstleistungen gewährleistet. Unter den neuen soziotechnischen Bedingungen sollte dieses Wissen in der geforderten Qualität produziert werden, um sich an die neuen Bereiche der Wissenschaft und der technologischen Entwicklung, entstanden aus der sogenannten digitalen Revolution und deren Kontext, an die verschiedenen sozialen Forderungen anzupassen.

Kulturell bedeutet die Transformation insbesondere die Gestaltung einzelner technischer Fähigkeiten im Leben des Einzelnen. Die Möglichkeit, über qualifiziertes Fachpersonal zu verfügen, das sich mit der Handhabung von Information und der Generierung von Wissen auskennt, markiert historisch einen deutlichen Unterschied, insbesondere wenn dieses Personal befähigt wird, eigene innovative Ideen effektiv in die entsprechenden Bereiche der Produktion oder Dienstleistungen einzubringen und neue Kenntnisse und Kompetenzen zu erwerben. Auch wenn die in diesem Beruf Tätigen aus den Universitäten stammen und ein ausreichend hohes Niveau bezogen auf die Aktualität der Themen in ihren Bereichen besitzen, sind sie zugleich vom globalen Informationsfluss abgetrennt und es mangelt ihnen am Austausch und an der Sozialisierung und somit an der Teilhabe am weltweiten Wissen. Die Institutionen, in denen sie angestellt sind, haben nicht die Arbeitsbedingungen geschaffen und auch keine praktikablen politischen Programme für Weiterbildungen entwickelt. Nach Meinung des Kommunikationstheoretikers Vidal Valdez erfordert der Erwerb von Kenntnissen heutzutage u. a. eine aktive Präsenz in digitalen Netzwerken.

Die Webprojekte und Weblogs, entwickelt durch institutionalisierte und individuelle Initiativen, füllen bis zu einem gewissen Grad das Informationsvakuum, das von den traditionellen Massenmedien, vorwiegend vom Fernsehen und der Presse, produziert wird. Außerdem ermöglichen sie einen Raum für einen neuen und für die Partizipation der Zivilgesellschaft am gesellschaftlichen Diskurs notwendigen Bürgerjournalismus. Er bildet sich als eine Instanz und eine Gegenöffentlichkeit für Dialogbereitschaft und Dissens heraus und beeinflusst die Arbeit der traditionellen Medien. Der Prozess der Digitalisierung erfolgt über die Steuerung kubanischer Institutionen und er wird in der Interaktion zwischen öffentlichen und privaten Interessen im alltäglichen Mediengebrauch eingeführt. Das Bereitstellen eines öffentlichen Raumes für den Zugang zu digitalen Medieninhalten, Produkten, Waren und Dienstleistungen schafft einen differenzierten Kulturkonsum, durch den das Individuum bestimmt, welche Medieninhalte sich an seine Wünsche, Bedürfnisse und Interessen anpassen. Die Transformation erschließt sich in einem Adaptationsprozess, der externe Faktoren mit sich bringt. Der Besitz von technischen Geräten ermöglicht, dass die neue Dynamik stets durch das Probieren über *trial and error* eingesetzt wird. Sowohl in öffentlichen bzw. institutionellen als auch in privaten Sphären werden unterschiedliche Mechanismen zur Nutzung und Funktionsweise von innovativen Medientechniken und -praktiken eingesetzt. Die Wartung von veralteten Ausstattungen (Computer) sowie der Erwerb von technischen Geräten (Smartphones, iPads, Laptops etc.) koexistieren in einem kulturellen Gefüge von Schaltungen, technischen Strukturen und Produktionsverhältnissen (in Anlehnung an Kittler 2003, 2014).

Im Gegensatz zum öffentlichen und institutionellen Raum eröffnet der Intranet- und Internetzugang mit seiner Fülle von Informationsdiensten einen Kanal zur Artikulation und Umsetzung von Medienpraktiken. Diese strukturieren sich zumeist in einen informellen, illegalen Markt, der die Bevölkerung mit Hilfe nicht-staatlicher Wirtschaftsformen mit Produkten und Dienstleistungen versorgt. Ein wichtiger Aspekt für den Zugriff auf Information ist die Zulieferung von Smartphones, iPads und Laptops, welche in den staatlichen kubanischen Ladenketten entweder nicht vermarktet oder nur in geringer Stückzahl kommerzialisiert werden und einen hohen Preis sowie eine minderwertige Qualität haben. Dies führt zwangsläufig zu einer Form von sozialer Interaktion, indem Einzelpersonen und Geschäftsneugründungen, die nicht dem staatlichen Telekommunikationsunternehmen angehören, zum Anbieter und Vermittler von Technologie werden. Die Nutzung eines Proxyservers charakterisiert desgleichen den Zugang zur Information in unterschiedlichen Kontexten wie etwa Universitäten und Hochschulen, Jugend-Computer-Clubs und privaten Haushalten. Jene kubanischen oder ausländischen Webseiten, Weblogs oder Portale, die aufgrund politischer Maßnahmen für die kubanischen Nutzer gesperrt worden sind, können über einen Proxyserver abgerufen werden.

Der Einsatz digitaler Medien in der Öffentlichkeit erzeugt gruppenspezifische Empfindungen, die sich im sozialen und kollektiven Gedächtnis verankern. Im Januar 2017 veröffentlichte die kubanische Zeitung *Juventud Rebelde* eine Umfrage, die ergab, dass die Verfügbarkeit von technischen Geräten bei kubanischen Jugendlichen Glücksgefühle generiert.[20] Computer, Internetzugang, DVD- und Mp3-Player, Mobiltelefone und Smartphones sind in dieser Ordnung die am meisten im persönlichen Besitz befindlichen und verwendeten Dispositive. Der Besitz technischer Geräte für Videospiele ist nicht weit verbreitet. Ein interessanter Fakt ist hierbei aber, dass der Anteil dieser bei Mädchen häufiger ist als bei Jungen. Der Zugriff auf Information durch die Jugendlichen erfolgt einerseits über die in ihrem Besitz befindlichen Träger für die Wiedergabe von Musik wie auch Smartphone und Computer, und andererseits über die Nutzung von Geräten, welche sich im Besitz einer anderen Person wie Eltern, Verwandte oder Freunde befinden. Die im Jahr 2015 eröffneten Wi-Fi-Hotspots sind für eine große Anzahl der Jugendlichen die einzige Möglichkeit für den Internetzugang und damit erfreuen sich diese Plätze großer

---

[20] Siehe: Labacena Romero, Yuniel: Retrato del adolescente cubano. ☞ Link
S. 408

Popularität. Da die Kosten für den Zugang für eine kubanische Familie noch sehr hoch sind und von Jugendlichen nicht selbst getragen werden können, werden diese den Eltern übernommen. Die Geräte werden hauptsächlich für das Teilen von Fotos, Musik oder Videospielen und dem Anschauen von Videoclips genutzt, während die Abfrage von Information beispielsweise für das Studium im Hintergrund steht. Laut der Umfrage sind es die Mädchen, die häufiger aufs Internet zugreifen. Die Mehrheit der befragten Jugendlichen äußerte, dass der Besitz und die Nutzung eines technischen Gerätes sie glücklich mache, auch wenn sie Zugang zu aktualisierter Information über unterschiedliche Themen haben. Es ist auch in Erwägung zu ziehen, dass einige Jugendliche ein Gefühl der Überlegenheit oder Besonderheit empfinden, weil die technischen Geräte noch nicht der Mehrzahl der kubanischen Jugendlichen zur Verfügung stehen.

Das Ergebnis dieser Umfrage stellt eine Form des Konsums in Kuba dar, welche im Zusammenhang mit dem Erwerb von kulturellen Produkten steht. Zudem belegt es, wie technische Geräte mit verschiedenen Funktionsweisen als Plattform für den Informationsaustausch benutzt werden (vgl. Madianou/Miller 2012). Darüber hinaus zeigt sie auch auf, wie technische Geräte für den Medienkonsum benutzt werden und welche Rolle die Medien in den familiären Beziehungen spielen, wenn sie „[…] such as the landline operate in relation to household, and which media worked better for closer ties or weaker ties, for work or for leisure communication"[21]. Außerdem dokumentierte die Umfrage, welche Elemente zu identifizieren sind,

[…] behind the choice of particular media [use] such as 'privacy, discretion, needing immediate feedback, availability of the communication partner, frequency of conver-

---

[21] Zitiert nach: Madianou, Mirca/Miller, Daniel (2012): Polymedia: Towards a new theory of digital media in interpersonal communication. In: International Journal of Cultural Studies 16(2), 169–187.

sations, familiarity, or formality of the relationship, time available, quality of the exchange' (Broadbent 2011).[22]

Da die technische Transformation in Kuba nicht nur im politischen Überbau stattfindet, deutet die Nutzung von Medientechnik darauf hin, das eine differenzierte symbolische Ordnung geschaffen wird. Die Initiativen rund um den Mediengebrauch, welche im sozialen Kontext stattfinden, bezwecken keinen Umsturz des herrschenden politischen Systems. Stattdessen fördern die sozialen Akteure, die die technische Transformation vorantreiben, eine kulturelle Revolution von besonderen Aspekten im Leben des Einzelnen, wenn sie das politische System unter Bewegungszwang setzen. Das Neue ist die Entstehung und Weiterentwicklung neuartiger sozialer Strukturen zur Mobilisierung und Partizipation, die auf die politischen Entscheidungsprozesse zurückwirken. Eine Anzahl der selbstständigen Geschäfte, die früher illegal waren, wurden seit 2011 legalisiert. Obwohl diese Strukturen teilweise die staatlichen ergänzen, zieht die Bevölkerung noch Nutzen aus den vom Staat angebotenen Dienstleistungen. Die etablierten Relationen kontextualisieren die Rezeption von kulturellen Codes über den Kulturkonsum. Von politischen Fernsehsendungen mit einem markanten pädagogischen Ziel wird in der Privatsphäre zum Konsum audiovisueller Produkte der Unterhaltungsindustrie übergegangen (vgl. Postman 1985). Der Komfort im häuslichen Privatbereich wird dank der Leistung von DVD-Playern, Decoder-Boxen und externen Festplatten, die an das digitale Fernsehen und ans Paket angeschlossen sind, verstärkt. Und zieht nicht nur die junge Generation, sondern die Gesamtheit der Bevölkerung Nutzen aus der kulturellen Transformation.

Die Entstehung einer Gegenöffentlichkeit durch die Weblogs stellt politisch gesehen einen Perspektiv- und Mentalitätswechsel dar, wodurch der öffentliche Diskurs sich anders strukturiert. Durch das Internet ist ein kultureller Widerstand gegen die herr-

---

[22] Ebd.

schenden Machtverhältnisse entstanden. Die junge Generation hat andere Vorstellungen und Weltanschauungen, die sich an ihre eigenen Werte, sittlichen Ideale und Charaktereigenschaften anpassen und sich von den Prinzipien der kubanischen Revolution abwenden. Das Internet bietet einen informationellen Raum zur Selbstbestimmung an, in dem sich die kubanischen Nutzer neu orientieren. In der Eroberung des Cyberspace bewegen sie sich auf die Artikulation einer kulturellen Praxis zu, die die kommunikativen Praktiken und die politischen Vorstellungen revolutioniert. Es ist keine soziale Revolution, da die technische Transformation nicht alle Aspekte des Lebens betrifft, dennoch ist es ein Umbruch von gewissen persönlichen und verinnerlichten Einstellungen in der Produktion eines differenzierten Diskurses gegenüber der Macht.

Der selbstständige Einsatz von Medientechnik generiert neue Formen von Sozialverhalten in der Öffentlichkeit (in Anlehnung an Meyrowitz 1986). Die neue Form des Mediengebrauchs entspricht nicht mehr der Art und Weise, wie die Fernsehangebote der traditionellen Massenmedien in Kuba unterbreitet werden. Know-how ist ein Schlüsselbegriff für den Effekt, den die sozialen Medien auf die kubanische Öffentlichkeit ausüben. Der Aufbau von differenzierenden Informationssystemen dient vorwiegend zur Erstellung, Organisation und Steuerung von Information und Inhalten. In der Privatsphäre fördert die Nutzung sozialer Medien die individuellen Initiativen sozialer Akteure, wenn sie dazu fähigt sind, sich eine verlässliche Informationsbeschaffung durch Zugang, Bewertung und Aufwertung der empfangenen Information zu verschaffen. Im öffentlichen Raum beeinflusst die Einrichtung der Informationsdienste die zunehmende Teilnahme der Bevölkerung an diesen Strukturen, andere Kommunikationsmuster und identitätsstiftende Elemente werden etabliert. Eine Recherche des kubanischen Journalisten Pablo G. Bejerano erläutert, wie die Anzahl kubanischer Nutzer seit der Inbetriebnahme der Wi-Fi-Hotspots zugenommen hat und wofür sie den Internetzugang nutzen.[23]

---

23 Siehe: G. Bejerano, Pablo: En Cuba Internet avanza lento pero sin pausa. ☞ Link S. 408

Der Zugang zur Information im öffentlichen Raum führt eine neue Art von Kommunikation und sozialer Interaktion ein. Internetcafés, Wi-Fi-Hotspots und Privathaushalte sind zu einem beliebten Raum zur Informationsbeschaffung und alltäglicher Kommunikation geworden. Die soziale Funktion, die die Nutzer diesem Raum zuweisen, betrifft vorwiegend die Verortung der kommunikativen und kulturellen Praktiken in einem grenzüberschreitenden Kontext. Diese kulturelle Praxis baut besondere Elemente der Kommunikation im institutionellen Kontext ab, um Routinen bei der Entwicklung anderer Regeln, Arbeitsmethoden und Vorgehensweisen zu entwickeln. Die Nutzung eines Trägers und dessen entsprechender Transformation in soziale Sachverhalte, wie etwa die Verortung eines anderen Verhaltens in der Öffentlichkeit, skizzieren den Übergang in der Form, wie Information verarbeitet wird. Die Versammlung kubanischer Nutzer an den öffentlichen Wi-Fi-Hotspots beschreibt deren Verbindung mit den innerhalb dieser technischen Systeme produzierten Strukturen. Zudem gelten sie als Konsumenten, die sich aktiv verhalten und nicht mehr nur passiv von einer externen Instanz (einer Institution) gesteuerte Information und Inhalte verarbeiten. Entsprechend ihres Interesses wählen die Anwender den Ort, die Inhalte und die Art der Inhalte selbst, auch wenn Information staatlich und institutionell bereitgestellt wird, sogar wenn dies zu einer strafbaren Handlung führt. Die Weblogs oder Webseiten, die über staatliche Organe als gefährlich, konterrevolutionär und subversiv eingestuft werden, sind über einen Proxyserver zugänglich und gerade durch das Verbot eine Verlockung für die Internetnutzer.

Die Suche der kubanischen Nutzer nach einem fehlerfrei funktionierenden Signal an den Wi-Fi-Hotspots verursacht eine neue Form der Face-to-Face-Interaktion. Dies führt zu einer neuen Qualität der Kommunikation unter den Nutzern, weil sie das Bedürfnis, unbedingt *kommunizieren zu müssen*, entwickeln. Die Grenzen zwischen sozialem und physischem Ort sowie zwischen öffentlicher und privater Sphäre werden gesprengt, auch durch die phyische Nähe: Wenn die Nutzer nebeneinander stehen und dies Anlass bietet, am Gespräch des Nachbarn teilzunehmen, werden private Angelegenheiten, persönliche Interessen, Wünsche, Unzufriedenheit, Meinungsäußerungen und Dissens etc. schlagartig öffentlich, insbesondere wenn der Nachbar eine Meinung zum Gesagten bzw. Gesprochenen äußert. Ein Phänomen, das in Kuba üblich ist. Das Know-how und die Computerkenntnisse, die einige Nutzer besitzen, konditionieren die soziale Interaktion. An den öffentlichen Wi-Fi-Hotspots befinden sich selbstständige Akteure (einfache Nutzer), die gegen Zahlung einer Gebühr zusätzlich zu den vom Staat angebotenen Informationsdiensten beraten, vermitteln und einrichten. Der Erwerb einer Karte für den Internetzugang ist dadurch meistens leichter, aber nicht erschwinglicher, im Gegensatz zum Service der ETECSA.

Das Verhalten der kubanischen Nutzer im öffentlichen Raum verwischt die eingespielte soziale Rolle, die vorher zwischen Institutionen und Bürgern vorhanden war. Die Mediennutzung und der Einsatz anderer Formen von Interaktionen produzieren einen qualitativen Unterschied, indem sich für die Nutzer die Autorität der Verantwortlichen für die Einführung reglementierter technischer Verfahren verliert. Seit sich die Funktionsweise der Medien geändert hat (vgl. Meyrowitz 1986), mischen sich die Institutionen nicht mehr in die persönlichen Entscheidungen des Einzelnen ein. Die durch kubanische Institutionen eingeführte informationelle Alphabetisierungskampagne ist einer externen Instanz untergeordnet. Die Botschaft, die im Kontext der institutionellen Kommunikation generiert wird, spiegelt die Konzeption des Staates und dessen Institutionen als Sinnerzeuger bzw. Sponsor für soziale Projekte und kulturelle Prozesse wider. Das kubanische Fernsehen verzichtet beispielsweise nicht auf die Produktion dieser Didaktik von kommunikativen Prozessen, weil seine Botschaften meistens in Form von politischer Propaganda produziert werden. Diese Botschaften sind weniger attraktiv für die junge Generation, da sie eine soziale Ordnung bzw. Weltanschauung mit Regeln und Vorgehensweisen einer vergangenen Epoche – etwa aus den 1970er und 1980er Jahren – widerspiegeln.

Die Möglichkeit der kubanischen Nutzer, *sich selbst für Botschaften und Inhalte zu entscheiden*, bestimmt Nuancen einer neuen informationellen Alphabetisierungskampagne im alltäglichen Mediengebrauch, welche ohne staatliche Steuerung eingeführt wird. Diese Strukturen entwerfen weitere Kommunikationsmodelle in der Öffentlichkeit, die im Grunde genommen eine andere zukunftsorientierte und nicht-sozialistische Perspektive gegenüber dem politischen Slogan *más cambios significan más socialismo* (dt.: mehr Veränderungen bedeuten mehr Sozialismus) enthalten. Die kulturelle Dimension dieses Prozesses besteht aus den identitätsstiftenden Elementen, die einen differenzierten Informations- und Kommunikationsraum füllen. Die daraus resultierende Informationsflut wird durch die Nutzer in einem freien, unregier- und unkontrollierbaren Raum verarbeitet. Im öffentlichen Raum geschieht die Transformation auf zwei Ebenen. Einerseits identifizieren sich die kubanischen Nutzer mit dem neuen Kontext, sie nehmen freiwillig an den geschaffenen Strukturen teil und diese werden über die Partizipation der Nutzer weiterentwickelt. Andererseits fördert der alltägliche Mediengebrauch eine Kultur des Bastelns und Reparierens, in der die Nutzer selbst als Anbieter von Produktionsmitteln, Vermittler von kommunikativen Praktiken und Verbraucher von digitalen Medieninhalten ohne Staatsaufsicht auftreten.

Eine neue Form sozialer Interaktion erfolgt über die Ritualisierung der kommunikativen Praktiken der Nutzer (vgl. Goffman 1959). Relevant ist die Rolle, die die verschiedenen sozialen Akteure in dieser Interaktion übernehmen. Der Internetzugang sowie der Zugriff auf Information im öffentlichen Raum ermöglichen eine Neukodierung von sozialen Routinen und Verhaltensweisen. Die Nutzung von sozialen Medien und technischen Geräten gestaltet eine soziale Ordnung, in der die Versammlung von Nutzern an einem bestimmten Ort den Schleier des Geheimnisses zwischen Jugendlichen und Erwachsenen, Männern und Frauen, Beamten und Bürgern lüftet (vgl. Meyrowitz 1986). Die öffentlichen Wi-Fi-Hotspots dienen tatsächlich zur Kommunikation und sind zugleich zu einer familiären Angelegenheit geworden. Die Möglichkeit, über eine App (z. B. die Anwendung IMO) mit Verwandten, Freunden oder Bekannten im Ausland zu sprechen, ist ein Grund für den Zusammenhalt der gesamten Familie außerhalb des Haushalts und bedeutet eine örtliche Verschiebung eines kommunikativen Skills. Die Verfügbarkeit von nur einem einzigen Smartphone für verschiedene Familienangehörige ist ein Faktor, der die Grenzen zwischen privaten und öffentlichen Angelegenheiten auflöst. Die Art und Weise, in der auf die Information zugegriffen wird, hängt ebenso von den Anwendungen des verwendeten Gerätes sowie des Trägers ab, der für den Erwerb und Transport der Information benutzt wird. Die Koexistenz zweier Instanzen der Technologie, veraltete und neue, beeinflusst die Form des Zugangs zu Information und die Kanalisierung der Informationsflut in abwechslungsreichen Formaten. Die gegenseitige Kodierung von Information in verschiedenen Formaten ermöglicht ihre breite Rezeption, entsprechend des Geräts (Smartphone, iPad, USB-Stick, DVD-Player, Computer etc.) werden beispielsweise Informationen und kulturelle Inhalte bei einem CD/DVD-Verkäufer oder einem Handytechniker in den jeweils passenden Formaten abgespeichert. Diese Dynamik wird im darauffolgenden Kulturkonsum entweder im privaten Haushalt oder im öffentlichen Raum, sitzend auf beliebigen Bürgersteigen, reflektiert.

Ein wichtiger Aspekt der sozialen Interaktion ist die Reorganisation der Freizeit, da die Rolle der Nutzer auf die des einfachen Nutzers reduziert ist und dies als Befreiung empfunden wird. Das technische Gerät ermöglicht das Betreten einer symbolischen Ordnung, dem Cyberspace. Daher steht nicht mehr die bloße Kommunikation, sondern der Konsum von kulturellen Inhalten wie Telenovelas, Serien, Musik, Filme, Social Media etc. im Vordergrund des Mediengebrauchs, was in einigen Fällen besondere Verhaltensweisen in der Öffentlichkeit verursacht, wenn die Nutzer sich nicht an die Regeln halten. Bei der Nutzung von Informationsdiensten entwickeln die Nutzer ein schematisiertes

Verhalten, sie greifen jeweils immer auf dieselben Nachrichten (Webseiten, Facebook- und YouTube-Seiten und Weblogs) zurück. Unter Jugendlichen ist es üblich, dem Internet eine einzige Funktion zuzuweisen; ein Phänomen, das in größerem Umfang ihre Medienkompetenz betrifft. Die neue Sozialität, die durch den Mediengebrauch erzeugt wird, schafft mentale Effekte bei der Konstruktion kultureller Verbindungen. Der Besitz eines technischen Gerätes bedeutet bei den kubanischen Jugendlichen *modern zu sein* und provoziert eine entsprechende Attitüde. Die Handhabung eines technischen Gerätes sowie die entsprechende Medienkompetenz eines Nutzers werden erst nach dem Besitz eines Dispositivs und über verschiedene Mechanismen erreicht. Das Internet repräsentiert ein Zeichen für Fortschritt, indem es den Anschein erweckt, *sich in einem freien Informationsraum zu bewegen zu können.* Das Nichtvorhandensein eines Internetzugangs im privaten Haushalt bzw. die vom Staat für private Haushalte angebotene niedrige und langsame Anschlussfähigkeit hat die Arbeitsstelle der Mitarbeiter einer Institution, deren Internetzugang kostenlos ist, in einen Raum der Freizeitbeschäftigung verwandelt.

Obwohl der Internetzugang für einen großen Teil der Bevölkerung nicht erschwinglich ist, hat er im öffentlichen Raum und in der Privatsphäre besondere Aspekte des Lebens des Einzelnen beeinflusst. Die allmähliche Herabsetzung der Kosten des Internetzugangs durch das Telekommunikationsunternehmen ETECSA wird in Zukunft ermöglichen, dass die breite Bevölkerung an diesem Prozess teilnimmt. Der Aufbau von digitalen Knotenpunkten ist ein Faktor, der die medienkulturellen Zusammenhänge über Aneignung und neuen Subjektivitäten auslotet. Gemeinschaftlichkeit bezeichnet hierbei einen Prozess, der von vertiefender und verinnerlichter Identität im Individuationsprozess mit einer symbolischen Zuordnung ausgebildet wird. Daraus entstehen Vergemeinschaftungen von Jugendlichen entsprechend ihrer gemeinsamen Interessen wie die kubanische Gaming-Community StreetNetwork, aus Zugehörigkeit, die selfies-snapping

Mikis[24] und aus Affinitäten die Bloggerszene innerhalb intellektueller Kreise.

Die Entstehung von differenzierenden Merkmalen in der Umsetzung einer kulturellen Praxis schreibt den Nutzern info-technische Fähigkeiten zu (vgl. Serres 2013). Ungefähr seit Ende der 1970er Jahre deuten dabei in Kuba die Identitätsbildungsprozesse auf den Übergang von einer audiovisuellen Kultur in eine Medienkultur. Die Nutzung der Medientechnik und die Verfahren der Daten- und Informationsverarbeitung erschließen andere Relationen mit der Wirklichkeit. Die individuellen und kollektiven Kompetenzen, welche dem Subjekt als info-technische Eigenschaften zugeschrieben werden, sind die Elemente, die ihm bewusst und unbewusst die Handhabung eines Gerätes und das Management von Information lehren. Die anthropologische Betrachtung Daniel Millers fokussiert auf die

[…] dynamics of mediation to 'disaggregate' the Internet: not to look at a monolithic medium called 'Internet', but rather at a range of practices, software and hardware technologies, modes of representation and interaction which may or may not be interrelated by participants, machines or programs (indeed they may not all take place at a computer).[25]

Der Kernpunkt des Ansatzes Millers lag nicht auf einer Auseinandersetzung mit der Nutzung des Internets, die die Nutzer ausführen, „[…] but rather how they assembled various technical possibilities which added up to *their* Internet […]. [It is the same when], all the components that comprise 'the Internet' are changing at a frantic pace"[26].

---

[24]   Siehe: Meet the 'Mikis' and Havana's other urban tribes. ☞ Link S. 408

[25]   Vgl. Miller/Slater 2000: 14.

[26]   Ebd.

Dass die jungen Generationen sich die Funktionsweise eines technischen Gerätes schnell und ohne eine spezielle informationelle Alphabetisierung oder Bedienungsanleitung angewöhnen, könnte dahingehend diskutiert werden, dass es als eine logistische Leistung des menschlichen Gehirns oder als eine neue Form der Bereitschaft gegenüber der zu behandelnden Information zu betrachten sei. Das Delegieren von Entscheidungen an technische Geräte erfolgt zwar vermittelt über medienästhetische Erfahrungen, die Spuren im kollektiven Gedächtnis hinterlassen, aber dabei werden sich, jenseits der bloßen Anwendung von Technik, weitere Grundfunktionen einer zu erlernenden Kulturtechnik entwickeln, die die Einbildungskraft im individuellen Gedächtnis fortbestehend symbolisieren (vgl. Flusser 2008). Smartphones, iPads, Computer etc. sind Geräte, die stets online betrieben werden und ihr Gebrauch beeinflusst die soziale Interaktion des Menschen. Zufolge der MIT-Professorin Sherry Turkle

> […] the most powerful thing about this technology, and the reason we're so vulnerable to it is that it's an identity technology. It's a technology that offers us identity. It says, You can be this. You can have these friends. You can have these connections. You can have this love and appreciation, followers, people who want to be with you. Things that people want. People want this connection.[27]

Nach Behauptung Turkles ist interessant zu beobachten, wie die Nutzung von Smartphones unter Jugendlichen zunehmend den Computergebrauch ersetzt. Obwohl Smartphones beispielsweise einen hohen Preis in Kuba haben, bevorzugen viele den Kauf eines Telefons anstatt eines Computers. Ein Smartphone ist nicht nur zu einem Symbol des Lebensstandards einer Person geworden, sondern repräsentiert auch eine strukturelle und funktionale Beschrän-

---

[27] Vgl. Turkle 2012, zitiert in: Mainwaring, Simon (2012): Sherry Turkle of MIT: How social media impacts to your identity (Part 2). ☞ Link S. 408

kung, die die Relationen einer mediatisierten und interpersonellen Kommunikation reguliert. Ein Smartphone „[…] makes it possible to stay in ongoing communicative connectivity with a group of people while being on the move – and it exerts a certain 'pressure' to do this"[28] . Ein anderer Vorteil ist, dass ein Smartphone die Nutzung einer breiten Vielfalt von Anwendungen (Polymedia, vgl. Miller 2012) erlaubt, sogar während es sich im Standby in der Tasche eines Nutzers befindet. Daniel Miller schlussfolgert daraus:

> […] For smartphone users the choice of medium is no longer determined by access, although as these technologies evolve users constantly have to update and improve both access and their media literacies (Livingstone, 2004). Apart from access and cost the other prerequisite for polymedia is media literacy (Livingstone, 2004). According to a skills-based approach media literacy consists of four parallel processes: access, analysis, evaluation and content production (Livingstone, 2004). Users need to be able not only to analyse and evaluate media content, but also to produce their own. Discussions of the second-level digital divide (Hargittai, 2002; 2007) note that although access is a prerequisite it does not guarantee a particular user's media literacy. Further, inequalities can even be heightened in the new online environments (Hargittai, 2007).[29]

Dennoch beschränkt sich der Einfluss der Nutzung von Smartphones nicht auf dessen Besitz oder die Möglichkeit, eine breite Vielfalt an Anwendungen zu nutzen, sondern auf einen Kontext, wie Miller schreibt:

> […] As we have noted polymedia is not merely the proliferation of new media and the choices this provides. It is

---

[28]   Hepp 2009: 135–154.
[29]   Madianou/Miller 2012: 175–176.

only fully achieved when the decision between media that constitute parts of one environment can no longer be referred back to issues of either access, cost or media literacy by either of those involved in the act of communication. The following discussion of the dimensions of polymedia needs to be couched in this acknowledgement of the existing structural limitations. We are on a trajectory towards polymedia and although we acknowledge the constraints, to given them too much weight would mean that we would ignore an opportunity to understand a fundamental transformation of mediated personal communication.[30]

Hierbei wird Gewicht auf die Formgebung von Informationssystemen und deren Relation mit dem Kulturkonsum gelegt. Die in Kuba entstandenen Informationssysteme dienen zur Bereitstellung kultureller Inhalte, die ständig (sowohl online als auch offline) verfügbar sind. Die daraus resultierende Informationsflut ist eine Voraussetzung für die Einführung medienkultureller Praktiken auf der Basis der Materialität und der Leistungsfähigkeit eines Trägers. Innerhalb der kubanischen Bevölkerung wird der Erwerb von Information und die notwendige technische Transformation öffentlich gefordert und ist begehrt. Digitales Fernsehen, das Paket, Smartphones, die Verfügbarkeit von Trägermedien etc. erweitern den Kulturkonsum als kulturelle Codierung neuartiger Mechanismen der Transmission (Debray 2000). Mit kultureller Kodierung ist die Form gemeint, in der spezifische kulturelle Inhalte hergestellt, gespeichert und verteilt werden. Gemeint sind die Medieninhalte, die beispielsweise mit dem Paket verteilt werden und die Nostalgie vergangener Epochen der kubanischen Kultur (die Pracht von Havanna vor 1959, Fernsehprogramme wie Serien oder Telenovelas, Talkshows etc.) erwecken und von der jungen Generation konsumiert werden. Interessant ist das Auftauchen von privaten alternativen Fernsehkanälen (*Mi Habana*

---

[30]   Ebd.: 176.

TV oder *Bola 8 TV*), die von Privatpersonen und kleinbetrieblichen Unternehmen gesponsert und unterstützt werden und ohne staatliche Genehmigung im Paket verteilt werden.[31] Die Beispiele zeigen, wie neue Strategien für die Produktion weiterer kultureller Zeichen und Symbole die traditionellen ergänzen und dadurch in einem Kontext auftauchen, während die durchgeführte kulturelle Praxis die Proportion zwischen den identitätsstiftenden Elementen modifiziert.[32] Solche Elemente bewirken psychologische Effekte in der Etablierung von sozialen Repräsentationen. Der Verteiler des Pakets wird in der kubanischen Bevölkerung als *der Transporter* bezeichnet. Der Internetzugang wird von jungen Unternehmern im Privatsektor als eine neue Marktdynamik mit dem kubanischen Staat und dessen Institutionen sehr geschätzt, wodurch sich die neuen Unternehmensgründungen in den internationalen Informationsfluss integrieren könnten, wenn sie ihrerseits selbstständigen Zugang zu anderen Dienstleistungen (Quellcode, Programme, Open Source Software usw.) haben.

Die Reorganisation der Freizeit, die Umgestaltung der Arbeitszeit und die Verfügbarkeit von anderen nicht politisierten kulturellen Inhalten ändern allmählich die Konsumgewohnheiten der kubanischen Bevölkerung. Die durch die Institutionen bereitgestellten und vermittelten kulturellen Inhalte entsprechen nicht mehr dem audiovisuellen Wahrnehmungsbedürfnis und den kommunikativen Voraussetzungen der Jugendlichen. Die Transformation von kulturellen Referenzen ist aufgrund der niedrigeren Wertschätzung des einheimischen Angebots in Gang gesetzt, während die Jugendlichen die Logik der symbolischen Produktion des Kapitals weiterentwickeln. Politisch wird die Gesamtheit der

---

[31] Siehe: Surgen en Cuba canales alternativos de televisión privada. ☞ Link S. 408

[32] Nach Debray: „The art of transmission, or making culture, consists of adding a strategy to a logistics, a praxis to a techne, or establishing an institutional home and engineering a lexicon of signs and symbols. What persists over the time is the art of composition; the proportion of elements varies […]", in: Debray 2000: 13.

offiziellen und institutionellen Mechanismen als dekadent wahrgenommen, weil diese in Form von Propaganda die herrschende Ideologie widerspiegeln. Dieser Prozess ist sozial und kulturell durch einen permanenten Krisenzustand auf verschiedenen Ebenen geprägt:

- durch eine andauernde Wirtschaftskrise,

- durch die Beschädigung von sozialen und zivilen Werten in der Öffentlichkeit,

- durch den Mangel an Glaubwürdigkeit seitens der Bevölkerung gegenüber der offiziellen Ideologie und ihrer entsprechenden Institutionen, Machthabern und anderen sozialen Akteuren wie etwa Sängern, Sportlern oder Künstlern, die für Kuba ungewöhnlichen Reichtum anhäufen konnten und über die Einführung von anderen Konsumverhalten mit einer Neigung zur Kapitalwirtschaft (fokussiert nur auf Gewinne).

Letzteres bezeichnet einen Rezeptionsprozess, der in der kubanischen Urban Culture beispielsweise in der *Cubatón* (kubanische Version der Reggaeton) und der Salsa-Musik sichtbar wird.

6.4 Kulturkonsum im Mediengebrauch

Die technische Transformation in Kuba beherbergt in sich eine Form des Managements von kulturellem Kapital (vgl. Bourdieu 2000), das sich nicht nach den Prinzipien der staatlichen Kulturpolitik richtet. Die Investition in Kultur kennzeichnet die symbolische Produktion von Aufgaben- und Problemstellungen im sozialen Kontext. Das, was die sozialen Akteure und kubanischen Nutzer mit Medien im öffentlichen Raum unternehmen, erweckt zumeist eine Reaktion auf die Lösung spezifischer technischer

Probleme und häufig auf den Mangel einer nationalen kulturellen Referenz. Das staatliche Angebot wird alleinig als ein zu ergänzender Bestandteil wahrgenommen, das teilweise nur das Grundlegende anbietet. Insofern bedeutet die medienkulturelle Transformation die Codierung einer gewissen Einstellung gegenüber dem technischen Milieu. Die Aneignung der Produktionsmittel und -verhältnisse über Mediengebrauch konstituiert kein passives Phänomen der Kultur, das sich einer symbolischen Zuordnung – etwa der Manipulation der Adressaten durch die Medien – unterstellt. Die Rezeption von neuen Codes produziert die mediale Konstruktion anderer kultureller Referenzen. In unterschiedlichen Gesellschaftsschichten werden diese Referenzen über die Familie und die Institutionen sowie über das Bildungssystem und das soziale Verhalten übertragen, verbreitet und verarbeitet, jeweils mit der entsprechenden qualitativen Unterscheidung zwischen den sozialen Schichten. Dazu dient der Erwerb von individuellen und kollektiven Kompetenzen zum Management eines inkorporierten Wissens. Soziale und kulturelle Werte, wie etwa spezifische ästhetische Erfahrungen in der Handhabung von technischen Geräten, erzeugen politische Identitätsbildungsprozesse.

Zudem ist der Kulturkonsum im Zusammenhang mit den Konsumpraktiken zu betrachten, die verortet in dem Kontext ihrer Produktion und Reproduktion über den Mediengebrauch angetrieben werden. Die Gesamtheit der Konsum- und kulturellen Praktiken, Traditionen und Formen von sozialer Interaktion sind bei Bewohnern einer bestimmten Stadt oder Gemeinschaft unterschiedlich ausgeprägt (vgl. García Canclini 1995). Die durch die kubanische Bevölkerung selbstständig eingesetzten technischen Veränderungen bilden einen Gegenpol zur kubanischen Kulturpolitik. Diese Kulturpolitik deckt den Teil des Bedarfs nicht ab, der durch die kubanische Bevölkerung über Medien konsumiert wird. Über den Mediengebrauch identifizieren sich die kubanischen Nutzer mit und durch die Rezeption von denselben kulturellen Codes; die empfangenen Informationen und Inhalte entsprechen meistens demselben *Geschmack*. Im engeren Sinne erlaubt der Medienkonsum die Partizipation an einem Raum, in dem die Nutzer um die Produkte konkurrieren, die in einem sozialen Gefüge hergestellt sind, und um die Form, in der diese benutzt werden (vgl. García Canclini 1995). Diese Aspekte sollen als soziale Organisation oder Artikulation des persönlichen Geschmacks betrachtet werden, indem die daraus resultierenden kulturellen Prozesse der Ästhetisierung des Alltags dienen (vgl. Haug 2009; Reckwitz 2014). Der Konsument verbraucht kulturelle Produkte und Güter auch innerhalb eines sozialen Raumes, der sich mit einer differenzierten Logik innerhalb unterschiedlicher Skalen gestaltet (vgl. García Canclini 1992).

Der alltägliche Mediengebrauch produziert und reproduziert gewisse Konsummuster und -verhalten mit einer nationalen Reichweite. Der Konsum stellt den Übergang von einer öffentlichen Sphäre zu einer privaten dar, wodurch die kubanischen Nutzer über den Gebrauch und die Anwendung von amerikanischen Formaten, wie etwa Microsoft, Facebook, Google etc., amerikanisiert werden. Durch die Rezeption und Adaption von anderen Wirklichkeiten, die ein Ganzes verallgemeinern (vgl. García Canclini 1995: 139), setzen die Nutzer persönliche Prioritäten innerhalb ihrer Privatsphäre. Ausschlaggebend dafür ist das Auftauchen eines neuen Zuschauers, der die Unmittelbarkeit und die Menge an Information und Inhalte schätzt. Die Nutzer bevorzugen die Inhalte, die in ihrem Interesse sind, aus einer großen Menge an Information auszuwählen. Aus einer Makroperspektive wirkt dieser Adaptionsprozess auf den Aufbau des kubanischen Informationsmarktes ein, während dieser mithilfe ausländischer Direktinvestitionen in die Telekommunikationsinfrastruktur, technischer Innovationen und Kommunikationstechnik weiterentwickelt wird.

Kulturell modifiziert die technische Transformation besondere Aspekte der kubanischen Kulturpolitik. Die allmähliche Integration von Kuba in eine andere symbolische Ordnung verschafft der jungen Generation eine andere Form von sozialen Relationen mit der Wirklichkeit. Obwohl die Transformation aus dieser Generation heraus stattfindet, ist dies ein Prozess, der die Gesamtheit der kubanischen Gesellschaft umfasst. In ihrer Umsetzung sollte sich die kubanische Kulturpolitik demokratisieren lassen, indem sie die Überwindung von staatlich reglementierten Formulierungen lösen sollte, um sich mit den realen Anforderungen einer Vielfalt von Segmenten der Bevölkerung in einem grenzüberschreitenden Kontext zu verbinden (vgl. Sunkel 2004). Dass die kubanischen Konsumenten durch ihren Medienkonsum zum Gestalter, Entwickler oder Koproduzent einer Form der Kulturpolitik werden, dient als Beleg für die These, dass Kultur als Verhandlungsprozess verstanden werden könnte. In der Auseinandersetzung damit erörtert Felix Stalder Folgendes:

> [w]enn Kultur als Verhandlung sozialer, also geteilter Bedeutung verstanden wird, dann ist es die Aufgabe der Kulturpolitik, diese Prozesse zu organisieren. Sie sollte Räume, Strukturen und Mittel zur Verfügung stellen, um soziale Bedeutung erfahrbar zu machen, sie zu erneuern und zu verhandeln. Das reicht von traditioneller Repräsentationskultur bis hin zu neuen Formen der kulturellen Teilhabe. Eine wichtige Aufgabe darüber hinaus wird sein, Begegnungsräume zu organisieren, in denen sich unterschiedliche kulturelle Gemeinschaften mit ihren sich immer weiter ausdifferenzierenden Horizonten und Orientierungen treffen können, um das Gemeinsame in ihrer Unterschiedlichkeit neu zu bestimmen.[33]

Dennoch ist die Aufgabe einer Kulturpolitik, nicht nur kulturelle Prozesse oder Phänomene in der Öffentlichkeit zu organisieren oder einzuleiten. Die kubanischen Institutionen stellen der Bürgerschaft zwar Räume, Strukturen und Mittel zur Verfügung, aber diese werden in der Vorstellung der Bevölkerung zumeist als veraltet oder antiquiert wahrgenommen. In diesem Zusammenhang müsste die kubanische Kulturpolitik den entsprechenden Forde-

---

[33] Stalder 2018: 44.

rungen der Bürger genügen, indem sie sich selbst einem Änderungsprozess ihrer Prinzipien unterzieht. Hierbei nehmen Ausdrücke wie Überwachung, soziale Kontrolle und die Entwicklung eines kulturellen Widerstands den staatlichen Machtverhältnissen gegenüber eine wichtige Rolle ein. Die Nutzung der Medientechnik, die im Kontext der Institutionen in Kuba betrieben wird, ist mit einem ideologieprägenden Charakter belastet. Hingegen beschränkt sich die Mediennutzung der kubanischen Nutzer auf den bloßen Konsum von Informationen. Die Dichotomie zwischen Überwachung und Kontrolle sowie zwischen Selbstmanagement von Information und der Entfaltung einzelner technischer Fähigkeiten erschließt sich in zwei Sphären: der Öffentlichkeit und der Privatsphäre. Somit entwickeln die Institutionen politische Strategien, durch welche aber auch die politische Konnotation des Agierens der Nutzer gekennzeichnet wird und die Grenzen zwischen diesen beiden Sphären gesprengt werden. Insofern ist der Ausdruck der Privatheit zu verstehen

> […] als Element demokratischer Staatlichkeit durch die prinzipiell Grenzen und Sphären durchdringenden Medientechnologien nicht nur im besonderen Maße zur Disposition gestellt wird, sondern [sie ist] vor allem ein Gegenstand demokratischer und territorial-logischer Aushandlungsstrategien […].[34]

Soziologische Studien in Kuba haben untersucht, wie die Inhalte des Pakets von Jugendlichen und jungen Menschen genutzt werden. Die Studien bewiesen, dass die Inhalte in unterschiedlichen Gesellschaftsschichten und von Personen mit unterschiedlichem Bildungsniveau benutzt werden. Eine im Jahr 2015 in Havanna durchgeführte journalistische Recherche ergab, dass 45 % der be-

---

[34] Pittroff/Ochs/Lamla/Büttner 2018: 141–165.

fragten Jugendlichen die Inhalte des Pakets täglich konsumieren.[35] Die Umfrage fand mit 50 Personen zwischen 16 und 30 Jahren in zwei Gemeinden Havannas statt. 22 % der Interviewten äußerten, dass sie die Inhalte wöchentlich (fünf- oder sechsmal die Woche) nutzten, wodurch sie den größten Teil ihrer Freizeit damit verbrachten. Der Hauptgrund für die Bevorzugung des Pakets war die Unzufriedenheit mit den staatlichen Unterhaltungsangeboten im Fernsehen. 56 % der Jugendlichen und jungen Menschen gaben an, dass sie die Inhalte des Pakets für das eigene Vergnügen und zur Unterhaltung nutzten, während nur 4 % Informationen darüber bezogen. US-amerikanische Serien und Filme sind die Inhalte, die in dieser Altersgruppe am häufigsten konsumiert werden. Tragbare Geräte wie USB-Sticks und externe Festplatten wurden für die Verteilung und Sozialisierung der digitalen Medieninhalte benutzt. Ein interessantes Ergebnis der Recherche war, dass die Mehrheit der Teilnehmer angab, ihre Freizeit lieber mit Vergnügungen zu verbringen, anstatt sich belehren zu lassen. Die kubanischen Intellektuellen und Schriftsteller machten die Praxis des Pakets dafür verantwortlich, dass die junge Generation weniger Interesse für Bücher oder das Lesen allgemein habe. So stieß die Recherche auch auf Empfehlungen an die kubanischen Institutionen, Strategien zu entwickeln, um das Interesse der jungen Generation am Lesen von Büchern wieder zu wecken sowie Strategien zur Nutzung von Videospielen, Filmen oder Musik mit einem pädagogischen Ziel zu entwickeln.

In dieser Recherche äußerte der kubanische Kultur- und Literaturkritiker Desiderio Navarro, dass die kubanische Jugend kein Produkt des Essentialismus bzw. von politischen Verordnungen, sondern ein Sozialprodukt sei. Hierbei sollte die Frage gestellt werden, warum sich die junge Generation zunehmend weniger für das Studium und die Lehre interessiere. Nach Navarro stellen die staatlichen kubanischen Massenmedien ein falsches Bild ihrer

---

[35] Siehe: Bobes, Marilyn: Los escritores cubanos se preocupan por el "paquete". ☞ Link S. 408

Jugend dar, wenn sie die Freizeitbeschäftigung der Jugendlichen als Banalisierung widerspiegeln und die Arbeit einiger kubanischer Intellektueller über Kulturkonsum nicht beachten würden. Der kubanische Kulturkritiker war der Meinung, dass die Intellektuellen der kubanischen Jugend einen Lebensstil präsentieren, der nicht zu ihren sozialen Forderungen oder Bedürfnissen passt. Das Paket enthält tatsächlich eine große Anzahl digitalisierter Literatur, die im sozialen Kontext über tragbare Geräte verteilt wird. Deren Benutzung beschränkt sich generell auf die jungen Menschen, die sich in akademischen und intellektuellen Räumen befinden. Auch einige kubanische Institutionen stellen digitalisierte Literatur auf ihre Webseiten oder ins Intranet einer Einrichtung, um diese frei für ihre Nutzer bereitzustellen. Der Gebrauch des Pakets beschränkt sich nicht nur auf die junge Generation, sondern seine Inhalte werden in anderen Segmenten der kubanischen Gesellschaft wie von Akademikern, Wissenschaftlern oder Intellektuellen genutzt. Das selbstständige Auswählen der Inhalte bestimmt den Umgang mit dem Paket. Um die Verteilung des Pakets hat sich ein breitgefächertes Netzwerk von Mitarbeitern und Angestellten von staatlichen Institutionen entwickelt. Diejenigen, die über einen Internetzugang verfügen, können dazu beitragen, entweder mit der Versorgung mit Inhalten oder durch den Transport (z. B. als Busfahrer).

Eine andere soziologische Studie in einem Vorort in *Santiago de Cuba* bestätigte, dass sich der Konsum des Pakets nicht auf Armut oder ein niedriges Bildungsniveau beschränkt.[36] Die Recherche wurde mit den Bewohnern aus ausgewählten Marginalsiedlungen in *Santiago de Cuba* durchgeführt. Die Bewohner dieser Siedlungen setzten Prioritäten in der Organisation ihrer Lebensbedingungen mit dem Erwerb von technischen Geräten wie DVD-Player, USB-Sticks, externen Festplatten usw. Der Konsum der audiovisuellen Inhalte des Pakets steht hier in engem Zusammenhang mit den

---

[36] Siehe: Melián Moreno, Carlos: El paquete es un efecto, no una causa. ☞ Link S. 408

prekären Umständen ihres Alltags. Das Paket wird wie eine Form von Entfremdung genutzt, um die prekären Verhältnisse, in denen einige der Bewohner leben, für diese Zeit vergessen zu können. In diesen Siedlungen unterscheidet sich der Konsum des Pakets entsprechend der Charakteristiken der jeweiligen Gemeinde. In der Öffentlichkeit benutzen die Bewohner die Inhalte meistens, um sich zu sozialisieren. Das bedeutet beispielsweise, dass der eine während eines Gesprächs gegenüber dem anderen nicht zurückstehen möchte. Nach Meinung des Journalisten Carlos Melián Moreno spielt in diesem sozialen Kontext das kulturelle Kapital eine wichtige Rolle. Der Konsum von Serien (z. B. über Drogen, Drogendealer usw.) oder Telenovelas mit einer minderwertigen Filmproduktion beschränkt sich nicht auf die Kontexte, in denen die Bewohner der Marginalsiedlungen unter ärmlichen Verhältnissen leben. Die Recherche ergab, dass es funktionale Analphabeten in dem Personenkreis gibt, die die Handlung oder das Drehbuch einiger Serien, Filme oder Telenovelas nicht verstehen. Dies konditioniert ebenso eine Form des Konsums der Inhalte. Als Schlussfolgerung warf der Journalist Melián Moreno die These auf, dass das kulturelle Kapital Kubas und nicht die Lebensbedingungen der Bewohner dieser Marginalsiedlungen in einer Krise stecke. Dazu äußerte er, dass es seit Jahrzehnten Strukturschwächen im gesamten kubanischen Kultursystem gebe. Die kulturelle Ebene bezieht sich auf das Bildungssystem und -niveau, das kulturelle Kapital hingegen lässt sich weniger quantifizieren. Das betrifft den Prozess, durch den diese Personen ihr soziales Wissen erwerben, erlernen und selbstständig steuern können, insbesondere in der Wechselbeziehung zwischen allen Elementen, die diese Interaktion generieren. Zwar beinhaltet das kulturelle Kapital das Bildungsniveau, aber es beschränkt sich nicht darauf. Dies ist ein breitgefächertes Phänomen in Kuba.

Den Kulturkonsum betreffend übernimmt das Paket im kulturellen Kontext eine Tiefendimension und stellt dazu neue Fragen. Wie werden dadurch kulturelle Aspekte einer nationalen Identität gestaltet und welche identitätsstiftenden Elemente dienen zur

Bildung oder Konstruktion eines differenzierten dynamischen Raums in der Öffentlichkeit? Die Gestaltung eines öffentlichen Raums dürfte zum Gemeinwohl und zur Entfaltung einzelner Fähigkeiten innerhalb eines neuen symbolischen und realen Wertesystems dienen.[37] Der Mediengebrauch und das selbstständige Informationsmanagement in der Privatsphäre des Einzelnen sind Aspekte, die den Entwurf von öffentlicher Politik modifizieren können. Die Bereitstellung von Informationsdiensten und einem Internetzugang im öffentlichen Raum wie Parks und Plätze in Klein- und Großstädten, Dienststellen von ETECSA, Hotels, Internetcafés etc. sind ein gemeinsamer Raum für den Konsum jeglicher Art von Information geworden. Die Initiative einiger kubanischer Kulturinstitutionen, audiovisuelle und digitale Inhalte in ihren Netzwerken oder Webseiten hochzuladen, spricht nur für einen Teil der Interessen eines geringen Sektors der kubanischen Bevölkerung an. Dies nicht nur, weil ein breiter Sektor der Bevölkerung keinen oder lediglich einen geringen Zugang dazu hat, sondern weil diese Inhalte ihren Interessen nicht entsprechen. In der Privatsphäre hingegen findet eine kreative Nutzung von digitalen Medien statt, wenn sie zweckmäßig gebraucht werden, entweder für interpersonelle Kommunikation, Geschäftstätigkeiten oder zum Vergnügen. Eine angemessene Förderung der kulturellen Produktion kubanischer Kulturinstitutionen ist zwar in der Zunahme von institutionellen Webseiten und Portalen sichtbar, aber sie erlauben keinen freien Informationsfluss im Netz für eine demokratische Partizipation der kubanischen Bürger.

Infolgedessen wird der Kulturkonsum verstanden als die (sozio-)kulturellen Prozesse, aus denen die Aneignung und Nutzung

---

[37] Siehe die Debatte über Kulturkonsum in Kuba zwischen den Intellektuellen Juan Antonio García Borrero, Gustavo Arcos und Víctor Fowler, in: García Borrero, Juan Antonio: Consumo cultural y lugares públicos en Cuba. ☞ Link S. 408 Arcos, Gustavo: Sobre el consumo cultural en los espacios públicos. ☞ Link S. 408, wie auch Fowler, Víctor: Sobre Internet, políticas públicas y uso creativo en Cuba. ☞ Link S. 408

von Produkten erfolgt, wobei der symbolische Wert im Vergleich zum Gebrauchs- und Tauschwert überwiegt oder der Gebrauchs- und Tauschwert mindestens einer symbolischen Dimension untergeordnet ist (vgl. García Canclini 1992). Die Produkte, die als kulturell bezeichnet werden, erzeugen einen Sinn für Geschmack, Konsumverhalten und eine Einstellung gegenüber der zu behandelnden Information. Innerhalb bestimmter sozialer Verhältnisse sind diese Produkte diejenigen, die einen Beitrag zu neuen Formen der Produktion, Zirkulation, Verteilung und dem Konsum von Waren bzw. Gütern leisten. Die Bezeichnung als Ware entspricht der Zuordnung dieser Produkte in einer Dimension zur sozialen Interaktion, hauptsächlich wenn sie unter spezifischen Bedingungen austausch- und absetzbar hergestellt werden. Die Integration von internationalen Telekommunikationsunternehmen in den kubanischen Markt wird in näherer Zukunft die Medienlandschaft verändern, trotzdem ist es noch möglich, Geld zu verdienen, beispielsweise mit der Verteilung des Pakets oder mit dem Schreiben von Artikeln in der Blogosphäre.

Die Entfaltung von Fähigkeiten des Einzelnen ist eine Strategie, aus der die Konsumenten den Mediengebrauch an die Dynamik des Alltags anpassen. In der Öffentlichkeit und in der Privatsphäre ist der Konsum ein gemeinsamer Raum, in dem unterschiedliche Gesellschaftsschichten und Altersgruppen für die Aneignung eines Sozialprodukts konkurrieren, vorausgesetzt, dass der Verbrauch von Waren und Gütern einer Zunahme der Forderungen von manchen Sektoren der Gesellschaft entspricht. Nach dem Soziologen Manuel Castells ist der Konsum der Ort, an dem die Konflikte zwischen den Gesellschaftsschichten in Hinblick auf die Verteilung und Aneignung von Gütern fortgesetzt werden. Diese Konflikte werden durch die ungleiche Beteiligung an der produktiven Struktur verursacht (vgl. Castells 1974). Néstor García Canclini zufolge ist der Konsum kein Kanal zum Aufzwingen von im Voraus festgestellten Bedingungen oder politischen Auflagen, sondern ein Spielraum, an dem sich die sozialen Akteure um die gesellschaftlich hergestellten Produkte und ihre Art und Weise der Nutzung streiten (vgl. García Canclini 1992). So betrachtet eröffnet der Konsum einen öffentlichen Raum zur Interaktion, seine Relevanz im Alltagsleben ermöglicht die Einbeziehung von sozialen Forderungen in das Leben des Einzelnen. Dies sind soziale Forderungen, die durch die Rezeption und Aneignung von Gütern sowie durch die Entfaltung von Lebensstrategien und Selbstmanagement verändert werden.

Der Konsum strukturiert sich in einem System zur Integration und Kommunikation über die Einbeziehung alltäglicher Praktiken ins Leben des Einzelnen. Es handelt sich um Praktiken, die jeweils Aspekte des Konsumverhaltens sozialisieren und orientieren. Das Konsumieren bedeutet desgleichen irgendeinem Produkt eine neue Relevanz beizumessen. In den Fällen, in denen der Konsum ein Differenzierungsmerkmal darstellt, bildet er gleichzeitig einen Raum für Bedeutungszuweisungen, die für die Gesamtheit der daran teilnehmenden Akteure begreiflich seien (vgl. García Canclini 1992). Die Bedeutung, die die Nutzer dem Besitz von technischen Geräten zuweisen, steht in engem Zusammenhang mit der Mediennutzung und mit der Teilung und Wahrnehmung deren Rezeption in verschiedenen Kontexten. Das rührt daher, dass die Nutzer auch der Form der Mediennutzung einen sozialen Wert zuweisen, der sich jeweils von Wahrnehmung, Aneignung, Inhalt und Anwendung unterscheidet. Den Medien eine Bedeutung im Leben des Einzelnen beizumessen, besagt, dass diese für einige Sektoren der Gesellschaft, etwa Jugendliche, Nutzer, Blogger etc., einen gegebenen Wert enthalten. Konsumieren bedeutet hierbei, eine andere Form, *mit der Wirklichkeit zu interagieren*, zu entwickeln, wobei kulturelle Bedürfnisse, entweder in Bezug auf Gegenstände oder auf zwischenmenschliche Beziehungen, generiert werden (vgl. García Canclini 1992).

Dies betrifft die Konstruktion eines Rituals, aus dem die sozialen Akteure in verschiedenen sozialen und kulturellen Kontexten einen Stellenwert selektieren und festlegen. In der Öffentlichkeit reguliert der Stellenwert das, was unter kultureller Praxis und ihrer Umsetzung verstanden wird. Nach García Canclini sind die Rituale mit einer andauernden Wirkung diejenigen, die eine materielle Basis verwenden, um den Sinn der zu etablierenden kulturellen Praktiken zu bewahren. Bezogen auf Kuba bedeutet dies, dass je mehr die Nutzer den Medien eine Funktion zuweisen, desto stärker die Ritualisierung einer bestimmten Form von Mediennutzung wird. Der Konsum sei als ein sozialer Prozess der Ritualisierung zu betrachten, dessen erste Funktion wäre, dem Auslösen von kulturbedingten Ereignissen eine Bedeutung zu verleihen (vgl. Douglas/Isherwood 1990).

Eine Publikation von Google Trends, die den Zeitraum zwischen 2004 und 2015 in Kuba analysiert, stellt eine Statistik der am meisten abgefragten Inhalte im Internet dar.[38] Die Statistik beschränkt sich auf die kubanischen Nutzer und setzt sich mit deren Interessen auseinander. Grundlage für die Statistik war der Zeitpunkt der Verfügbarkeit eines Internetzugangs in der Bevölkerung und Kernpunkt für die Analyse war das Abfragen von Inhalten im Internet. Die Inbetriebnahme der Cybercafés (2013) und der Wi-Fi-Hotspots im öffentlichen Raum (2015) waren Kriterien für die Erstellung der Statistik. Nach der Statistik von Google Trends fragten die kubanischen Nutzer in diesem Zeitraum zumeist Facebook, Nachrichten, E-Mail-Anbieter wie Gmail und Yahoo sowie Dating-Webseiten und die kubanische Zeitung *Granma* ab. Das Hoch- und Herunterladen von Fotos jeglicher Art war ebenso ein Suchkriterium im Internet. Zwischen 2004 und 2015 gab es eine Zunahme bei der Abfrage bestimmter Portale wie *Cubadebate*, *Revolico.com*, Wikipedia und YouTube. Insbesondere zwischen 2004 und 2009 lauteten die Schlagworte für die Abfrage: Kuba, Fotos, Yahoo und die Zeitung *Granma*. Im Einzelnen haben die kubanischen Nutzer die folgenden Inhalte abgefragt:

- 2006, der Gesundheitszustand Fidel Castros;

- 2008, der Amtsantritt Raúl Castros als neuer Präsident Kubas;

---

[38]   Siehe: Rodríguez Milán, Yisell: ¿Qué googleamos desde Cuba? ☞ Link S. 408

- 2010, die Neuorientierung der kubanischen Politik, zusammengefasst in den *Lineamientos de la política económica y social del Partido y la Revolución*;

- 2012, die Verordnungen zu einer neuen Zuwanderungspolitik und

- 2013 nahm das Interesse für das kubanische Portal Cubadebate zu.

- Im Jahr 2009 begann eine intensive Nutzung der Social Media und

- ab dem Jahr 2010 insbesondere von Facebook. Seitdem erfuhren die Chatrooms und Webforen eine zunehmende Nutzung.

Das Internet war auch nützlich bei der Suche nach technischen Geräten in Kleinanzeigenportalen. Zudem haben die kubanischen Nutzer das Internet für Unterhaltung genutzt. Die Suche nach Softwares, Antivirus-Programmen, Horoskopen, Sportnachrichten, brasilianischen Telenovelas und Schönheitswettbewerben waren unter anderem einige der am meisten abgefragten Inhalte.

Der Modernisierungsprozess in Kuba setzt jedoch im Rahmen der Modifikation von gewissen kulturellen Aspekten durch einen kulturellen Kolonialismus ein, der die symbolische Produktion von Neubedeutungen instrumentalisiert. Indem Kultur als Konstrukt und Verhandlungsprozess betrachtet wird, sind die entwicklungsschwachen Produktionszweige des kubanischen Marktes der Raum für einen kulturellen Aufschwung, verstärkt durch einen implizit grenzüberschreitenden Charakter. Entscheidend ist die Tiefendimension, die das Kulturelle übernimmt, für die Adaption, Rezeption und Verbreitung fremder kultureller Codes hinsichtlich des Heranbildens eines neuen Geschmacks durch den Kulturkonsum. Die Mehrheit der kulturellen Inhalte, die in Kuba durch die junge Generation konsumiert werden sowie ca. 70 % bis 90 % der staatlichen Fernsehangebote enthalten das Garantiesiegel *Made in USA*. Die audiovisuellen Medieninhalte, die über das Paket verteilt werden, fördern die Banalität, Frivolität und Geschmacklosigkeit, dennoch erhalten sie ihren Sinn durch die Gestaltung und Organisation des Alltags der Konsumenten (vgl. Miller 2010). Die kulturelle Produktion (wie Musik, Filme, Kunst usw.) und die Bereitstellung des kulturellen Kapitals Kubas (zum Beispiel im Tourismussektor) sind zwei der Wirtschaftsbereiche, die aktuell über ausländische Direktinvestitionen mit der entsprechenden Werbevisualität und -produktion betrieben werden. Die durch ausländische Telekommunikationsunternehmen aufzubauende technische Infrastruktur bahnt den Weg für eine sichere Kapitalanlage. Diese technische Infrastruktur erlaubt den Unternehmen eine wirtschaftliche Interdependenz des kubanischen Marktes mit der Organisation, den Geschäftsformen und der Regulierung des regionalen Marktes auf einer internationalen Ebene.

6.5 Mentalitätswechsel

Im Jahr 2008 wurde das neue soziopolitische Projekt Kubas konzipiert. Die sogenannten *Lineamientos de la Política Económica y Social del PCC* (Leitlinien der Wirtschafts- und Sozialpolitik der kommunistischen Partei und der Revolution) wurden im Jahr 2011 als programmatisches Instrument bzw. als Leitfaden für den Einsatz erneuerter Wirtschaftsmaßnahmen festgeschrieben. Generell bedeutet dieser Prozess den Übergang von Dogmatismus zum Pragmatismus in Kuba. Im Grunde genommen ist die Konzeption dieses Projekts die Fixierung des politischen Systems Kubas durch internationale Mechanismen des regionalen Wirtschaftsmarkts in Lateinamerika. Euphemistisch ergibt sich die Aussage, dass mehr Veränderungen bzw. Reformen mehr Sozialismus bedeuten, wenn die Neustrukturierung der Wirtschaft und die sozialen Transformationen sowie die politische Öffnung auf die Einführung von neoliberalen Mechanismen der kapitalistischen Marktwirtschaft hinweisen.

Die seit 2011 eingeführten Wirtschaftsreformen und -maßnahmen ließen hitzige Debatten im Hinblick auf die Art und Weise zu, wie diese Änderungen durchgeführt werden sollten. Die Transformationen wurden in intellektuellen, akademischen und sozialen Zirkeln diskutiert und dabei die Art und Weise bzw. der Inhalt dieses Prozesses als auch der politische Wille zu seiner Durchsetzung in Frage gestellt. Die Bezeichnung *Reform* wurde problematisiert. Einige Parteimitglieder erörterten, dass sie das Wort Reform mit staatlichen Vorschriften zur Transformation systemkonform ersetzt haben möchten. Solche Diskussionsbeiträge intendieren eine Unterscheidung zu den Regierungen der Republik Kubas vor 1959. Hierbei handelt es sich um Regierungen, welche über wirtschaftliche und soziale Reformen eine politische Annäherung an die USA angestrebt hatten.

Der aktuelle Transformationsprozess, die politische Öffnung und der Anspruch, die diplomatischen Beziehungen mit den USA wiederaufzunehmen, zielen im Prinzip auf eine Umgestaltung und einen Strukturwandel der kubanischen Wirtschaftsbasis. Durch diese Dynamik fühlt sich die neue kubanische Regierung zu einer Entwicklung gezwungen, durch welche der Produktion von Kultur und Bildung sowie der Reproduktion sozialer Strukturen weiterhin eine staatliche Kontrolle und Steuerung auferlegt werden. Die Durchdringung technischer Informationssysteme mit deren entsprechenden kulturellen Implikationen konstituiert einen Bestandteil des Modernisierungsprozesses, welcher ebenfalls zur Industrialisierung und Technifizierung dienen sollte, während die wirtschaftliche und technische Infrastruktur Kubas mit der Unterstützung ausländischer Investitionen weiterentwickelt wird. Politisch ist das Regierungsanliegen, *sich selbst zu aktualisieren*, eine Leistung in dem Maße, wie sich die kubanische Politik auf eine demokratische Zuordnung zubewegt, auch wenn darüber Zweifel bestehen. Dem gewünschten Wirtschaftsaufschwung liegt eine wirtschaftliche Konjunktur zugrunde, die eine ökonomistische Betrachtungsweise erzwingt. Durch die Wirtschaftskrise in den 1990er Jahren ist die kubanische Wirtschaftsbasis beschädigt und unproduktiv, außerdem leidet sie unter großen makroökonomischen Verzerrungen sowie Ineffizienz, einer niedrigen nationalen Ersparnis und einer geringen Vermehrung von Kapital und Investitionen (vgl. Triana Cordoví 2016).

Diese wirtschaftliche Konjunktur erfordert, soziale Programme und staatliche Sozialleistungen zugunsten der Konzeption eines dauerhaften Wirtschaftswachstums zu opfern. Dies sollte hauptsächlich innerhalb der privaten Haushalte mit der Verbesserung der Lebensbedingungen spürbar sein. Aus einer Makroperspektive wurden wichtige politische Maßnahmen getroffen, die den aktuellen Transformationsprozess kennzeichnen:

- (2011) die Schaffung neuer Arbeitsverhältnisse, somit die Dezentralisierung der Geschäftstätigkeit (Einzelhandel) in der Form von eingetragenen Genossenschaften (in Sektoren wie Landwirtschaft, Personenbeförderung, Ein- und Verkauf industrieller Erzeugnisse u. a.), welche ein neues Verständnis der Rechtsperson bewirken; infolgedessen die Diskussion über eine neue Währungspolitik und eine lebensnotwendige Lohnanpassung;

- (2013) Verabschiedung einer neuen Einwanderungspolitik; Aufbau und Inbetriebnahme des Handelshafens in Mariel (ca. 40 km von Havanna entfernt) für Warenimport und -export und dadurch die Eröffnung einer speziellen Freihandelszone; bei der das Internet eine wichtige Rolle spielen sollte; Erweiterung des Prozesses zur Digitalisierung in einigen kubanischen Wirtschaftssektoren;

- (2013) Inbetriebnahme des Glasfaserkabels ALBA-1 aus Venezuela und damit die Eröffnung 118 Internetcafés;

- (2015) Inbetriebnahme der Wi-Fi-Hotspots und

- (2018) die Freigabe des Internetzuganges über mobile Daten in den Smartphones der Nutzer; Generationswechsel als historischer Wandel im Präsidentenamt;

- (2018–2019) Neuschreibung der kubanischen Verfassung mit einer tiefen politisch-ideologischen Transformation, die Regierung Kubas verabschiedet sich von ihrer Verfassung aus dem Jahr 1976 und mit ihr vom erklärten Ziel einer kommunistischen Gesellschaft.

Kulturell sind diese Reformen in der kubanischen Bevölkerung über einen Mentalitätswechsel vollzogen und rezipiert, wodurch dessen Rezeption beschleunigt wird. Im Gegensatz dazu werden die vom Staat angebotenen wirtschaftlichen, sozialen und politischen Reformen als verlangsamt wahrgenommen, während sich die sozialen Strukturen im sozialen Kontext schnell ändern. Dem Mentalitätswechsel liegt ein tiefer Umbruch des Glaubens, der Weltanschauung, des sozialen Bewusstseins und der Sitten zugrunde. Eine andere Weltwahrnehmung sowie andere kulturelle und ästhetische Werte werden über einen gewissen Zeitraum etabliert. Aus diesem Grund ist das Erlernen neuer Kenntnisse über neue Kulturtechniken für die Verarbeitung von kulturellen Zeichen und Symbolen ein gesamtgesellschaftliches Bedürfnis. Demzufolge wird sich hauptsächlich das soziale Verhalten ändern und die Materialität des Lebens wird bewahrt. In Kuba geschieht solch eine Modifikation des Denkens einerseits, wenn auf individueller Ebene versucht wird, sich an die Zwecke, Skizzen, Planungen bzw. Programme eines politischen Anspruchs mit einer zukunftsorientierten Perspektive anzupassen. Andererseits reagiert diese steuerbare und instrumentalisierte Mechanisierung der sozialen Lernprozesse auf generationsbezogene Differenzen im Zuge einer Neuorientierung des menschlichen Schaffens. Besondere kulturelle Problematiken wie Rassismus, Homophobie,

Sexismus, Egalitarismus, Konformismus u. a. spielen derzeit in der Vorstellung der jungen Generation eine entscheidende Rolle in der Transformation der kubanischen Gesellschaft.

In den letzten zwei Jahrzehnten haben sich die sozialen Strukturen in Kuba geändert (vgl. Vidal Valdez 2017). In der Öffentlichkeit sind andere kulturelle Manifestationen aus verschiedenen Identitäten entstanden, die sich nach Gender, Religion, Sexualität, Zugehörigkeit zu sozialen Gruppierungen usw. aufgliedern lassen. Es handelt sich um kulturelle Phänomene, die eine Präsenz und Anerkennung der kubanischen Medienlandschaft über die Nutzung von sozialen Medien gewonnen haben. Dieser Aspekt stellt eine Konfrontation für die Kulturpolitik dar, da durch ihn andere politische Ansichten entstehen. In geringerem Maße gibt es eine politische Öffnung nach innen, während diese kulturelle Vielfalt in oder durch die Medien in der kubanischen Gesellschaft anerkannt wird. Dieser Prozess beinhaltet zunehmend neue Herausforderungen zur Sensibilität, Kreativität und Ausübung bestimmter Tätigkeiten. Der Anspruch der Wiederaufnahme der diplomatischen Beziehungen zwischen Kuba und den USA stellt auch eine Herausforderung für das kubanische Mediensystem dar, vorwiegend in der Transformation von Perspektiven hinsichtlich des Überganges zu einer neuen kulturellen und symbolischen Ordnung. Das betrifft insbesondere die Modifikation der aktuellen Kommunikationspolitik und ihre Umwandlung in eine neue Form des Regierens: etwa eine andere Form der Kommunikation mit der Bürgerschaft. Zudem führen die sozialen Forderungen der kubanischen Bevölkerung einen Generationswechsel herbei. Die Legitimität der Institutionen und der Gesetze sowie die Fähigkeit der kubanischen Regierung, einen Konsens zu generieren, prägen aber auch die sozialen Veränderungen.

Auf der einen Ebene findet ein Kulturkampf statt, auf der anderen Ebene agieren die neu entstandenen sozialen Akteure als intellektuelle oder politische Bewegung in der Öffentlichkeit. Hiermit stellt sich die Frage, ob der Mentalitätswechsel in seiner nachhaltigen Wirkung bezogen auf Autorität, Opposition, Subversion, abweichende Meinung und gleichzeitig als eine überholte ideologisierte Tradition gegenüber der Tradierung neuer sozialer Werte nachzuvollzichen ist. Einige Beispiele mit ihrer entsprechenden Präsenz in den sozialen Medien sind im Bereich der Künste Tania Bruguera (Performance) und *El Sexto* (Graffiti), unter den sogenannten Dissidenten Gorki Águila (Punk), Eliécer Ávila (politische Bewegung *Somos +*) und das *Proyecto Varela* von Oswaldo Payá, in der Blogosphäre die Webprojekte *14 y medio*, *Cuba Posible*, *Periodismo de Barrio* und andere. In der Politik eignet sich der seit dem Jahr 2018 gewählte Präsident Miguel Mario Díaz-Canel Bermúdez die digitale Plattform Twitter an, um mit einer anachronistischen politischen Rede die kubanische Bürgerschaft zu erreichen. Belastet mit ihrem ideologieprägenden Charakter findet diese Rede kein Publikum mehr im digitalen Milieu. Im kollektiven Gedächtnis findet der Wechsel in der Konstruktion und Vermittlung neuer politischer Identitätsbildungsprozesse statt. Somit beeinflusst der Einsatz von Medientechnik die Rezeption anderer kultureller Codes innerhalb akademischer, intellektueller und sozialer Sphären, denn sie schafft einen Raum für politische Partizipation. Die Struktur der Machtverhältnisse muss bis zu einem gewissen Grad an neue Kontexte angepasst werden.

La cultura es el arte de complicar las cosas …
(Kultur ist die Kunst, Dinge zu komplizieren)
Adolfo Colombres

Schlusswort

Die in der hier vorliegenden Arbeit erörterten Ansätze basieren auf der Hypothese, dass die Nutzung der Medientechnik die Entstehung neuer sozialer Strukturen und Durchdringungsräume ermöglicht, die mit einer Individualisierung von Wissensentstehung und Weltmodellen einhergehen und damit kulturelle Räume mit wandelbaren heterogenen Qualitäten gestaltet werden. Die kommunikative Wechselwirkung seit dem Gebrauch von Medientechnik erlaubt ebenso eine neuartige Kulturdynamik in Kuba. Digitale Medien sind Konkurrenten und eine Alternative gegenüber wie auch ein Motor für die Praxis der Massenmedienkultur, denn sie lassen die Öffnung und Gestaltung kommunikativer Prozesse zu. Die Medialität dieser Prozesse liegt in der zunehmenden Verflechtung der Mediennutzung mit kommunikativen und vor allem kulturellen Praktiken. Kuba hat eine besondere Geschichte, insbesondere bezogen auf sein langwieriges Streben nach Unabhängigkeit. Aufgrund dessen wurde seine nationale Identitätsbildung nach der *Revolución Cubana* im Jahr 1959 zu einem staatlichen Projekt zur Homogenisierung der verschiedenen Fragmente hin zu einer massenmedial vermittelten gemeinsamen kubanischen Identität.

Dem wissenschaftlichen Anspruch der vorliegenden Arbeit liegt eine Analyse der Medienkultur zugrunde. Die im Vorhaben entworfenen medienkulturellen Argumente bestätigen die bereits aufgestellte Hypothese. Die technische Transformation, die die Institutionen und die Nutzer im öffentlichen Raum herbeiführen, verändert zum Teil das politische Projekt der kubanischen Regierung zur technischen Modernisierung. Grundsätzlich generiert der

Mediengebrauch dabei die Transformation andersartiger digitaler und ästhetischer Formate, indem gewisse Aspekte von Kultur und Politik in ihrem Zusammenhang mit der der kulturellen Praxis der Nutzer in eine neuartige Medienorganisation zugeordnet werden. Die Relevanz der kategorialen Merkmale eines Medienwandels wie etwa Räumlichkeit, Zeitlichkeit, Wahrnehmungsvermögen und Rezeption beruht auf der Materialität der Medienwelten und Mediensphären, die durch den Einsatz von Medientechnik in der Öffentlichkeit definiert werden.

Die medienpraktischen und -theoretischen Argumente orientieren sich an der die digitalen Medien prägende Taktilität und Literalität, da sie das individuelle Verhalten und das kollektive Handeln, aber auch die technischen Bedingungen unserer postmodernen Bedingtheit festlegen. Insofern ist eine Medienkultur abhängig von den zusammenhängenden Strukturen und der kulturellen Perspektive einer praxisorientierten Kommunikation, indem sie Artefakte wie elektronische und digitale Medien mit materiellen und immateriellen Ressourcen (materielle Mittel, Information, mediale Praxis und soziale Relationen) einbindet. Hierbei etabliert sie eine Umgebung zu informationellen Angeboten (vgl. Floridi 2015) mit einer intensiven Internetnutzung, in der die Interaktion zwischen computerbasierten Verfahren, den durch technische Geräte generierten algorithmischen Zeichen und dem menschlichen Handel eine zunehmend komplexe Abstraktion einer kaum wahrnehmbaren Sinnlichkeit gestaltet. Diese technischen Prozesse beschreiben „[…] [a] human-computer interaction that goes beyond personal computing to an environment of objects processing information and networking with each other and humans"[1]. Bei der Auseinandersetzung mit den Implikationen der Nutzung von Technologie im Alltag argumentiert Adam Greenfield:

> In everyware, the garment, the room and the street become sites of processing and mediation. Household ob-

---

[1]   Rainie/Wellman 2012: 279.

jects from shower stalls to coffee pots are reimagined as places where facts about the world can be gathered, considered, and acted upon. And all the familiar rituals of daily life, things as fundamental as the way we wake up in the morning, get to work, or shop for our groceries, are remade as an intricate dance of information about ourselves, the state of the external world, and the options available to us at any given moment […]. In all of these scenarios, there are powerful informatics underlying the apparent simplicity of the experience, but they never breach the surface of awareness: things Just Work. Rather than being filtered through the clumsy arcana of applications and files and sites, interactions with everyware feel natural, spontaneous, human. Ordinary people finally get to benefit from the full power of information technology, without having to absorb the esoteric bodies of knowledge on which it depends. And the sensation of use -even while managing an unceasing and torrential flow of data- is one of calm, of relaxed mastery […].[2]

Die Behauptung, dass der Einsatz von Medientechnik in der Öffentlichkeit den Ausbau sozialer Strukturen und Durchdringungsräume mit einer Individualisierung von Wissensentstehung und Weltmodellen zulässt, begründet die Überlegung der Entwicklung einer *digital citizenship*, die im Falle Kubas in Form von *info-technischen Imaginationen* gestaltet wird. Das Agieren der Nutzer mit informationellen Einheiten in der Infosphäre stellt relationale Bezüge auf eine Zuordnung von kaum wahrnehmbar sinnlichen und physischen Prozessen dar, die über das Interface der digitalen Geräte vermittelt werden. Die Nutzung der Medientechnik generiert kulturelle Räume mit wandelbaren heterogenen Qualitäten, während die Nutzer die Kommunikationsverhältnisse mit der Umsetzung erlernter Kulturpraktiken verändern. Somit ist

---

[2] Greenfield 2006: 1.

die Vorgehensweise, in der Daten, Informationen und digitale Medieninhalte verarbeitet werden, und deren Einfluss auf das Nutzerverhalten entscheidend. Die technische Beschaffenheit digitaler Medien lässt sich nicht nur in das komplexe Gefüge einer Sinnesorganisation übersetzen, sondern auch in die Struktur entweder ausgedachter, realisierbarer oder programmierter Medienwelten. Im weitesten Sinne bedeutet dies, dass eine Form der Materialität der Welt durch die symbolischen Prozeduren aufgebauter computerbasierter Reproduktionen zugunsten der kulturellen Vorstellung von andersartigen technischen Wirklichkeiten seit der Beschäftigung des *Typographic man* mit der Computertechnologie zerfällt.

Auf der Grundlage dieser Überlegungen liegt eine medienanthropologische Problematik. Die vom Anthropologen Daniel Miller verfochtene Variabilität der Ikonen (vgl. Miller 2016) stellt eine grundlegende Frage zur kulturellen Produktion innerhalb eines medienkulturellen Wandels. Jede Gesellschaft bestimmt, was sie unter Medien versteht und wie der Mediengebrauch auch unter ihren technischen Möglichkeiten artikuliert wird. Die hier erörterte Literalität ist als die Fähigkeit des Einzelnen zu verstehen, sich eine Form der Erfahrungs- und Wahrnehmungsmöglichkeit der Zuwendung zu einer technischen Welt anzueignen. Es handelt sich dabei um eine mediale Konstruktion technischer Wirklichkeiten: etwa Webprojekte, Ausbau technischer Strukturen für Mediennutzung und -konsum, die Artikulation von intellektuellen Bewegungen etc., mit denen die Nutzer real interagieren. Die technische Eigenschaft der zu verwendenden Geräte definiert die Taktilität der gegenwärtigen Medienkulturen, denn der Mediengebrauch stellt vorwiegend einen Bezug auf kulturelle Vorstellungen, vermittelt durch das Interface (vgl. Rainie/Wellman 2012), und durch technische Bilder, dar (vgl. Flusser 2008). Dass Medientechnik die Umsetzung erlernter Kulturpraktiken mit sich bringt, zeigt, dass unsere Gesellschaften auch mit dem Einsatz digitaler Technologien koevolutionieren. Aus diesem technischen Hintergrund ist zum einen eine Diversifizierung der Interfaces zu beachten, denn

[p]eople's voices, and perhaps even their thoughts, will trigger interactions with machines and other humans. Interfaces manipulated by hands and body movements will become common. Screens that display data of all kinds will not have to be carried around, as active walls and tabletops become display areas.[3]

Darüber hinaus erweitern die gegenwärtigen technischen Fortschritte den individuellen Lebens- und Erfahrungsraum, denn

[…] [t]he miniaturization of technology will arguably have an even more powerful impact because of the efficiencies and computing power it creates in miniscule objects. It has become a cliché that we carry in our smartphones more computing power than the first manned space flights did. […] The density of graphical displays – the capacity to represent the world visually – doubles every two years in what is known as ‚Nishimura's Law': The display size available for the same cost doubles every 3.6 years. These developments make representations of people and processes more realistic and dynamic by transforming the internet from series of static snapshots to more interactive and detailed graphic representations. Enabled by this, networking becomes more fluid and engaging.[4]

Die durch Medientechnik eingesetzten symbolischen Prozeduren üben einen Einfluss auf die Hervorbringung einer partizipativen Gegen- und Teilöffentlichkeit aus. Eine Medienkultur führt zur Entwicklung einer *digitalen citizenship*, wobei der *Typographic man* mit der Nutzung von Medienanwendungen durch seine Medienkompetenz ermächtigt wird, sich bei den Identitätsbildungsprozessen der Gesellschaft, der Politik und des Regierens zu engagieren. Das

---

[3] Rainie/Wellman 2012: 282.

[4] Rainie/Wellman 2012: 277–278.

Selbstmanagement von Information und die Internetnutzung beeinflussen maßgeblich die Zuwendung der Nutzer zu anderen kulturellen Referenzen, sie werden zu *interconnected citizens*, befähigt dazu, gemeinsame politische und wirtschaftliche Interesse sowie kulturelle und soziale Wertvorstellungen zu teilen. Dies legitimiert die Festlegung einer sozialen Mediensphäre verdichtet mit spezifischen Qualitäten, Normen und Regeln, durch welche die technische Eigenschaft einer praxisorientierten und kulturbedingten Kommunikation sich in mehrere Kontexte übersetzen lässt. Dass der Einsatz von Medientechnik in der Öffentlichkeit eine politische Dimension annimmt, entspricht vor allem den kulturellen Rahmenbedingungen, aus denen sich eine technisch erweiterte Sozialität herauskristallisiert.

Der medienkulturelle Ansatz der vorliegenden Arbeit begründet sich auf dem Modus, in dem die technische Transformation im Übergang zu einer Medienkultur die Erfahrungs- und Wahrnehmungsmöglichkeit einer Gesellschaft entscheidend modifiziert. Dies beschreibt kulturelle Prozesse, welche entsprechend des Kontextes ihrer Umsetzung anders wahrgenommen werden. Im Falle Kubas kann festgestellt werden, dass die technische Transformation zumeist auf der Ebene des digitalen Scheins (vgl. Flusser 2008) zu greifen ist. Die Bedingtheit eines erwünschten beschleunigten technischen Fortschrittes bringt zum einen den unmittelbaren Input hervor, der Technik für eine kreative Lösung alltäglicher Probleme bietet. Zum anderen blendet dies die technischen Möglichkeiten aus, die der Mediengebrauch offenbar für andere nicht traditionelle Formen des Umganges mit Medientechnik zulässt. Auf der Basis einer Medienkultur entsteht eine Medienrevolution. Sie gilt als das praktische und theoretische Fundament einer Form von Wissensentstehung für die Integration von Erfahrungsfeldern, psychologischen Zuständen und Lernprozessen in die mediale Konstruktion technikbedingter kodifizierter Welten.

Die technische Transformation orientiert sich an kognitiven Prozessen der Menschwerdung. Die Variation der Medienopera-

tionen und die Produktion kultureller Ikonen durch die zunehmende Rechenleistung digitaler Geräte generieren ein Paradigma,
das in Gestalt einer Medienkultur das Technoimaginär mit ideologiebezogenen Weltbildern prägt. Eine neue Form der Daten- und
Informationsverarbeitung lässt die Übersetzung und die Projektion auf die Wirklichkeit von wandelbaren ästhetischen Formaten
zu. Die Referenzialität der computerbasierten Verfahren mit deren
entsprechenden kulturellen Prozessen erfasst einen technischen
Sachverhalt, der die ontologische Struktur unseres Denkens und
die anthropologische Nuance unseres Verständnisses von Medien
repräsentiert.

Der Dialog über den medienkulturellen Wandel in Kuba er-
fordert die Hervorhebung der Probleme, Merkmale, Erfolge und
Widersprüche der Transformation, um gemeinsame Räume in
einer medienkulturellen Analyse zu vermeiden. Zudem ist die
technische Transformation nicht nur im Kontext einer politischen
Programmatik aufzufassen, sondern auch durch die kulturellen
Prozesse und Phänomene, die in der Gesamtheit der kubanischen
Gesellschaft stattfinden. Die kubanische Gesellschaft ist kein Mo-
nolith kultureller Traditionen (wie etwa der Buena Vista Social
Club, die Zigarren, der Havana Club etc.) und politischer Bedeutungszuweisungen, der aus den Prinzipien der staatlichen Kulturpolitik oder aus den strengen Richtlinien der kommunistischen
Partei aufgerichtet worden ist. Hingegen ist die zunehmende Vielfalt an sozialen Akteuren der Zivilgesellschaft zu beachten, die
mit ihren Aktionen in der Öffentlichkeit keine politischen Zwecke
verfolgean. Die in der vorliegenden Arbeit erörterten politischen
Identitätsbildungsprozesse stellen nur einen Teil eines Sets kultureller Praktiken dar, die nicht unbedingt politisch definiert werden
sollen. Dass die Reformen in Kuba langsam realisiert werden, bedeutet nicht, dass die Mehrheit der kubanischen Bürger passiv
auf die Verbesserung ihres unmittelbaren existenziellen Alltags
warten. Dies ist eine Reaktion hauptsächlich auf eine besondere
Einstellung in der Mentalität der Kubaner, welche seit Jahrzehnten durch die Erbringung von kostenlosen Sozialleistungen über

den Staat gestaltet wurde. Infolgedessen agieren nicht alle sozialen Akteure in der Zivilgesellschaft systemkonform, wenn sie die vom Staat angebotenen Dienstleitungen in Anspruch nehmen, sondern sie nehmen einfach die staatliche Bereitstellung von knappen materiellen Ressourcen als selbstverständlich an. Vor diesem Hintergrund hat sich ein komplexes Gefüge von gesetzlichen und gesetzwidrigen Praktiken entwickelt, die die Grenzen zwischen Autoritarismus und freiem Wille, Legitimität und Gesetzlosigkeit, Genehmigung und Verbot verwischen. Zwar hat die kubanische Politik danach gestrebt, ein staatliches Projekt zur Homogenisierung einer nationalen Identitätsbildung der verschiedenen Fragmente in der Kultur zu führen, aber im Gegensatz dazu haben sich heterogene Identitäten aus der reflexiven, kommunikativen und sozialen Kompetenz der sozialen Akteure der Zivilgesellschaft (wie etwa in der Musik, der Kunst oder der Kinematografie) herausgebildet.

Ein medienkultureller Wandel erfordert eine Orientierung an eine symbolische Welt, die nicht durch die Repräsentation, sondern durch die Dekodierung besonderer kultureller Elemente zu begreifen ist. Dies stellt eine entscheidende Frage zur Interaktion, wenn die Nutzer mit neuen kulturellen Codes, technischen Programmen und Formen des Mediengebrauchs interagieren. Diese kulturellen Elemente bestimmen zuallerletzt die Phänomene, die einen Beitrag zur Herausbildung von politischen Identitätsbildungsprozessen leisten. Sie vermitteln ebenso die Relationen zwischen Mensch und Technik sowie zwischen Kultur und Politik. Die kulturellen Prozesse, die durch die Nutzung von Medientechnik vermittelt werden, ermöglichen das Übertreten in eine technisch kaum wahrnehmbare Sinnlichkeit gesteuert durch algorithmische Zeichen. Die Struktur, die die kommunikativen Prozesse in ihrer Praxis einnehmen, modifiziert die Zuwendung des *Typographic man* auf die kulturellen Codes, die den Zugang zu einer kodifizierten Welt erlauben. Somit handelt es sich nicht um die *Kommunikation* oder das *Vermitteln einer Botschaft*, sondern um den Einsatz von technischen Prozeduren und das Ausüben einer erlernten kulturellen Praxis für die Gestaltung kommunikativer Strukturen, die neben den traditionellen koexistieren. Eine neue Form der Oralität und Taktilität verleiht den kodifizierten Elementen eine Bedeutung, denn die Nutzer etablieren eine technisch erweiterte Sozialität in einer differenzierten Umgebung, verdichtet durch eine informationsbasierte Organisation: die Infosphäre.

Das Empfinden des digitalen Milieus als neue Umgebung für das Ausüben von kulturellen Praktiken mit sozialen, ökonomischen, politischen und technischen Implikationen definiert maßgeblich das Verhalten und die Zuwendung des *Typographic man* zu dieser digital kodifizierten Welt. Der Kontext, in dem die digitalen Technologien einen medienkulturellen Wandel prägen, hängt zunehmend nicht mehr von dem Agieren des Menschen im digitalen Milieu ab, sondern von einem Konglomerat aus *Information Bits* mit einer existenziellen Orientierung und einer neuartigen, ästhetischen Medienorganisation. Dies beeinflusst und gestaltet das grundlegende Verhältnis von Mensch und Technik, indem Politik nicht das Element ist, das die Kultur definiert, sondern es ist die Kultur, die die politischen Identitätsbildungsprozesse innerhalb technischer Welten erzeugt.

Literaturverzeichnis

Acosta Cintado, Yoania/Guillén Nieto, Glauco (2015): „Programa de despliegue de la TV digital en Cuba. Estado actual y próximos retos", in: *Telemática* Vol. 14. No. 3, 78–87.

Arango, Arturo (2013): *Terceras reincidencias. La historia por los cuernos.* La Habana: Ediciones Unión.

Arcos Fernández-Britto, Gustavo (2015): „Cuba audiovisual: Netflix, flexix y Paquetflix", http://cafefuerte.com/culturales/22339-cuba-audiovisual-netflix-flexix-y-paquetflix/ [05.12.2018].

Arcos Fernández-Britto, Gustavo (2011): „Imágenes en transición. Televisión y consumo en Cuba", in: *La Gaceta de Cuba* Nr. 5, 12–14.

Armenteros, Amado Alejandro/Calviño, Manuel (2016): „Para saber del paquete. Comercialización y consumo cultural por cuenta propia", in: *Alternativas cubanas en Psicología* Vol. 4, No. 10, 139–157.

Baacke, Dieter (1996): „Medienkompetenz – Begrifflichkeit und sozialer Wandel", in: Rein, A. v. (Hrsg.): *Medienkompetenz als Schlüsselbegriff.* Bad Heilbrunn: Klinkhardt, 112–124.

Baacke, Dieter (1973): *Kommunikation und Kompetenz: Grundlegung einer Didaktik der Kommunikation und ihrer Medien.* München: Juventa.

Bericht ITU (2018): „World Telecommunication/ICT Indicators Database online (22nd Edition)", https://www.itu.int/pub/D-IND-WTID.OL-2018 [15.12.2018].

Berry, David M. (2012): *Understanding Digital Humanities.* UK: Palgrave Macmillan.

Bourdieu, Pierre (2000): *Capital cultural, escuela y espacio social.* México: Siglo XXI Editora Iberoamericana.

Buhr, Daniel (2015): *Soziale Innovationspolitik für die Industrie 4.0.* Bonn: Friedrich-Ebert-Stiftung, Abteilung Wirtschafts- und Sozialpolitik.

Calvo Peña, Beatriz (2010): *Buena Vista Social Blog. Internet y libertad de expresión en Cuba*. Valencia: Aduana Vieja.

Castells, Manuel (2001): *La Galaxia Internet. Reflexiones sobre Internet, empresa y sociedad*. Barcelona: Areté.

Castells, Manuel (1974): *La cuestión urbana [Orig. 1972]*. Madrid: Siglo XXI.

Charlton, Michael/Neumann, Klaus (1990): *Spracherwerb und Mediengebrauch*. Tübingen: Narr.

Debray, Régis (2001): *Introducción a la mediología*. Barcelona: Editorial Paidós.

Debray, Régis (2000): *Transmitting Culture*. New York: Columbia University Press.

Debray, Régis (1994): *Vida y muerte de la imagen. Historia de la mirada en Occidente*. Barcelona: Ediciones Paidós.

Díaz Rodríguez, Elaine (2009): „Blogs y periodismo en Cuba: entre el 'deber ser' y la realidad", in: *Revista Latina de Comunicación Social* No. 64, 951–967.

Dolata, Ulrich/Schrape, Jan-Felix (2018): *Kollektivität und Macht im Internet. Soziale Bewegung-Open Source Communities-Internetkonzerne*. Wiesbaden: Springer.

Douglas, Mary/Isherwood, Baron (1990): *El mundo de los bienes. Hacia una antropología del consumo*. México: Editorial Grijalbo.

Drake, William J./Cerf, Vinton G./Kleinwächter, Wolfgang (2016): „Future of the Internet Initiative White Paper. Internet Fragmentation: An Overview", http://www3. weforum.org/docs/WEF_FII_Internet_Fragmentation_An_Overview_2016.pdf [05.06.2018].

Emmer, Martin/Kunst, Marlene (2018): „Digital Citizenship Revisited: The Impact of ICTs on Citizens' Political Communication Beyond the Western State", in: *International Journal of Communication* 12, 2191–2211.

Eisenstein, Elizabeth L. (1997): *Die Druckerpresse. Kulturrevolutionen im frühen modernen Europa*. Wien/New York: Springer.

Espíndola Rosales, Jessica María/Urra González, Pedro (2014): „El proceso de digitalización para la construcción de las bibliotecas digitales cubanas. Estudio de casos", http://eprints.rclis.org/25191/1/09-Art%C3%ADculo%2008.pdf [01.03.2018].

Floridi, Luciano (2015): *Die 4. Revolution. Wie die Infosphäre unser Leben verändert.* Berlin: Suhrkamp.

Floridi, Luciano (2010): *Information. A very short introduction.* New York: Oxford University Press.

Flusser, Vilém (2009): *Kommunikologie weiter denken. Die Bochumer Vorlesungen.* Frankfurt/M.: Fischer.

Flusser, Vilém (2008): *Medienkultur.* Frankfurt/M.: Fischer.

Flusser, Vilém (1992): *Krise der Linearität.* Bern: Benteli.

García Canclini, Néstor (2001): *Culturas híbridas, Estrategias para entrar y salir de la modernidad.* Barcelona: Editorial Paidós.

García Canclini, Néstor(1995): *Consumidores y ciudadanos: conflictos multiculturales de la globalización.* México: Editorial Grijalbo.

García Canclini, Néstor (1992): „Los estudios sobre Comunicación y Consumo: El Trabajo Interdisciplinario en Tiempos Neoconservadores", in: *Revista Diálogos de la comunicación,* No. 32, 8–15.

García Canclini, Néstor/Roncagliolo, R. (1988): *Cultura transnacional y culturas populares.* Lima: Editorial Ipal.

García Canclini, Néstor (1986): *¿De qué estamos hablando cuando hablamos de lo popular?* Montevideo: CLAEH.

García Canclini, Néstor (1982): *Las culturas populares en el capitalismo.* México: Editorial Nueva Imagen.

García Luis, Julio (2013): *Revolución, socialismo, periodismo: la prensa y los periodistas cubanos ante el siglo XXI.* La Habana: Editorial Pablo de La Torriente.

García Luis, Julio (1997): *Cuba en la era de internet y las autopistas electrónicas. Entrevista a Enrique González-Manet.* La Habana: Editorial Pablo de la Torriente.

Giddens, Anthony (2008): *Consecuencias de la modernidad.* Madrid: Alianza Editorial.

Giddens, Anthony (2001): *Entfesselte Welt. Wie die Globalisierung unser Leben verändert.* Frankfurt/M.: Suhrkamp.

Giesecke, Michael (2007): *Die Entdeckung der kommunikativen Welt. Studie zur kulturvergleichenden Mediengeschichte.* Frankfurt/M.: Suhrkamp.

Goffman, Erving (1959): *The Presentation of Self in Everyday Life.* New York: Anchor Books.

González-Manet, Enrique (1996): *Espejismos y conflictos de las nuevas tecnologías.* La Habana: Editorial Pablo de La Torriente.

González-Manet, Enrique (1992): *Informatics and Society: The New Challenges.* Norwood: Ablex.

González-Manet, Enrique (1988): *The Hidden war of Information. Communication, Culture, and Information.* Norwood: Ablex.

González-Manet, Enrique/Romero Alfau, Fermin (1999): *Identidad y cultura en la era de la globalización.* La Habana: Editorial Pablo de La Torriente.

Gore, Albert Arnold (1994): „Remarks prepared for delivery by Mr. Al Gore. U.S. Vice President", http://search.itu. int/history/HistoryDigitalCollectionDocLibrary/4.144.57. en.104.pdf [15.12.2018].

Greenfield, Adam (2017): *Radical Technologies: The Design of Everyday Life.* UK: Verso Books.

Greenfield, Adam (2006): *Everyware: The Dawning Age of Ubiquitous Computing.* Berkeley: New Riders.

Guevara de la Serna, Ernesto (1988): *El socialismo y el hombre en Cuba.* La Habana: Editora Política.

Habermas, Jürgen (2011): *Theorie des kommunikativen Handelns (Band 1: Handlungsrationalität und gesellschaftliche Rationalisierung, Band 2: Zur Kritik der funktionalistischen Vernunft) [8. Auflage].* Frankfurt/M.: Suhrkamp.

Habermas, Jürgen (1992): *Faktizität und Geltung. Beiträge zur Diskurstheorie des Rechts und des demokratischen Rechtsstaats.* Frankfurt/M.: Suhrkamp.

Habermas, Jürgen (1990): *Strukturwandel der Öffentlichkeit: Untersuchungen zu einer Kategorie der bürgerlichen Gesellschaft.* Frankfurt/M.: Suhrkamp.

Haric, Peter (2018): „Informationsökonomie", https://wirtschaftslexikon.gabler.de/definition/informationsoekonomie-54475/version-277504 [12.12.2018].

Hartmann, Frank (2018): *Medienmoderne. Philosophie und Ästhetik.* Wiesbaden: Springer.

Hartmann, Frank (2015): „Materialität und Visibilisierung von ‚Information': Zum Design des Interface", in: Heibach, Christiane/Rohde, Carsten (Hrsg.): *Ästhetik der Materialität.* Paderborn: Wilhelm Fink, 97–120.

Hartmann, Frank (2006): *Globale Medienkultur. Technik, Geschichte, Theorien.* Wien: Facultas.

Hartmann, Frank (2003): *Mediologie. Ansätze einer Medientheorie der Kulturwissenschaften.* Wien: Facultas.

Haug, Wolfgang Fritz (2009): *Kritik der Warenästhetik. Gefolgt von Warenästhetik im High-Tech-Kapitalismus.* Frankfurt/M.: Suhrkamp.

Havelock, Eric A. (1986): *The Muse Learns to Write: Reflections on Orality and Literacy from Antiquity to the Present.* New Haven/London: Yale University Press.

Havelock, Eric A. (1963): *Preface to Plato.* Cambridge: Harvard University Press.

Heick, Terry (2018): „The Definition Of Digital Citizenship", https://www.teachthought.com/the-future-of-learning/the-definition-of-digital-citzenship/ [05.01.2019].

Henken, Ted (2011): „A bloggers' polemic: Debating independent Cuban blogger projects in a polarized political context", in: *Annual Proceedings, The Association for the Study of the Cuban Economy* Vol. 21, 171–185.

Henken, Ted (2011): „Una cartografía de las blogosfera cubana. Entre «oficialistas» y «mercenarios»", http://nuso.org/articulo/una-cartografia-de-la-blogosfera-cubana-entre-oficialistas-y-mercenarios/ [10.11.2018].

Hepp, Andreas (2015): *Transcultural Communication*. UK: Wiley-Blackwell.

Hepp, Andreas (2012): *Medienkultur: Die Kultur mediatisierter Welten*. Wiesbaden: Springer.

Hepp, Andreas (2009): „Differentiation Mediatization and Cultural Change", in: Lundby, K. (Hrsg.): *Mediatization Concepts, Changes, Consequences*. New York: Peter Lang, 135–154.

Hepp, Andreas (2005): „Kommunikative Aneignung", in: Mikos, Lothar/Wegener, Claudia (Hrsg.): *Qualitative Medienforschung. Ein Handbuch*. Konstanz: UVK (UTB), 67–79.

Hepp, Andreas (2004): *Netzwerke der Medien. Medienkulturen und Globalisierung*. Wiesbaden: Springer.

Hepp, Andreas (2004): „Netzwerke der Medien: Medienkulturen, Konnektivität und die Globalisierung der Medienkommunikation", http://www.eurozine.com/ articles/article_2004-06-21-hepp-de.html [24.06.2018].

Horkheimer, Max/Adorno, Theodor W. (2016): *Dialektik der Aufklärung [Orig. 1969]*. Frankfurt/M.: Fischer.

Horst, Heather A./Miller, Daniel (2006): *The Cell Phone: An Anthropology of Communication*. Oxford: Berg Publishers.

Kaerlein, Timo (2018): *Smartphones als digitale Nahkörpertechnologien. Zur Kybernetisierung des Alltags*. Bielefeld: Transcript.

Kittler, Friedrich (2014): *Die Wahrheit der technischen Welt. Essays zur Genealogie der Gegenwart*. Berlin: Suhrkamp.

Kittler, Friedrich (2003): *Aufschreibesysteme 1800/1900*. München: Wilhelm Fink.

Klein, Martin (2013): „Informeller Sektor Definition", in: Brich, Stefanie/Hasenbalg, Claudia (Hrsg.): *Kompakt-Lexikon Wirtschaftspolitik: 3.200 Begriffe nachschlagen, verstehen, anwenden*. Wiesbaden: Springer.

Koller, Guido (2016): „Stalder, Felix: Kultur der Digitalität", www.hsozkult.de/publicationreview/id/rezbuecher-29737 [05.01.2019].

Kuhlen, Rainer (1995): *Informationsmarkt. Chancen und Risiken der Kommerzialisierung von Wissen.* Konstanz: UVK.

Laguardia Martínez, Jacqueline (2014): „La industria editorial cubana en el contexto de la actualización económica", in: *Economía y Desarrollo* Vol. 151, No. 1, 174–186.

Lanier, Jaron (2014): *Wem gehört die Zukunft?* Hamburg: Hoffmann und Campe.

Latour, Bruno (2014): *Eine Soziologie für eine neue Gesellschaft.* Frankfurt/M.: Suhrkamp.

Lessig, Lawrence (2008): *Remix: Making Art and Commerce Thrive in the Hybrid Economy.* London: Bloomsbury.

Linde, Frank/Stock, Wolfgang G. (2011): *Informationsmarkt. Informationen im I-Commerce anbieten und nachfragen.* München: Oldenbourg.

López García, Hamlet (2017): „Políticas culturales y participación digital en la cultura. Las paradojas del escenario cubano", in: *Pol. Cult. Rev.* Vol. 10, No. 1, 114–137.

Lovink, Geert (2008): *Zero Comments. Elemente einer kritischen Internetkultur.* Bielefeld: Transcript.

Luhmann, Niklas (1996): *Die Realität der Massenmedien [2., erweiterte Auflagen].* Opladen: Westdeutscher.

Madianou, Mirca/Miller, Daniel (2012): „Polymedia: Towards a new theory of digital media in interpersonal communication", in: *International Journal of Cultural Studies* 16(2), 169–187.

Madianou, Mirca/Miller, Daniel (2012): *Migration and New Media: Transnational Families and Polymedia.* London: Routledge.

Martín Barbero, Jesús (2015): *Comunicación masiva: discurso y poder [Orig. 1978].* Quito (Ecuador): Ediciones Ciespal.

Martín Barbero, Jesús (1999): „Los descentramientos del arte y la comunicación", in: Ossa, Carlos (Hrsg.): *La Pantalla Delirante: los nuevos escenarios de la comunicación en Chile.* Santiago de Chile: Universidad Arcis, Lom Ediciones, 85–99.

Martín Barbero, Jesús (1992): *Televisión y melodrama. Géneros y lecturas de la televisión en Colombia.* Bogotá (Colombia): Tercer Mundo.

Martín Barbero, Jesús (1988): *Procesos de comunicación y matrices de cultura*. México: Editorial Gustavo Gili.

Martín Barbero, Jesús (1987): *Comunicación y culturas populares en Latinoamérica: Seminario del Consejo Latinoamericano de Ciencias Sociales*. México: Editorial Gustavo Gili.

Martín Barbero, Jesús (1987): *De los medios a las mediaciones. Comunicación, cultura y hegemonía*. Barcelona: Editorial Gustavo Gili.

Martín Barbero, Jesús (1981): *Introducción al análisis de contenido*. Madrid: Incisex.

Mattelart, Armand (2010): *The Globalisation of Surveillance*. Cambridge: Polity.

Mattelart, Armand (2003): *The Information Society: An Introduction*. UK: Sage Publications.

Mattelart, Armand (2002): „An archaeology of the global era: constructing a belief", in: *Media, Culture & Society* 24(5): 591–612.

Mattelart, Armand (2000): *Networking the World 1794–2000*. Minneapolis: University of Minnesota Press.

Mattelart, Armand (1996): *The Invention of Communication*. Minneapolis: University of Minnesota Press.

Mattelart, Armand (1994): *Mapping World Communication: War, Progress, Culture*. Minneapolis: University of Minnesota Press.

McLuhan, Marshall (1994): *Understanding Media. The Extensions of Man [Orig. 1964]*. Cambridge: MIT Press.

McLuhan, Marshall/Powers, B. R. (1995): *La aldea global [Orig. 1968]*. Barcelona: Editorial Gedisa.

McLuhan, Marshall (1962): *The Gutenberg Galaxy. The Making of Typographic Man*. Toronto: University of Toronto Press.

Meyrowitz, Joshua (1986): *No Sense of Place. The Impact of the Electronic Media on Social Behavior*. New York: Oxford University Press.

Miller, Daniel/Costa, Elisabetta/Haynes, Nell u. a. (2016): *How the World Changed Social Media (Why We Post)*. London: UCL Press.

Miller, Daniel (2016): *Social Media in an English Village: (Or How to Keep People at Just the Right Distance)*. London: UCL Press.

Miller Daniel/Sinanan, Jolynna (2014): *Webcam*. Cambridge: Polity.

Miller, Daniel (2012): *Consumption and Its Consequences*. London: Polity.

Miller, Daniel (2011): *Tales from Facebook*. Cambridge: Polity.

Miller, Daniel (2010): *Der Trost der Dinge*. Berlin: Suhrkamp.

Moras Puig, Pedro Emilio/Rivero Baxter, Yisel (2016): „Participación y consumo cultural en Cuba. Una mirada desde sus ciudades", in: *Temas*, No. 85–86, 13–20.

Moras Puig, Pedro Emilio/Rivero Baxter, Yisel (2015): *Participación cultural de la adolescencia en Cuba. Expresiones y claves para su comprensión*. La Habana: Centro de Investigación de la Cultura Cubana (ICIC) Juan Marinello.

Moras Puig, Pedro Emilio/Linares Fleites, Cecilia/Rivero Baxter, Yisel/Mendoza López, Yosleidy María (2010): *El Consumo cultural y sus prácticas en Cuba*. La Habana: Centro de Investigación de la Cultura Cubana (ICIC) Juan Marinello.

Moras Puig, Pedro Emilio/Linares Fleites, Cecilia/Rivero Baxter, Yisel (2008): *Participación y consumo cultural en Cuba*. La Habana: Centro de Investigación de la Cultura Cubana (ICIC) Juan Marinello.

Moras Puig, Pedro Emilio/Linares Fleites, Cecilia/Rivero Baxter, Yisel (2004): *La participación. Diálogo y debate en el contexto cubano*. La Habana: Centro de Investigación de la Cultura Cubana (ICIC) Juan Marinello.

Moras Puig, Pedro Emilio/Linares Fleites, Cecilia/Correa Cajigal, Sonia (1996): *La participación: ¿solución o problema?* La Habana: Centro de Investigación de la Cultura Cubana (ICIC) Juan Marinello.

Navarro Pérez, Desiderio (2006): *Las causas de las cosas*. La Habana: Editorial Letras Cubanas.

Neidhardt, Friedhelm (1994): „Öffentlichkeit, öffentliche Meinung, soziale Bewegungen", in: Neidhardt, Friedhelm (Hrsg.): *Öffentlichkeit, öffentliche Meinung, soziale Bewegungen.* Opladen: Westdeutscher Verlag, 7–41.

Ochs, Carsten (2017): „Kulturtechnik, Praxis, Programm: Begriffsinventar zur Erforschung der Anthropo-Logik der Digitalisierung", in: Koch, Gertraud (Hrsg.): *Digitalisierung. Theorien und Konzepte für die empirische Forschung.* Konstanz/München: UVK, 21–54.

Ochs, Carsten/Pittroff, Fabian/Büttner, Barbara/Lamla, Jörn (2016): „Governing the Internet in the Privacy Arena", in: *Internet Policy Review* 5(3). DOI:10.14763/2016.3.426

Ochs, Carsten (2016): „Local Digital Practices, Worldwide", in: Friese, Heidrun/Rebane, Gala/Nolden, Marcus/Schreiter, Miriam (Hrsg.): *Handbuch Soziale Praktiken und digitale Alltagswelten.* München: Springer, 1–11.

Ong, Walter J. (2002): *Orality and Literacy: The Technologizing of the Word [Orig. 1982].* New York: Routledge.

Ong, Walter J. (1987): *Oralität und Literalität. Die Technologisierung des Wortes [Orig. 1982].* Opladen: Westdeutscher.

Orozco Gómez, Guillermo (2002): *Recepción y mediaciones: casos de investigación en América Latina.* Colombia: Editorial Norma.

Orozco Gómez, Guillermo (2001): *Television, Audiencias y Educacion (Enciclopedia Latinoamericana de Sociocultura y Comunicación).* Colombia: Editorial Norma.

Orozco Gómez, Guillermo (1996): *Televisión y audiencias: un enfoque cualitativo.* Madrid: Ediciones de la Torre.

Orozco Gómez, Guillermo (1994): *Al rescate de los medios: desafío democrático para los comunicadores.* México: Universidad Iberoamericana.

Orozco Gómez, Guillermo/Viveros Ballesteros, Frank (1997): *La investigación de la comunicación dentro y fuera de América latina: tendencias, perspectivas y desafíos del estudio de los medios.* La Plata (Argentina): Universidad Nacional de La Plata, Facultad de Periodismo y Comunicación Social.

Ortíz Fernández, Fernando (1983): *Contrapunteo cubano del tabaco y el azúcar [Orig. 1940]*. La Habana: Editorial Ciencias Sociales.

Peters, Bernhard (2007): *Der Sinn von Öffentlichkeit*. Frankfurt/M.: Suhrkamp.

Peters, Bernhard (1994): „Der Sinn von Öffentlichkeit", in: Neidhardt, Friedhelm (Hrsg.): *Öffentlichkeit, öffentliche Meinung, soziale Bewegungen*. Opladen: Westdeutscher.

Pittroff, Fabian/Ochs, Carsten/Lamla, Jörn/Büttner, Barbara (2018): „Digitale Reterritorialisierung als politische Strategie. Die Reaktionsweisen der Demokratie in den Neuverhandlungen um Privatheit", in: Buhr, Lorina/ Hammer, Stefanie/Schölzel, Hagen (Hrsg.): *Staat, Internet und digitale Gouvernementalität*. Wiesbanden: Springer, 141–165.

Ponte, Antonio José (2010): *Villa Marista en plata. Arte, política y nuevas tecnologías*. Madrid: Editorial Colibrí.

Postman, Neil (1988): *Wir amüsieren uns zu Tode. Urteilsbildung im Zeitalter der Unterhaltungsindustrie [Orig. 1985]*. Frankfurt/M.: Fischer.

Rainie Lee/Wellman, Barry (2012): *Networked. The New Social Operating System*. Massachusetts: MIT Press.

Recio Silva, Milena (2006): *Periodismo digital: el límite de lo posible. Un acercamiento a las transformaciones del periodismo en internet*. La Habana: Editorial Pablo de la Torriente.

Reckwitz, Andreas (2014): *Die Erfindung der Kreativität. Zum Prozess gesellschaftlicher Ästhetisierung*. Berlin: Suhrkamp.

Ribble, Mike/Bailey, Gerard (2007): *Digital Citizenship in Schools*. Washington D.C.: International Society for Technology in Education (ISTE).

Rivero Baxter, Yisel/Barthelemy Panizo, Liliam (2017): „Política cultural ¿Solo una cuestión del Estado?", in: *Pol. Cult. Rev.* Vol. 10, No. 1, 98–113.

Ruf, Oliver (2018): *Smartphone Ästhetik. Zur Philosophie und Gestaltung mobiler Medien*. Bielefeld: Transcript.

Sánchez Espinosa, Iroel (2012): *Sospechas y disidencias. Una mirada cubana en la red*. La Habana: Casa Editorial Abril.

Saruski, Jaime/Mosquera, Gerardo (1979): *La política cultural de Cuba.* Madrid: Artes Gráficas Benzal.

Schier, André (2018): *Identität in Digitalität vom „digital lifestyle" zum „design your life". Generation und politische Kultur im Zeichen gewandelter Lebenswelten in Deutschland im Digitalitäts-Diskurs in Werbung.* Hamburg: Dr. Kovač.

Schröter, Jens (2016): „Digitalität und die Medienwissenschaft", https://digigeist.hypotheses.org/86 [27.11.2018].

Schröter, Jens (Hrsg.) (2014): *Handbuch Medienwissenschaft.* Berlin/Heidelberg: Metzler.

Séror, Ann C./Fach Arteaga, Juan Miguel (2000): „Telecommunications technology transfer and the development of institutional infrastructure: the case of Cuba", in: *Telecommunications Policy* 24, 203–221.

Serres, Michel (2013): *Erfindet euch neu! Eine Liebeserklärung an die vernetzte Generation.* Berlin: Suhrkamp.

Simonson, Itamar/Nowlis, Stephen (2000): „The Role of Explanations and Need for Uniqueness in Consumer Decision Making: Unconventional Choices Based on Reasons", in: *Journal of Consumer Research* 27(1), 49–68.

Sloterdijk, Peter (2016): *Im Weltinnenraum des Kapitals [Orig. 2005].* Frankfurt/M.: Suhrkamp.

Stalder, Felix (2018): „Die Kultur der Digitalität und die Kulturpolitik", in: *Kulturpolitische Mitteilungen* 160, 44–46.

Stalder, Felix (2016): *Kultur der Digitalität.* Berlin: Suhrkamp.

Sunkel, Guillermo (2004): „El consumo cultural en la investigación en comunicaciones en América Latina", in: *Contornos* Vol. XXIII, No. 45, 9–24.

Sunkel, Guillermo (1999): *El consumo cultural en América Latina. Construcción teórica y líneas de investigación.* Colombia: Editorial Convenio Andrés Bello.

Szczutkowski, Andreas (2018): Informationsmärkte. https://wirtschaftslexikon.gabler.de/definition/informationsmaerkte-38691/version-262112 [21.05.2018].

te Wildt, Bert (2012): *Medialisation. Von der Medienabhängigkeit des Menschen.* Göttingen: Vandenhoeck & Ruprecht.

Trawny, Peter (2015): *Technik. Kapital. Medium. Das Universale und die Freiheit.* Berlin: Matthes & Seitz.

Treumann, Klaus Peter/Baacke, Dieter/Heitland, Kirsten/ Hugger, Kai Uwe/Vollrecht, Ralf (2002): *Medienkompetenz im digitalen Zeitalter. Wie die neuen Medien das Leben und Lernen Erwachsener verändern.* Wiesbaden: Springer.

Triana Cordoví, Juan (2016): „*Actualizando el modelo económico cubano: una perspectiva desde la teoría del desarrollo*", http://scielo.sld.cu/scielo.php?script=sci_arttext&pid=S0252-85842016000100007 [05.08.2018].

Triana Cordoví, Juan (2012): „De la actualización de la economía cubana. Del funcionamiento al desarrollo económico", in: Vidal, P./Pérez, O. (Hrsg.): *Miradas a la economía cubana. El proceso de actualización.* La Habana: Editorial Caminos.

Turkle, Sherry (2012): *Alone Together: Why We Expect More From Technology And Less From Each Other.* New York: Basic Books.

Ubieta Gómez, Enrique (2012): *Cuba: ¿revolución o reforma?* La Habana: Editora Abril.

Venegas, Cristina (2010): *Digital Dilemmas. The State, the Individual, and Digital Media in Cuba.* New Jersey: Rutgers University Press.

Vidal Valdez, José Ramón: „Cuba: Comunicación, derechos y desarrollo sostenible", http://www.ipscuba.net/sociedad/cuba-comunicacion-derechos-y-desarrollo-sostenible/ [05.12.2018].

Weichert, Stephan (2011): „Zehn Thesen zum digitalen Medienwandel", http://www.vocer.org/zehn-thesen-zum-digitalen-medienwandel/ [22.07.2018].

Weblinks

http://bvs.sld.cu/revistas/aci/vol15_04_07/aci21407.
   htm#autor, (letzter Zugriff am 04.12.2018).

www.aporrea.org/actualidad/n108493.html,
   (letzter Zugriff am 04.12.2018).

www.medicc.org/mediccreview/articles/mr_52.pdf,
   (letzter Zugriff am 04.12.2018).

http://bvs.sld.cu/revistas/aci/vol15_04_07/aci21407
   htm#autor (letzter Zugriff am 04.12.2018).

www.aporrea.org/actualidad/n108493.html, (letzter http://
   sabus.usal.es/site%20med/descargas/Urra.pdf,
   (letzter Zugriff am 04.12.2018).

http://sabus.usal.es/site%20med/descargas/Urra.pdf,
   (letzter Zugriff am 04.12.2018).

www.tempusactas.unb.br/index.php/tempus/article/
   viewFile/714/719, (letzter Zugriff am 04.12.2018).

www.cubarte.cult.cu/periodico/entrevistas/22529/22529.html,
   (letzter Zugriff am 22.06.2012).

www.cubarte.cult.cu/periodico/opinion/prensa-cultural-
   contenidos-digitales/25177.html,
   (letzter Zugriff am 10.01.2014).

http://espaciolaical.org/contens/esp/sd_219_dossier.pdf,
   (letzter Zugriff am 05.12.2018).

www.cubarte.cult.cu/periodico/resenas/la-cultura-cubana-en-
   digital*/14939.html, (letzter Zugriff am 10.11.2012).

www.cubarte.cult.cu/periodico/noticias/gana-cubarte-
   premio-de-la-cumbre-mundial-de-la-sociedad-de-la-
   informacion/172500.html, (letzter Zugriff am 10.06.2014).

www.rebelion.org/noticia.php?id=131672 ,
   (letzter Zugriff am 04.12.2018).

www.cubadebate.cu/noticias/2013/03/27/enciclopedia-ecured-estara-disponible-para-moviles/#.WgG7nohrzIU,
(letzter Zugriff am 04.12.2018).

www.reporter-ohne-grenzen.de/pressemitteilungen/meldung/rog-bericht-feinde-des-internets-2012/,
(letzter Zugriff am 04.12.2018).

www.granma.cu/file/pdf/gaceta/Lineamientos%202016-2021%20Versi%C3%B3n%20Final.pdf,
(letzter Zugriff am 04.12.2018).

www.granma.cu/cuba/2014-12-12/la-informatizacion-de-la-sociedad-una-prioridad-para-cuba,
(letzter Zugriff am 04.12.2018).

https://ascecuba.org//c/wp-content/uploads/2014/09/v20-cubastudygroupit.pdf, (letzter Zugriff am 04.12.2018).

www.cubanet.org/tecnologia-2/internet-satelital-y-llamadas-baratas-para-cuba-son-posibles-sin-embargo/,
(letzter Zugriff am 04.12.2018).

www.ses.com/press-release/etecsa-enhances-connectivity-rest-world-ses-networks, (letzter Zugriff am 04.12.2018).

www.federalregister.gov/documents/2015/01/16/2015-00632/cuban-assets-control-regulations,
(letzter Zugriff am 06.02.2019).

www.granma.cu/cuba/2014-12-10/internet-y-los-derechos-en-la-voz-de-los-universitarios, (letzter Zugriff am 04.12.2018).

http://pdf.usaid.gov/pdf_docs/PBAAD880.pdf,
(letzter Zugriff am 04.12.2018), zu finden.

www.huffingtonpost.com/the-groundtruth-project/us-funding-another-social_b_5599147.html,
(letzter Zugriff am 04.12.2018).

www.ipscuba.net/espacios/cuba-20/red-cuba/internet-en-cuba-basico-no-basico-o-dirigido/,
(letzter Zugriff am 04.12.2018).

www.rebelion.org/noticias/2013/7/170731.pdf>,
   (letzter Zugriff am 04.12.2018).

www.cyber-rights.org/documents/bangemann.htm>,
   (letzter Zugriff am 06.02.2019),

https://cubaxdentro.wordpress.com/2015/02/21/etecsa-
   operador-de-una-politica-de-acceso/, (letzter Zugriff am
   04.12.2018).

www.mincom.gob.cu/sites/default/files/marcoregulatorio/
   R%20146-12%20Norma%20de%20Telefonia%20fija.pdf☐,
   (letzter Zugriff am 05.12.2018).

www.bbc.co.uk/blogs/mundo/cartas_desde_cuba/2013/05/
   la_estrategia_del_cuentagotas.html, (letzter Zugriff am
   04.12.2018).

http://oncubamagazine.com/sociedad/etecsa-rebaja-tarifas-de-
   navegacion-en-cuba/, (letzter Zugriff am 05.12.2018).

www.heise.de/newsticker/meldung/Kuba-Mobile-E-Mail-rollt-
   langsam-an-2143856.html?wt_mc=rss.ho.beitrag.ato, (letzter
   Zugriff am 04.12.2018).

http://cubaheute.wordpress.com/2014/03/17/2-millionen-
   kubaner-sind-handynutzer/, (letzter Zugriff am 04.12.2018).

www.juventudrebelde.cu/cuba/2016-10-25/etecsa-casi-lista-
   para-prueba-piloto-de-internet-en-los-hogares>,
   (letzter Zugriff am 04.12.2018).

www.cibercuba.com/noticias/2017-01-09-u146802-
   nuevos-detalles-internet-hogares-cuba-precios?utm_
   source=CiberCuba&utm_campaign=a12133d3cf-Email_
   RSS&utm_medium=email&utm_term=0_c5a3eab275-
   a12133d3cf-251213925, (letzter Zugriff am 04.12.2018).

https://oncubanews.com/en/cuba/society-cuba/
   population/3g-mobile-internet-service-begins-in-cuba-on-
   december-6/, (letzter Zugriff am 20.12.2018).

http://estebanmoralesdominguez.blogspot.com/2014/06/que-
   le-ocurrio-etecsa.html, (letzter Zugriff am 04.12.2018).

www.cubadebate.cu/noticias/2018/03/19/como-marcha-el-proceso-de-informatizacion-de-la-sociedad-cubana/#.Wtc2wJe-nIU>, (letzter Zugriff am 04.12.2018).

https://cubano1erplano.blogspot.de/2015/02/la-red-de-la-calle-snet-32-comentarios.html, (letzter Zugriff am 04.12.2018).

www.miscelaneasdecuba.net/web/Article/Index/5375ceb93a682e0eb058aad2#.WifLbrpFzIV, (letzter Zugriff am 04.12.2018).

www.elnuevoherald.com/noticias/mundo/america-latina/cuba-es/article13824452.html, (letzter Zugriff 14.11.2018).

Das Dokument ist abrufbar unter www.itu.int/en/plenipotentiary/2014/newsroom/Documents/backgrounders/pp14-backgrounder-connect-2020.pdf, (letzter Zugriff am 04.12.2018).

http://progresosemanal.us/20150902/la-wifi-que-nos-une/, (letzter Zugriff am 04.12.2018).

www.ipscuba.net/espacios/cuba-20/red-cuba/conectados-nauta-mediante/, (letzter Zugriff am 04.12.2018).

https://eskinalilith.wordpress.com/2015/10/04/wifi-nuestra-que-estas-en-los-aires/, (letzter Zugriff am 04.12.2018).

http://progresosemanal.us/20151008/wifi-piracorsarios-y-emprendedores/, (letzter Zugriff am 04.12.2018).

https://eskinalilith.wordpress.com/2015/10/04/wifi-nuestra-que-estas-en-los-aires/, (letzter Zugriff am 04.12.2018).

www.granma.cu/cuba/2015-02-20/etecsa-establece-acuerdo-con-compania-norteamericana-para-interconexion-entre-cuba-y-eeuu, (letzter Zugriff am 04.12.2018).

https://elpais.com/economia/2015/09/18/actualidad/1442590789_701063.html, (letzter Zugriff am 04.12.2018).

http://cubasi.cu/cubasi-noticias-cuba-mundo-ultima-hora/item/44887-firmaron-etecsa-y-huawei-acuerdo-de-comercializacion, (letzter Zugriff am 04.12.2018).

http://cartasdesdecuba.com/washington-y-cuba-negocian-cable-submarino/, (letzter Zugriff am 04.12.2018).

www.usatoday.com/story/money/business/2015/11/02/sprint-cuba-havana-international-trade-fair/75047048/, (letzter Zugriff am 04.12.2018).

www.granma.cu/cuba/2016-12-12/etecsa-y-google-firman-acuerdo-para-mejorar-servicios-en-cuba, (letzter Zugriff am 04.12.2018).

www.elnuevodiario.com.ni/actualidad/355275-ejecutivos-gigante-google-visitaron-cuba-esta-sema/, (letzter Zugriff am 04.12.2018).

https://oncubamagazine.com/noticia/google-cuba-cerca-nuevo-acuerdo/, (letzter Zugriff am 04.12.2018)

https://oncubamagazine.com/noticia/canciller-cubano-recibe-al-presidente-ejecutivo-de-google/, (letzter Zugriff am 04.12.2018).

www.granma.cu/cuba/2015-02-18/informatizacion-de-la-sociedad-un-motor-de-la-economia, (letzter Zugriff am 12.01.2018).

www.cubadebate.cu/noticias/2015/02/20/diaz-canel-existe-la-voluntad-del-partido-y-el-gobierno-de-poner-la-internet-al-servicio-de-todos/, (letzter Zugriff am 04.12.2018).

www.itu.int/en/connect2020/PublishingImages/Pages/default/Connect-2020.pdf, (letzter Zugriff am 04.12.2018).

www.itu.int/net/pressoffice/press_releases/2014/62-es.aspx#.WIiubzdG3IV, (letzter Zugriff am 04.12.2018).

www.granma.cu/cuba/2018-01-25/biblioteca-nacional-de-cuba-digitaliza-su-patrimonio-cultural-musical-25-01-2018-23-01-43, (letzter Zugriff am 04.12.2018).

www.radioenciclopedia.cu/exclusivas/a-buen-nivel-digitalizacion-patrimonio-documental-biblioteca-nacional-cuba-20171004/, (letzter Zugriff am 04.12.2018).

www.acn.cu/cuba/846-digitalizar-buena-opcion-para-los-libros-de-texto-cubanos, (letzter Zugriff am 04.12.2018).

www.juventudrebelde.cu/cuba/2014-11-19/libros-digitales-para-nuestras-escuelas, (letzter Zugriff am 04.12.2018).

www.google.de/url?sa=t&rct=j&q=&esrc=s&source=web&c
d=1&ved=2ahUKEwiI9PS_g6fgAhXFLlAKHRGpCaMQ
FjAAegQICRAB&url=http%3A%2F%2Fbeduniv.mes.edu.
cu%2Ffetch.php%3Fdata%3D299%26type%3Dpdf%26id
%3D299%26db%3D2&usg=AOvVaw1QRuHn3E87GuG
Dxy-bPxbj, (letzter Zugriff am 06.02.2019).

www.cubarte.cult.cu/periodico/opinion/lo-digital-en-el-libro-
cubano/24313.html, (letzter Zugriff am 11.04.2013).

http://ruthcasaeditorial.org/

www.cubadebate.cu/especiales/2018/02/16/cuba-digital-
democratizar-la-lectura/#.Wthe0Je-nIU,
(letzter Zugriff am 04.12.2018).

www.granma.cu/cultura/2015-02-10/literatura-en-soporte-
digital-en-la-feria-del-libro, (letzter Zugriff am 19.04.2018).

http://cafefuerte.com/economia-y-negocios/7431-cuba-
inventa-un-televisor-hibrido/>,
(letzter Zugriff am 10.04.2018).

www.juventudrebelde.cu/cuba/2014-09-01/digital-vs-analogico-
se-cierra-la-brecha, (letzter Zugriff am 10.04.2018).

http://progresosemanal.us/20140903/cuba-hacia-la-television-
digital/, (letzter Zugriff am 10.04.2018).

www.tiempo21.cu/2017/11/07/perspectivas-del-proceso-
digitalizacion-cuba/, (letzter Zugriff am 18.04.2018).

www.granma.cu/cuba/2014-12-12/la-informatizacion-de-la-
sociedad-una-prioridad-para-cuba,
(letzter Zugriff am 11.04.2018).

www.cubadebate.cu/noticias/2018/03/19/como-marcha-
el-proceso-de-informatizacion-de-la-sociedad-cubana/#.
Wtc2wJe-nIU, (letzter Zugriff am 04.12.2018).

www.abinia.org/catalogadores-dia-21/catalogo-de-
Publicaciones-Seriadas-cuba.pdf,
(letzter Zugriff am 04.12.2018).

http://alas2017.easyplanners.info/opc/tl/1184_pedro_emilio_
moras_puig.pdf, (letzter Zugriff am 05.12.2018).

www.havanatimes.org/sp/?p=109000,
(letzter Zugriff am 05.12.2018).

www.havanatimes.org/sp/?p=105014,
(letzter Zugriff am 05.12.2018).

http://cartasdesdecuba.com/nueva-pagina-de-anuncios-
clasificados/, (letzter Zugriff am 05.12.2018).

http://oncubamagazine.com/ciencia/ciencia-al-dia-el-google-
cubano/, (letzter Zugriff am 05.12.2018).

www.martinoticias.com/content/cuba-cuentapropistas-wif-
compras/101176.html, (letzter Zugriff am 05.12.2018).

www.opciones.cu/file/doc/resoluciones-aduana-206-207-208-
cuba-2014.pdf, (letzter Zugriff am 05.12.2018).

www.juventudrebelde.cu/cultura/2013-10-26/la-vida-en-3d,
(letzter Zugriff am 05.12.2018).

www.cubanet.org/otros/cines-3d-y-salas-de-video-juegos-a-la-
clandestinidad/, (letzter Zugriff am 20.11.2018).

www.juventudrebelde.cu/cultura/2013-10-26/la-vida-en-3d,
(letzter Zugriff am 05.12.2018).

www.juventudrebelde.cu/cultura/2013-10-26/la-vida-en-3d,
(letzter Zugriff am 05.12.2018).

www.granma.cu/granmad/2013/11/02/nacional/artic01.html,
(letzter Zugriff am 05.12.2018).

http://cartasdesdecuba.com/cosecharas-lo-que-siembres/,
(letzter Zugriff am 05.12.2018).

www.granma.cu/granmad/2013/11/11/nacional/artic02.html,
(letzter Zugriff am 05.12.2018).

https://translatingcuba.com/the-real-parents-of-the-weekly-
packet-cubanet-augusto-cesar-san-martin-and-rudy-cabrera/,
(letzter Zugriff am 05.12.2018).

http://dialogardialogar.wordpress.com/2014/09/30/el-paquete-
de-la-discordia/, (letzter Zugriff am 05.12.2018).

www.cubadebate.cu/opinion/2014/11/10/se-acabo-
el-broadcast-y-llego-el-tiempo-del- streaming/#.
WrD1Hpch3IU, (letzter Zugriff am 05.12.2018).

www.cubadebate.cu/noticias/2015/10/19/el-paquete-semanal-i-
   infografia/#.VuVNF-YX5Vc,
   (letzter Zugriff am 05.12.2018).
https://cubanosporelmundo.com/2016/06/06/surgen-cuba-
   canales-alternativos-television-privada-2/⎯,
   (letzter Zugriff am 05.12.2018).
www.cubasi.cu/cubasi-noticias-cuba-mundo-ultima-hora/
   item/29751-television-cubana-el-reto-del-paquete-
   semanal?start=10, (letzter Zugriff am 05.12.2018).
http://cartasdesdecuba.com/la-prensa-digital-cubana/,
   (letzter Zugriff am 05.12.2018).
www.cubahora.cu/cultura/la-mochila-para-la-familia,
   (letzter Zugriff am 05.12.2018).
www.radiociudadhabana.icrt.cu/2015/09/25/paque-te-eduques-
   multimedia-para-el-aprendizaje-y-la-educacion/,
   (letzter Zugriff am 05.12.2018).
http://oncubamagazine.com/economia-negocios/loading-yeli-
   hacia-el-comercio-de-videojuegos-en-cuba/,
   (letzter Zugriff am 05.12.2018).
http://oncubamagazine.com/sociedad/jugar-en-red-y-salir-del-
   underground/, (letzter Zugriff am 05.12.2018).
http://adec.cubava.cu/ abrufbar.
www.mincom.gob.cu/es/node/540,
   (letzter Zugriff am 06.02.2019).
www.abc.es/internacional/20150212/abci-netflix-llega-
   cuba-201502111109.html, (letzter Zugriff am 05.12.2018).
http://cafefuerte.com/culturales/22339-cuba-audiovisual-
   netflix-flexix-y-paquetflix/, (letzter Zugriff am 05.12.2018).
http://oncubamagazine.com/cultura/concluida-propuesta-del-
   g-20-para-una-ley-de-cine-en-cuba/,
   (letzter Zugriff am 05.12.2018); 2)
https://cubaposible.com/pavel-giroud-crees-gritado-una-ley-
   cine/, (letzter Zugriff am 05.12.2018); 3)

https://cubaposible.com/juan-antonio-garcia-borrero-quiero-una-ley-de-cine-para-cuba-pero-con-el-icaic-como-ente-rector-2-aa5-aa2-aa4-3-aa2/, (letzter Zugriff am 05.12.2018);

https://cubaposible.com/procedimientos-nuevos-para-tiempos-nuevos-hacia-una-ley-de-cine-para-cuba-2015-12-14-02-12-00/, (letzter Zugriff am 05.12.2018);

https://cubaposible.com/filosofia-cine-la-ultima-cena-la-dignidad-humana-del-sujeto-caribeno/, (letzter Zugriff am 05.12.2018); 6)

https://cubaposible.com/notas-asambleas-cineastas-prensa-cuba/, (letzter Zugriff am 05.12.2018); 7)

https://cubaposible.com/los-desafios-cine-cuba-hoy-dialogos-carlos-lechuga-claudia-calvino/, (letzter Zugriff am 05.12.2018).

http://oncubamagazine.com/cultura/un-gigantesco-plato-de-bajo-costo/, (letzter Zugriff am 05.12.2018).

www.diariodecuba.com/cuba/1447798094_18203.html, (letzter Zugriff am 05.12.2018).

http://oncubamagazine.com/cultura/un-gigantesco-plato-de-bajo-costo/, (letzter Zugriff am 05.12.2018).

www.cuba.cu/gobierno/discursos/1961/esp/f300661e.html, (letzter Zugriff am 05.12.2018).

www.archivocubano.org/pdf/cultura_cubana_decada_70.pdf, (letzter Zugriff am 05.12.2018).

http://enlaces.wordpress.com/2006/05/13/blogs-cuba-identidad-atrincherada-i, (letzter Zugriff am 05.12.2018).

http://espaciolaical.org/contens/esp/sd_219_dossier.pdf, (letzter Zugriff am 05.12.2018).

https://jovencuba.com/2011/09/04/%C2%BFcuando-nace-la-blogosfera-cubana-primeras-notas/ (letzter Zugriff am 05.12.2018);

https://jovencuba.com/2011/10/20/la-blogosfera-cubana-1era-parte/, (letzter Zugriff am 05.12.2018);

https://jovencuba.com/2014/03/03/temas-y-anatemas-en-la-blogosfera-cubana-2/, (letzter Zugriff am 05.12.2018);

https://jovencuba.com/2014/11/29/blogs-y-colectivos-destacados-en-la-blogosfera-cubana/ (letzter Zugriff am 05.12.2018);

https://jovencuba.com/2016/01/13/la-blogosfera-cubana-en-2015/, (letzter Zugriff am 05.12.2018).

http://cartasdesdecuba.com/granma-y-los-medios-alternativos/, (letzter Zugriff am 05.12.2018).

http://cartasdesdecuba.com/la-batalla-perdida-contra-la-blogosfera/, (letzter Zugriff am 05.12.2018).

www.diariodecuba.com/cuba/1426785053_13491.html, (letzter Zugriff am 05.12.2018).

Die Plattform ist unter dem folgenden Link abzufragen: http://cubava.cu/quienes-somos/

www.cubadebate.cu/noticias/2013/10/09/buena-acogida-entre-los-cubanos-a-naciente-plataforma-de-blogs-reflejos/, (letzter Zugriff am 05.12.2018).

https://cubanosporelmundo.com/blog/2016/06/21/censura-guerra-contra-blogs-plataforma-reflejos/, (letzter Zugriff am 05.12.2018).

www.14ymedio.com/nacional/plataforma-Reflejos-cierra-blog_0_1750024987.html, (letzter Zugriff am 05.12.2018).

http://cartasdesdecuba.com/medios-alternativos-crisis-u-oportunidad/, (letzter Zugriff am 05.12.2018).

http://espaciolaical.org/contens/esp/sd_219_dossier.pdf, (letzter Zugriff am 05.12.2018).

http://espaciolaical.org/contens/esp/sd_219_dossier.pdf, (letzter Zugriff am 05.12.2018).

Abrufbar im Internet unter https://cubaposible.com/

www.ipscuba.net/sociedad/cuba-comunicacion-derechos-y-desarrollo-sostenible/, (letzter Zugriff am 05.12.2018).

www.ipscuba.net/sociedad/cuba-comunicacion-derechos-y-desarrollo-sostenible/, (letzter Zugriff am 05.12.2018).

www.juventudrebelde.cu/cuba/2017-01-21/retrato-del-adolescente-cubano/, (letzter Zugriff am 05.12.2018).

http://cartasdesdecuba.com/en-cuba-internet-avanza-lento-pero-sin-pausa/, (letzter Zugriff am 05.12.2018).

www1.univision.com/univision-news/latin-america/meet-the-mikis-and-havanas-other-urban-tribes?hootPostID=0bc4281c582cdfe6a3e0dd7782e19231,
(letzter Zugriff am 05.12.2018).

www.wefirstbranding.com/books/sherry-turkle-of-mit-how-social-media-impacts-to-your-identity-part-2/>,
(letzter Zugriff am 05.12.2018).

www.martinoticias.com/a/cuba-canales-privados-de-television/123482.html, (letzter Zugriff am 28.11.2018).

http://davidson.cubava.cu/2015/06/29/los-escritores-cubanos-se-preocupan-por-el-paquete/,
(letzter Zugriff am 05.12.2018).

http://progresosemanal.us/20151130/el-paquete-es-un-efecto-no-una-causa/, (letzter Zugriff am 05.12.2018).

https://cinecubanolapupilainsomne.wordpress.com/2016/01/13/consumo-cultural-y-lugares-publicos-en-cuba/, (letzter Zugriff am 05.12.2018);

https://cinecubanolapupilainsomne.wordpress.com/2016/01/13/gustavo-arcos-sobre-el-consumo-cultural-en-los-lugares-publicos/, (letzter Zugriff am 05.12.2018), wie

https://cinecubanolapupilainsomne.wordpress.com/2016/01/15/victor-fowler-sobre-internet-politicas-publicas-y-uso-creativo-en-cuba/,
(letzter Zugriff am 05.12.2018).

http://oncubamagazine.com/sociedad/que-googleamos-desde-cuba/, (letzter Zugriff am 05.12.2018).

Birgit Mersmann (Hrsg.): *Die Ausstellung als „Parlament der Dinge". Theorie und Praxis der Gedankenausstellung bei Bruno Latour*

Band 5. ISBN: 978-3-86938-092-6, 88 Seiten, 14 EUR

Die Ausstellung ist ein Parlament, in dem Menschen Fragen stellen und ihnen Dinge antworten – oder auch umgekehrt. Keinen geringeren Anspruch hat der französische Sozialanthropologe und Wissenschaftsphilosoph Bruno Latour an die drei bisher von ihm kuratieren Ausstellungen im Zentrum für Kunst und Medien (ZKM) in Karlsruhe.
Was bedeutet es für die Praxis der Medienkulturforschung, wenn wissenschaftliche Theorien und sozialphilosophische Denkansätze im dreidimensionalen Raum der Ausstellung experimentell überprüft und neu entfaltet werden?
Unter der Perspektive einer Erweiterung des Kuratorischen wird das von Bruno Latour entwickelte Medium der Gedankenausstellung erstmals systematisch untersucht.

•

Joan Kristin Bleicher: *Die mediale Zwangsgemeinschaft. Der deutsche Kinofilm zwischen Filmförderung und Fernsehen*

Band 1. ISBN 978-3-86938-043-8 , 136 Seiten, 14 EUR

Seit den 1960er Jahren wird das Fernsehen als Totengräber des Films kritisiert. Doch bisherige Untersuchungen zur Filmförderung gehen häufig nur am Rande auf die Rolle des Fernsehens ein. In einem medienhistorischen Überblick zeigt Joan Kristin Bleicher nun, auf welche Weise sich die beiden Institutionen Fernsehen und Kino bereits bei der Frage der Finanzierung gegenseitig beeinflussten. Synergien zwischen der Autorenpolitik des Neuen Deutschen Films und den Redaktionsstrategien des Fernsehens spielen dabei ebenso eine Rolle wie stilistische Annäherungen zwischen den beiden Dispositiven im „amphibischen Film" oder die unterschiedlichen Filmförderungsgesetze, die sich mal mehr am Kino, mal mehr am Fernsehen orientieren.

David Ziegenhagen: *Das Medium ist die Zukunft. Zur Darstellung von Medien im Science-Fiction-Film*

Band 3. ISBN 978-3-86938-065-0, 140 Seiten, 16 EUR

Die Darstellung von Medien im Film ist praktisch so alt wie der Film selbst und ist seit längerem auch Gegenstand medienwissenschaftlicher Forschung. Eine besondere Dimension kommt jedoch hinzu, wenn es sich bei den betrachteten Medien um Zukunftsmedien handelt, die im Science-Fiction-Film inszeniert werden. Ausgehend von medientheoretischen Überlegungen zu den Begriffen der Störung und Transparenz betrachtet der Autor die Darstellung von Zukunftsmedien in den Filmen Fahrenheit 451, Starship Troopers, Equilibrium, Minority Report und Children of Men. Dabei wird deutlich, wie sehr fiktive zukünftige Gesellschaften immer auch Mediengesellschaften sind und wie Medien zum Ausdruck von Entwicklung und Verfall der Menschheit in der filmischen Science Fiction werden.

•

Michael Krause/Peter Drexler (Hrsg.): *Gedächtniskino. Film im Spannungsfeld von kollektiver und subjektiver Erinnerung*
Band 4. ISBN 978-3-86938-076-6, 252 Seiten, 26 EUR

Die kulturelle Gedächtnisforschung hat in den letzten Jahren eine steigende Zahl an historischen Studien zu Film als kollektivem Erinnerungsmedium hervorgebracht. Doch um die Bedeutung des Kinos vollständig zu erfassen, sowohl für das kulturelle Gedächtnis als auch in seinen genuin filmisch-künstlerischen Formen der Erforschung von Erinnerung, ist die Einbeziehung filmästhetischer und -historischer Perspektiven notwendig. In diesem Sinne nimmt der vorliegende Band die verschiedenen Dimensionen des Gedächtnisfilms aus dezidiert interdisziplinärer Perspektive in den Blick. Die Beiträge spannen einen historischen Bogen von den Jahren nach dem Zweiten Weltkrieg bis zur Gegenwart: Schwerpunkte sind u. a. die Erinnerung an das ‚Dritte Reich‘ und den Holocaust, das Trauma des 11. September 2001 und die Renaissance der DDR im Spielfilm nach 1989.